華嚴義海

〔唐〕釋智儼等撰

啓功敬署

陝西新華出版 三秦出版社

出版說明

《華嚴經》全稱《大方廣佛華嚴經》，是大乘佛教的重要經典，自公元五世紀初葉傳入中國后，便受到佛教學人的高度重視，不斷有高僧大德對其進行注解傳弘，到隋唐時期達到鼎盛，形成專弘《華嚴經》的華嚴（賢首）宗。華嚴宗師們結合對《華嚴經》的傳誦、講習和箋疏注釋，撰寫了大量闡釋華嚴義理的論著。這些論著凝聚着作者對《華嚴經》的研究心得和獨到見解，弘揚和發展了華嚴宗旨和華嚴思想，擴大了《華嚴經》的影響，促進了《華嚴經》的傳播，在佛教史和中華文化史上占有重要地位。前人將歷代著名的有關華嚴義理的論著匯輯一處，取名《華嚴義海》。其中吸入隋唐至明清各代華嚴宗師的傳世名作三十余部，如華嚴宗第二代祖師釋智儼的《華嚴一乘十玄門》，華嚴宗實際創始人釋法藏的《華嚴經旨歸》，華嚴四祖釋澄觀的《華嚴法界玄鏡》等，基本上囊括了華嚴義理的思想精華。

我們本着弘揚中華優秀傳統文化的目的，參閱了海內外有關資料，將、《華嚴義海》一書重新整理，影印出版，以供廣大讀者研究參考。

三秦出版社　　一九九五年九月

華嚴義海目録

篇名	作者	頁碼
華嚴一乘十玄門	〔唐〕釋智儼撰	一
華嚴五十要問答卷上	〔唐〕釋智儼集	一〇
華嚴五十要問答卷下	〔唐〕釋智儼集	二七
華嚴經旨歸一捲	〔唐〕釋法藏述	四三
修華嚴奧旨妄盡還源觀	〔唐〕釋法藏述	五七
華嚴經義海百門	〔唐〕釋法藏述	六五
華嚴金師子章解	〔唐〕釋法藏述 淨源解	八四
華嚴經明法品內立三寶章	〔唐〕釋法藏述	九三
華嚴經明法品內立流轉章	〔唐〕釋法藏述	一〇三
華嚴經明法品內立緣起章	〔唐〕釋法藏述	一〇八
華嚴經明法品內立圓音章	〔唐〕釋法藏述	一一〇
華嚴經明法品內立法身章	〔唐〕釋法藏述	一一二

| 華嚴經明法品内立十世章 〔唐〕釋法藏述 …………… 一一三 |
| 華嚴經明法品内立玄義章 〔唐〕釋法藏述 …………… 一一五 |
| 華嚴三昧章 〔唐〕釋法藏述 …………………………… 一二二 |
| 華嚴一乘教義章卷一 〔唐〕釋法藏述 ………………… 一二九 |
| 華嚴一乘教義章卷二 …………………………………… 一四二 |
| 華嚴一乘教義章卷三 …………………………………… 一五六 |
| 華嚴一乘教義章卷四 …………………………………… 一六八 |
| 答順宗心要法門 〔唐〕釋澄觀述 …………………… 一八五 |
| 大方廣佛華嚴經略策 〔唐〕釋澄觀撰 宗密注 ……… 二〇一 |
| 三聖圓融觀門 〔唐〕釋澄觀撰 ……………………… 二〇三 |
| 華嚴法界玄鏡卷一 〔唐〕釋澄觀述 ………………… 二〇五 |
| 華嚴法界玄鏡卷二 ……………………………………… 二一三 |
| 華嚴法界玄鏡卷三 ……………………………………… 二二二 |
| 原人論序 〔唐〕釋宗密述 …………………………… 二二八 |
| 原人論 〔唐〕釋宗密述 ……………………………… 二二九 |

| 注華嚴法界觀門 〔唐〕釋宗密注 ……………………………… 二三五
| 釋華嚴十明論叙 〔宋〕釋惠洪·覺範撰 ……………………… 二四六
| 解迷顯智成悲十明論 〔唐〕李通玄撰 …………………………… 二四七
| 略釋新華嚴經修行次第決疑論卷一之上 〔唐〕李通玄撰 …… 二五七
| 略釋新華嚴經修行次第決疑論卷一之下 ……………………… 二六六
| 略釋新華嚴經修行次第決疑論卷二之上 ……………………… 二七四
| 略釋新華嚴經修行次第決疑論卷二之下 ……………………… 二八四
| 略釋新華嚴經修行次第決疑論卷三之上 ……………………… 二九三
| 略釋新華嚴經修行次第決疑論卷三之下 ……………………… 三〇三
| 略釋新華嚴經修行次第決疑論卷四之上 ……………………… 三一二
| 略釋新華嚴經修行次第決疑論卷四之下 ……………………… 三二一
| 大方廣佛華嚴經要解 〔宋〕釋戒環集 ………………………… 三三〇
| 大方廣佛華嚴經吞海集序 〔宋〕陶愷撰 ……………………… 三六四
| 大方廣佛華嚴經吞海集序 〔宋〕釋道通述 …………………… 三六五
| 大方廣佛華嚴經吞海集卷上 〔宋〕釋道通述 ………………… 三六六

大方廣佛華嚴經吞海集卷中	………	三七四
大方廣佛華嚴經吞海集卷下	………	三八三
法界觀披雲集 〔宋〕釋道通述	………	三九四
華嚴念佛三昧集 〔清〕王文治撰	………	三九七
華嚴念佛三昧論叙	………	
華嚴念佛三昧論 〔清〕彭際清述	………	三九八

華嚴一乘十玄門

大唐終南太一山至相寺釋智儼撰
承杜順和尚說

明一乘緣起自體法界義者不同大乘二乘緣起但能離執常斷諸過等此宗不爾一即一切無過不離無法不同也今且就此華嚴一部經宗通明法界緣起不過自體因之與果所言因者謂方便緣修體窮位滿即普賢是也所言果者謂自體究竟寂滅圓果十佛境界一即一切謂十佛世界海及離世間品明十佛義是也問文殊亦是因人何故但言普賢是其因耶答雖復始起發於妙慧圓滿在於稱周是故隱於文殊獨言普賢也亦可文殊普賢據其始終通明緣起也今辨此因果二門者圓果絕於說相所以不可以言說而辨因明其方便緣修是故略辨也問不思議法品等亦明果德何故得於因門說耶答此等雖是果德對緣以辨果非是究竟圓寂之果耶故與因同一會說也今約教就自體相辨緣起者於中有二一者舉譬辨成於法二者辨法會通於理所言舉譬辨者如夜摩天會菩薩雲集品說云譬如數十法增一至無量皆悉是本數智慧故差別也今

因人耶答雖復始起發於妙慧圓滿在於稱周是故

舉此十數為譬者復有二門一異體門二同體門就異體門中復有二一者一中多多中一如經云一中解無量無量中解一展轉生非實智者無所畏此約相說也二者一即多多即一如第七住經云一即是多多即一義味寂滅悉平等遠離一異顛倒相是名菩薩不退住此即約理以明一中多多中一者若從一至十向上去若逆數從十向下來如一者一緣成故一即十所以一成故二三四等一切皆成也若一住自性十即不成故若無十一亦不成緣成故一向下來若一成故一切皆成也若一不成一切皆不成故一即十十即一緣成故若一成十亦成若一不成十亦不成也又論云以有空義故一切法得成也問既其各各無性何得成此門攝法界為盡為不盡耶答亦盡亦不盡何者一中十即是盡一中十具說即無盡也又復知一中十者是一中十非十十也十中一者是十中一非一一也何以故十非十十非一一不成也問一中十者為頓為漸耶答此一中十等皆具足應所以一常成不增不減也如維摩經云從無住本立一切法又論云以一成多多中一者如似一本在下末十在上若命一本為一則上九為末若命一末為一則九為本也如一本中十非是一一中十如似一本上有九末並本為十以末為九也所以一中有十所以爾者若無一即無十所以一中有十者欲去一存十者不成故一中有十耳如第一指中十者此第一指末為一餘九指為九故名一中十也第二指中一者為第二指末為一還指前指為一九故名一中一也所以第二指中一者為向下來故第二指為一餘下九指並為十也所以一中一者所言舉譬辨者如似十非一十不成也問何但一

如柱若非舍爾時則無舍若有舍亦有柱舍故有舍復有柱舍一即十十即一也問若一即十那得言一之與十乃言以即故得成耶答一即十非一者情謂一所謂緣成一緣成故成耶答一緣成故非是情謂一故經云一亦不為一為欲破諸數淺智者著諸法見一以為一也問前明一中十此明一即十有何別耶答前明一中十者離一無有十而十即是一緣成故常同時而先後所以是同時為是先後耶答緣成故常同時而先後所

華嚴十者門 三

然者一即十者一故常同時向上去向下來故有前後也問既有明先後去來即是有增減何名不動本相耶答雖先後去來而常不動故經云不來不去也如此即一相故亦非情謂多而來也如此一相亦非情謂一多亦如是雖多而不動故一多為是本有為始有耶若本有者不應論一多辨不同情謂多若一多始有者即是緣成不成一多既是緣成故不同情謂此之一多為自就一多體辨為一多異體辨耶若自就一多體辨今本有不論一多體即息諸論道也如經云智慧差別故又云智者無所畏者約智說也如

華嚴十者門 四

故約智說一多也若約智照故辨本有者以智照故本有如室中空開門見時此空即是本有如涅槃經見佛性已即非三世攝問亦得是始有不答始有以不答見時始照故即非本有者此智照時得通照明以照故有不照故非本有故此智照即本不有故亦名始照不答一切諸法例如此也

二明同體門者還如前門相似還明一中多多中一今就一中門說者還明向上去向下來其中逆順各具十門今略舉其始終約十一而說

一即多多即一者如似一中十緣成故若無十即一不成一亦如是問此同體門中與前異體門中有何別耶答前異門言一中十者以望後九故言一中十也此言一中十者即於自體有九故言一中十耳問既言一中十者此即是九何言一耶答九是一耶既非緣成義答若一體不離十豈得非一一中言一者非是情謂一也若情謂一即不得有九者應非緣成故若一體有九者何得言一答九者不離一故一即十何以故一者緣成故一即十何以故若無一

非一二不成故一卽十既爾一卽二三亦然逆順各十門亦然問此中言自體一卽十者與前同體一中有何別耶答前明同體一卽是十以爲異也問此明一體卽十爲攝餘門亦無盡耶爲自門無盡亦攝餘不盡一亦不盡一一切卽成若不盡餘亦不盡若一亦不盡故此攝法卽名爲盡若具說卽無盡復無盡成若不成若更不攝餘故名無盡故亦攝盡不盡處空卽是盡更不攝餘故名無盡故亦攝盡不盡

問旣言一卽攝盡者爲只攝一中十亦攝他處十答攝他十亦有盡何以故離他無自故一攝他處卽無盡而成一之義他處十義如虛空故有盡明此下明約法以會理者凡十門

一者同時具足相應門　此約相應無先後說
二者因陀羅網境界門　此約譬說
三者祕密隱顯俱成門　此約緣說
四者微細相容安立門　此約相說
五者十世隔法異成門　此約世說

六者諸藏純雜具德門　此約行說
七者一多相容不同門　此約理說
八者諸法相卽自在門　此約用說
九者唯心迴轉善成門　此約心說
十者託事顯法生解門　此約智說

就此十門亦一一之門皆復具有教義理事解行因果人法分齊境位法智師弟主伴逆順體用隨其根欲性所言教義者教卽是通相別相三乘五乘之教卽以別教以論別義所以得理而忘教若入此通宗而教卽義以同時相應故也第二理事者若三乘教辨卽異理顯異事如諸經擧異事喩異理若此宗卽事卽理如諸經文是體實卽是理相彰卽是事第三解行者解卽解契窮爲解如看其面不說其名而自識也若相顯相明人卽法也第五八法者文殊顯其妙慧普賢彰其稱周明人卽法第六分齊境位者參而不雜各住分位卽分齊境位第七法智師弟者擧一爲主餘卽爲師相成卽弟子第八主伴依正者擧一爲主餘卽爲

伴主以為正伴即是依第九逆順體用者即是成壞
義也第十隨生根欲性者隨緣常應也如涅槃經云
此方見滿餘方見半而實無虧盈若此宗明者常
增減而常無增減以同時相應然此十門體無前後
相應既其具此十門餘因陀羅等九門亦皆具此十
門何者但此十門其一一皆稱周法界所以舉十門
者成其無盡義也

今釋第一同時具足相應門者即具明教義理事等
十門同時也何以得如此耶良由緣起實德法性海
印三昧力用故得然非是方便緣修所成故得同時
應然其無盡義也

今且據因果同時者若小乘說因果者即轉因以成
果因滅始果成若據大乘說因果亦得同時而不彰其
無盡如似舍因成舍以成舍時而不成餘物以
因有親疏故所以成有盡若通宗明因果者舉疏緣
以入親是故一切法皆一時成若舉一法
不成者此舍亦不成如似舍若不成時一切法皆
有一步非到者一切步皆非到故經云雖成等不離
不捨初發心又如大品經云非初不離後亦不離
後而明菩提也問既言初步即到者何須用第二步
耶答汝言一步即到者為是多即一以否又言何用

第二步者此第二步為是一即多以否若初步是多
一第二步即一多者云何乃言一步不到第二步
到耶若一是不一多者一步與多步即是法界智者
到義中尚爾是不到故知一多義故涅槃經云
應當定說亦無不定說到者不到不到者不
海印定力能見之而復不失因果不墮斷常故經云唯
深入緣起斷諸邪見斯之謂也問若因果同時即
應度者乃能見之而復不失因果不墮斷常故經云依
成果因即成果耶得言不失因果耶答如地論云依

緣二種義示現二種時依因果義者名為因依果義者
名為果豈得失於因果耶又名因果同時耶得
言失若其失者何名因果同時耶既言因果同時既
教義理事等同時亦然問既言同時相應者今舉因
果一事即得具前教義等同時十門既一事具十
者欲成其無盡若不論三種世間圓融可但今舉
十門亦就別明事說不成無盡法界虛空法門成
盡若但就別事說不成無盡者只約大乘義也
第二因陀羅網境界門者此約譬以明亦復具有教
義等十門如梵網經即取梵宮羅網為喻今言因陀

羅網者即以帝釋殿網為喻帝釋殿網為喻者須先識此帝網之相以何為相猶如眾鏡鏡之影現一鏡中如是影中復現眾影一一影中復現眾影即重重現影成其無盡也是故如第七地讚請經云於一微塵中各示現邢由他無邊佛於中而說法此即正覺世間又云於一微塵中現無量佛國須彌金剛圍世間不迫迮此即據器世間於一微塵眾生世間有三惡道天人阿修羅各各受業報亦如是故於微塵現國土微塵復示現一切微塵此即據眾生世間又云一切微塵中現國土國土亦如是所以成

其無盡復無盡此即是其法界緣起如智如理實德如此非即變化對緣故說若是大乘宗所明即言神力變化故大小得相入或云菩薩力故入不二故入不同一乘說問若此宗明相入不論神力乃言自體常如此者斯則渾無疆界無始無終何緣得辨因果教義等耶答以隨智差別故舉一為主餘則為伴猶如帝網舉一珠為首眾珠現中如一珠即爾一切珠現亦如是故前經舉一菩薩為首一切菩薩圍繞一一菩薩皆如是又如諸方皆來證誠同其名號一一十方證誠皆亦如是所以成其無盡

華嚴十玄門 九

復無盡而不失因果先後次第而體無增減故經云一切眾生盡成佛佛界亦不增不減若無一眾生成佛眾生界亦不增不減

第三祕密隱顯俱成門者此約緣起說也還具前教義十門所言隱顯者如涅槃經說半字及滿字者滿字即顯半字即隱又如月喻品云彼方見半月此方見滿此即是大乘宗中說若通宗辨者不待說與不說常半常滿隱顯無別時如彼月性實無虧盈隨緣所見故有增減此即是大乘宗中說若約緣起所見不同謂此見半即約緣成故言半即滿隱顯俱成故如來於一念中八相成道生時即是滅時同時俱成故所以稱祕密如似十數一即十一即是顯二三四至十即為隱又眼根入正受即是顯於色法中三昧起即名隱而此隱顯體無前後故言祕密也

第四微細相容安立門者此就相說如一微塵此即是其小相無量佛國須彌金剛山等即於其大相直以緣起實德無礙自在致使相容非是天人所作故安立如一微塵中有穢國土而即於此微塵中具有不可說淨國在此微塵中而於彼穢國不相妨礙而

華嚴十玄門 十

此淨國之相仍亦不失乃至有諸國土尸羅盆幢形三方及四維等國在此一微塵中常不相妨礙故普賢品云一切諸世界入一微塵中不積聚亦復不離散故知若與普賢相應能於一微塵中見不可說國土而不雜亂不增不減豈可須彌納芥子將為難事故理事等十門安立相容亦如是問此相容門與前因陀羅網門有何別耶答諸門隱映互相顯發重重復重重成其無盡者即是因陀羅網門中攝諸門一時具顯不相妨礙即是相容門中攝

第五十世隔法異成門者此約三世說如離世間品

華嚴十玄門　　　十一

說十世者過去說過去過去說未來過去說現在現在說過去現在說未來現在說現在未來說過去未來說未來未來說現在如是十世以緣起力故相即復相入而不失如以五指為拳不失指十世雖同時而不失經云過去劫入未來現在劫入過去現在劫入過去未來劫入現在又云長劫入短劫短劫入長劫又云過去劫入未來現在未來劫入過去現在現在劫入過去未來現在劫入無劫無劫入現在又云無盡無數劫能作一念頃非長亦非短解脫人所行如是十世相入復相

即而不失先後短長之相故云隔法異成教義理事等十門相即相入而不失先後差別之相故名異成也

第六諸藏純雜具德門者此約諸度門說何者如就一施門說者一切萬法皆悉從始至終不出施門即名具德諸度等行故名為純而此純之與雜不相妨礙故名具德如大品經一念品明從始至終不出一念即名為純而此一念之中具於萬行即名為雜雖爾而與此中純雜義別何者彼約諸度行用若約施門一切皆施若說忍門一切皆忍說諸度等皆名雜又問此與六度相攝義亂故具德故不同彼念品又問此與六度相攝義有何別耶答六度相攝者以施攝諸度非是雜也此明者以施攝諸度即名為雜何故不同故知不同相攝義也問此中明相攝復有何別耶答彼中相攝者但一即攝九十等是故名為雜而一即不成此與大品十數相攝義一即不成彼此二義未審有何別耶答彼言相資者而能非是所今

華嚴十玄門　　　十二

言十成一而一即是十所以不同資義。

第七一多相容不同門者此約理說以一入多多入一故此名相容即體無先後而不失一多之相故曰不同即緣起實德非天人所作故經云以一佛土滿十方十方入一亦無餘世界本相亦不壞自在故能爾又如普賢品云一切眾生身入一眾生身一切眾生身入一切諸世界令入一塵中世界不積聚亦復不雜亂須彌入芥子此即不說也。

第八諸法相即自在門者此約用說還就約教義理

華嚴十玄門

事等十門取其三種世間圓融無礙自在故一切攝一切成其無盡復無盡故相即復相入約以說問此明其無盡復無盡相容相入與前體門中說者有何差別耶答如譬說同因陀羅網及微細相容門有何差別耶答就隱映相應互相顯發重重復重體門中說者即是相即復相入成其無盡者是相容門若就三世圓融不相妨礙者是即入成其無盡復無盡者即是此門攝若就三世圓融無礙者即此門攝若如是相即復相入成其無盡復無盡者此乃渾無疆界何始何終何因何果耶答此據法界緣起體性

十三

成其無盡復無盡故先後因果不失雖不失先後而先後相即復相入故成其無盡故先後相即復相入故初發心時便成正覺如前章門一即一切無盡亦復無盡二三亦復爾故此經云歎初發心功德云明其功德深廣無邊際如來分別說不可盡況於無量無數無邊劫具足修諸地功德此即是從二三至九十地等皆悉明成佛果德又云何十住十行及十迴向地皆悉明成佛果德兵由始終相即復相入成無盡故問如前明果德絕於說相云何十信終

華嚴十玄門

心即具佛果德用耶答十信同果德者即果德是可說之相何不可說耶答因位菩薩有果德者欲彰果德是不可說是故歎德文云一地普攝一切諸地功德若一地即攝一切諸地功德者即彰一地即一切初即攝後後即攝初者若為答若以一門即具一切諸門也一門即攝餘門。

問若一即攝一切者如一升即得一斗不答一斗即一升一升即一斗何以故若以升成斗升即斗餘一升不成問何者一斗即一升一升即斗若以升合成一斗既無其升何有斗今舉升即斗斗升之外無別升斗如龜毛兔角

十四

不可得初心即成佛成外無別修其相如虛空是故言初心成佛者非謂不具諸功德如經說普莊嚴童子一生具見佛聞法即得三昧一生得見三生具見佛聞法即得三昧即至際見佛滅度後復得三生得入果海同一緣起此初步之到非謂無於初行三生得入果海非不久植善根既言久修念猶如遠行得到在初步然此三生只在一始得者云何言一緣起一念即是一念始終具足故經步明此童子得入果海非不久植善根者即在三乘教攝從三乘入一乘中一念始終具足故經云初發心時便成正覺乃至具足慧身不由他悟譬

華嚴十玄門 十五

眾流入海纔入一滴即稱周大海無始無終若餘江河水之深不及入大海一滴故即大海用三乘至如初坐用心之徒但取靜心即言成佛者此亦多劫不及與一乘中一念故下明善財從文殊所發佛成在而不得是圓極之成如諸江河亦得是水未得同如大海之水此中通辨一念成佛義者若小乘心求善知識故經歷一百一十城已而不如一念得普賢菩薩故知得入此緣起一念豈不成佛耶說要三大阿僧祇劫滿百劫修行相好業始得成佛行若滿意欲不成佛亦不得故無一念成佛義若大

乘明一念成佛義者凡有二種一者會緣以入實性無多少故明一念成佛義也二者行行既滿最後一念名為成佛如大品經一念義如大品經一念義如遠行地前是二者行行既滿最後一念名為成佛如大品經一念義一僧祇初地至七地是二僧祇八地至十地是三僧祇亦不定由一念故明知相即相應故欲望初初成佛即是成何故以因果不思議品云諸佛如來非不一念成佛故明大乘取最後一念成佛者在後成復在後成復不思議品云諸佛如來非不論其成佛成復在後成復在後成復成眾生欲在後成復在後成復成如大品經一念成佛即入一乘以明

華嚴一乘十玄門 十六

先覺為眾生故於念中新新斷結亦不住學地而成正覺故今舉一念成者即與佛同時位未見究竟故復有淺深之殊如人始出門及與久遊他士雖同在空中而遠近有別是故信位等各言成佛者而復辨其淺深此須善思之第九唯心迴轉善成門者此約心說所言唯心迴轉者前諸義教門等並是如來藏性清淨真心之所建立若善若惡隨心所轉故云迴轉善成心外無別境故言唯心若順轉即名涅槃故經云心造諸如來若逆轉即是生死故云三界虛妄唯一心作生死涅槃

皆不出心是故不得定說性是淨及與不淨故涅槃云佛性非淨亦非不淨淨與不淨皆唯心故離心更無別法故楞伽經云心外無境界無塵虛妄見若心外更無境界無皆由心成者如人先見無外有物別有人去物時心由謂有爾時物實無何名由心成耶答若隨虛妄心中轉者此卽外物亦隨心之有無亦心隨去物不去物而轉體應起自在力然非是變淨心說者此物本處不動本處不到他方而常此卽緣起十方性恆常縱橫移化幻術所為是故雖復七處九會而不離寂滅道場也。

維摩云文殊師利不來相而來不見相而見此之謂也。

第十託事顯法生解門者此約智說言託事者如經舉金色世界之事卽顯始起於實際之法一切幢一切盖等事是行體也又如法界品云開樓觀則彌勒菩薩所行因事至菩提道場以樓觀門相見所以言顯法解也若大乘宗中所明亦託事以顯法卽以異事顯於異理法此中以事卽顯事攝法無盡故前舉旖幢等皆言一切所以不同大乘說也此中明因果者如一乘說也。

華嚴一乘十玄門

華嚴大教闡揚十玄門者此為鼻祖賢首仍之載於教義章內大意相同而文有詳略及作探玄記改易二名用一華葉演說為清涼懸談張本後人不知以為清涼十玄與賢首有異者蓋未見探玄記也今教義章與懸談並行於世而復刻此卷欲令人知其本源耳。楊文會記

華嚴精舍施錢十三千文敬刊此卷連圈計字七千二百八十八箇

華嚴五十要問答卷上

唐終南太一山至相寺沙門智儼集

今建五十要問答以顯一乘文義節

一十佛及名義離世間品中釋。

問云何見佛及佛名數。一乘三乘小乘等教中不同義答依小乘教見色身佛為見佛若依三乘見根與境同時相應見實色身佛名為見佛由分別偏計合佛寶色身等三十二相不名見佛由見所謂見名見故假使見可似之相即色是空非色滅空等不如所謂是名見無來去相即色是空非色滅空等不如所謂是名見

佛由與佛體相應故依一乘教見聞已去乃至會知無生相及應十數見其十佛一無著佛安住世間成正覺故二願佛出生故三業報佛信佛隨順故四持佛安住故五涅槃佛永度故六法界佛無處不至故七心佛安住故八三昧佛無量無著故九性佛決定故十如意佛普覆故名為見佛由如是見故菩提分法及解脫分法麤細差別對機生信初不成佛名有十如華嚴經說差別多少云何者一乘教佛名數一無著佛二願佛三業報佛四持佛五涅槃佛六法

界佛七心佛八三昧佛九性佛十如意佛三乘佛有三一法身佛二報身佛三化身佛小乘佛有二一生身佛二化身佛法身佛亦名自性身即本有真如也二報身佛亦名應身佛化身佛亦名應身則修生行德成也若依小乘佛德若一若多修生慈悲愛行成也若依三乘佛由修生慈悲多歎少時乃至多歎時者是三乘若多歎少時多是一乘也

二受職義十住品後釋。

問諸教成佛受職云何答若小乘受職但人義中教成無別事義若三乘受職依理天處成亦不論事教義位別依一乘受職即具教義理事位等廣如華嚴經說

三眾生作佛義十稠林後釋。

問依諸教中有情眾生作佛云何答依小乘教於一時中但菩薩一人慈悲愛行依三十三心次第作佛餘見行者並不作佛若依三乘一人作佛二種涅槃住無餘及迴心二人修行滿十千劫住堪任地者並皆成佛半成佛半不成佛若未至此位則與一闡底迦位同如此人等並不成佛此據一語若依此判四句分別準亦可知此如瑜伽菩薩地

說若依三乘終教則一切有情眾生皆悉成佛由他
聖智顯本有佛性及行性故除其草木等如涅槃經
說依以此義準上四句義即是一乘共教也
經說依一乘義一切眾生通依及正並皆成佛如華嚴
四成佛前後義四十無礙辨後釋
問諸教有一人成佛餘人成佛前後若云何答依小
乘教但一切眾生成佛前後自他云何答依小
有情後時作佛由無十方佛故依三乘教有十方佛
故得同時他處成佛若他有情亦得能化所化同時
成佛為進退不定故若依一乘教於念念中成佛皆
　華嚴五十要問答卷上　　　　　三
盡所化有情在諸位中十住以去乃至菩提皆盡眾
生界成佛徧滿無有前後為同一緣起大樹故也
五一念成佛義亦四十無礙辨後釋
問一念成佛與多劫成佛差別云何答依小乘教世
界成壞大劫滿三阿僧祇定得成佛此無一念成佛
時唯一念故二會從實時法性無多少長短一念
依三乘教或一念成佛此依華嚴故一成即一切成
即一成佛此依華嚴如勝天王經說依一乘義成佛時
祇成佛一切成一切成即一成據一三千界定三僧
界亦不定三僧祇如勝天王經說依一乘義成佛時

節並皆不定為十方世界時節不同因陀羅世界等
並據當分報位說有為諸劫相作及相入等故無定
時仍不違時法也
六他方佛成化義第二品初雲集品中釋
問依諸教相他方諸佛應化云何答依小乘教無他
方佛假使有者即是此方佛往彼變化依三乘教十
方淨土所有佛並是實報無有變化若權起不定及
始終令有情機知變化者即屬化攝若色究竟處菩提
樹下二佛相對有其兩義一以化顯報即菩提
樹下顯蓮華藏世界海中佛是報故也二以報顯化
用也諸方現佛若名若義皆依釋迦海印定現無別
解大道體即一切種體即一切種相用即一切種
一乘但有十佛依行分說不分修生及本有義若依
舉色究竟處成高大身顯菩提樹下是化義也若依
佛也
七佛母眷屬義後摩耶中釋
問佛母摩耶諸眷屬等義相云何答依小乘教佛母
摩耶此贍部州是實佛母餘世界中則無實也為佛
是化故依三乘始教於一三千界所有處亦有別佛化義
摩耶眷屬等亦即非實諸三千界所處亦有別佛化

同前淨土之中佛母等諸眷屬者亦唯是化仍是法門化非八相化也若三乘終教如三千等同類世界現成佛者並是化佛也何以知之大智度論成佛世界廣引如疏得知並是化佛也何以知一佛化境多處現身故是化摩醯首羅天身亦是化作由權顯閻浮提樹下是化佛故蓮華藏世界所有佛者是報佛也大無量壽經說十方淨土所有佛在釋迦佛所化教網名義顯現為現引此娑婆小根異習眾生故如親屬通體相用若依一乘所有諸佛在釋迦佛所化教網名義顯現者並是釋迦佛海印定力以此義準諸眷屬等皆悉

華嚴五十要問答卷上　　　五

同然體相用義及變化改性等準此可知也。

八佛情根義第二品初請中釋。

問佛諸情根相入相作差別云何答依小乘教佛菩薩等諸根相作但變化改性也依三乘教菩薩及改性並得自在三乘者有二義一據本性即變化改性二據緣起本法顯現亦無別性可變可改若現為者同前化攝有彼聖德無凡有身漸悟及本性從大乘簡耳即變化改性二義皆成也依一乘菩薩緣覺聲聞若依現覺總名大乘菩薩人也今攝教若爾者同前大乘有彼聖德直進大乘復有其聖德直進大乘有彼聖德無凡有身

小乘有彼凡身有聖德而凡身非聖法也

九佛菩薩因果通局義盧舍那品後釋。

問佛及菩薩因果二位云何差別答依小乘教一人依一界一心次第成佛因果二位稱現量可知但斷惑因果盡不盡若依三乘多身多處現成非三世間智正覺之一分義相可知邊量分齊唯蓮華藏世界海佛及三世世界所有情界境界若依一乘所有成佛因果及微細世界所有情界境界若依一乘所有成佛因果分齊邊量則通因陀羅祕密微細一切境界分齊盡三世邊量因陀羅祕密微細一切境界分齊盡三世

間分齊邊量如華嚴經普賢門準也所有修行斷惑等因果二位皆盡不盡也

十諸教修道總別義第十地初離垢三昧說。

問諸教修道所有總別業時節分齊云何答依小乘教諸菩提分總報業從發心初始次第修行臨欲成佛十地終心百劫別修相好業是實非化若依三乘教分與終教並修十地終無別百劫已來一切修相好業即成菩薩從發心以來一切修相好業即成菩薩從發心以始教是化非實若依三乘並直進菩薩並依一乘教分終教及直進大乘即成菩薩從發心以改若現為者同前化攝有彼聖德無凡有身亦無別時修別相好業何以故現十地後修相好業

者為迴聲聞由聲聞人偏修智分不修福分今現別修顯彼信心無慢敬愛故也

十一成佛不成佛義稱林後釋。

問菩薩修道成佛不成佛義別云何答依小乘教但修菩提分業除有退者皆悉成佛無不成佛若依三乘教實行修道皆悉成佛若約正理無不成依一乘教皆對前機若對異機則須成佛不成佛若對正成皆新新結成佛亦不住位中無有溢滿即成則常新新斷成如大海於諸位中無有溢滿即楞伽經成皆新新斷結成佛亦不住位中無有溢滿即楞伽經菩薩一闡提是若對異病機則無成不成若對普賢則亦成亦不成也。

十二佛相貌義第三知識中釋

問諸教立佛相貌云何答依小乘教以人相為佛一切智等即屬於法依三乘教亦德亦相是佛相貌依一乘教是德是相非德非相由緣起理具足逆順作不作義故。

十三大師小師義二地攝生戒釋

問大師及小師差別云何答依小乘教和上為大闍梨為小師佛非大師依三乘教佛為大師餘者並為小師佛非小師依人別位制入無餘涅槃果故權於下位立大小師一乘大小師依理為正耳非由相事也。

十四信滿成佛義賢首品釋

問十信作佛與十地終心作佛差別云何答若但言十信作佛不論十地終心具足五位及九位作佛即是三乘由法義道理不具教義等故小乘佛一乘圓教義攝也十地後地利益後釋。

十五劫減佛與世分齊云何答依小乘教百年為劫減三乘佛並是阿含佛一乘佛是義佛也

問劫減佛與世分齊云何答依小乘教百年為劫減依三乘教有二種減一時減非善減二時減亦善減八萬劫以下大位為時減百年以下大位為善減濁等諸惡增故。

十六菩提樹為始義初釋。

問華嚴經教因何據菩提樹及佛為始答若據迷論舉心動念並是偏計皆是佛智故據本性息相還原設教綱維計即空無法今由佛善覺離本性以外無有一法也

十七佛身常耶無常耶答依小乘佛無常依三乘佛亦

華嚴五十要問答卷上

常亦無常法身佛究竟離故無常也應身一證究竟故常隨凡夫得見增減故無常化身如火有處然有處滅故是無常故說常也盡未來際故故說常也一乘十佛是常與阿含相應故非無常用不說故佛是常非無常隨緣起際故佛非無常也

十八佛轉依差別相不同相釋

問諸教佛轉依義地品同相不同答依小乘教轉成轉顯也依三位轉顯現惑得滅故轉成行德滿故轉位聖人性故轉位聖人法流現在世故轉成轉顯也依三乘教轉滅轉成轉位轉顯或得現在上心及種滅及性滅故轉諸德圓滿故轉成轉顯凡夫依聖人依及不得成轉位法身離惑及無離相名義也依一乘教本有及本有修生修生有四位常然廣如疏說滅惑不滅究竟常然故轉依義通其九世及十世非如前小乘及三乘教一世也

十九轉四識成四智義

問轉滅四識成四智其義云何答依小乘教但有五識及意識無彼賴耶及末那亦無四智可成若依三世也

華嚴五十要問答卷上 九

等二教不同為有別義佛地經云當知有五種法攝大覺地何等為五所謂清淨法界大圓鏡智平等性智妙觀察智成所作智下次釋乃至成所作智通成三業作用無有別文屬當賴耶末那意識五識別成轉依得四種智又如無性攝論由轉阿賴耶識等八事識蘊得大圓鏡智等四種妙智如數次第或隨所應當知此中轉阿賴耶識所識境不迷無分別行能起受用佛智影像轉染汙末那故愚迷不現在前而能不限時處於一切境常不忘佛智故得平等性智初現觀時先已證得於修道位轉復清

華嚴五十要問答卷上 十

報及末那識得起現行並從意識成故若異熟賴耶親從種子同類發意識即從上心意識而生況復發智從本識種類等次第發者此義不可但從薩將四智名寄顯四識其本識及末那識是有決定非親四智自類生智何以故末那識及五識等不成總報思業及聞思簡擇不得有故有發思業則須別者有此過也教亦無文法性賴耶如來藏識全即不合自起發思故佛地經及無性攝論

淨由此安住無住涅槃大慈大悲恆與相應能隨所樂現佛影像轉五觀識故得妙觀察智具足一切陀羅尼門三摩地門由如寶藏於大會中能現一切自在作用能斷諸疑能雨法雨轉意識故得成所作智普於十方一切世界能現變化從都史多天宮而沒乃至涅槃能現持一切有情利樂事故上文既云隨所相應故知別配轉四識依成四種智此義不定但為文意隨義顯法取其一義不得定然如寄惑顯位準即可知當知教意方便顯法故作此說若約三乘初教此亦可爾如成唯識論外疑云若末那識自類不發智者聖入位中即有所少為答此疑有其四句或有法凡聖共有或有法聖有凡無或有法凡有聖無或有法凡聖俱無凡聖俱有者謂如來藏五義凡聖俱無者謂偏計性凡有聖無者謂無常身既有此句末那凡有聖無何過也有者謂無若約三乘教門中對小乘容有此義何以故凡一乘教說一乘不共教凡無小乘人容如來藏不染而染染而不染成賴耶故

華嚴五十要問答卷上　十一

問一乘教相建立云何答此義相難今舉喩顯如一二十教相義第十地釋名分釋。

樓觀內外嚴飾盡其功思唯有一門有智慧者能扣開門示無智者一乘教義亦復如是為性起樹藏內莊嚴三位佛及普賢二人開見一覺門向菩提樹下唯有因果二位佛及普賢二人開見一覺門向菩提樹下唯一乘外嚴三乘及小乘等有一乘教義亦復如是為性起樹藏內莊嚴三位佛及普賢二人開見一覺門向菩提樹下唯有因果二位佛及普賢二人大教網紜生死海漉天人龍置涅槃岸諸教相中示彼小乘及三乘教令物生信起行分證示一乘教令其見聞後得入證華經界外大牛車及地論第八地已上不同即如法華經界外大牛車及地論第八地已上文即是其事。

二十一一乘分齊義四十無礙辯才後釋。

華嚴五十要問答卷上　十二

問一乘教義分齊云何答一乘教有二種一共教二不共教圓教一乘所明諸義文文句句皆具一切是不共教廣敎一乘如華嚴經說二共敎者即小乘三乘教名字雖同意皆別異如諸大乘經中廣說可知仍諸共敎上下相望有其不共如小乘卽無或二乘俱無則一乘卽無三乘即無其同或二乘俱無則一乘即無是也可類準知。

二十二立一乘位義云何答亦依一乘普賢因果制位不同有十七門世間六道卽為六門聲聞緣覺復為

二門小乘中佛及初迴心小乘入佛復爲二門此二佛同依三十三心依四禪等發智得成佛故以去至十地五位位作佛即爲五門一爲迴心聲聞制乾慧等十地復位作佛成爲一門爲直進菩薩從初十信修滿十地後得作佛成初一念正覺復爲一門廣說如疏本三乘小乘準以可知

問六道因果本非聖位因何攝在普賢門中答六道因果是背聖法普賢方便迴成返道行及逆行門令諸有情方便依厭得解脫故

二十三六道成淨方便義亦四十無礙辯後釋

二十四立藏不同義十藏品中釋也

問脩多羅等三藏教網同異云何答其三藏教分爲兩義一所詮三故教即此名數而義深淺分齊乃至毗那耶詮戒三脩多羅詮定乃至毗那耶詮戒三故教卽爲二謂大乘小乘分爲二藏緣覺所詮二故分教爲二藏緣覺其獨覺爲無教故不與藏名若一乘內卽有十藏

二十五心意識義十稠林初釋

問於諸教內建立心意識差別云何答若依小乘教但有六識義分心意識餘如小論釋依三乘教

華嚴五十要問答卷上　　十三

云中立有異熟賴耶受熏成種所以知之故無性攝論迴心聲聞未達法空權舉異熟立爲死漸向細滅實則不然若據實理相引小乘變易生界所成理事是知法界由如金器離金無器是金之見藏住能熏所熏如是可思簡故起信云眞如能言熏果報者據位而說此可思簡故起信云眞如熏無明無明熏眞如此義亦起信旣熏眞如不如瑜伽論住能受熏如是名菩薩摩訶薩起信旣熏眞如因何辨成熏習今會此意瑜伽爲對聲聞先識異熟後知無生順觀行故今起信論爲直進菩薩識緣起卽相會無生故仍依楞伽經染淨等法開有合染開則成九識合則是黎耶如來淨藏識亦有二義合則成八識開則成七識故有八九種種對治雖無量種而能變識唯三一謂異熟卽第變相卽八識多異熟性故二謂思量卽第七識恆審思量故三謂了別境卽前六識了別麤相故及言六合爲一種此三皆名能變識者能變有二種一因能變謂第八識中等流異熟二因習氣等流習氣由七識中善

惡無記熏令生長異熟習氣由六識中有漏善惡熏
令生長二能變謂前二種習氣故有八識生現
種種相等流果故異熟習氣為因緣故八識體相差別
等流果果似因故異熟習氣為增上緣感第八識酬
引業力恆相續故立異熟名感前六識酬滿業者從
異熟起名異熟生不名異熟果異熟因故此中且說我愛執藏
雜染種能變果名異熟果異熟因故此中且說我愛執藏
異熟生名異熟非謂一切其第七末那識依
三乘教有其識起四惑不起法執愚法聲聞及迴心聲聞
暫伏上心由觀智淺故退菩提心聲聞及迴心聲聞
等並斷末那為觀智勝故假使瑜伽後分遵賴耶識
起必二識相應者此據初起為正義迴心者
說直進菩薩義當不起據後相續至金剛定斷直進者
又初同心菩薩為留惑故相隨至金剛定斷小乘故餘
習氣至金剛前言至者據二阿含說初對小乘故餘
義準可知意識及五識或同或異如經論說意識等
又一乘唯一心顯性起具德故如性起品說又說十
心欲顯無量故如第九地說此據一乘別教言。
二十六諸經部類差別義序分品集眾文釋。

問諸經部類差別義云何答如四阿含經局小乘教正
法念經舉正解邪行別通三乘涅槃經等及
大品經三乘終教為根熟聲聞說三乘教意
乘始教初會愚法聲聞故意在文維摩思益仁王
勝天王迦葉佛藏等為直進菩薩說此二教直進有二種
一大乘中直進二小乘中直進菩薩說一處直進有二教
亦有同異準攝可知是十乘一部是主餘經
是眷屬一乘三乘小乘共故又解華嚴一乘餘經
是一乘經也三乘在三界內成其行故一乘三界外
與三界為見聞故餘義準可知。
二十七道品義第四地中釋。
問諸教道品有差別云何答小乘道品名數略有三
十七種三乘道品華嚴經中離世間品二千句義即是名字及
一乘道品華嚴經中離世間品二千句義既名數有異廣在經論一
以體性又問一乘道品既名數別體亦須別因何
義與三乘同答據義分量深淺寬狹並皆不同今舉
義門有差別名字有同欲引三乘信樂故也諸教通
明等數有增減亦準此知。
二十八涅槃義性起品後釋。

問諸教涅槃差別云何答小乘涅槃有其二種謂有餘無餘有餘者有身智也無餘者無身智也謂報身智三乘涅槃略有四種一性淨涅槃二方便淨涅槃三有餘涅槃四無餘涅槃一性淨涅槃即法身也有餘涅槃即約化身辨其義體相不與小乘同若望其德各成解脫處涅槃般若法身三德既同無有增減此四唯局果德無住處涅槃通因及一種約理分二釋廣說如華嚴經德用名數亦具十二種約量分二釋如攝論若一乘教即唯有一大般涅槃無有差別也

二十九戒學義第二地中釋。

問諸戒學等有何差別答隨人差別有其八戒及七眾所持戒總成一別解脫戒與定道別修持故名別也定道二戒通前別解脫總成三戒也此之三戒三業亦其為隨所相應故也三乘菩薩別有三戒謂十無盡戒二十四戒三波羅夷戒為出家人受餘二戒四波羅夷戒為俗人受上戒四義相如此戒體也或五種十善或一乘應法界故即不相應色心事之理也即一表無表。

三十定學義三地中釋。

問定門何別答八禪定與小乘名大同於中隨人邪正及發智流無流別即體性皆異就聖門中一乘及三乘并諸小乘等位皆共此定等隨所成事異得名別也三乘位中直進菩薩別有八定地前有四如光德等定地上有四首楞伽摩等依一乘教有十種等如華嚴說體性德量皆並不同。

三十一慧學義第九地中智處釋。

問慧學義何別答小乘見修及八忍八智等廣如論說三乘教內或十一智等或三智等以義求十一智等多為迴心漸悟人說起彼信便加行智等為直進菩薩說於彼入道有勝便故若依一乘如離世間品說其智所知諸諦十二因緣差別義門廣如疏說。

三十二賢聖義善知識初釋。

問住道住果賢聖差別云何答依小乘教有二十七賢聖廣如毘曇成實等說三乘賢聖有四十二此通理事行位人法因果等法賢聖有四十五此通理事行位人法因果等若散說所依則三千大千世界微塵數即主伴別分一百一十也。

三十三色聚義十明品中釋。

問諸教色文有何差別答依小乘色有十二三乘色有二十五等一乘色總別有一百一十種三乘色內迴色者情謂障外之色影像色者定心成就色境界等像彼先色憶持及眼所見色故也一乘色如十明品釋不同凡色聖境界故

三十四不相應義九地說成就中釋。

問諸教不相應差別云何答依小乘家有十四不相應依三乘教二十四不相應等如謂實有法三乘不相應但色心緣發義理現前而不對事者是不相應與法界義何以故一乘三乘教法三乘不相應義依三乘立法數等欲遮止謂情在也若大小相得即無窮過名與句不相應者具解義不相應不與色心事相應也得不相應者其事現前異不得理也三乘一乘無大得得小得得大得等也何以故一乘三乘等欲別法相知其解行理事教義分齊不同雜集論等

三十五三性三無性義初地後十心中釋。

問經論所辨三性三無性義異相云何答三性法門本安立意欲別法相知其解行理事教義分齊不同其慢執故與斯教今就攝論引他四經明三性無性更不會真實性者此約行說如是準知此文在

即為大軌初引毗佛略經明有三性二引婆羅門問經證有三性三引阿毗達磨經證有三性四復次有處世尊說等引詮無常等三法聖教證有三性又前一文義義差別等引詮旨然顯諸法相無礙故顯二三性相從為一顯理融無相故若分別實相無品類為其體與智會故云何答若依攝論明三無性差別相者不現相是無相性也體不自現前藉因託緣方能生果無自生故三無性是無性故一自非有無性本有法性此義通三宗二體非有無性明諸法體本性非有若落過未無有自體現在有假有無實念念遷異不能自住此亦分成佛無我義故名無實此通成實及以大乘三如取不有等約彼本識法無我理不有成其無我義故非無性由自體定自非有有不二不盡離諸分別故名無性此義非聞思修地上報生善意識智所緣境界故此義唯大乘也此三印總則為一別則為四廣則無量若對二性後印三性之後明三性此約解行用則辨印意識印三性則約地上辨無性更不會真實性者此約行說如是準知此文在

三乘亦通一乘用何以故由此法門應法界性無邊用故

三十六心數及心所有法義稠林初釋

問聖立心數及心所有法分齊云何答今釋心所有法二門分別一總約大小乘顯心所有及心數法義二對彼二乘顯其廢立先明大小乘心所有法者先約大乘有其六位謂徧行有五一作意二觸三受四想五思二別境有五一欲二勝解三念四三摩地五慧三善有十一一信二慚三愧四無貪五無瞋六無癡七勤八輕安九不放逸十捨十一不害四大煩惱有十一貪二瞋三慢四無明五疑六薩迦耶見七邊見八見取九戒取十邪見五隨煩惱有二十一忿二恨三覆四惱五嫉六慳七誑八諂九憍十害十一無慚十二無愧十三昏沈十四掉舉十五不信十六懈怠十七放逸十八忘念十九不正知二十散亂二十一不定有四一睡眠二惡作三尋四伺合五十一法增減者依百法等論合五見為一依瑜伽論增邪欲邪解增減如諸論深有別意可思準之略以三門分別一釋名辨相貌明分齊二對諸門分別三約自乘隨義分別第一門者徧行有二義一自位相由徧如自

五法一無一切無二互論亦爾有義然二他位分齊徧有彼則有此仍彼不同此所以知者分齊也徧者起行無時無所有法故所有法相貌相也所以徧者乃於緣境也此名從初所有法而得知也即徧者起捨離行也此在於六位處行而自位連之相由餘五位非連之而相伴也二別境別者有二義一自位相貌如欲非勝解等有時有欲而無勝解乃至慧等互無故是別位也仍此別境者是各別非連之義也就境名從境者別也非

所緣境此對前連之徧行故得別境名相貌者五法相別行是其相貌分齊者乃至不定等六位皆通別等應可準知三善者性也從流無流位異善惡及無記局其體得名相貌者於有流位皆通故是其相貌分齊者乃至不定等六位處行各別非連之而起也有時有一而無十等。一互論有無增減成其分齊四煩惱者從用得名出世功用得名也相貌者於自位處成受喜二相是其相貌者分齊者乃至不定等六位數義功用增減而行非連之而其伴是其分齊五隨煩惱者從彼相由而得名也此有二由一由前大惑成隨煩惱二由此小惑成大惑故一由前解相貌仍此隨字從初而相由煩惱同前解相貌者於自緣中各別而相起是其相貌分齊者於彼六位中各別而伴數相義增減有分齊一法有三義善惡二義故別而起三性體用同時而成名相貌分齊無記同時用事是其相貌分齊者於六位中數義增中各別而起三性體用同時而成一法有三義善惡

減起用而生是其分齊仍非連之而有相伴也二對諸門分別者略對五門一約乘分別二約三性分別三約諸惑分別四對諸識分別五約假實分別初約乘分別者乘有三種一一乘二三乘三小乘今此心數即有無量並如緣起法界數量何以故諸心數是三乘終非一乘別教就三乘終大乘教及一乘別教內乘終即非三乘一乘心數為治世出世心煩惱非一非三數分別約其緣別故不可總說故三乘等類一一緣別約其緣別心數不同三乘心數亦不明數也三乘始一分心數為治煩惱所知障世間心煩惱說仍此三乘有始有終終教二乘心數亦不

可說始教心數即如此瑜伽對法論等小乘心數同異如下別辨二約三性有二一徧計等三性善等三性二約三性有二一徧計三性二善等三性仍隨在一性則非徧計等三性別境五通三性仍隨在一性餘十一唯善性三性仍隨在一性若善等二別境三性仍通流無流若在流則非無流定善等十一唯善性仍通及定地惑無流亦爾煩惱通不善及無記準前可知餘是無記故隨煩惱通不善不定四法通三性不約違理不善但是不善性無記爾時則餘二性不善無記準前可知餘約徧計等三性成此一徧行等五通三性仍隨在一性則攝餘二性成此一

性此如三性義中說隨在一性連之具五別境等五通三性仍隨在一性則非餘二攝同前說煩惱等十一通依他唯圓成實此通漏無漏如前說煩惱等二十通依他起及徧計不定等四通三性相會準前說三惑相會分別者略約三門一約皮等三惑分別二約諸惑所知二障分別三約五住地分別初約皮等三惑分別者徧行通三性等非三惑若約煩惱唯皮行通三惑分別境通三隨煩惱等皮肉若約寄位則通三惑亦皮肉約緣成三惑故煩惱皮肉心不定等四亦通皮肉心煩惱說仍此三乘有始有終

所知二障分別者徧行通二障別境亦復然善等非二惑煩惱唯煩惱隨煩惱等亦復然若約相成門則通於二障不定唯所知若約相成門則通於二障約五住煩惱地分別者徧行通五住別境亦徧通善故等非五住煩惱地分別者賴耶識起徧行五住由緣成諸惑故等如此之義可準諸識分別者賴耶識起徧行等通六位所有法。及我見我愛我慢無明意識起徧行等五及我見。或一切由與意識或同體或異五識則不定或初五。或一切由與意識及五識其緣境故此約三乘體故故經云有一意識與五識共緣境故此約三乘

華嚴五十要問答卷上　卅五

始教龎相說也若約三乘終敎論則賴耶六識等皆具。一切所有法由唯一識故五假實分別者假實有三。一約緣成辨假實若約此義或有分別或無分別緣成故離緣成故假有二本末明假實煩惱爲本隨煩惱爲末如論三約事顯理辨假實理事相應爲實。但理無事爲假假從事說故三實理事相應爲實但理無事爲假假從事說故三隨義分別者問諸心所有法可說有分別及別者不善無記相應者斷善不斷耶答徧行及別境不斷煩惱及隨煩惱說斷不定等四不善無記說

斷善及自性無記不說斷此約三乘初敎及法住智說若約終敎及一乘則非初中後取故卽斷而無相及不可斷故餘義皆準之問論何故說煩惱或說不可斷耶答由五利使有其二義一本末義由邊見等依本說末從末歸本故但說故論云起用成過義由加說邪勝解答以依本說及勝解有其三義。一釋名辨相貌幷顯分齊二對諸離二法故約方便及終成爲二數也第二就小乘分別者有其三義。一釋名辨相貌幷顯分齊二對諸

華嚴五十要問答卷上　卅六

分別三約自乘隨義分別初釋名者心數法有四十六大分爲六。一大地有十。一想二欲三觸四慧五念六思七解脫八憶九定十受幷大地有十一無貪二無瞋三慚四愧五信六倚七不放逸八不害九精進十捨小煩惱大地有十。一忿二恨三誑四慳五嫉六惱七詔八覆九憍十害犬煩惱大地有五。一不信二懈怠三無明四掉舉五放逸不善大地有二。一無慚二無愧有四。一貪二瞋三慢纏有三。一眠二悔三加覺觀總爲四十六及心王爲四十七初二眠三悔加覺觀總爲四十六及心王爲四十七初通大地名者由想等十通與諸心數以爲通依及通

行諸數依緣之處故云通通則力用徧通也大地者
喻名也如大地能生長萬物為依與法相似故為喻
也相貌者於自所緣起其體用而行是名分齊善
分齊者於諸心數諸位共行而不相雜名分齊善
大地者於諸心數隨緣而發與三聚色心不相應等
善以為依處故云大地小煩惱如前解相貌者於諸
大地者其分齊不具大性名為小也煩惱大地者於
自緣處體用現行而不相雜名為分齊約
緣分起不具大性名為小也煩惱如前解相貌者於
自緣處體用現行而不相雜名為分齊約
位處及以色心成自他事而不同彼名為分齊大
如前釋大地者其結縛等五義相應名大煩
　　華嚴五十要問答卷上　　　三七
惱大地如前釋相貌者不信等五於自緣處體用現
前而非相雜是其相貌分齊者於諸位成自他事而
不相雜是其分齊大地者於自位處起其無慚無
愧遊漫諸境起諸業過是大地如前釋相貌者
觸物成事違名為不善大地如前釋相貌者於
違其正理名為大地如前釋相貌者於自位處起
隨逐不捨是其分齊纒者喻義名也如絲縛象纒繞
成其事業此從使也驅使行人
而不同彼是其分齊纒者喻義名也如絲縛象纒繞
成過法亦如是其相貌者於他緣位連續成是其相

貌分齊者成他事處而不同彼是其分齊覺觀者與
後翻譯尋伺等名義少有別覺察觀心王者心
者尋逐伺等名義相似此從法喻心王者心
與數為依又依於諸根是名分齊廣釋別名具如
相貌者依於數起如君臣相應境界是名相貌分齊者
論問大小乘內心所有義及心數義何別也答數者
依根數起而不同於諸根了別諸境是名分齊從相生別
法數義是分齊義心所有義是屬他義從相生別
之心數是分齊義心所有義是屬他義從相生別
實二智不同二略對諸門分別者一對諸乘從相
　　華嚴五十要問答卷下　　　三八
方便處方便敎攝體用相貌並非一乘及三乘始別
敎名數心數名義所以如下釋二依三性分別通大
地數通心數通善不善無記等三性善大地者唯善
唯不善纒違理不善及無記不善大地者唯善
小大煩惱通大地數通善不善及無記不善大地者
惑諸惑通小大煩惱由入四使等一切使纒等是
通諸惑小大煩惱由入四使等一切使纒等是
煩惱非煩惱由數位通善惡故又小
煩惱入數則通煩惱非煩惱心王亦如是四約諸
乘唯煩惱覺觀通煩惱非煩惱心王亦如是四約諸

華嚴五十要問答卷上

識分別者通大地數等通六識覺觀唯意地五假實分別者唯實不通假心王亦如是餘義如論釋此略明正所評義以顯大乘心心法分齊餘宗準可知於自宗中隨義分別者問大乘心心法何不明不癡餘善根耶答屬通大地慧數攝故又不正憶攝也不順知耶解卽通大地中解脫攝也不正憶攝也不稱理定卽名亂相隱故攝也又相隱故卽慧攝也又不稱癡入大煩惱中無明攝也又十使中五見則通中慧攝入道便故也問是中善大地是何漏無漏答是人無我智漏無漏問此諸大地有攝心煩惱及所知障不答此諸心數不攝心煩惱就所知障內有攝不攝定者攝世間心煩惱不攝第二對彼大小二乘顯其廢立者無慚無愧此中何故從隨煩惱攝無慚無愧有其二義一據體說二據用論由成過無故入大乘小乘入不善性若據自體類與小惑同故入此大乘隨煩惱攝問何故大乘增失念及散亂等不說答小乘初教問何故大乘不說偏行別境大惑隨煩惱及不定等名於小乘中何故不說答小乘心數聖者立意爲治麤惑不假細說今此

華嚴五十要問答卷上 三十

等名通治細惑故分別與彼入道義相當故問小乘大地及諸使等名於彼大乘何故不說答大乘何故不明不癡等耶答大乘中卽是初入方便之教爲此義故於細教中無要不說也卽欲知大乘數之半節瞋等體強而用弱如大煩惱等此約大乘說於中仍將小乘對大乘說也三體用俱相強如無慚無愧等此約小乘對大乘體用俱弱如隨煩惱等此約大乘說於小乘有相續廢與有親成助成過大小乘說於中仍將小乘對大遂廢立不同大小去疑進道有便無便佛體用有四句明之一體強而用弱如大煩惱等二用強而體弱如無慚無愧等三體用俱相強如小乘不善及煩惱使等並約相用強處體用俱弱如隨煩惱等此約大小乘宗更互立名不等非一可準思攝問十種煩惱體用俱強何故小乘初教不說答小乘淺如小乘文不善及煩惱使等並約相用強處說又對指相覆相成如是等輩有相應心所有法一一而轉各助伴同一所緣不同一行相有行相有所緣心所依自種子所生更互相應如是諸心法幾依一切處心生耶答五謂作意等思爲後邊幾依一切處一切地一切時非一切耶答亦五謂欲等慧爲後邊幾唯依善非一切時非一切處心生非一切地非一切時非一切耶

答謂信等不害爲後邊幾唯依染汙非一切地非一切時非一切處心生非一切耶答謂貪等不正知非一切地非一切時非一切處心生耶答謂惡作等伺爲後邊此總料簡其文假實義略有四種一對一切法皆是假有依無住本立一切法故二約名言因緣互爲發起則一切法空餘一切法皆是依他緣發故假四通假實因緣故實果起故假三約三性法相遍計卽空情實因緣故實有眞實性體故實理有依他緣發故假四品類增微善惡違順以明假實瑜伽顯揚等亦然並相望乃至不相應等以明假實瑜伽顯揚等亦然並相望

華嚴五十要問答卷上　　　丗一

顯義漸次成法若俗諦相隱及違善而有理用者爲假若相顯彰而有體事用及善者爲實也何以故聖者爲欲對小機人方便顯法空故文義云何。一約事用處皆是實五十五法若依瑜伽云何。二八識法是實有餘皆假立二十七者遍行五別境五善中有七除不放逸捨於無瞋癡及以精進於此四上立故有不放逸捨是無貪瞋癡及精進分假立故有不放逸捨是無貪瞋癡及精進分有幾是實物有幾是世俗有答三是實物有餘皆假立故不害復於無瞋上假立故是世俗有善法幾是不害幾非不害復云諸善法幾是世俗有答不放逸捨是無貪無瞋癡精進分卽是法離染義建立爲捨治雜染義故立

華嚴五十要問答卷上　　　丗二

不放逸卽是無瞋分無別實物也根本煩惱有六五實一假論云根本六煩惱中幾世俗有幾實有答一見是世俗有是慧分故餘實物有隨煩惱假實者依瑜伽論決擇中說不定四亦入隨煩惱卽二十四總名隨煩惱決擇分亦不說邪欲勝解廣如彼釋復次此隨煩惱幾實餘是假有忿恨惱嫉害此五是瞋分依本地分中有二十六加邪欲邪勝解邪念慳憍掉擧三是貪分亦世俗有覆誑諂惛皆世俗有恨惱嫉害此五是瞋分沈睡眠惡作忘念散亂惡慧九法癡分亦世俗有放逸是貪瞋癡解怠分是世俗有尋伺二法是發語言心加行分及慧分故是假有若依雜集論二十二是實物有餘爲假有故二十二者遍行五別境五善有七決擇爲體又決擇者謂慧勇勤俱故依此性不定故不害是無瞋善根一分故無礙者謂報教證智四法假立不害者是無瞋善故依此慧分故是假有故五是假有故五是假有故論云當知忿等是假建煩惱有十五是假有故論云當知忿等是假建立離瞋等外無別體故忿恨惱嫉害此五是瞋一分

同瑜伽論慳憍掉舉此三是貪分與瑜伽同放逸依止懈怠及貪瞋癡四法假立亦同瑜伽無慚無愧是貪瞋癡分不信懈怠是癡一分並立不同瑜伽此四實物有誑諂二法是愚癡分尋伺二法或思性或慧性謂於推度不推度位義別故前瑜伽隨煩惱中睡眠惛沈惡作忘念不正知是煩惱相應定慧為體覆分忘念散亂惡作忘念故前瑜伽隨煩惱中九謂覆誑諂惛沈睡眠惡作四是愚癡分餘五不正知是貪瞋癡分尋伺二法是愚癡分餘五不同謂散亂一法是貪瞋癡分
此論唯覆惛沈睡眠惡作誑諂二法是貪癡分

不正知是煩惱中念所以有此不同者當知並是諸論作者方便交絡顯其異義隨其增微廢興差別理不相違若依毗曇纏垢隨煩惱通是貪瞋癡疑五見使所以然者此中大乘但是貪瞋癡非餘諸師家依唯識有成文惛沈掉舉是貪分故仍離貪外別得有體體論隨煩惱中七實有無慚無愧不信懈怠四有別知解云為掉舉是貪分故如貪不與瞋相應掉舉若爾則不與一切煩惱相應過當知惛沈散亂亦言癡分故知亦有別體今準雜集論

但隨煩惱中導是貪瞋癡一分及依止貪瞋癡等皆是假有若言是貪瞋癡等者則實有今此隨煩惱內無慚無愧惛沈掉舉不信懈怠亂心七是貪瞋癡分餘之十三或言是貪瞋癡分或言依止此準之使皆是假有無慚無愧惛沈掉舉不信懈怠實有餘耳獎法師云此四法亦有別體起則與行同不定現前由不定故又有別此何別答徧行隨起則與行同不足望上不定又若大悲用無癡宜思之又此四法望上下有餘十內三是假有無癡善根別有體性瑜伽中善十內三是假有不放逸不害此三假有餘是實有又大悲用無癡為性與二十二根慧根不言相攝故知別有性如文中

將無癡對三慧釋者但對三慧等釋顯無癡非即一體若準此等義心所有法中三十實有餘為假有三十者前二十二內加七隨煩惱及無癡也依瑜伽及成唯識論釋亦有智者分判大乘與小乘解釋具緣多少作業種類不同各別廢興略舉一隅以示後學也文量恐不可極宜審定心數微細難可了知

華嚴五十要問答卷上

華嚴五十要問答卷下

唐終南太一山至相寺沙門智儼集

三十七三世不同義離世間品初釋

問諸教辨世時云何答依小乘教三世有法依三乘教。三世之中現在有過未無。依一乘教過未現在及現在無九世各有過未現合成十世也此世等以不相應法為體也

三十八障義普賢品初釋

問諸教辨障義云何答若依小乘諸使纏垢等是障名數此障名通三乘始教兼則通餘教何以故謂惑名同義有深淺故惑智二障及煩惱所知障八妄想二十二無明等。正在三乘始教兼則通三乘終教五住地惑皮肉心三障闡提四障凡夫性無明十一障等此在直進三乘位兼在終教等已上諸惑一切障一斷一切斷此屬一乘教如下說之

三十九一乘別障義亦普賢品何文中初明一瞋成百障等答依普賢法極深廣大因一世一忍一智一斷得一滅依三乘教初教名同前義中深淺異若據三乘終教。一惑一障三世一忍一智非初非中後斷得三世滅也據一乘教一惑多障多數忍多數忍一數忍多數。多數忍得九世滅及非世滅今普賢智多障等非初中後斷非初非中後得一數忍一數智一數斷多數

四十陀羅尼門知識中第十一處釋

問華嚴經中以陀羅尼門顯一切法門其相云何答論自引悉曇章阿烏羅等十二聲迦鳩等三十六者據首為言欲類顯普賢廣大解行法也牛字以音加牛字展轉相乘成一切滿字其字仍不離本字音多一由多中有一初牛字及初聲故一中多。一中有多字音能故。一即多牛字及音成多字用故多。由滿字即壞成牛字以此字法陀羅尼天人共解故舉此用為立陀羅尼法宜可準用之此法極究竟

四十一乘門數名不同義亦四十辯才後釋

又約諸經論乘有四種一者一乘謂大小二乘於方便中從教趣果分二故。二者三乘謂大乘中乘小乘於方便中從理成行分三故。三者依攝論一乘三乘小乘謂於教門中成機欲性顯法本末差別不同故

四者依法華經三乘一乘約界分體相方便究竟不
同故又約數說謂二及三各通三二義意故說所言
二通三者謂大乘小乘聲聞緣覺一乘三乘所言
其意各別準思可解耳又依下經文或一二三或四
謂一乘三乘或五謂三乘人天或無量謂一切法門
也此依始終說

四十二 四尋思義三地初四禪釋也

問諸教四尋思觀法云何答經論所明尋思觀者略
有三種一四尋思二六尋思三三尋思亦名求知大
門有五一列名字并教興意二釋其義并顯主客分
齊不同三對三性明其假實四明深淺及對如實顯
觀分齊五辨位地及問答除疑初列名并教興意
者謂初四尋思一名謂能詮教法二義謂所詮之義
三自性謂名義之體能四差別謂形及對諸
法相別不同故名差別六尋思者分其名義各有自
性及差別故有六也三尋思者合其名義自性及差
別則為三也教興意者問何故立四尋思答為中根
人有其二見一和合見二差別見和合見者謂義與
名和合成一差別見者謂義與名各有自性有能相

華嚴五十要問答卷下　　　　三

應而體不同也聖者立教對治彼病則四尋思開初
名義對治前差別見合彼自性及差別義對治相應
成一之見問凡言界分別成其多法顯一是假理今
法則開名義二以治差別有何道理答菩對外道及三
說見不依論道則如來嘖今此尋思是菩薩自觀通
對一切外道二乘及菩薩或順論道故與此治所以
知者如界分別破合假及自性見則違論道何以
故合假自性是緣聚法是成法界分別等乃是壞
法成壞不同賴緣各別故不相治是以文中與其觀

門分齊少別如下具說宜可思之六尋思者為治差
別見即為利根人三尋思者是見行和合一見是愛
行頓根人何故差別見於名義自性言說四處度疑
義唯見義於名義自性言說於此四處度疑
何者名尋思謂於名義自性差別菩薩於名唯見
名義差別說唯見名義差別言說唯見言說自性唯見
決了故也二釋其義并顯主客分齊不同者如攝論云
名義尋思所以自性及差別言說於此四處度疑
二法觀相故深若據實觀四種法中皆是言說約
何觀相得知後二是深非淺答名義二法一往直計

華嚴五十要問答卷下　　　　四

見不深重自性及差別約其所以驗證成執故是尤重翻治觀成加功作業方觀現前故是深也文云名唯見名等亦然主客分齊差別者以空為主以實名也義等亦然主客分齊差別者以空為主以實為客以假為主以實為客何以故以空為主以實為客自性又觀名義唯假立尋思故出攝論云以無所有為自性故以然者以客依主立浮寄無根主為客以果為主以實為客所以得知互有以因為客為依得成其事所以得知互為因果成主客故攝論云名義互為客菩薩應尋思故得知也問義若如此何故攝論云名於義無所有於義是客義無所

華嚴五十要問答卷下　　五

於名是客若像此文則無所有是其客義何故乃言空無所有其主義答此語作隱宜須思之言無所有者即實有也其實則無所有及無義同一種無有別此相難彰只欲導實則涉未觀只欲導空未知有是故今舉名說無與無義理不得分齊故論觀智慧境為言宜可思之三對三性明其分齊故論偈云從此生實智離塵分別次有一句說實也此約名義互為客菩薩應尋思應觀二唯有量及彼二假說前一行半偈明無相觀次有一句非有得入三無性前一行牛偈明無相觀次有一句

華嚴五十要問答卷下　　六

若見其非有明無生觀三得入三無性此之一句明無性觀廣如論辨觀相觀云依依他性以遣分別依彼真如遣依他性云何依他性無所有可得是無所有體亦無所有由此中名義無所有可說是有何以故若所分別既不緣此名義是有由分別既定別亦不得是無所分別由此中分別無所有則入別亦不得是無所分別由此中分別無所有則入可得則無能分別既無分別亦無所分別此中分別無所有既無分別亦無所分別空亦無所有則入三無性是假非實非安立諦此三性一性亦無所有他性是所分別性故釋論云若菩薩見入分別性所分別塵是空是實非空四尋思觀

若名義更互為客入異名義分別性何以故由無相無性觀未全成故但異未觀時故云異也此雖知無所有見名故尋思觀亦在實中若見名異假說唯分別為體則成分別無相觀若在依他性則非實非空亦不可是即是空尋思等觀方得究竟爾時尋思所知並故攝論中約彼八喻明其似實非實故四尋思觀不入無性何故由是觀家初方便故若得四如實智方無性何故由是觀家初方便故若得四如實智方是假觀得知也四明深淺及對如實顯觀分齊者論文云釋自性義已以甚深義為境界以此義求得知名義二門是淺非深自性及差別是深非淺所言唯有量及彼

如實觀分別者釋論解云何名尋思所引如實智若菩薩於名已尋思唯有名後如實知唯有名此則定知名無所有問若名定無體者何故立諸法名欲令眾生漸入正理想見言說依名想義及現證發語教他假立客名無有實法故論釋云若世間不安立色等名於色等類中無有一人能想此類是色若不能想則不增益若不增益不起執著若不執著不能互相致示也何者義尋思所引如實智若菩薩於義已尋思唯有義後如實知義離一切言說不可說謂色受等類色非色不可說法非法不可說有非有

華嚴五十要問答卷下　七

不可說是名義尋思所引如實智何者自性尋思所引如實智於色等類自性惟有言說由自性言說此類非其自性如其自性如言說實通達此類如化影像非類似類顯現是名自性尋思所引如實智何者差別尋思所引如實智於色等類中見差別言說中已尋思唯有差別言說此類非有由可言體不成就故非有不可言體成就故非無有二義由俗諦故於中有色言說故菩薩如實智如是等觀善無有二義是名差別尋思所引如實智

薩尋思此名義假立自性及差別如此度疑決了等說尋思因此尋思觀名等此即名尋思如實智地在煖頂位在煖頂兩位論云菩薩於四種尋思修章者尋思如實智地在煖頂位在忍及世第一決定若準修時章則在十行十迴向位故攝論云乃至十解位如實智地於四種如實智中修道云何修章煖頂二種方便道所緣既無塵等識所緣緣識為境了別無能緣必不得生由此了別故能伏滅唯識之想唯識既滅從最後剎那更進第二剎那即入初地又修時章云如聲聞

華嚴五十要問答卷下　八

道前有四方便謂煖頂忍及世第一法菩薩地前四位亦如此謂十信十解十行十迴向故得知也問菩薩見名義相各異及見相應菩薩見自性名義互為客此是論文義意云何如外入計名義各有自性及差別言說皆屬義故名與義相應言說及差別言說依義相應云何得知名義互為客答此論有三答一各亭平等無偏故云何得知名義二法自性差別論云先於各相應名義不生故證名義不同體而不相應時則無有法世數名義同體及時於彼義中知名智應成現見知義與相應未聞名時於彼義中知名智應成現見知義

華嚴五十要問答卷下

智生知名智不生故知名義本不相應第二義者引一多相違證名義不同亦不相應如瓶一義與國立名皆悉不同若名與義相應得成有者名多非一義亦應多何以故。一義與多名義相應亦不得定異故不定故名多非一義定不異故不得定義相應爾西國有法以一罋一名目此九者義定相應者目天之時地應隨名於九義所謂九者言方地光牛金剛眼天水以一罋一名目此九義名與義定相應者目天之時地應隨名與天相應餘亦爾如是既無此義故知名義二性差別一亦不相應何以故。與上三義相違故若名義相應而相應故又若異者名既多義亦應多何以故義異故又若一者義既是一名亦應一何以故名與義一相應故又若一者名之智即生義智亦應爾爾若名義相應而相應故又若異者名之智亦應生義智何以故義異故又若一者名既是義之智亦應生義之智何以故名與義一而相應故又若一者名之智生者即見義之智即須是其知不定義既爾若名義相應而相應故又若一者義即是名何以故義與名一而相應故又若異者義既是別云何同一義相違答雖復名同三義相違。

亦不成何以故亦與上三義相違故問一異相應二義各別

華嚴五十要問答卷下

問菩薩初起修行先觀如實因果義明難品初釋。四十三如實因緣義明難品初釋。云何答凡佛法大綱有二種所謂真俗隨順觀世諦則入第一義故觀因果義有多門且依同時如實義。依燈光及燋炷明之身心諸事準之可解問曰燋略為因果義入因果成過初護義者一明燋為因緣者二明燋互為因果義三明違之成過第一門竟第二明違之成過者

炷生光炎耶答不也炷從炎生故又問炎從炷生耶答不也炎從炷生故又問炷能生炎耶答不也炎炷俱生故不生故又問炎生炷耶答不也炎從炷生故又問炷從炎生耶答不也炷炎俱生不生故又問炎生炷耶答不也炎從炷生故又問炎炷相違故又問炷炎返前可知炎非生非不生無義無體故炷生其炎生其炷生光炎耶答不也炷從炎生光炎耶答第一門竟第二違之成過者若言炷因生果是有義由有力故炎果從炷生是無義無力故又若言炷因生果亦無義無力炎果從炷生是有義由有力故可知炎果從因生無義無力恆生常能生炎果故增益故若言炷不生亦可恆不

生炎果無因不有故損減故炎生炷如前可知若亦
不生不相違故非生非不生戲論故餘義準之
第三門竟第二重者三門同前第一門者初約因明
後約果論竟第二門者因是有耶答因是有果故緣成故又問
因是無耶答因是無果故緣成故又問因是亦有亦無耶答
相違故又問因非有非無耶答他有亦無俱故又問因是無
果故不相違故又問果是有耶答因有果故現有體故又問果
是無耶答不也由是果故又問果是亦有亦無耶答亦有亦無
一果故不相違故又問果非有非無耶答不也是果故現有果
所生故解第一門竟第二義者因是有義由能生故

華嚴五十要問答卷下　十一

因是無義果家因故緣成故因是亦有亦無義因成
故因是非有非無義隨定取一義不可得故果義四
門準前知之第二門竟第三執成過者問因生果何
失答若生者現所有炎果是能生炷因何失現已有
無所生故又問因不生果有何失答生亦有炎果即
失生者既不生因即光炎無因故是斷也又若不生
者亦可恆炎生故又問所炎生是常是斷也又若不
生者既不生復何以思之餘義準可知又一切有力
生因有六種義一空有力不待緣念念滅故二有有力

不待緣決定故三有有力待緣如引顯自果故四無
力待緣觀因緣故五有無力待緣順逐至治際故
六無有力待緣俱有故問未知待緣何緣此
待爐油水土等外緣不取因事及自六義待緣何
用分齊。初因者親因也復自因果者簡別因也二
因亦因果者親因也二果亦果者簡因果也亦因有
因相由也果果等者謂自增上果還爲親因故雜
集論會疏緣入親因攝又成唯識論因緣謂有爲法
親辨自果此體有二一種子二現行種子者謂本識

華嚴五十要問答卷下　十二

中善染無記諸界地等功能差別能引次後自類功
能及起同時自類現果此唯望彼是因緣現行者謂
七轉識及彼相應所變見相性界地等除佛果善極
劣無記種及餘熏本識性者皆非因緣者自種生故
八心品無所熏故一切異類展轉相望皆非因緣不
熏成種現行同類展轉相望亦非因緣者自類
一切異類現行展轉相望爲因緣故有說異類同
類現種展轉相望爲因緣彼依顯勝非盡理說聖說轉識與
唯說種是因緣性彼假說或隨轉門
阿賴耶展轉相望爲因緣故此頌因果親疏分齊極

明善也其六義及前因果理事相成更以六法顯之
所謂總總成因果故二同自同成
總故四異別成總故三同自同成
壞諸義各住自法不移本性故五成因果理事成故六
用廣說如毗婆娑論小乘教等不具此法也其滅罪
二勸請第三隨喜第四迴向此文在一乘通彼三乘
問諸教懺悔法差別云何答此有四門第一懺悔第
　　四十四悔過法義第五迴向初釋
以故稱法界故
隨有事成驗思可解耳此文在三乘一乘方究竟何
所謂總總成因果故二別義別成總故三同自同成
壞諸義各住自法不移本性故五成因果理事成故六
願未成事願可準解之
方法具如經論若發願門皆通理事因果並有成事
　　四十五陀羅尼用義亦十一知識中釋之
問諸教誦陀羅尼呪法差別云何答誦呪利益滅罪
生福乃至成自利利他證果等用此文在三乘終教
通彼一乘用何以故應法無此敎也又有
四種陀羅尼一法二義三呪術四忍亦名爲遮忍知
一切言說一切法自性義不可得名忍陀羅尼後二
陀羅尼出地持論又十陀羅尼是一乘文義如離世
間品說印相施設工巧字相等並準此知

四十六唯識略觀義第六地中釋
問諸教之中說唯識觀方便云何答欲習觀者先近
二知識一行知識二解知識依其靜處自身隨所相
應持戒清淨至心懺請十方佛一切賢聖及善神
王加被已身結加趺坐左手置右手上正端自心作
目調息以舌約上齶正心住緣所現境相知自心作
分別隨息其心卽住縱使未住以初作不調習經月
日其心卽次連成定是其方便若有魔事起則
就道場懺悔行道魔事漸輕所有諸疑臨時消息對
解知識決其魔事心但欲使相絕皆須策懃必成不
疑懈怠則無成辨煩惱減少是觀成相此通一乘及
三乘教初順後熟具足主伴故也
　　四十七空觀義初地後十心中釋
問空觀云何答依華嚴經初觀菩薩依十種法謂身
口意三業佛法僧戒依此十法所用威儀並如前唯
識觀說但知十境隨一現前知卽是空無本末相其
心得住久習則明與定相應又問餘法非空耶答一
切皆空但爲初修者入觀餘有疑滯一如唯識故有
力強故餘不便也所有染習久遠
唯識觀後成正定與空觀止云何差別據止觀成一

種相似今據方便境界爲言故有生死非如來藏體有生死觀體若隨事中行住坐臥四威儀時及益生等事心此觀通一乘及三乘小乘教中無縱作空觀不同成前唯識及空觀當心得煩惱損減者並屬助道攝上義由但得人空故略有五辨一即空辨二唯識辨三妄想辨由如此五辨正助方便一眞如觀及上緣起辨用此五辨正助方便一眞如觀上緣起辨二唯識辨三成實論敎性空四地論敎性空並成還成妄境耳其二成實論敎性空四地論敎性空並成二擇數滅空三

華嚴五十要問答卷下　　主

觀境但深淺異也若窮空方便一乘究竟

四十八普敬認惡義第九迴向初釋
問人集敎中說八種佛法差別云何答爲滅闡提病
成普敬認惡法有其兩段第一段明普敬者於內有八段一者如來藏有二一者法說如來藏是一切諸佛菩薩聲聞緣覺乃至六道衆生等體二喩說者有五段一喩如阿耨大池出八大河河雖差別水體無異一切凡聖雖差別身無別異如一切瓦皆因埿作種種伎兩伎雖差別土體無異生死依如來藏如來藏作生死是雖差別土體無異生死依如來藏如來藏作生死是

華嚴五十要問答卷下　　夫

名善說世間言說故有生死非如來藏體有生死喩如波依水水即作波風因緣故有波非水體有波喩如金莊嚴具衆具雖別金體無別皆同一金一切凡聖差別不同皆是一藏二佛性亦法喩並說佛性者是一切凡聖皆因於法而得生長喩說者喩如乳是酪因一切四衆現在雖行邪善一種相似當來作佛想佛想二者行皆當作佛法莫問邪人學亦得眞正普眞普正佛佛想佛想一切衆生皆於眞正何以故如來藏佛性體唯是普法唯是眞法於眞正何以故如來藏佛性體唯是普法唯是眞
中無有邪魔得入其中是故不問邪人正人俱得眞正三者無名無相佛法有二種一者一切衆生體是如來藏求有眞佛名故名無有眞佛三十二相故名無名無相二者一切衆生體唯未有眞佛名無別相故名無名無相四者一切如來藏悉有聖根本別相故名無名無相四者一切如來藏悉有聖根本佛法有二種一者一切六道衆生體是如來藏更無不見其邪惡邪正故名如來藏更無別故名拔斷一切諸見根本佛等不見六道衆生善惡等故名拔斷一切諸見根本佛法五者悉斷一切諸語言道佛法一切衆生唯敬其

體不說善惡六道等名故名悉斷一切諸語言道佛法六者一八一行佛法一八者自身唯是惡人一行者如法華經說不輕菩薩唯行一行於自身己外唯有敬作如來藏無行佛佛性佛佛想佛等故名一行七者無人無行佛法自身及他一切眾生皆同是一如來藏無有別體故名無人無行佛法八者自他不干不為自身不共他欲行此五法唯須調亭種不干盡佛法有二一者自身不共他一切邪善道俗不與親友往來四者貴賤不干一切貴賤不干不學當根佛法者不共其邪善道俗往來三道俗不干一切邪善道俗不共其往來五凡聖不干一切凡聖內多有邪魔一切凡多有諸佛菩薩凡夫生盲不能別得是故凡聖不干唯除乞食難事因緣暫其往來者不在其限六者俱是如來藏唯作一觀不得作自他親疏道俗貴賤凡聖等解於心緣於此八段內更有二義一生盲聾生瘂眾生佛法死人佛法第二認惡義云何答第二段認惡者於內有十二種一其心顛倒常錯謬常行誹謗語心緣第三階佛法以去更作餘語則顛倒常錯謬故口唯得說如來藏佛法更作餘語即是常行誹謗語二者善惡兩種顛倒有二一者一切

邪魔作諸佛菩薩形像顛倒眾生順本貪心於內唯見其善不知是諸佛菩薩非是邪魔非善見善故名顛倒二者一切諸佛菩薩種種眾生顛倒眾生若遣其心心必生瞋唯見其惡諸佛菩薩應作是惡非惡見惡故名顛倒三者內外四種佛菩薩有二一者邪貪於一切順情之處純見其善以善攝善皆作惡解故名邪凝著善內失惡不覺惡內得善小善不知故是名邪凝顛倒二者神鬼魔輔心但使一切諸佛菩薩及世間道俗稱其心者即是神鬼魔輔心四者一切經律論常說純說顛倒一切經律論文內唯說顛倒是惡不說是善故名一切經律論常說純說顛倒五者三聚正定聚邪定聚不定聚第三階二者諸菩薩說甚深大乘義為諸聲聞說淺近之義為諸菩薩說世間之義四者喻說一如定說邪定聚闡提說不定三定死醫藥所不能救五者無慚愧僧六者河第一人名常沒七者最多阿鼻地獄果六者恆經說最多顛倒有五段一者一切佛法不救空見有

顛倒眾生得值無量無邊諸佛於諸佛所行六波羅蜜由學佛法不當謗佛法僧不免墮十方一切阿鼻地獄一者學佛法不能救二者一切法不能救有二種一者大乘小乘各誦得八萬四千法聚由心一念嫌他學十二頭陀比丘即滅爾許善根盡墮阿鼻地獄如大集經說二者讀誦十二部經不免謗法現身墮十方一切阿鼻地獄如涅槃經說故名一切眾生救三者一切僧不救四者一切眾生不救度得門徒弟子六百四萬億復度得九十六種異學外道迴心向涅槃不免墮十方一切阿鼻地獄五者一切斷惡修善不救大精進大持戒大懺悔大不自是非他不自高輕他非佛弟子是無慚無愧僧攝七者十一部經說邪盡顛倒十一部經者一者迦葉經二者集月藏分經說明法滅盡品正法悉滅三者如大經說正法滅盡四者如大方廣十輪經說一切人民皆悉起於斷常五者如薩遮尼乾子經說一切眾生皆悉起於三種顛倒六者唯有兩箇比丘學作不淨文當佛滅度一千年已後此是非心七者如摩訶摩耶經說第二卷說觀正坐禪不起高下彼此是非心七者如大般涅槃經說末法世時一千年已後一闡提及五逆罪如大地土八者最

妙勝定經九者大雲經十者佛藏經說正人唯有一人兩人十一者觀佛三昧海經八者四部經說出顛倒一者摩訶衍經說三毒顛倒二者勝鬘經說二見顛倒三者薩遮尼乾子經說三種顛倒一非法貪心於十不善道生於樂心二者顛倒貪心因自力得顛倒時節得諸財物不生知足心方便求他財是名顛倒依於非義中生是義想於末世時非是智者所作言想於非義中生是義想於非法中生是名顛倒論作正論是名邪法羅網之所纏心四者涅槃經說種種顛倒九者兩部經說純顛倒一像法決疑經說種種顛倒九者兩部經說純顛倒一像法決疑經說過千年後像法之時諸比丘比丘尼優婆塞優婆夷所作眾善求名求利無有一念作出世心二如佛藏經說增上慢求涅槃心但使無有一念出世心求涅槃心即是純顛倒十經兩部說心顛倒常錯謬五常汙身口此五段如涅槃經說六心常遠離棄捨真實一切法味七常為煩惱及諸邪見惑網所覆歸依六師傷龍聖道八常行誹謗語此三段如十輪經說十一者三十二種偏病自他俱見真正住持佛法自利利他顛倒於內有三十二總有

二四。一五。二六。一七。一四者名相忘想不淨說法二

四者依人依語依識依不了義經二五者一者自

自身唯見其好他身唯見其惡二者上下空見有見

眾生唯欲得學上佛法不肯學下佛法三者普別唯

樂學別法不行普法四者善惡唯斷善外惡不斷善

內惡唯修惡外善不修惡五者自利利他唯行

自利不行利他一六者一名聞二利養三徒眾四多

聞五勢力六勝他二六者一貪二瞋三癡四神鬼魔

五空見六有見一七者一深賞罰眾僧打罵繫縛及

遣還俗滅一切三寶盡二者邪正雜亂盡三一切善

華嚴五十要問答卷下　　　　三十

天龍八部出國盡四一切惡天龍神鬼魔等競入其

國而住滅三寶殺眾生令一切眾生悉作一切惡盡

設有少分修善眾生惡魔入心為作留難破心而死

五一切有緣佛法不相當盡六一切根機不相當

盡七一切藥病不相當盡十二者滅三寶成三災盡

顛倒今上二義為救鬪諍提迴向一乘兼順三乘於理

有順故錄附之如大方等如來藏經我

以佛眼觀一切眾生諸煩惱中有如來

來身故伽趺坐儼然不動一舉彼天眼觀未敷華內

有如來身結跏趺坐明如來藏本性具德喻二譬如

華嚴五十要問答卷下　　　　三十一

滀蜜在嚴樹中無數羣蜂圍繞守護有人巧智除蜂

取蜜明本德去染成淨喻三譬如粳糧米未離皮糩

貧愚輕賤謂為可棄旣蕩精常為御用明藏在染

同愚異貴喻四譬如真金不壞喻五譬如貧家有珍

寶藏明緣成果喻六譬如菴羅菓內種之於地成

大樹王明藏德緣成果果喻七譬如有人持真金像

行諸他國經於險路懼遭劫奪以弊物令無識者

棄捐曠野人謂不淨有天眼者知有真金像即為出

之令他禮敬明真德除染生信喻八譬如女人貧賤

醜陋而懷貴子經歷多時人謂賤想明轉會真成

智喻九譬如鑄師鑄真金像旣鑄成已外雖燋黑內

像不變開摸出像金色晃曜明反染歸真應體喻佛

性義者略有十種謂體性性因性果性業性相應性

行事差別性偏處性不變性無差別性佛性佛

性時差別性徧處性不變性無差別性佛性論小

乘諸部解執不同若依分別部說一切凡聖眾生並

以空為其本所以凡聖眾生皆從空出故空是佛性

佛性者即大涅槃若依毗曇薩婆多等諸部說

一切眾生無有性得佛性但有修得佛性分別眾生

有三種一定無佛性永不得涅槃是闡提犯重禁者
二不定有無若修時得不得是賢善其位以
上人故三定有佛性即三乘人一聲聞從菩忍以
即得佛性二獨覺從世第一法以上即得佛性三者
菩薩十迴向以上是不退位得於佛性問依仁王經
言三賢十聖忍中行唯十迴向已上得佛性云何諸經論
已上是聖人今十迴向已上佛性一人能盡原又論宜可準
之配釋此佛性論初約小乘及迴心初教說若後破
同答此等不同為有情機欲各別隨一義說此約不
執成正義即是終教即一切眾生皆有佛性問又論云
華嚴五十要問答卷下

所顯真如是也大乘涅槃經四句佛性者非小乘義
中及初迴心人作四句義即是頓教終教佛性及大
般涅槃仍非一乘別教義或有佛性及有佛性闡
提人有善根人無謂約位辯性也或有佛性闡人
有闡提人無謂約行辯性也或有佛性無闡人
約因辯之義也或有佛性二人俱無約果辯性也此
提之義斷現善根因何有行善性他世生生善根
生善根可救者有現行善性此世生生善根不同
者有得及修得二佛性也何以故此之二性同於信解淨

四十九四宗義義初地請分後釋
問大論教中明四宗義相云何答西域名悉檀此
翻名宗悉檀有四一世界悉檀二各各為人悉檀三
對治悉檀四第一義悉檀者總攝一切十二部經八萬
法藏等皆是真實無相違背順理中極名第一義悉
檀譬如車轄軸輻輞等和合故有車也人亦如
是五眾和合故有人等也人譬如乳色香味觸因緣
無以五眾和合故有別人故有無別故有第一義
故若乳實無乳因緣而有假名如乳亦
應有非一人第二頭第三手無因緣而有故
是等相名為世界悉檀云何名各各為人悉檀觀人

心行而為說法於一事中或聽不聽不信罪福墮滅見者為說雜生世間雜受為不墮計常中者說無人得觸得受云何名對治悉檀法對治則有實性則無不淨觀於貪欲病中名為善義悉檀諸佛辟支佛阿羅漢所行真實法云何名第一對治悉檀上來宗義文在三乘義通一乘何以故上三悉檀不通此則無初無中無後不盡不壞此名編無所依不示諸法無一切語言道斷心行處滅第一義悉檀法界義普成世界義普成各為人總普應法界故法界義普成各為人總

成對治總普成第一義總若從門別小乘亦得分有也

五十二部經義十藏品釋

問十二部經教差別云何答詮理之教約十二部一脩多羅此方云契經二祇夜此云重頌三伽陀此云不直說四和伽羅那此云受記五憂陀那此云無問自說六尼陀那此云因緣七阿波陀那此云譬喻八伊帝目多伽此云本事九闍陀伽此云本生十毗佛略此云方廣十一阿浮陀達摩此云未曾有十二憂波提舍此云論義經也此教體性通二乘三乘總有

六種一實二實即空三可似四不可似五唯識六真如廣如經論其十二部教若約乘論有其二義一通相說一乘三乘小乘皆有十二部二若分別說者一乘有一乘及三乘地持云三乘之中有十一部除方廣部故謂方廣部是菩薩藏餘如金剛身品說三乘之中唯方廣部有九部謂無因緣譬喻及論義十二部是聲聞藏問何故作如是說答為諸教中說二乘及三乘各有二義言二乘者一就初心機性及種子說則還並是聲聞藏二就迴心已去是菩薩藏二就初迴心上心解行說則迴心已去是菩薩

藏未迴心者是聲聞藏三乘準可知今地持文分部者據此第一義也小乘之中有十二部復說九部謂無方廣無問自說及受記故何以故如法華經說三乘二等不同故如一乘中一方廣部即據攝法復有九部不同故如一乘中一方廣部即攝法三乘之中十一部者形下小機故三乘之中十一部據攝法復有十一部者形上大機故直進之人有方廣部起彼迴心十一部者十二部之中有十二部無方廣部者形上大機故小乘之中有十二部即攝法也有九部者欲彰菩薩勝機勝法顯彼聲聞愚下不足故餘

可準求耳。

五十一。翻依等義序品後釋取論道法及地品初釋取釋文法也。

問聖教差別隱現不同云何得知文義分齊答若欲解其文義當用八種方便約之則一四意者一平等意心及理普遍故二別時意義在別證故四眾生樂欲意隨彼機欲教義前後不定故二四依者一令入於一名下有二義事而會取正故三七例聲一補嚧沙二補嚧沙頷三補嚧沙爾四補嚧沙耶五補嚧沙頷所因主六補嚧沙所呼依聲七補嚧沙所因呼伴聲又七例聲第一如世所直說第二言即

華嚴五十要問答卷下 毛

依。二相依。三對治。四翻依翻依有五一相望翻相形取義故二增字翻加字會義故三會意翻以意會義故四借勢翻如羝羊闕將前而更卻等。五異事翻如說刀杖能成等。

至教業聲如說思造業等聲。三補嚧恩拏業具聲如屬主聲。如說奴僕等聲。第一如世所直說聲名味句等。

五十二。俗諦入普賢門義十地品初釋。

問帝王行幾教令王得證一乘佛法答正法念經爲王等說三十七法。一者軍眾一切淨潔二者依法念賦

位由言成第三起言依位本語第四起言為所立第五所由因位等第六自成由之六種釋門者一依主釋如依師聲所屬宜可思準第七所說能詮教者釋舉作用以顯體故三相違釋如舉自以顯業等故四多財釋舉彼眾德以顯義宗故五鄰近釋如舉自以顯黑等故六帶數釋如第一義諦舉數以顯勝故詮有二種一表詮亦名直詮直顯義故故自相其相分齊義當彼法體自體相其相者假詮實義論義得失立破論故其相者假詮實義論義得失立破論義如羅什翻論義得失立破論廣略有三種者一男聲直申能對治餘道理等聲二女聲委宗不具顯若無盡究竟唯一乘及三乘餘上方便得會聲三非男非女聲如說餘依也出所治障等聲如此文在一乘及三乘故若從文相別即是三乘也。

稅受取三者恆常懷忍不怒四者平直斷事不偏五者恆常供養尊長六者順舊依前而興七者布施心不慳悋八者不攝非法行者九者不近不善知識十者貞謹不屬婦女第十一者不攝非法行者十二者愛善名不貪財物第十三者捨離邪見第十四者恆常愛語言美說第十五者愛語美說無因緣不舉不下第十六者如實語說第十七者於諸臣眾若善友二十二者不近一切無益之友二十三者不近一切無益之友二十四者瞋喜堅固二十三者

華嚴五十要問答卷下 无

不動二十五者不貪飲食二十六者心善思惟二十七者不待後時安詳而作二十八者法利世間二十九者恆常修習智三十者信於因緣三十一者常供養天三十二者正護國土三十三者正護妻子三十四者不令惡人住其國內三十五者於一切境界三十六者不令惡人住其國內祿若位依前法與人

五十三二乘得名意四十無礙後釋

問一乘語字幾意故說答有八意說一為不定性機性聲聞通因及果故說一乘二為欲定彼不定性菩薩

華嚴五十要問答卷下 卅

令不入小乘故說一乘三據其法眞如皆是一乘諸乘依眞如以體攝相故說一乘四據無我理通故說一乘五據解脫等是通法大小乘其據無我理通故說一乘六據解脫煩惱障據無我我等既是通故說一乘身中先修菩薩種性後入聲聞約性不同聲聞諸大小乘脫煩惱障通故說一乘亦成佛據此意欲發聲聞等皆受記據佛等處是通故攝一切有情得同自體意樂自體者佛意據此意與諸聲聞等皆受記據佛二佛平等無二佛為彼聲聞授記欲發聲聞平等我等與佛先為彼聲聞樂故說一乘自體意樂

意故說一乘第二義於一言下有二義一實聲聞攝從自體意樂二有實菩薩名同聲聞及菩薩化為聲聞於一授記下有其二義據一受記意樂故說一乘八據為化意佛為聲聞作聲聞者欲令彼修聲聞行故現同小佛欲攝末歸本導我等身即是一乘據一唯聲聞能緣化心故說一乘聞乘本來是一乘據愚故諸佛人不了自法謂言有別意愚住聲聞行從彼在攝論也略舉五十問答以通大教病別也此文義準之可見也此依華嚴經而所示矣相顯諸文準之可見也此依華嚴經而所示矣

華嚴五十要問答卷下

觀如施洋銀十圓以此功德莊嚴淨土
雲華施洋銀四十三圓願夙障潛消病根頓拔往
生清泰直證菩提
刻此問答上下二卷連圈計字二萬七千四百三
十五箇
光緒二十二年夏四月金陵刻經處識

華嚴經旨歸一卷

唐京兆西崇福寺沙門法藏述

夫以主教圓通盡虛空於塵剎帝珠方廣攬法界於毫端無礙鎔融盧舍那之妙境有崖斯泯普賢眼之玄鑒浩汗微言實巨尋其旨趣玄深法海尤罕測於宗源今畧舉大綱開茲十義攝其機要稱曰旨歸庶探玄之士粗識其致焉

一說經處　二說經時　三說經佛　四說經眾
五說經儀　六辯經教　七顯經義　八釋經意
九明經益　十示經圓

說經處第一

夫圓滿教起必周側於塵方旣爲盡法界之談詎可分其處別今從狹至寬畧開十處一此閻浮提菩提樹等七處八會說此經法二周百億閻浮同說三盡十方四遍塵道五通異界六該剎塵七歸華藏八重攝剎九猶帝網十餘佛同初此閻浮者謂此樹等處說此法二周百億閻浮者謂此藏八重攝剎等七處八會俱說三盡十方者謂此娑婆百億閻浮覺樹王等所有一切十方虛空法界如光明覺品說四遍剎者謂盡此法界十方虛空中一一塵處皆有彼剎悉於其中演說此

經五通異界者謂樹形等異類世界有不可說佛剎微塵等一一流類皆遍十方虛空法界爲與前須彌山界等互不相礙各於其中轉尊法輪六該剎塵者謂盡虛空界一一塵一一剎亦同前攝自類無量剎海而於其中皆說此經七歸華藏者謂此等一切雜染世界各同盡唯是蓮華藏莊嚴世界海演說斯塵一一皆悉遍周法界不相障礙悉於其中演說法八重攝剎者於此華藏無邊諸佛剎海皆於此經法九猶帝網者謂此經法七處八會皆攝彼無盡剎海即此剎等復有微塵彼諸塵內各攝此無盡剎海即此剎海即此剎等

有剎海是即塵塵旣其不盡剎剎亦復不窮如因陀羅網重重具十不可說其分量也上來總是盧舍那佛說華嚴經處問若如上說旣七處八會皆悉雜亂如上忉利天處說十住時旣遍虛空周側毛道未知夜摩等處亦說十住不設爾何失二俱有過若彼夜摩等處不遍說十住是故夜摩等處說十行等皆亦遍於忉利即說處亦不遍若彼夜摩等處亦說十住卽於如此過遍夜摩等忉利天處說十行等仍非

忉利當知亦爾若約十住與十行等全位相攝即彼此互無各遍法界若約諸位相資即此彼互有同遍法界餘一一品一一文處皆亦如是準以思之十餘一切餘佛同者如此一佛說華嚴處皆不同餘世界諸佛已說今說當說又如證法菩薩所說相當知之經云三世諸佛餘佛說此法又云我不見有諸餘佛不說此法又如證法菩薩所說相當知之經云三世諸佛不相見設爾何失二俱有過謂若相見即乖相遍若不相見伴伴不成主問餘佛說處與舍那說處為同為別答相遍若不相見伴伴亦爾各遍法為主伴通有四句謂主主不相見伴伴亦爾各遍法界主伴無礙伴伴亦爾各遍法界彼此互無故無相見主之與伴其必相見伴主亦爾其遍法界此彼互有故無不相見如舍那與證處同遍法處為伴無有主而不俱伴故舍那還有東方證法來處彼有舍那與證處同遍法界一一具塵道無障設於東方證法來處彼有舍那還有東方而來作證如是一一具具遠近皆同遍周法界一切塵道無障無礙思之可見。

說經時第二

夫以常恒之說前後際而無涯況念劫圓融豈可辨其時分今畧舉短修分齊析為十重初唯一念二盡七日三遍三際攝同類五收異劫六念攝劫七復

重收八與界時九彼相入盡十本收末初唯一念者謂於一剎那中即遍此處頓說如此無邊法海二盡七日者謂佛初成道於第二七日普遍法海二盡七日者謂佛初成道於第二七日普遍法在彼界恒說此法一切無暫息如不思議品說如處說此經三遍三際者謂盡前後際各無邊類者謂彼此諸念同類相攝一一劫中各無邊類劫海常說此法五收異劫者謂同類異類劫海常說此法五收異劫者謂同類異類類劫海如長劫攝短劫等恒說一一念中即攝無量前後劫海皆念劫者於一念中即攝無量前後劫海皆念劫者於前後際一一念中皆各普攝一切諸劫皆亦如是前後際一一念中皆各普攝一切諸劫皆亦如是時劫常說此法七復重收者此一念中所攝劫內復有諸念而彼諸念復攝諸劫是即念念既其不盡劫劫亦復不窮如因陀羅網重重無盡異類者如樹形等無量無邊異類世界彼相攝時劫時者如樹形等無量無邊異類世界彼相攝時劫分齊各別並盡彼彼異界所有時劫亦各別相收或互相攝若盡同前悉於彼時分說此經九彼相攝時劫若盡同前悉於彼時分說此經九彼相攝時劫異界所有時劫恒說此法十本收末者如華藏界中以非劫為劫即非念為念以時無別體依法上立分限故以染時劫念等亦爾以時無長短離法既融通時亦隨爾於此無量時劫常說華嚴初無

休息問準此所說說華嚴會總無了時何容有此一部經教耶下劣眾生於無盡說中畧取此等結集流通故有此一部令其見聞方便引入無際限中如觀牖隙見無際虛空當知此中道理亦爾觀此一部恒說者何故如來有涅槃耶答此經佛本不涅槃見無邊法海又復即此一部是無邊劫海之說以此通文無分齊故一說即是無邊劫常說故示現涅槃亦在此中以攝化威儀之中涅槃亦是說法攝生與成道說法無差別故初時既攝多劫是故示現涅槃亦是此法界品中開旃檀塔見三世佛無涅槃者又復以此

是故說法總無休時復次舍利佛常在華藏恒時說法初無涅槃如常住故。

說經佛第三

問說此經佛盧舍那身既在如前無盡時處其佛為是一身為是多身設爾何失二俱有過謂若是一身何故一切刹中各全現耶若是多身何故經言而不分身又云一切刹中現其佛身又云其身充滿一切世間。答此盧舍那佛身常在此處即在他處遠在他方恒住此故身不分異亦非一故同時異處一身圓滿皆全現故一切菩薩亦不能思故今顯此義略辨十重一用

華嚴經旨歸 五

周無礙二相遍無礙三寂用無礙四依起無礙五真應無礙六分圓無礙七因果無礙八依正無礙九潛入無礙十圓通無礙初用周無礙者於上念劫刹塵等處盧舍那佛顯法界身雲業用無邊周則如上一一塵利一一念劫攝生威儀或現八相或三乘形或五趣身或六塵境界名號不同業用多端不可稱說華嚴佛境界分齊路以攝眾生如一塵一佛世界微塵數等多威儀路以攝眾生如一塵十佛亦爾故知如是應機現身一切塵亦爾不可說也又云如此見佛坐師子座一切塵中亦復如是二相遍無礙者於上一一差別用中一一各攝一切業用如於胎中則有出家成道等類雖現如是無邊自在業用然不作意不起念慮示現一切不思議境界如經微細中說三寂用無礙者如是一切自在無礙業用於一念中悉能示現一切寂滅無二三昧不礙起用如經云諸佛寂滅一切三昧是為諸佛教化一切眾生不可譬諭不可思議鼓出聲音而不捨離諸佛寂無礙者雖無功用任運成就四依起無礙者示現雖無功用皆依海印三昧勢力故五真應無礙者如經云一切現故一切菩薩亦不能思故今顯此義略辨十重一用

華嚴經旨歸 六

此應現無盡身雲即無生滅則是法身平等一味不礙業用無有限量經云法身多門現十方如是現者則此遍法界盧舍那身二一支分一一毛孔亦有自理事混融無障無礙是佛境界也六分圓無礙者則舍那全身是故分處是圓滿法界品云一一毛孔中一切佛剎微塵等化身雲充滿一切諸佛不故經偈云如來無量功德海一一毛孔皆悉現又如法界品中普賢支節及毛孔亦現可知七因果無礙可思議故亦於毛孔則現十方盡窮法界品不可思議一毛孔中盡過去際一切如來次第顯現不可思議者謂於身分及毛孔處現自舍那往昔本生行菩薩行所受之身及所成行事亦現十方一切菩薩身雲及行經中佛眉間出勝音等塵數菩薩八依正無礙者謂此身雲則作一切器世間經云或作日月遊虛空或作河池井泉等一切世界海又潛身入彼諸剎一一微細塵毛等處皆有佛身圓滿普遍經云佛身充滿諸法界也又彼所入一切剎海如來毛孔現經云無量剎海在一毛孔自在現普賢亦云一切剎土在我身內無障礙我於一切毛孔中現佛及剎諸法云一切毛孔悉現一切諸佛及剎

說華嚴無休無息。

說經眾第四

夫眾海繁廣豈塵算能知今統畧大綱亦現十位。一果德眾。二常隨眾。三嚴會眾。四供養眾。五奇特眾。六影響眾。七表法眾。八證法眾。九所益眾。十顯法眾。初果德眾者謂盡法界一切諸佛皆在舍那海印中現。同於此會其說華嚴炳然有二類一能加於普賢餘會準之二證法眾如發心品末十方各有一萬佛剎塵數諸佛悉號法慧現身讚述一切十方皆亦如是如性起品十方各有八十不可說百千億那由他世界微塵數如來同名普賢現身讚歎十方諸佛皆云我等為未來菩薩故護持此經逝同前解云當知現今此經十方諸佛現身面讚逝令久住世也第七會未亦盡住世並是佛力二常隨衆證逝同前解云當知現今此經塵數等大菩薩衆是盧舍那内眷屬故普賢等十佛世界微周遍一切微塵道處於華藏界助成能化顯一常相隨如舍利弗等千二百五十比丘與釋迦佛亦常相隨於娑婆界助佛揚化說三乘等法故三嚴會衆亦過世界諸神王天王等衆有三十餘類一一類衆各過世界

華嚴經旨歸 九

微塵數等並是道力隨緣殊形異現俯同世間顯隨類生身則是衆生世間莊嚴盧舍那佛大衆法會也餘宗是化令净土示不空故此中是實以是海印三昧現故能問顯示大法海故四供養衆者如第五會莊嚴師子座有百萬億菩薩在前立侍又百萬億梵王而圍繞之如是彼有五十八衆。百億億數或云無量阿僧祇等會準知此等並是舍那佛所常供養衆五奇特衆者如佛高臺樓觀師子之座諸莊嚴内一一各出一佛世界塵數菩薩謂海慧等此是如來依報所攝以表依正無礙故入法

華嚴經旨歸 十一

塵數衆生又如法界品中十方亦各塵數菩薩悉來雲集且如上方大菩薩衆一一菩薩悉從證起教故六影響衆者如舍那佛品中十方各十億佛土微塵數等大菩薩來一一各將一佛世界微塵數菩薩以為眷屬一一菩薩各與一佛世界微塵數等妙莊嚴雲悉皆彌覆虛空各興一佛世界微塵數等妙寶淨光明雲一一光中各出十世界微塵數等一切法界方便海一一刹中三世諸佛皆悉顯現念念中於一一世界各化一佛刹十佛世界道一一塵中有十佛世界微塵數菩薩隨所來方結跏趺坐已一切毛孔各出十世界微塵數等一切莊嚴雲悉皆彌覆充滿虛空一一佛世界微塵數等一切衣服雲皆出盧舍那等一切相好一切毛孔一一各現去過去一切世界一切未來一切已受記佛未受記佛現在十方一切諸佛及眷屬雲皆悉顯現過等如一切身分一切支節一一身分一切莊嚴具一切雲集且如上方大菩薩衆一切相好一切毛孔一切支節一一身分既攝法界如是等類極位菩薩從他方來毛孔身分行檀波羅蜜乃至一切行海充滿法界皆悉顯現尸波羅蜜及受者施者皆悉顯現過去所修云何七表法衆者如諸首菩薩表說信法信為行首故諸影響衆非是自刹常隨之衆與普賢等德位齊等

慧菩薩表十解法以慧能解故諸林表行諸幢表向
諸藏表地如是等類並是寄諸菩薩表行位法或十
刹塵數或不可說等餘並準之八證法衆現此所
末皆有他方同名異界大菩薩衆俱來作證現此所
說決定究竟或一一方各有百萬佛刹塵數如諸會
文九所益衆者如諸會中十方天王天女等是所益
發心功德品中十方虛空法界等世界中二一各
如萬佛世界塵數衆生是得益衆性起品中十方虛
有空法界等世界一一各有一切佛刹微塵等菩薩又
云彼一一世界中復各有百千佛刹微塵等菩薩並

華嚴經旨歸 十一

是所益第八會初亦有所益無邊大衆十顯法衆者。
如舍利弗須菩提等五百聲聞在此法會如聾託此
反示一乘法由彼方現此法深廣猶如因皁以現
白等此衆無有結通以是別非普故以前
十類爲器爲模印佛法界以成無盡法門海耳

說經儀第五

夫以無限大悲周衆生界施化萬品儀式難量今就
通別各開十例通而論之或以音聲或現妙色或以
奇香或以上味或以妙觸或內六根或四
威儀或弟子八物或一切所作皆堪攝物具如不思

議品說次別現言聲亦有十例一如來語業圓音自
說二如來毛孔出聲說法三如來光明舒音演法舍
那品中一切如來毛孔及光明中說偈等四令菩薩
口業說法如普賢經中金剛藏菩薩遍身毛孔出聲
說法六令菩薩光明亦有音聲常不絕八令一切衆生
光明中說偈令諸刹海出聲說法舍那品中諸菩薩
羅網相拂演佛音聲七令諸刹海出聲說法彼品云諸寶
音聲又如普賢經中一切妙法
說法彼品云以一切衆生言音入佛音聲法門教化
九以三世音聲說十以一切法中皆出聲說法故
普賢行品頌云佛說菩薩說刹說衆生說三世一切
說解云佛及菩薩各有三說餘四各一故爲十也如
音聲說法有此十種餘者皆各具十。並可準
知是則已爲一百門說法

辯經教第六

圓教微言必窮法界既盡如來無盡辯力各遍虛空
毛端刹海復各盡窮未來際說常說時處無邊若
斯之教豈可限其部帙今約頓經文析爲十類一異
說經二同說經三普眼經四上本經五中本經六下

本經七畧本經八主件經九眷屬經十圓滿經初異說經者如樹形等世界既異其中眾生報類亦別如來於彼現身立教隨彼所宜施設教法差別不同與虛空法界等唯如來智之所能知不可定其色非色等言非言等舍那品中廣明樹形河形須彌山形乃至一切眾生形世界海末後結云皆是盧舍那佛常轉法輪處解云交中但云常轉法輪不言法輪分齊相者以彼施設與此不同故不顯示也二同說經者唯亦設此類難教部類不同故不可說也二同說經者準知彼處於此類須彌山界遍於虛空毛端等處以言聲說亦

華嚴經旨歸

無有盡如不思議品云如來一化身轉如是等不可譬喻法輪雲一切法界虛空界等世界悉以毛端周遍度量一一毛端處於一念念中化不可說佛刹微塵等身乃至盡未來際劫一一化佛身有不可說不可說佛刹微塵等頭一一頭有不可說不可說佛刹微塵等舌一一舌出不可說不可說佛刹微塵等音聲一一音聲說不可說不可說佛刹微塵等修多羅一一修多羅說不可說不可說佛刹微塵等法一一法中說不可說不可說佛刹微塵等劫說異句身味身音

十三

聲充滿法界一切眾生無不聞者盡一切未來際劫常轉法輪如來音聲無異無斷不可窮盡亦阿僧祇品偈云彼諸一一如來等出不可說梵音聲於彼一一梵音中轉不可說修多羅不可說分別諸法中又說不可說淨法輪於彼說法一一修多羅於彼說法一一諸法中又說諸法不可說又復於彼說法中說彼眾生依一一微毛端處亦如是不同一一此中說可說修多羅分別諸法不可說劫說正法如彼一微毛端處一切十方諸法道中說處非樹形等言聲說教非色香等故不可說一類無盡非可結集不可限其品類多少亦非下位所能受

持三普眼經者如法界品中海雲比丘所受持經以須彌山聚筆四大海水墨書一品修多羅不可窮盡如是等品復過塵數此亦但是大菩薩等陀羅尼力之所受持亦非貝葉所能書記四上本經者此是結集書記經謂有三本上本也故龍樹菩薩往龍宮見此大不思議解脫經有三千大千世界微塵數偈四天下微塵數品此之謂也五中本經者彼見偈有四十九萬八千八百偈一千二百品此上二本並秘在龍宮非閻浮提人力所持故此不傳下本有十萬偈現傳天竺梁攝論中經者謂彼所見下本有

十四

名百千經即十萬也大智論中亦名此經為不思議
解脫經有十萬偈西域記說在遮俱槃國山中有此
具本七略本經者即此土所傳六十卷本梵本有三
萬六千偈是前十萬偈中要畧所出昔晉義熙十四
年於揚州謝司空寺譯天竺三藏法師名佛度跋陀
羅此云覺賢是大乘三果人姓釋迦氏甘露飯王之
苗胤曾往兜率天就彌勒問疑具如別傳八主伴經
者謂舍那佛所說華嚴雖遍法界然與餘佛所說之
經互為主伴一一主經必具無量同類眷屬如說性
起品竟十方一一各有八十不可說百千億那由他

華嚴經旨歸 十五

佛剎微塵數菩薩同名普賢各從本國來此作證皆
云我等佛所亦說此法與此不殊故知一性起修多
羅十方各有八十不可說百千億那由他佛剎微塵
數修多羅以為眷屬如一處性起既爾餘一切處性
起各攝爾許眷屬相與周遍法界如一性起既爾餘
品文中各有證法之數悉為眷屬當知無盡修多羅
海本七處八會所攝此無盡修多羅皆具足釋可知
略品云九會同時恒說下位菩薩二乘凡夫不能聞見思
方塵道同時恒說下位菩薩二乘凡夫不能聞見思
可見九會同時恒說下位菩薩二乘凡夫不能聞見思
起品云此經不入一切眾生手唯除菩薩又云一切

聲聞緣覺不聞此經何況受持又云若菩薩億那由
他劫行六波羅蜜不聞此經雖聞不信是等猶為假
名菩薩解云彼器劣不能聞是故由非主經既非權
教三乘小乘等經既無結通十方齊說故非餘一切
方便隨一方隅逐彼根機說宜聞之法如餘一切經
亦與主為勝方便故但信此上諸本總經一一主經
眷屬又如普眼經所受持經皆有世界塵數修多羅
無量方便經說問此與前主伴經何別答由三別一
前經文句必與主同此即不爾二彼必結通十方同

華嚴經旨歸 十六

說此亦不爾三彼經亦有為主之義此亦不爾是故
彼經亦主亦伴名此即唯伴非主此以是故謂此經
與彼不同三別耳十圓滿經者謂此上諸本總經者
同一無盡故攝一切一文一句皆入陀羅網無分齊故
句皆具攝一切及一切文句遍入一切何以故普法
盡故圓滿教法理應爾故如偈云一切佛剎微塵中
盧舍那現自在力弘誓願修多羅海振音聲調伏一切眾生
類又法界品中名圓滿因緣修多羅此之謂也無盡
教海應如是知

顯經義第七

夫以義海宏深眞源耶漫罣開二類各辨十門先明所標之法浩汗無涯攝爲十對用以統收一對謂無盡言教及所詮義二理事一對謂能及所依眞理三境一對謂所觀眞俗妙境及辨能觀普賢大智四行位一對謂普賢行海及辨菩薩五位相收五因果一對謂辨菩薩生了等因及現如來智斷等果亦是普賢圓因舍那滿果六依正一對謂辨蓮華藏界并樹形等無邊異類諸世界海及現佛菩薩法界身雲無礙依持七體用一對謂此經中凡

舉一法必內同眞性外應羣機無有一法體用不具八法一對謂佛菩薩師弟人顯說法界諸法門九逆順一對謂文中現五熱衆鞞一王刑虐及現海施戒順理修十應感一對謂衆生根欲器感多端聖應示現亦復無邊舍那品云一切衆生所樂等黙然此十對同時相應成一切無礙鎔融有一處即具一切是此經中所具十例以現雲等即具一切

者巧辯自在勢變多端亦舉十例以現無礙一廣狹無礙二一多無礙三一多相入無礙四相入無礙五相即無礙六隱顯無礙七微細無礙八帝網無礙九十世

無礙十主伴無礙於前所說十對法中。一一皆有此十無礙是故即有百門千門等準思之今且略於事法上辨此十例準知具如經中具一蓮華葉即具此十義謂此十事相宛然顯現普周法界一一蓮華世界海等此是理事一味無本之門二則此華葉具無邊際而恒不壞本位分齊此即此華葉無分無廣狹無礙德云此諸華葉普覆法界三即此華葉無邊無礙不可言多一一融無二相不可言多此一即多一多無二為一華葉經云知一即多多即一等是謂第三一多門也四

此一華葉其必舒已遍入一切差別法中。復能攝取彼一切法令入已內是故即舒恒攝同時無礙經云以一佛土滿十方十方入一亦無餘等是謂第四相入門也五此一華葉必廢已同他舉體全是彼一切法而恒攝他同已即他是已故已不立即是他亦不廢已即是已以已即他故不存已他即是已故他不立即是已他既相即。或廢已同他或攝他同已全體全是故是第五相即門也六又此一華葉既遍一切劫等是謂此經云一切長劫即是短劫短劫即是長劫一切法亦皆普遍此能攝彼亦此彼則彼一切法亦皆普遍此能攝彼亦此顯此隱彼能攝此亦

彼顯此隱如是此彼各有即顯即隱無有障礙經中云從東方見入正受西方見三昧起等是謂第六隱顯門也七此華葉入於一微細國土炳然齊現無不具足經云於一微塵中悉能顯現微細剎土莊嚴清淨曠然安住又如第九迴向微細處說是謂第七微細門也八又此華葉一一塵中各有無邊諸世界海中復有微塵此微塵內復有世界如是重重不可窮盡非是心識思量境界如是重重不可窮盡微非相影現所現之影還能現影如是經云如因陀羅網世界十地論云帝網差別者唯智能云如因陀羅網世界十地論云帝網差別者唯智

華嚴經旨歸 一九

知非眼所見是謂第八帝網門也九此一華葉橫遍十方豎該九世謂過去過去現在世過去未來世如過去現在未來當知亦爾總此九世攝為一切總別合舉名為十世具如離世間品說又以時無別體依華以立華既無礙時亦如是故經云過去一切劫安置未來今未來今過去世又云過去無量劫攝無數劫理無孤起必攝無量劫作一念頃等是謂第九十世門也十又此華葉無盡劫海以為眷屬此經圓繞經云此華有世界海塵數蓮華以為眷屬教所有之法皆互為主伴具德圓滿是故見此華葉

釋經意第八

夫以法相圓融實有所因因緣無量略辨十種一為明諸法無定相故二唯心現故三如幻事故四如夢現故五勝通力故六深定用故七解脫力故八因無限故九緣起相由故十法性融通故於此十中隨一即能令彼諸法混融無礙初無定相者謂以小非定

華嚴經旨端八 二十

小故能容大大非定大故能入小十住品云金剛圍山數無量悉能安置一毛端欲知至大有小相也二明因此初發心解云此中明大非大故有小隨心迴轉即一切法皆唯心現無別自體是故大小隨心廻轉無入無礙又釋謂彼心所現毛端之處此心於彼現世界大小同處互不相礙下文云彼心不常住無量難思議顯現如幻故三明一切法皆如幻故謂如幻法自在悅世間等四明一切法皆如夢故謂彼夢法長短無礙是故論云處夢謂經百年覺與作百年幻力自在悅世間等四明一切法皆如夢

乃須臾故時雖無量攝在一刹那等，五勝通力故者，謂自在位中菩薩諸佛勝神通力，小處現大無所障礙，四種通中幻通所攝轉變外事故，亦具準思之可見，六深定力所障礙者，謂彼自在三昧力故令於小處而現大法無所障礙，下文云入微塵數諸三昧一三昧中，定力所現故，如不思議品十種解脫增乃至云是名大仙三昧力七解脫力八因無限解脫是不思議解脫之所現故如不思議品十種解脫中云於一塵中建立三世一切佛剎等，皆無限善根所起故，謂佛地善根所起者，明此皆由無限善根所起故。

法妙極自在是故一則一切無所障礙，下文云以一佛土滿十方，十方入一亦無餘，世界本相亦不壞無比功德故，爾解云，無此功德故能所起，由力故者，謂此有九緣起相由力故者，謂與多互為緣起相由力故有二，一約相入，二約相即，一約相入復有二義，一異體相入，二同體相入，異體相入者，謂此有力彼無力故有有力無力故有相入，如此相入等，此有二，一異體相即，二同體相即，約體有空能作所有全體相奪故，有相即如此相即等，是故有相即相依故者，謂此有相依相奪故，有隱顯謂同體異體具微細義隱顯相望故，有微細相容具微細義同體相即故，有一多無礙同體相即故，有廣狹無礙又由異體相攝故，有廣狹無礙同體相即故，有一多

帝網無礙義現於時中，故得有十世義緣起無性故得有性相無礙義相關互攝故得有主伴無礙義，是故此一緣起門即具前十義思之可見，下文云菩薩善觀緣起法，於一法中解眾多法，又云一緣起中解無量無量中解一斯智者，通力故者，謂解云，展轉無礙相入為緣起，出因也，十法性融通無所畏故者，謂不異理之事具攝理性，則唯一味不可即入，若約事融通具斯無礙，理性則唯一味不可即入，令則事融通具斯無礙，則彼所依理皆不異理而不盡即真理，謂不異理之事具攝理性時，令彼不異理之多事隨一中現，若一中攝理盡即真理。

有分限失若一中攝理盡多事不隨理現，即事在理外失，今既一事之中全攝理多事，豈不於中現多外品云，於此蓮華藏世界海之內一一塵中見一切法界，又不思議品云，一切諸佛於一一微塵中示現一切世界種，莊嚴常轉法輪教化眾生未曾斷絕而微塵等不大，世界不小，決定了知，安住法界故，令彼能依事法大小之事同是安住理法界故，令彼能依事法界相在無障礙也。

明經益第九

夫以信向趣入此普賢法圓通頓益廣大無邊畧攝經文現其十種一見聞益二發心益三起行益四攝位益五速證益六滅障益七轉利益八造修益九頓得益十稱性益

初見聞益者如來塔廟禮拜供養彼及此遺法所種善根成金剛種如性起品云若有得經卷地如來不可破壞要必成佛衆生等具足善根滅煩惱患斷一切惡不善根信邪見衆具見聞佛者彼諸衆生於見聞中所種善根果報不虛乃至究竟涅槃諸佛子於如來所見聞供養恭敬所種善根善根佛子於如來所見聞供養恭敬所種善根

可言說不可為喻何以故如來不可思議過思議故二發心益者謂信位滿稱彼佛境發此大心此心即是普賢法攝是故融通即遍如前無盡時處法界。既入彼攝彼則令諸法界成滿故經云初發心時便成正覺知一切法真實之性具足慧身不由他悟又云初發心菩薩則是佛故悉與三世諸如來等如發心時即偈頌中說三世一切諸如來

故發心功德遍一切法一切一切因一切果窮盡法界具足故一行徹至究竟如普賢品略現六十種普賢行皆

二十三

一遍一切速至佛果是故經云菩薩摩訶薩得聞此法以小方便疾得阿耨多羅三藐三菩提與三世佛等廣如彼文頌中說耳四攝位益者謂信等五位益一一位中具一切位然有二門一全位相是門即一一位是一位故乃至十信即一門即一一位中具十信十住品等說又云在於一地普攝諸位功德餘廣狹無礙如帝網等皆具準思可知如舍那地速證益者依此普門一證一切證速入十地比正處及十住品等中答攝諸位皆具如海幢如賢首品說十住等中廣說如是耳五門即一位即一切位即便成佛二諸位相資位即一一位中位一位中具一全位即是門即

此法以小方便疾得佛世界微塵數剎一一遍一切處遍地獄衆生滅除苦痛得十眼十耳等菩薩在兜率天放足下光普照十佛世界微塵數剎皆生兜率天上聞空聲說法悉得十地諸佛力莊嚴具足三昧皆悉成就衆生界善身口意普見諸佛廣大神變六益衆生普悉頓成具如小相光明品說謂如前兜率天滅障益者依此普法即得十地亦一斷一切獄出聞此普悉頓得如前益也六子得十地已二一毛孔化作衆生界妙香華雲供養盧舍那佛散香華已一一華中見諸如來時彼雲普熏無量佛剎微塵數世界衆生其蒙香者身心

二十四

快樂諸罪業障皆悉除滅於色聲香味觸肉外各有五百煩惱八萬四千煩惱皆悉除滅彼諸眾生具足種種淨香自在解云前地自身頓得十地亦乃毛孔香熏令爾許眾生種一恒河沙轉輪聖王所殖善根益無邊眾生悉於蓋雲供養佛經云若有眾生見此十地已毛孔中出蓋雲種一恒河沙轉輪聖王所殖善根並是普法之勝力也七轉利益眾生頓得益雲者彼諸眾生種一恒河沙轉輪聖王所殖善根所謂白淨寶網轉輪王等菩薩摩訶薩安住如是轉輪王處於百千億那由他佛刹微塵數世界中。教化

華嚴經旨歸 二十五

彼轉輪王放曼陀羅自在光明若有眾生遇斯光者皆得菩薩十地又云彼輪王放大光明名周羅摩尼若有眾生遇斯光者得菩薩十地悉得無量智慧光明得十種眼清淨行業乃至十種意清淨業具足成就淨力三昧乃至得普見肉眼等解云此上三重廣利他令得輪王此亦得十地皆刹塵數量迅速展轉皆多深益同時成就一天子得十地二天子毛孔光廣益復令多人亦得十地二輪王交光更轉悉頓成不可說不可說如彼品說八造修益者謂如善財依此普法於一生身從初發心至普賢位十

地位滿乃至云。一切菩薩無量劫修善財一生皆得解云以就普門得一切故廣如入法界品說又如善財前生會見聞普法成金剛種遂令今生頓成解行問此豈不三僧祇劫此中時劫不定或一念則十種無礙準思即可見九頓得一生即無量劫又見如來一眼境界祇洹林中不可說祇塵數菩薩得一切光明等至一世界自在法海又性起品雲集菩薩毛光見無盡法界一切佛刹塵數菩薩得一切性起品初前無量劫無量劫即一念一生即無量劫一念即一生解云十種無礙準思可見九頓得一生即無量劫位等又發心品所得益及舍那品初雲集菩薩毛光

華嚴經旨歸 二十六

成益有六重無礙等具如彼說十稱性益者謂依此普法一切眾生無不皆悉稱其本性在佛果海中故舊來益竟更無新如性起品云佛子如來成正覺時一切眾生皆悉成正覺乃至一切眾生寂滅涅槃亦復如是皆一性以無性故乃辨眾生解云一切如來同者是無極大悲也

示經圓第十

夫以法界圓通緣起法隨有一處即有一切無礙圓融無盡為一大緣起法總合上九門所現之法謂

自在。若隨義分開亦有十門。一處圓者謂前無盡處中。隨一塵處即有如上一切處一切佛一切眾一切儀一切教一切義一切意一切時各通帝網重重俱在一塵。如一塵處一切盡虛空法界一一塵處皆亦如是。二時圓者於一念中則有前一切劫一切處一切佛乃至一切盡虛空法界重重顯示。如一念一切盡如一毛孔中。即一念一切時乃三佛圓者於佛一毛孔中。一念攝皆亦如是。至一切盡如一毛孔一切遍法界諸毛孔現皆亦如是。四眾圓者準前五儀圓六教圓七義圓八意圓九益圓十普圓並類準思之以同一無礙大緣起故。自在難量不思議故是謂華嚴無盡法海窮盡法界越虛空界唯普賢智方窮其底

華嚴經旨歸

嘉善歸依三寶弟子金福保施資刻此惟願
先考盡釋寃愆早生極樂
同治九年六月　如皋刻經處識

修華嚴奧旨妄盡還源觀

唐京大薦福寺翻經沙門法藏述

夫滿教難思窺一塵而頓現圓宗叵測觀纖毫而齊彰。然用就體分非無差別理顯自有一際之形。其猶病起藥興妄生智立病妄雙拳以止啼心通則法通圓示偏既覺既悟何滯何通百非息其攀緣四句絕其增減故得藥病窮見靜亂俱融妙旨希微覽之者罕窮玄綱浩瀚消能所以入玄宗泯性相而歸法界實際居其際是以真空滯於心首究為緣慮之場實際居於目前翻為名相之境今者統收玄奧囊括大宗出經卷於塵中轉法輪於毛處明者德隆於即日昧者望絕於多生會旨者山嶽易移迷方者云泥致隔兹性海彼行林別舉六門通為一觀參而不雜繁辭必削義復全雖則創集無疑況乃先規有據旋披舊章備三藏之玄文憑五乘之妙旨窮一際皎然冀返迷方同曉日佩道君子俯而詳焉。

今略明此觀總分六門先列名後廣辨。

一、顯一體謂自性清淨圓明體二、起二用一者海印森羅常住用二者法界圓明自在用三、示三徧一者

一塵普周法界徧二者一塵出生無盡徧三者一塵含容空有徧四、行四德一者隨緣妙用無方德二者威儀住持有則德三者柔和質直攝生德四者普代眾生受苦德五、入五止一者照法清虛離緣止二者觀人寂怕絕欲止三者性起繁興法爾止四者定光顯現無念止五者事理玄通非相止六、起六觀一者攝境歸心真空觀二者從心現境妙有觀三者心境秘密圓融觀四者智身影現眾緣觀五者多身入一鏡像觀六者主伴互現帝網觀

一、顯一體者謂自性清淨圓明體然此即是如來藏中法性之體從本已來性自滿足處染不垢修治不淨故云自性清淨性體徧照無幽不燭故曰圓明又隨流加染而不垢返流除染而不淨亦可在聖體而不增處凡身而不減雖有隱顯之殊而無差別之異煩惱覆之則隱智慧了之則顯非生因之所生唯了因之所了斯即一切眾生自心之體靈知自照廣說如彼故起信論云真如自體有大智慧光明義故徧照法界義故真實識知義故自性清淨心義故廣說如彼故依體起用名自性清淨圓明體也

二、起二用者一者海印森羅常住用言海印者真如本覺也妄盡心澄萬

象齊現猶如大海因風起浪若風止息海水澄清無象不現起信論云無量功德藏法性真如海所以名為海印三昧也經云無量功德藏法性真如海所以法者所謂一心即是心即攝一切世間出世間法一法者所謂一心即是心即攝一切世間出世間法妄念唯一真如故言海印三昧也華嚴經云或現童男童女形天龍及以阿修羅乃至摩睺羅伽等隨其所樂悉令見眾生形相各不同行業音聲亦無量如是一切皆能現海印三昧威神力依此義故名海印三昧也二者法界圓明自在用是華嚴三昧也謂廣

華嚴還源觀

修萬行稱理成德普周法界而證菩提言華嚴者華有結實之用行有感果之能今則託事表彰所以舉華為喻嚴者行成果滿契理稱真性相兩亡能所絕顯煥炳著故名嚴也良以非真流之行無以契真何有飾真之行不從真起此則真該妄末行無不寂故曰法界圓明自在用也華嚴經云嚴淨不可思議剎供養一切諸如來放大光明無有邊度脫眾生亦無限施戒忍進及禪定智慧方便神通等如是一切皆自在以佛華嚴三昧力依此義故名華嚴三昧也

三示三徧者謂依前二用。二一用中普周法界故云徧也言三徧者一者一塵普周法界徧謂塵無自性攬真成立真既無邊塵亦隨爾經云華藏世界所有塵一一塵中見法界寶光現佛如雲集此是一塵普周法界也二者一塵出生無盡義謂塵無自體起必依真真如既具恆沙眾德依真起用亦復萬差義故經云真如者自體有常樂我淨義故其性清涼不變自在故具足如是過恆沙功德乃至無有所少義故起信論云真如自體有無問若山若河乃至樹林塵毛等處一一無不皆是

華嚴還源觀 三

稱真如法界具無邊德依此義故當知一塵即理即事即人即法即彼即此即正即依即染即淨即因即果即同即異即一即多即廣即狹即情即非情即三身即十身何以故事無礙法如是故理無礙境界如是故事事無礙法如事如經云一身即多身互作自在故一更互相容相攝各具重重無盡境界也如上十身境界皆由一法道場中如是法性佛無不智眼能明此方便問據其所說則一切法門無盡海會同一法道理無不通今時修學之徒云何曉悟達於塵處頓決群疑且於一塵之上何者是顯事無不融文無不釋

染云何名淨何者爲眞何者稱俗何者名生死何者名涅槃云何名煩惱云何名菩提云何名大乘法講垂開決聞所未聞荅大智圓明觀纖毫而周現慧海眞源朗現處一塵虛相能翳於性本體同如此塵相空無所有故由此一塵眞即是染也由此塵相大小皆是妄心分別同時一際理無前後何以故由此塵相也由於塵相緣生幻有即是俗盡空無有實即是涅槃由塵相緣生幻滅相即是煩惱由塵相體本空寂緣慮自盡即是菩提由塵相體無偏計即是小乘法也由塵相無生無滅依他似有即是大乘法也如是畧說若具言之假使一切眾生懷疑各異一時同問如來如來唯以一塵演說盡無餘依此義故名一塵出生無盡徧海一言而爲解釋宜深思之經云一塵含容空有徧謂塵無自性即空幻相宛然即是有也具德徹於有表觀空舍容無礙以色即空故成大智而不住生死觀空即色故成大悲而不住涅槃以色空無二悲智不殊方爲眞實也寶性論云道前菩薩於此眞空妙有猶有三疑一者疑空滅色

取斷滅空二者疑空異色取色外空三者疑空是物今此釋云色即是幻色必不礙空空即是眞空必不礙幻色若礙於空即是斷空非眞空也若礙於色即是實色非幻色也若碍色非眞空若礙空非幻色必不相礙方全是幻色眞空也此色空妙有當知一塵亦爾若證此理即得微細容持廣大圓融自在無礙殊勝奇特聖眾等據經卷量等三千界在於一塵內一切塵亦然有一慧人淨眼明見破塵出經卷廣饒益眾生等若具其經卷量等三千界在於一塵即大智圓明智體既空理而言塵即眾生妄計經云

無邊故曰量等三千界依此義故名一塵舍容有徧也自下依此能徧之境而行四德謂依前一塵能徧之用而修四種行德一者隨緣妙用無方德謂依眞起用廣利羣生根器不等受解不同應機授法應病與藥令得服行維摩經中具明斯義以大悲故名曰隨緣又大智故知眾生性空實無度者名爲妙用又理即事故名隨緣事即理故名妙用又依本起末故名不違眞依俗故隨緣俗不違眞故妙用又

隨緣攝末歸本故妙用良以法無分齊起必同時真
理不礙萬差顯應無非一照用則波騰鼎沸全真體
以運行體則鏡淨澄舉隨緣而會寂若曦光之流
彩無心而朗十方如明鏡之端形不動而呈萬像故
曰隨緣妙用無方德也二者威儀住持有則德謂行
住坐卧四威儀也大乘八萬小乘三千為住持之楷
模整六和之紊緒出三界之梯陛越苦海之迅航拯
物導迷莫斯為最但以金容匿彩正教陵夷傳授澆
訛師於已見致使教無綱紀濫抂褒貶流得失羣妄
參真淨故令初學觸事成非不依經律混亂凡情自

華嚴還源觀　七

陷陷他甚可悲矣故瑜伽論云非大沈非小浮常住
於正念根本眷屬淨修梵行華嚴經云戒是無上菩
提本應當具足持淨戒梵網經云微塵菩薩眾由是
成本應覺起信論云知法性體無毀禁是故隨順法
性行尸波羅蜜所謂不殺不盜不姪不妄語遠離貪
瞋欺詐諂曲邪見亦應遠離憒鬧少欲知足乃至小
罪心生大怖不得輕於如來所制禁戒常護譏嫌不
令眾生妄起過罪用此威儀住持以化眾生也問如
上文所說真如一相佛體無二具足一切功德體性明
故要須威儀等戒行耶答譬如大摩尼寶體性明

華嚴還源觀　八

淨被塵累而有龜穢之垢若人雖念寶性不以種種
磨治終不得淨真如之法體性空淨無明煩惱
垢染若人唯念真如不以戒定慧熏修終無淨
時準此義故理須持戒也問出家五眾超然出俗
可具威儀在家之流身纏俗網寧無憾犯答出家之
輩自有嚴科在家之儔通持五戒夫三歸五戒者蓋
是出苦海之津梁趣涅槃之根本作毗尼之漸次為
七眾之崇基萬善藉此而生佛法籍此而起經云三
羅圓備即證菩提四分律云第一持戒不毀犯比正
學圓備三昧不現前當知戒為定體慧為定用三
威儀自端嚴怨家之人不能近若不如法即被訶依
此義理故云威儀住持有則德三者柔和質直攝生
德謂大智照真名為質直大悲救物故曰柔和又質
直者約本性不遷柔和者約隨流不滯柔則伏滅煩
惱和則順理修行用茲調和之法以攝眾生也又質
直者體無妄偽言行相符蘊德居懷不拘名利輕金
若和質重教迦珍但為正業調生速願自他圓滿故曰
柔和質直攝生德也四者普代眾生受苦德謂修諸
行法不為自身但欲廣利羣生冤親平等普令斷惡
備修萬行速證菩提又菩薩大悲大願以身為質於

三惡趣救贖一切受苦眾生要令得樂盡未來際心無退屈不於眾生希望毛髮報恩之心華嚴經云廣大悲雲徧一切一切捨身無量等剎塵以昔劫海修行力今此世界無諸垢謂眾生妄執念念遷流名之篤苦代眾生受苦者由大悲菩薩方便力故但令眾生妄執不了業體從妄而生無由出苦菩薩教令眾生無邊眾生業無邊故云普代眾生受苦也離苦問眾生無菩薩教令了蘊空寂自性本無故云離苦問眾生無心無暫替因果喪亡苦業無由得生但以眾生受苦名為普代眾生受苦德也雜集論云於不堅堅覺深

華嚴還源觀

住於顛倒離煩惱所惱得最上菩提已上明四種行德竟。

自下攝用歸體入五止門五止門者依前能行四相之行當相即空相盡心澄而修止也所言入者相俱泯體周法界入無入相名為入也華嚴經云如來深境界其量等虛空一切眾生入而實無所入又準入佛境界經云入諸無相定見諸法寂靜常入平等故敬禮無所觀此乃一切眾生本來無入又境界之中更無可入也如人迷故謂東為西乃至悟已西即是東更無別東而可入也眾生迷故妄

爾止謂依體起用名為性起應萬差故曰繁興古今常然名為法爾謂真如之法法爾隨緣萬法俱興法爾歸性故曰繁興法爾法界經云從無住本立一切法又教中白淨寶網萬字輪王之寶珠從無念心無念慮性起如是若有眾生入此大止妙觀門中不可得業性亦如彼寶珠遠近齊照分明顯現廓徹虛空不為二乘外道塵霧煙雲之所障蔽故曰

捨謂真可入乃至悟已妄即是真更無別真而可入也此義亦爾不入而入故云此入也何以故眾生本來平等同一法界也言五止者一者照法清虛離緣止謂真諦之法本性空寂無所緣故能緣智寂所緣境空心境不拘體融虛廓蕭然無寄維摩經云法常寂然滅諸相故起信論云若有眾生觀無念者則為向佛智故二者觀人寂怕絕欲止謂五蘊無主名曰寂怕諸法無求故云絕欲故云觀人寂怕絕欲止也三者性起繁興法爾止謂依體起用名為性起應萬差故曰繁興

定光顯現無念止也五者理事玄通非相止謂幻相之事無性之理互隱互顯故曰玄通由修顯故事徹於理行從理起故理徹於事互存互奪故玄通者謂大智獨存體周法界大悲救物萬行紛然悲智雙融性相俱泯故曰理事玄通非相止也

來明五止竟。

自下依止起觀問準上義理依之修行足為圓滿云何更要入止觀耶答起信云若修止者對治凡夫住著世間能捨二乘怯弱之見若修觀者對治二乘不起大悲狹劣之過遠離凡夫不修善根以此義

華嚴還源觀　十一

故止觀兩門共相成助不相捨離若不修止觀無由得入菩提之路華嚴云譬如金翅鳥以左右兩翅鼓揚海水令其兩闢觀諸龍眾命將盡者而搏取之如來出世亦復如是以大止妙觀兩翅鼓揚大愛海水令其修止觀兩門既為宗要凡夫依此義故請示迷徒令歸正路菩依起信論云初學未解安心請示迷徒令歸正路菩依起信論云若修止者住於靜處端坐正意不依氣息不依形色不依於空不依地水火風乃至不依見聞覺知一切諸想隨念皆除亦遣除想以一切法本來無想念念

華嚴還源觀　十二

不生念念不滅亦不隨心外念境界然後以心除心若馳散即當攝來令歸正念常勤正念唯心識觀一切魔境自然遠離凡夫初學邪未分魔網入心欺誑行者又無師匠諸問莫憑終依四魔淪苦海日月經久邪見既深設遇良緣改成難改止之觀出離無由深自察之無令暫替此起信論中說也六起觀者依前五門即此而起即止之觀何以故理事無礙法如是故定慧雙融分齊故一多相即前後絶故大用自在無障礙故言六觀者一攝境歸心真空觀謂三界所有法唯是一心造心

外更無一法可得故曰歸心謂一切分別但由自心會無心外境能與心為緣何以故由心不起外境本空論云由依唯識故境本無體故真空義成以塵無有故本識即不生又經云未達境唯心起種種分別達境唯心已即息分別悟平等真空常作此觀智慧甚深由此息分別悟平等真空常作此觀智慧甚深故現心亦如是以方知諸法唯心便捨外塵相諸佛亦如是以方知諸法唯心便捨外塵相攝境歸心真空觀也二從心現境妙有觀謂前門中攝相歸體今此門中依

體起用具修萬行莊嚴報土。又前門中攝相歸體顯出法身今此門中依體起用故曰從心現境妙有觀也。三者心境秘密圓融觀言心境者謂諸佛證之以成法身境諸佛證之以成淨土如來報身及所依淨土圓融無礙或身現剎土如經云。一毛孔中無量剎各有四洲四大海須彌鐵圍。華藏世界所有塵。一一塵中佛皆入普為眾生現神變。毘盧遮那法身如是就此門中分為四句如玄談疏中說如是依正混融無有分齊謂前兩觀各述一邊今此雙融會通心境故曰心境秘密圓融觀也。四者智身影現眾緣觀謂智體唯一能鑑眾緣緣相本空。智體照寂諸緣相盡如如如日輪獨存謂有為之法無不俱含真性。猶如蒙潤益令知時節寒熱之期草木親生。之輩亦滋長如來智日亦復如是故曰智身影現眾緣觀也。五者多身入一鏡像觀即事事無礙法界也。謂毘盧遮那十身互用無有障礙法界身雲作眾生身國土身業報身聲聞身緣覺身菩薩身如來身智身法身虛空身如是十身隨舉一身攝餘

華嚴還源觀

九身故曰多身入一鏡像觀如一身有十身互作。一毛孔一一身分。一一支節中皆有十身互作。或以眼處作耳處佛事或以耳處作鼻舌身意亦復如是何以故證此大止妙觀法力加持得如是故。經云或以一身作多身或以多身作一身。一身入多身多身入一身非一非多。一身沒多身生由深定力故得身入定異境起或以一身入定一身起或以多身入定一身起或以多身入定多身起或以同境入定異境起或以異境入定同境起或以一身入定多身起或以多身入定一身起或以自為主望他為伴或以一法為主一切法為伴或以一身為主一切身為伴。隨舉一事中皆悉無盡亦是悲智重重無盡此表法性重重影現一切重重無盡也。六者主伴互現帝網觀謂以自為主望他為伴。如善財童子從祇桓林中漸次南行至毘盧遮那大聖開樓閣門令我得入彌勒菩薩言唯願大聖開樓閣門令我得入彌勒菩薩前暫時歛念白彌勒菩薩言唯願大聖開樓閣門令我得入彌勒菩薩前彈指其門即開善財入已還閉如故見我彌勒菩薩前各有善財童子皆悉合掌在彌勒菩薩前。一一彌勒前各有善財童子。一一善財童子皆悉瞻仰此明善財童子依此華嚴法界重重之理修行位極盡也。

頓證法界也此舉一樓閣為主一切樓閣為伴也故
云主伴互現帝網觀亦是事事無礙觀也此上所述
六重觀門舉一為主餘五為伴此理如圓珠穿為六孔隨入
隨入一孔之中即全收法界無有前後始終俱齊
一門即全收法界圓滿教理法自爾故如是開為六門隨入
全證故卷舒無礙隱顯同時一際絕其始終亡
於表裏故初心正覺攝多身於剎那十信道圓一念該
於佛地致使地前菩薩觸事生疑五百聲聞玄鑒絕
分融通無礙一多交參圓證相應名為佛地然此觀

華嚴還源觀　十五

門名目無定若據一體為名即是海印炳現三昧
若約二用而論即名華嚴妙行三昧門若據三徧為
言即是匪含十方三昧門若準四德為名即名四攝
攝生三昧門若約五止而言即為寂用無礙三昧
若取六觀隨入一門眾德咸具無生既
德立名據教說攝法界為六觀如是等義隨
顯有非亡所圖識盡見除思之可見余雖不敏素
斯等義非情所圖木之文式集彌天之義
翫茲經聊伸偶
頌曰　備尋諸教本　集茲華嚴觀

修華嚴奧旨妄盡還源觀
文約義無缺　智者當勤學

信士楊文會　石蓮貴　熊潤生　王淨源　朱
芷湘　祁蓮芬　薛雲如　繆雲松　喬太泉
孫潤齋　程味芝　徐清一　沈松岑　過補堂
王一眞　孫生陽　孫緘三　李克英　季元麟
樸　孫生陽　劉生汪　吳湘舟　王小湖　周春林　范
翔霄　劉耀堂　周廷楨　薛儀賓
鄭了白　申生超
善　昌竹泉　顧存譜　潘照　朱生銘　孫
沐齋　朱蓮舫　孫常靜　卜蓮因　何淨法
朱少堂共施資刻此

同治十一年四月如皋刻經處識

華嚴還源觀　十六

華嚴經義海百門

唐京大薦福寺沙門法藏述

夫緣起難思諒偏通於一切法界巨測誠顯現於十方莫不性海沖融應人機而表一智光赫奕耀世間以通三殊勝微言輕毫彰於圓教奇特聖眾纖埃現以全身迥超情慮之端透出名言之表竊見玄綱浩瀚妙旨希夷寶之者詘究其源學之者罕窮其際由是微言滯於心首恆為緣慮之場實際居於目前翻為名相之境今者統收玄奧囊括大宗出經卷於塵中。轉法輪於毛處明者德隆於即日昧者望絕於多於文字庶入道之士麁觀其致焉所列名目條之如左。

緣生會寂門第一　實際斂迹門第二
種智普耀門第三　鎔融任運門第四
體用顯露門第五　差別顯現門第六
修學嚴成門第七　對治獲益門第八
體用開合門第九　決擇成就門第十

緣生會寂門第一

夫緣起萬有必顯於多門無性一宗蓋彰於眾德分其力用則舒卷之趣易明覽其玄綱則理事之門方曉今就體用而言略分十義

一明緣起　二入法界　三達無生　四觀無相
五了成壞　六示隱顯　七發菩提　八開涅槃
九推去來　十鑑動靜

初明緣起者如見塵時此塵是自心現由自心現即與自心為緣由緣現前心法方起故名塵為緣起法也經云諸法從緣起無緣即不起沈淪因緣皆非外有終無心外法能與心為緣縱分別於塵亦非攀緣然此一塵圓小之相依法上起假立似有竟無實體取不可得捨不可得以不可取不可捨則知塵體空無所有今悟緣非緣起體寂不起達體隨緣未起恆起如是見者名實知見也

二入法界者即此塵緣起是法法隨智顯用有差別是界此法以無性故則無分齊融無二相同於真際與虛空界等偏通一切隨處顯現無不明了然此一塵與一切法各不相知亦不相見何以故由各各全是圓滿法界普攝一切更無別法界是故不復更

相知相見縱說知見終無別法界可知見也經云法界無法界法界不知法界若不存則為知矣法界宛然是事法界合理事無礙二而無二即二是為法界也

三達無生者謂塵是心緣心為塵因因緣和合幻相方生由從緣生必無自性何以故今塵不自緣必待於心心不自心亦待於緣由相待故則無定屬緣生以無定屬緣生則名無自性非去緣生說無生也論云因不自生緣生故生不自生緣生今由緣方得名生緣生故生無生乃是無生然生與無生互成

四觀無相者如一小塵圓小之相是自心變起假立無實今取不得則知塵相虛無從心所生了無自性名為無相經云諸法本性空無有毫末相雖取不得詮無之義非絕以相無相故相即非相即相無相相之依由不失法相故非絕相以相即無相相實無差別也此無相義如繩上蛇全以繩為蛇繩是無蛇之依今法是無相之依全以法為無相當知相也

五了成壞者如塵從緣起立是成即體不作於塵是壞今由了緣非緣乃名緣成了壞以壞不妨成非壞乃名緣壞以壞無所有是故壞時正是成時以成無所有是故成時正是壞時先後若無壞即成是自性有若無成即壞是斷滅空成壞一際相由顯現也

六小隱顯者若觀塵相不可得時即相盡而空現由見相時不即於理是故事顯而理隱又此塵與諸法互相資攝存亡不同若塵能攝彼即彼隱而此顯若彼能攝塵即塵隱而彼顯隱顯一際今但顯時已

奪奪則無生成則緣生由即成即奪是故生時無生如是了者名達無生也

七發菩提者謂此塵即寂滅涅槃無性無性之理智所現故今由了達一切眾生及塵毛等無性之理以成正覺轉法輪也又眾生及塵毛等全以成佛菩提所以於眾生菩提身中見一切眾生修菩薩行當知佛菩提更無異見今佛教化塵內眾生眾生復受塵內佛教化是故佛即眾生眾生即佛眾生縱有開合終無差別如是見者名發菩提心也

提心起同體大悲敎化眾生也。

八開涅槃者謂不了塵顯迷隱隱為滅即依流動生滅之相竟無可得緣於塵上迷心變起謂是真實今求生滅之相竟無起處亦無可得動念自亡妄想皆滅隨其滅處名大涅槃故經云流轉是生死以無實故來時無所從來去時亦無所去經云法無去來常不住故良以了塵去來無體所以去來即無不動名涅槃。

九推去來者謂塵隨風東去時求去相不可得隨風西來時求來相亦不可得皆唯塵法竟無來去之相以無實故來時無所從來去時亦無所去塵處而詣十方而恆不離十方而入塵處恆不來去來之量等於法界也。

去來無去來而恆來去一際成立無有彼此之差別是故經云菩薩不來不去所以不移而來不來而去也

十鑒動靜者謂塵隨風飄颭是動寂然不起是靜今靜時由動不滅即全以動成靜靜不滅今即全以靜成動動即靜故靜時全以動能動由全體能成諸相若先有動正動亦如風本不動能動諸物若先有動不復更動思之

然上諸義緣生既立理不合孤窮萬有以為同括無

盡而成總若尋其奧雖處狹而常寬欲究其淵縱居深而逾淺緣起之義其大矣哉

實際斂迹門第二

夫歸宗巨壑委輸於百川會寂眞源銷緣成於萬有是故眾流亡而相盡多緣寂而法空歸體息於攀緣奪相止於迷惑今就理而言略顯十義

初明二無我者謂能分別塵相者是人所分別之塵

一明二無我 二明遮詮 三如虛空 四不生滅

五無自他 六無分別 七入不二 八無差別

九明一味 十歸泯絕

從緣具體是法由相虛假似有而無實體即為人無我經云我尚不可得非我何可得由塵從緣而無自性是法無我若法從緣生此則無自性以人無我空故問塵是有耶答不也從緣無自性故問塵是無耶答不也不礙緣起有故問塵亦有亦無耶答不也空有盡唯有互不存故問塵是非有非無耶答不也空有俱存故除計有無之見非無法也經云但除其病而不除法。

是為護過

三如虛空者謂塵體空無所有即無分限亦不可取捨而徧通十方能與一切理事解行等為所依而有無盡大用猶如虛空與一切法為所依而無有分限徧通十方猶如虛空即得虛空智虛空身無礙用也

四不生滅者謂塵從風起散而有生滅之相今推生相滅相悉皆空無經云因緣故法生因緣故法滅由生時是無性生由滅時是無性滅以無性故生即不生滅時是無性由滅故法滅滅由無性故滅即不生滅亦不滅

五無自他者謂塵是緣為他也心是因為自也今心不自心必待於緣既由緣始現故知無自性也又塵不自塵亦待於心既由心方現故知無他性也一切法皆不自生亦不他生故無自他也又一切法皆是他自是他故自他即是自也他非別異見自他不有他亦無

論云自性亦不自不他性亦復無

六無分別者謂見塵圓小之相好惡飛颺者是自心分別也即此心之塵緣起尋起無體名相自亡是無分別情破說為無分別非如木石經云法從分別生還從分別滅又云無分別智分別無窮無窮之相性分別滅由分別無體即分別無

七入不二者謂見塵與心有二二即無二也若執塵心為二遮言不二以迷心所見非無緣故若執塵心為一遮言不二以離心外無別塵故由心與塵二即無二唯心無體。亦無一由一無二無二即無二唯心無體現前方入不二門經云無一無二智慧中出入中師子不著二二法知無二二故

八無差別者謂見塵相圓小與一切理所現無復異體是為差別觀塵無體一切皆空唯是無差別又此理性隨緣成一切法非無分齊是即差別經云諸法無差別唯佛分別知了差別無差別唯差別緣起萬差無差法界一空由空與有同別互融有以為一空而成別無差別

九明一味者謂塵從緣成立皆無自性縱理事故然差別萬有無差一際顯現四句作之可見萬有無差莫不唯空若舉空即一味寂一味祗以緣起萬差說若舉性一味唯空即一味若舉如則類顯可知

十歸混絕者謂心與塵互相混絕若以塵唯心現則外塵都絕若以心全現塵則內心都泯泯則泯其體

外之見存則存其全理之事即泯常存即存常泯四句可知

然上諸義實際難思心行罕緣其致眞源巨測名言詮蹟其端然無言不絕言依體與其萬用無事不辯事隨緣顯以一空明事要必談空說體寧不開用是故斂迹則緣心罔托亡相乃妄識無依方得稱於緣生將符順顯於法界

夫大智照明就纖毫而觀性海眞源期現即徵塵以眺法身磊落雲繁一多開而隨應崔嵬岳聚理事分

華嚴義海百門三

種智普耀門第三

以成形今就體用現前略分十義。

一顯如量　二分六通　三明難思　四生佛家
五示圓音　六辯依正　七會機感　八施佛事
九開五眼　十分三智

一顯如量者謂塵體空無是如理不礙事相宛然是如量今塵性順眞則無分齊一切事法全依性顯是故一塵中見一切事是如理智中如量之境界也。

二分六通者謂此塵無體不動塵處恆徧十方刹海無去來之相是神足通經云不起於座徧遊十方。又

一切聲全是耳不聞說塵法界差別之聲即知一切聲是常聞一切佛法為天耳通也。

空心我是則無有生無性空寂即執心不起是漏盡通經云斷結無有二名天眼通經云若見相即為病命通又見聞之不及處即思議之不測皆由不悟一切法是無相可得無不相即無見二見由無相即無相即無念無得於塵無二名天眼通又了塵無生無性空寂即無二見也又無相即現斯由量即非量非量又居見聞之地即非思議之際即思議不可思議體自不可得故即思議不可思議經云所思不可思是名難思。

四生佛家者佛以眞如法界無生之理為家今見塵中顯現此智從無生法顯生故名生佛家也。經云無生無性時即知無分別是則從如生又云普於三世佛子中知無生已而化生。但契義理即名生佛家是佛之子亦名佛出現也。有本云無生之理菩提涅槃為家

見塵法界無際而有理事教義一切等諸菩薩皆同證入皆同修習此法更無別路是他心通又見塵法界解行現前之時即知過去曾於佛所親聞此法以觀心不斷是故今日得了為宿命通又見塵性空寂

五示圓音者謂此說塵之音然音具足智慧之藏隨眾生機有深淺之感若於聲上了大小音韻是假立空無所有故然音是實者此乃小乘機性即愚法教顯也於聲上即知聲事無體會事顯理者此由大乘機性即終教顯也於聲上即知大小音聲空無所生心動念即乖法體一味一相不可分別者此乃大乘機性即頓教顯也於聲上即圓教顯也此由一音上由機有大小令此法門亦復不二一切諸聲菩提涅槃主伴自在一即一切一切即一如帝釋殿珠網重重無盡境界此由一乘機性即圓教顯也此一音即如是乃為如是

六辨依正者謂塵毛剎海是依佛身智慧光明是正今此塵是佛所現舉體全是故光明是故微塵佛剎又一切剎海微塵全用法界性而為塵體是故塵中見一切乃至塵毛國土一一事法各各如是自在無礙即乃全佛體即全依即全正正即依正也

七會機感者謂塵如平等法界隨智所顯機大則義顯亦大機小則理顯亦小隨眾生之根性有證悟之淺深是為機感即此機感全如來法身而應現也

八施佛事者謂塵音聲文字皆悉性離即解脫故此無性文字非事之事以空無故佛智所顯隨所施不失法界即為佛事經云有所施為無非佛事

九開五眼者謂塵塵性空故無所有是慧眼塵是緣起之法為無性之色為肉眼也塵然無相可得依諸分別不二見故名為天眼塵性空無不可以五眼見於塵但於塵處隨顯立名也

十分三智者謂達塵性空無之理決擇邪正順理入正無礙念劫圓融有無平等故名為佛眼然不

真此決擇之心是加行智又見此塵全是亡言絕慮性超圖度能所不起動念亦非此為正體智又見塵緣起幻有不礙差別雖種種差別莫不空無所以不失體故全以法體而起大用一多無礙主伴相攝一即一切一切即一是為後得智

然上諸義法無分齊現必同時理不礙差隱顯一際用則波騰鼎沸全真體以運行體即鏡淨水澄舉隨緣而會寂若曦光之流采無心而朗十方如明鏡之端形不動而呈萬像

鎔融任運門第四

夫性海無涯眾德以之繁廣緣生不測多門由是圓

通莫不迴轉萬差卷舒之形隨智鎔融一際開合之勢從心照不生機縱差別而恆順用非乖體雖一味而常通今就體勢而言略分十義。

一會理事　二達色空　三通大小　四收遠近
五明純雜　六融念劫　七了一多　八會通局
九明卷舒　十總圓融

一會理事者如塵圓小是事塵性空無是理以事無體事隨理而融通由塵無體即徧通於一切由一切事事不異理全現塵中故經云廣世界即是狹世界狹世界即是廣世界。

二達色空者如見塵從緣成立是色色無體故是空空若無色而言空即是無世諦之妄色今但了妄色之真空非色滅空也經云色性自空非色滅空。真諦之真空而有世諦之妄色色即是空因妄色非無色名空也經云色即是空性自空故。

三通大小者如塵圓相是小須彌高廣為大然此塵與彼山大小相容隨心迴轉而不生滅且如見山高廣之時是自心現作大非別有大今由見山高廣之心而現山高廣也是自心現作小非別有小今由見塵全以見山高廣之心而現塵也是故即小容大也經云金剛鐵圍

四收遠近者謂此塵是近彼十方世界是遠今塵無體該通一切十方雖遠祇是塵性之十方縱超不可說世界亦是不出塵性何以故塵性無體等虛空界不可出過故故由塵無體事隨理而融現十方時塵事亦同顯現此乃一塵中遠而恆近。
恆近然十方即此塵是近也又雖離此至十方亦是塵事顯也又雖離此至十方時塵事亦入一塵中遠而恆近是故塵性徧十方彼此宛然十方現一切而遠近彼此宛然十方現一切。

五明純雜者謂塵無生即一切法皆無生是純即塵無生義中具含一切無生亦空亦色亦菩提亦涅槃等是雜理事不礙事純亦雜雜恆純也由理事自在純雜無礙也。

六融念劫者如見塵時是一念心所現此一念之心現時全是百千大劫何以故以百千大劫由本一念方成大劫既相成立俱無體性由一念無體即通大劫大劫無體即該一念由念劫無體長短之相自融

塵徧十方近而恆遠塵與十方近之與遠一際顯然更無別異思之。

乃至遠近世界佛及眾生三世一切事物莫不皆於一念中現何以故一念即見三世一切事物顯然經云或一念即百千劫百千劫即一念

七了一多者如塵自相是一由自一不動方能徧應成多若動自一即失徧應多亦不成一二三皆亦如是又一多由成立如一全是一又多全是一方名為多多外無別一明知是多方名為一以非多然能為多一中多能為多一以不失無性方有一多之智經云譬如算數法從一增至十乃至無有量皆從本數起智慧無差別。

八會通局者謂塵之小相是局即相無體是通今無邊刹海常現塵中乃通恆局一塵全徧刹海乃局恆通又不壞小而容大即不思議一塵廣容佛刹不泯大而居小即不思議佛刹海常現塵中是為通局無礙也

九明卷舒者謂塵無性舉體全徧十方是舒十方體隨緣全現塵中是卷經云以一佛土滿十方十方入一亦無餘今卷則一切事於一塵中現若舒則一

華嚴義海百門

十五

塵徧一切處即舒常卷攝一切故即卷常舒一一切一塵是為卷舒自在也

十總圓融者謂塵相既盡惑識又亡以事無體故理隨事而通會是則終日有而常空空不絕有有不礙空是故萬像宛然彼此無礙是故終日空而常有有不絕空空之能成一切是故萬像纖毫以之攝窺一塵所以頓彰任運之形相收瞻起而諸義鎔融之勢因無性以得通任運之大智然而圓融體有事故理隨事而通會則大智宛然彼此無礙也

由成尋之者詎究其源談之者罕窮其奧任運何可稱哉。

體用顯露門第五

夫法體圓通眞源滿徹顯則十方洞鑒示乃一切咸彰指微塵以觀玄宗舉纖毫而觀佛境今達妄開眞略分十義

一顯光明　二了境智　三明生了因　四明佛境
五辨因果　六明佛性　七表性德　八自心現
九出世間　十托生解
初顯光明者謂見塵中法界眞如理事之時顯了分

華嚴義海百門

十六

明此是智慧光明照也若無智光則理事不顯但見法時是心光明由積智功是故放一光明則法界無不顯示常觀察一切法界是爲放光明也

二了智者如一塵圓小事相是所依之境無復能取所取二種分別何以能依之智此智於境無能分別之心是性是真諦彼真俗二諦是所依之境以心故令法顯方得言法離所法則無分別之智法由智顯方得言智離法則無分別之智智寂故雖流照而常安此無分別恒用也

三明生了因者謂塵體空寂緣起法界之義由智方顯是了因見塵體已修於解行生起力用是生因生即無生還同法體了亦非了豈等緣生之與了體即無體生還爲了約行了則據體無體即體了則無生

四明佛境者謂塵體不可得是佛得塵相無有差別不可依此無依塵體不可得是佛分別無可依由無依塵體不生是佛體即無體無可依無依無生方能建立一切法又塵全見佛分別乃至不可見不可聞

五辨因果者塵即是緣起事相現前爲因即事體空見聞經云所見不可見所聞不可聞皆是佛

華嚴義海百門 二 十七

不可得是果果不異因全以因滿稱爲果也由因不異果全以果圓稱之爲因也若因不得果果亦非果也若果不得因因亦非果故初發心時便成正覺成立無別異故是故初發心時便成正覺悉與三世諸如來等

六明佛性者謂覺塵及一切法從緣無性名爲佛性經云三世佛種以無性爲性此但一處隨了處獨言一切理事無非如來性是開發如來性起功德名爲佛性也情者意在勸人爲器也常於一塵一毛之處明見一即爲佛性不以有情故有不以無情故無今言有

七表性德者問塵是有耶答是非有之有如水月鏡像經云非有是有是非有亦無自性無空無性也經云一切法得成在有空以有空義故有無自性故空空有一際自在成也論云以有空義不可得也互相奪盡無所成立今此性德但無執著不礙分別論云若因有與無亦遮亦應聽離言俱不可得也

八明自心現者如見此塵時是自心現也今塵既由不著是則無有過

華嚴義海百門

心現即還與自心為緣終無心外法而能為心緣以非外故即以塵為自心現也離心之外更無一法縱見內外但是自心所現無別此此無過也

九出世間者謂見塵色相作實解即為處世間今塵相空無所有是出世間也經云三世五蘊法說名為世間斯由虛妄有無分別則出世間也

十托事生解者如見塵相是事於事處貫達即無生之理現前是謂托事生解也又別托外物以表此法表塵法自在故以塵表之顯法潤盆故以雲雨表之顯塵性德深廣故以海表之如是無量更有所表各顯塵性德深廣故以海表之如是無量更有所表各

異以智推之。

然上諸義惑盡智生相亡體顯差別之鏡會真之道夫滿教難思窺一塵而頓現圓宗巨測觀纖毫而頓彰然用就體分非無差別之波一味真源用顯隨緣之形今且略舉大綱以顯十義

差別顯現門第六

一明止觀 二開二諦 三出入定 四通性起
五辨六相 六顯帝網 七鑒微細 八通逆順
九定主伴 十登彼岸

初明止觀者如見塵無體空寂之境為止照體之心為觀今由以無緣之觀心隨智境無二是止觀融通由無體觀心不礙止體心境無二是止觀由無性止體不礙觀心是以境隨智而任運由止觀心不礙觀是以智隨法而寂靜由非止觀成止觀以非止觀二而不二不二而二自在無礙。

二開二諦者謂如見塵相圓小幻有現前是世諦了塵無體幻相蕩盡是真諦今此世諦之有不異於空相方世諦之空隨緣顯現不異於有相方名真諦又依有顯空即世諦成真諦也由有攬空成名真諦又依有顯空即世諦成真諦也由有攬空成即真諦成俗諦也由非真非俗是故能真能俗即二而無二不礙一二之義歷然經云於解常自一於諦常自二通達此無礙真入第一義

三出入定者謂見塵性空即是十方一切真實之理空也何以故由十方之心見於一塵是故全以十方為塵定亦不礙事相宛然是起然起之與定俱等虛空界但以一多融通同異無礙是故一入多起多入一起差別但入一際入一際悉皆同時一起即一切同時成立無有別異當知定即起起即定一與一切同時

三昧起一切塵中入正受一毛端頭三昧起

四通性起者謂塵體空無所有相無不盡唯一真性以空不守自性即全體而成諸法也是故而有萬像繁興萬像繁興而不失真體一味一起恆不起良以不起即起乃顯於緣生起即恆不起乃彰於法界是故此塵亦空理亦壞亦隱由起而不起終日繁興而無施設也

五顯六相者今塵全以理事解行教義以成緣起此爲總也由塵總義現前方於塵處彰體用解行教義也

六相者一塵處所辨諸義體用性相各各差別是各各差別也此一塵處諸義體用性相各各差別不相違是同也此一塵處諸義現前塵法方立是成也此一塵處諸義現前塵法不相成不相如此則失六義也

六顯帝網者謂塵無體顯現一切緣起理事菩提涅槃教義及解行等由此諸義無性理通十方圓明一切諸法皆具此六相緣起方成若不如此則失六義也

際或一現一切或一切現一切四句同時一際顯然重重無盡自在現也如帝釋

殿珠網重重互現無盡論云帝網差別唯智能知非眼境界

七鑒微細者謂此塵及十方一切理事等莫不皆是佛智所現即此佛智所現之塵能容持一切剎海事理教義無不具足所以然者由十方差別之塵雖多恆是一塵之十方一塵雖小恆是該通一切之塵是故顯現無有先後不礙差別宛然經云微細世界中普現三世一切佛剎等又云於一塵中容受大世界境界無不了智慧山王行又云於一塵中普現三世一切佛剎等又云乃至一塵一毛一世界一佛一眾生等皆如是頓顯故

八通逆順者謂舉塵相不必見理爲逆以塵無體即空爲順由相取不可得逆則常順以理不礙事順則常逆由事理融通是以逆順無礙自在用也

九定主伴者謂塵是法界體無分齊普徧一切是爲主也即彼一切各各別故亦伴不異主之與伴不異主而成主不異伴亦全伴也然伴不異主必全主而成伴若相攝彼此互無不可別說一切皆由即主即伴是故亦資相攝若相攝彼此有不可同說一切若相資相彼此當知主中亦伴伴中亦主也

十登彼岸者謂塵名相生滅是此岸今了塵名相空

寂不生不滅是彼岸但以不了爲此岸了即爲彼依了不了邊寄彼此以言之經云菩薩不住此岸不住彼岸而能運度衆生於彼岸。

然上諸義體無別異舉則全彰理不殊途談皆頓顯。良以二邊相盡體融隨智卷舒應機屈曲是故言起即起體之不通舉多即多執談法之無在。自非迴超特達棲心物表之者焉能了此乎。

修學嚴成門第七

夫菩提大寶性起靈珠旣琢旣磨貪智慧分十義。調爲舒藉解行以嚴成今總舉大綱纜

一法供養　二弘六度　三修解行　四常莊嚴
五明智慧　六崇善根　七了夢幻　八曉鏡像
九達五蘊　十不共法

初法供養者謂以無生心中施一塵一珍寶乃至微塵皆能攝於法界卽此法界諸如來無不徧通三世一切供養乃至徧通三世一切法界相應是故由塵卽攝法界是理與佛性來無不攝受何以故一塵卽攝法界是理與佛性者經云諸供養中法供養勝。

二弘六度者如見塵緣起無盡理事中說施一切衆

生是檀波羅密又塵相空無卽無非可防無惡可斷是尸羅波羅密又塵相空無所有則緣心不起諸惱害是羼提波羅密又塵無體時執心自盡離於妄念是精進波羅密又塵相空無生無相空不見心相是禪波羅密又塵緣起無生無相空寂以如理修名正定又塵緣起無性卽是般若波羅密常以如理六度修密經云色不生是智慧波羅密。

三修解行者謂於塵處悟達理事色空無性之義是也不以理中具六而礙事六但了事爲理明其心亦不礙事六度饒益衆生理事不二爲實行也。

解也理解在心是智也行通爲行若住心作眞解作俗解非名解也不作一切解心無寄是爲大解作又若起心作凡夫行作聖人行亦非行也不作一行行心無寄是名大行行非是過由心起作解亦非過由心住著常無住著希望乃是眞解行也。

四常莊嚴者如以智心觀察全塵法界緣起現前無有分別是爲嚴淨佛土又修戒願理事解行圓明全塵法界理智圓通功德顯示一切是爲莊嚴佛身又說示塵體緣起主伴帝網微細曉示一切是爲轉淨法輪於一切處皆是莊嚴不礙七寶以用莊嚴。

五明智慧者謂塵從緣成假持似有所現此達有之心是智即此假持幻有畢竟空無所有此觀空之心是慧若住於空即失有義非慧也若住於有即失空義非智也今空不異有有必全空是為智慧也要由名相不存方名智若存名相即非智慧也由不存即是存存即是不存也

六崇善根者謂塵是法界涅槃及以解行此皆從塵處所顯發是故即以塵為善根也常觀察修習是為於善根而長養之所有一切塵毛刹海佛及眾生常應如是也

七了夢幻者謂塵相生迷心為有觀察即虛猶如幻人亦如夜夢覺已皆無今了虛無名不可得相不可得故一切都不可得是為塵覺悟空無所有。

八曉鏡像者謂塵相大小但似有顯現不可得故鏡像即虛無如鏡中之像經云觀察諸法如電光如水月鏡中之像非有不可得故以塵假寂不礙假相宛然於法界中假實二義但由影像也

九達五蘊假相礙為色心領納是受現塵假相於心是想心緣塵取捨是行辨了於塵是識依止成種是名色緣

無體緣慮自亡經云三世五蘊法說名為世間斯由

華嚴義海百門

三五

對治獲益門第八

夫病起藥興妄生智立務止啼於楊葉資靜亂於空業百非息於攀緣四句絕於增減然而悟緣無體智則自融起用恒沙無非清淨今略分十義以明對治

一觀十二因緣 二修四威儀 三明三性
四顯教義   五示法輪   六知無常
七入真如
八出魔網   九消藥病   十離解縛

初觀十二因緣者謂於塵上名相所惑不了無體之心恒轉流注是無明緣於塵上妄識依止成種是無體緣慮於塵上六根受入是六入緣於塵上根塵相對是觸

虛妄有無即出世間

十不共法者謂二乘凡夫見塵有相有體但見一塵而無自在業用今則不爾此要達塵無體證之以成佛土依資行願以嚴真性縱容廣大世界體雖復塵修起智慧莊法身包含依而無自在業體復稱本有行約修生即不生還同本體體亦非體故體空淨資行願以嚴真性縱包含依慧而開顯是故體雖復塵修起智慧莊法身包含依然上諸義體雖空復稱本何曾體而礙生而失體得意亡言千里趂步豈與夫懵道之子同年而語哉

華嚴義海百門

三六

緣於塵上領納塵境是受緣於塵上樂受自潤是愛緣於塵上愛集成業是有緣於塵上業熟起五蘊身是生緣於塵上名相變壞是老死緣今了塵名相空寂則心不緣隨了之時緣自寂滅

二修四威儀者於塵上開顯法界法門曉示一切羣生是行經云菩薩有二種行所謂聞法行樂聽法故說法行利益眾生故於塵上平等大智隨順觀察塵從緣起無生無相是住經云所謂隨順住正法故於塵上空寂甚深之義是坐經云所謂坐師子座演說甚深法故於塵上名相蕩盡觀心寂滅淡泊無為是臥經云所謂寂靜臥身心淡泊故又禪定臥正念思惟觀察故不礙事處四威儀即事恆理也

三明三性者謂塵迷心所執計有相生以為實也今了塵圓小之相取不可得惑相自亡是為徧計相無性為人無我也又塵與自心為緣心法方起無自體依心方現無自體生是為依他相無性法無我也由二義現前乃圓成勝義性也

四顯教義者謂塵能表生信解令通達故是教即是法無我也

教義者教無實體趣施設義無實體隨智開合了義也教無體教亦非教經云我說十二部經如空拳誑小兒是事不知名曰無明

五示法輪者塵處開演如上法門隨心迴轉清淨顯然是謂轉無盡法輪也

六知無常者謂塵念念生滅無常是無常義即生即滅名凝然常經云不生不滅是無常義常即不異無常若去無常即無常亦失常若去常即無常常義亦失當知常即無常無常即常也

七入真如者謂一塵隨心迴轉種種義味成大緣起雖有種種而無生滅雖不生滅而恆不礙一切隨緣今無生滅是不變不礙一切是隨緣即此隨緣不變為常即生即滅無有定相即此生滅不礙緣起

八出魔網者若於塵上心計生滅違順有無緣慮等是處魔網也即出魔網經云眾魔者樂生死菩薩於生滅之見即出魔網經云眾魔者樂生死菩薩於生死而不捨故

有脫文此處疑

九消藥病者如見塵大小生滅有無流動是病了小無大小了生滅不生滅知有非有等是藥藥即非之時句味可詮是義即此塵具足法界理智是無盡

藥以無妄可斷故病亦非病以智深達故當知動心緣境即為病經云何謂病本謂有攀緣緣離即為解縛若謂於塵上執生滅之相是縛了知相不可得是解經云有慧方便解無慧方便縛非縛於縛常解若住無相解無縛亦無解縛即非縛縛既無縛解亦無解經云諸法無解脫故諸法無解本無縛故

然上諸義妄情增起緣於名相以心行迷識住生於有無而成結業所以病妄則藥妄舉空拳以止啼心通則法通引虛空而示徧既覺既悟何疑消能

所以入玄泯藥病而歸法界

華嚴義海百門

體用開合門第九

夫玄宗渺漭在緣起而可彰至道希夷入法界而無見故標體開用助道之品蓋多就性明緣差別之門不一合則法界寂而無二開乃緣起應而成三動寂理融方開體用今就大況而言略分十義

一顯人法　二世流布　三觀體用　四五分法身
五開三藏　六即不即　七異不異　八明本末
九會三乘　十畢竟空

初顯人法者謂能達塵者是人所了塵者是法即此

人法相由顯現由人方能顯法由法以用有人論云人法相由顯故有法以法知有人離人論法何為成人之法法無相故方為顯法之人以法無性故方為成人之法二而不二不二而二也

二世流布者謂今見此塵名相大小是世流布而其說也然塵體全法無復種種差別全以用不異體是故存此假名經云一法有多名真法中即無不失法故

三觀體用者謂了達塵無生無性一味是體智照理時不礙事相宛然是用事雖宛然恆無所有是故性故流布於世間

即體也如會百川以歸於海理雖一味恆自隨緣是故體即用也如舉大海以明百川由理事互融故用自在若相入則用開差別若相即乃體恆一味恆一恆二是為體用也

四明五分法身者謂了塵空無所有即無身身以塵空無則不緣於有不住身是解脫身知見身以依止為義謂智依法身自不緣是定身了塵空寂是慧身由更無異解是解脫身由了塵體空非可防身以塵無相心自不緣於有是戒

五開三藏者謂塵是法界體性及涅槃皆由大智所顯而得成立故為法身也

現而行照也即以文字記持塵處所現之理書之於簡為經即俢多羅藏也謂塵處觀察體性不住名相隨順調伏令息諸惡是戒即毗奈耶藏也於塵上體用法智真妄相對發智生解事方究竟是論即阿毗達磨藏也

六明即不即者如塵相圓小分齊無體唯法故說即也不礙塵相宛然故說不即也祇由塵相不即於法會通而言方為即也又由塵即法故是即不礙緣起是不即也

七明異不異者謂塵之事相是異尅體唯法是不異也

華嚴義海百門　三一

祇由法體不異即異義方成以不失體故祇由塵事差別即不異義方成以不壞緣起方言理也經云甚奇世尊於無異法中而說諸法異

八明本末者謂塵空無性是本塵相差別是末非本以末雖無不盡故本亦非本以不礙緣成故以非末為本雖有以恒空當知末即隨緣本即據體今體為用依體起經云從無住本立一切法

九會三乘者謂見塵相空無所有然法是實據此見為小乘悟塵從緣息於緣慮據此見為中乘了塵無

性無生空寂一味據此為大乘今學者分三乘隨應之機有三也一乘法非三令法亦三非以法自三乘非三令三即一令學亦一但人自三一即三三即一也

十畢竟空者謂塵法宛然而不可得名為畢竟空也今事相雖存即不可得說也然塵法宛然恆畢竟空空時不泯塵法宛然常空是為畢竟空空上諸義法體不泯事相而非有非有即有之有非有非無表不可得名為理義不可得以一切事相而常空寂是為畢竟空然事相雖有非有畢竟空不礙塵法宛然用開差別諸法宛而十方不空之空即空成於一切

華嚴義海百門　三二

星羅體合事銷多門寂而雲歛決擇成就門第十

夫緣情未泯見有正邪法體隨迷故隨緣而生滅法界沖寂泯寂滅以是非而兩別旱白以雙分令真妄而不異今欲顯其實趣簡彼權門使初簡正見者如見塵名相是邪見塵空寂是正又若以見見於塵此亦非正以不見見於塵此非為正但

一簡正見　二辨染淨　三顯無知　四佛出世
五辨四依　六除業報　七定權實　八明頓漸
九入佛海　十證佛地

知塵全是見不復見以不見見於塵也然此塵時不可以慧眼見法眼看佛眼觀肉眼視夫眼瞻見於塵也以塵即慧眼即佛眼即天不復更以慧等五眼見又若見即見見不契塵不契見若不見即不見謂更將不見以見於塵亦不契塵若不見即見謂不知塵是見非見即是垢彼則不見即見謂見經云見者即是塵見即見謂諸佛離所見故見清淨

非有非無是淨若空異於有則淨不名淨以迷空故二辨染淨者謂見塵生滅有無是染不生不滅無所見即

若有異於空則染不名染以執有故今有即全空方名染分空即全有方名淨分由空有無礙是故染淨自在也經云染而不染不染而染

三顯無知者謂了知塵有所不知也若不以知知於塵也今知於塵即是知不復更以不知知此無知不異知也經云顯現一切法各各不相知

四佛出世者今如來出現全以塵無自性法界緣起菩提涅槃以為如來身也此身通三世間是故於一切國土。一切衆生。一切事物。一切緣起。一切業報一切塵毛等各各顯現如上諸義菩提涅槃等為佛出世也若一塵不成佛亦不出現何以故由不了塵處仍是無明是故不成佛亦不出現也

五辨四依者謂心了塵空寂不緣名相是依智不依識謂了塵是緣起之法非在分別是依法不依人謂了塵無生無相顯之義不在文字是依義不依語謂了塵上若具顯一切法界非有分限此則依了義經不依不了義經。

六除業報者謂塵上不了自心謂心外有法即生憎愛從貪業成報然此業報由心迷妄計而生但以生滅是迷今了塵相無體如是悟而復有顯現皆無眞實經云猶如淨明鏡隨其面像現內外無所有業報亦爾所去何以故以了塵妄爲有本無所從來亦無所去何以故妄心計有本無體故若計有來處去處還是迷悟之與迷相待安立非是先有淨心後有無明此非二物不可兩解但了妄無的爲淨心終無先淨心而後

無明知之。

七定權實者。謂塵事是權空寂是實。然實非實。以理不礙事。故權亦非權。以事體即空。故若作權解此非善解。若知權實俱不可得。寄言以明法體是名善解也。

八明頓漸者。若於塵處了幻相不可得方見無相。了塵無自性方見無生。了塵色無體方見無性空寂。如此推尋方見為漸。今不待推尋而直見諸法無性空寂。如鏡現像不待次第對緣即現為頓。

九入佛海者。謂全塵處見如上百門義並是佛大願海大智慧海大方便海之所顯現。乃至一切塵一切毛一切國土剎海一切佛及眾生一切事物等莫不皆空是佛智慧大海無邊無盡深廣不可測也。當知學者若以塵處見一切法界者。即是入佛法界智慧海也。若以開合卷舒或塵內或毛孔而能賓攝一即一切一切即一可說即不可說主伴自在依正無礙普是如來智之業用。若人如是通達者與如來等也。

十證佛地者。謂塵空無我無相是地然此地體性猶未清淨。以從我相彰得了心猶未寧。亦是垢見若作

華嚴義海百門　三五

遠離空無相之念者猶為垢心。謂有遠離之念者由初得念息近從動念處顯也。今不作遠離之想亦無動念者息亦不作遠離之念。此地顯時即智慧之念者。此地無作遠離之念。不得以方便詮不得以文字說。當自顯然。此猶假論若稱理而言非智所知。如空中鳥飛之時迹不可求。依止之處也非無此迹。無體相可得然知佛地之深論迹之深廣當證入此迹而得證佛地之深廣也。然當示此地不可一向住於寂滅。一切諸法不應爾。當示教利喜學佛方便學佛智慧。具如此地廣也。

義處思之。

華嚴義海百門

詳校題辭

義海百門者賢首國師宗別致一乘所製也大經發揮立旨總十門而析百義融萬法而歸一塵。嗟乎。吾祖之訓遺文尚存有年數矣。遂徧搜古本歷淨源字伯長苦志於茲。考十門以前之九門具彰序意列義通結一門亡其通結。或諸本傳寫闕文耶。或祖師立言互略耶。抑又第六差別顯現誤題圓明解縛者蓋

華嚴義海百門　三六

後人橫議編簡異同。今偕詳定以第六至第十通前五門合爲一卷恐來者不知故直書以見其意。時熙寧二年歲次己酉四月十九日於青墩寶閣講院方丈序

成都文殊院募貲

悟遠施銀十兩　無名氏施銀六兩其刻此卷連圈計字一萬四千三百五十四箇

光緒二十一年夏四月金陵刻經處識

華嚴金師子章

唐京大薦福寺沙門法藏述

晉水沙門淨源解

初明緣起

普水沙門淨源解

初明緣起

夫至聖垂教以因緣為宗緣有內外之殊世出世之異故標第一明諸緣起也

二辨色空

前明緣起莫逾色空幻色俗諦真空真諦二諦無礙唯一中道故次辨色空也

三約三性

空宗俗諦明有即徧計依他也真諦明空即圓成實性也故次第三約三性也

四顯無相

徧計情有理無依他相有性無圓成理有情無故次第四顯無相也

五說無生

前之四門真俗有無皆成對待今此一門唯辨妙性本無增減故次第五說無生

六論五教

夫妙性無生起羣數而絕朕然機緣有感遂根性

七勒十玄

以類分故次第六論五教也

八括六相

以義分教類有五前四小大始終漸頓皆偏今示圓融故次第七勒十玄也

九成菩提

雲華十玄根於觀門剛藏六相源乎大經經觀融通相玄交徹故次第八括六相也

十入涅槃

六相遺文一經奧旨非情識所窺唯智眼所觀將遊薩婆若海故第九成菩提

菩提智果覺法樂也涅槃斷果寂靜樂也照而常寂心安如海故第十入涅槃

明緣起第一

謂金無自性隨工匠緣

金喻真如不守自性匠況生滅隨順妄緣遂有師子相起

喻真妄和合成阿賴耶識此識有二義一者覺義為淨緣起二者不覺義作染緣起但是緣故名緣起

經云諸法從緣起無緣即不起即理事無礙門同
一緣起也上句示緣中句辨起下句總結然釋此
初章非獨據起信申義亦乃探下文爲準

辨色空第二

謂師子相虛唯是眞金
幻色之相既虛眞空之性惟實諸本無虛字唯五
臺佳本有之
師子不有金體不無
色相從緣而非有揀凡夫實色也空性不變而非
無揀外道斷空也
故名色空
色蘊既爾諸法例然大品云諸法若不空即無道
無果上句雙標色空次句雙釋下句雙結
又復空無自相約色以明
空是眞空不礙於色則觀空萬行沸騰也
不礙幻有名爲色空
色是幻色不礙於空則涉有一道清淨也總而辨
之先約性相不變隨緣以揀斷實後約不住生死
涅槃以明悲智

約三性第三

師子情有名爲徧計
謂妄情於我及一切法周徧計度一一執爲實有
如癡孩鏡中見人面像執爲有命質礙肉骨等故
云情有也
師子似有名曰依他
此所執法依他衆緣相應而起都無自性唯是虛
相如鏡中影像故云似有也
金性不變故號圓成
本覺眞心始覺顯現圓滿成就眞實常住如鏡之
明故云不變有本作不改亦通上文依空宗申義
蓋躡前起後也此章引性宗消文亦以喻釋喻也
若依教義章明三性各有二義徧計所執性有二
義一情有二理無依他起性有二義一似有二無
性一圓成實性有二義一不變二隨緣今文各顯初
一皆隱第二仰推祖意單複抗行義有在焉

顯無相第四

謂以金收師子盡
既攬眞金而成師子遂令師子諸相可得
金外更無師子相也亦同終南云以離眞理外無
眞金理外無師子事也

片事可得。
故名無相。
名號品云、達無相法、住於佛住、無量義經云、其一法者、所謂無相。然名號品約果、無量義約理、理果雖殊、無差別。
說無生第五
謂正見師子生時、但是金生。
上句妄法隨緣、下句眞性不變、偈云、如金作指環、展轉無差別。
金外更無一物。
離不變之性、無隨緣之相、問明品云、未曾有一法、得入於法性。
師子雖有生滅、金體本無增減。
成事似生而金性不增、則起唯法起也、體空似滅而金性不減、則滅唯法滅也。
故曰無生。
大經云蘊性不可滅、是故說無生、又云、空故不可滅、此是無生義。跡云、無生爲佛法體、諸經論中皆詮無生之理、楞伽說一切法不生、中論不生爲論宗體。

論五教第六
一、師子雖是因緣之法、念念生滅。
以師子厯乎緣生、原人論辨小乘教亦云、從無始來因緣力、故念念生滅相續無窮。
實無師子相可得。
故名愚法聲聞教。
論次云、凡愚不覺執之爲實。
因說四諦而悟解、故號聲聞、旣除我執、未達法空、故名愚法、有本作愚人法、名聲聞然此一教下攝入天、由深必收淺、故上該緣覺、以其理果同故。
二、即此緣生之法。
躡前起後也、初文師子二字亦通此用、下三皆然。
各無自性。
始自形骸徹底唯空。
徹底唯空。
始自形骸之思慮之心、終至佛果一切種智、皆無自性、徹於有表、唯是眞空、以色性自空、非色滅空也。
名大乘始教。
始初也、大品云、空是大乘之初門、此教有二、一始教者、以深密第二第三時教、亦名分教、今但標始教同許定性無性俱不成佛故今合之唯言始教耳。

三雖復徹底唯空不礙幻有宛然。

空是真空不礙幻有即水以辨於波也。

緣生假有二相雙存。

有是幻有不礙真空即波以明於水也。

緣此亦有二。一終教對前始教立名二實教對前終教立名猶權而終實以有顯實宗故。

名大乘終教。

緣起無性一切皆如方是大乘至極之談故名為終實二宗并始分二教皆大乘漸門耳。

然此二相互奪兩亡。

四即此二相互奪兩亡。

以理奪事而事亡即真理非事也以事奪理而理亡即事法非理也亦同行願疏中形奪無寄門。

情偽不存。

反躡上句理事雙亡則情識偽相無所存矣。

俱無有力空有雙泯。

由前互奪故皆無力理奪事則妙有泯也事奪理則真空泯也心經疏云空有兩亡一味常顯。

名言路絕棲心無寄。

通結心言罔及寶藏論云理寂則言語道斷旨會則心行處滅。

名大乘頓教。

頓者言說頓絕理性頓顯一念不生即是佛等故楞伽云頓者如鏡中像頓現非漸此亦有二。逐機頓即此文示之二化儀頓即後圓教收之。

五即此情盡體露成一塊。

情盡見除也大疏亦云情盡理現諸見自亡混成一塊者約法則混成真性約喻則一塊真金故裴相序云融餅盤釵釧為金。

頓者言說頓絕理性頓顯

繁興大用起必全真。

用則波騰鼎沸全真體以運行。

萬象紛然參而不雜。

萬法起必同時一際理無先後釋上二節依還源觀。

一切即一皆同無性。

無量中解一切大經云華藏世界所有塵一一塵中見法界。

一即一切因果歷然。

則真空泯也心經疏云空有兩亡一味常顯。禪詮都序云果徹因源位滿分稱菩薩。

力用相收。卷舒自在。

一有力收多為用則卷他一切即上文一位入於一中。即上文一切即一皆同無性也。多有力收一為體則舒已一位入於一切即上文一即一切因果歷然也。雖先後義乃同時故云卷舒自在也。

名一乘圓教。

所說唯是法界緣起無礙相即相入重重無盡此亦有二謂同教一乘圓全收諸教宗別教一乘圓全揀諸教宗。

勒十玄第七

華嚴金師子章解　　　九

一、金與師子同時成立圓滿具足。

師子六根與金同時成立。以表人法因果體用悉皆具足妙嚴品云。一切法門無盡海同會一法道場中。

名同時具足相應門。

大疏云如海一滴具百川味。

二若師子眼收師子盡則一切純是眼。若耳收師子盡則一切純是耳。

眼耳互收純一事故。

諸根同時相收燕皆具足。

會諸根之同例眼耳之別。

則一一皆純。一一皆雜為圓滿藏。

眼即耳等皆也如菩薩入一三昧即六度皆修無量無邊諸餘行德俱時成就故名為襪耳非眼等皆純也又入一三昧唯行布施無量無邊餘行名之為純即教義章云純襪自在無不具足。

名諸藏純雜具德門。

此名依至相立賢首新立廣陝自在無礙門。故大

疏云如徑尺之鏡見千里之影。

三、金與師子相容成立一多無礙。

容一則六根成立多容多則師子無殊。

於中理事各不同。

金性喻理。師子喻事。

或一或多。各住自位。

此經偈云。以一佛土滿十方。十方入一亦無餘世界本相亦不壞。無比功德故能爾。

名一多相容不同門。

大疏云若一室之千燈。光光相涉。

四師子諸根。一一毛頭皆以金收師子盡。
諸根諸毛各攝全體。
一一徹徧師子眼眼即耳耳即鼻鼻即舌舌即身。
諸根相即體非用外。
自在成立無障無礙。
經云一即是多多即一。文隨於義義隨文。
名諸法相即自在門。
大疏云如金與金色二不相離。
五若看師子唯師子無金即師子顯金隱。
若看金唯金無師子即金顯師子隱。
性相相隱。
若兩處俱看俱隱俱顯。
隱則祕密顯則顯著。
賢首品云東方入正受西方從定起。
名祕密隱顯俱成門。
大疏云若片月澄空晦明相並。
六金與師子或隱或顯或一或多。
若觀金時師子似隱唯顯一金觀師子時金性似

隱具顯諸根。
定純定雜有力無力。
一一徹眞金。純而有雜六根分異雜而無力。
即此即彼主伴交輝。
此主即彼伴交光互參。
理事齊現皆悉相容。
教義章云微細猶如束篋齊頭顯現。
不礙安立微細相容。
經云一塵中有無量刹刹復爲塵說更難。
名微細相容安立門。
大疏云如瑠璃缾盛多芥子。
七師子眼耳支節一一毛處各有金師子。一一毛處
師子同時頓入一毛中。
以一切攝一切即交涉無礙門。偈云一一毛處
一切佛刹微塵等爾所佛坐一毛孔。
一一毛中皆有無邊師子又復一一毛帶此無邊師
子還入一中即相在無礙門。
又以一切攝一切復入一毛中。
偈云無量一切刹海處一毛悉坐菩提蓮華座。
如是重重無盡猶天帝網珠。

梵語釋迦提桓因陀羅此云能仁天主網珠即善
法堂護淨珠網取管交光無盡也
名因陀羅網境界門
大疏云兩鏡互照傳耀相寫
八說此師子以表無明也如來藏不生滅眞性也
妄法生滅況阿賴識令生正解
理事合論眞妄和合非一非異名阿賴耶
識此識有覺不覺二義覺即令生眞性正解
即令生無明正解若約善財參知識遇三毒而
名託事顯法生解門
三德圓皆生正解
九師子是有爲之法念念生滅
大疏云如立像豎臂觸目皆道
隨工匠緣時時遷謝
刹那之間分爲三際
攝前摽後
謂過去現在未來此三際各有過現未來
普賢行品云過去中未來未來中過去亦離世間
品答普慧之問也

名十世隔法異成門
雖則九世各有隔相由成立融通無礙同爲一念
通玄論云十世古今始終不離於當念
大疏云若一夕之夢翺翺百年
十金與師子或隱或顯或一或多各無自性由心迴
轉
謂全心一事隨心偏一切中即一隱多顯也全心
之一切隨心入一事中即多隱一顯也以表師子
與金悉皆迴轉而無定相耳
名唯心迴轉善成門
說事說理有成有立
經云應觀法界性一切唯心造
賢首亦改此一門爲主伴圓明具德門故大疏云
如北辰所居衆星拱之
師子是總相
括六相第八
一即具多爲總相
五根差別
一即是別相

多卽非一名別相

共從一緣起是同相

多類自同成於總

眼耳等不相濫是異相

名體別異現於同

諸根合會有師子是成相

一多各緣起理妙成

諸根各住自位是壞相

壞住自法常不作教義章中有八句偈文上引六句隨文注之末後二句結歎勸修云唯智境界非事識以此方便會一乘彼章廣寄一含以喻六相後學如仰祖訓宜悉討論耳。

成菩提第九

翻梵從華新舊二義

謂見師子之時卽見一切有爲之法更不待壞本來寂滅

菩提云道也覺也

淨名云衆生卽寂滅相不復更滅。

離諸取捨卽於此路流入薩婆若海故名爲道

離諸取捨之言義屬上句文連下句謂不捨一切有爲而取寂滅無爲則義屬上句旣取捨情亡自然流入一切智海則文連下句也第八不動地亦明斯旨薩婆若云一切智今明果德爲道故深廣如海耳

卽了無始已來所有顚倒元無有實名之爲覺

起信論云一切衆生不名爲覺以從本來念念相續未曾離念故說無始無明卽同此文本來念念所有顚倒也論又云若得無念者則知心相生住異滅乃至本來平等同一覺故卽同次文元無有實名之爲覺矣。

究竟具一切種智名成菩提。

究竟極果也亦名究竟覺一切種智三智之一也昔圭峯䟽具一切種智釋圓明寶首逈異源由圓明而證菩提具一切種智卽成菩提者信有大智用雖無量方便乃至得名一切種智皆屬同教又按昭信鈔文敘五教機各成菩提唯取圓宗以因果二門相攝卽別教耳

入涅槃第十

見師子與金二相俱盡煩惱不生

二相俱盡所觀境空也煩惱不生能緣心泯也內
外雙亡玄寂著矣。

好醜現前心安如海。

新記云如金作器巧拙懸殊卽好醜現也記次
文云一以貫之唯金究竟卽心安如海也上句覆
䟽二相俱盡下句覆䟽煩惱不生。

妄想都盡無諸逼迫出纏離障永捨苦源名入涅槃
惑業都盡無漏智發出纏離障則道諦已修也解脫
逼迫也無漏智發出纏離障則道諦已修也解脫
自在永離苦源則滅諦已證也入者了達解悟之
名涅槃義翻圓寂經云流轉是生死不動名涅槃。

然涅槃一章誠雜華之淵蘊故晉譯寶王性起而
搜玄探玄鉤深以索隱唐翻如來出現則舊䟽新
記聯芳而續貂歛且高麗國中斯文尙備而傳授不
絕況此諸部盡出中華願諸後昆求師鑽仰同報
雲華寳首清涼圭峯之劬重德耳。

華嚴金師子章

　　裴慶金鋅子章解　　　　　　十七

常熟童蔭漱法名寶靜施貲刻此爲薦拔
父寶卷公　先母朱氏仗佛慈力早得往生
同治九年五月　如皋刻經處識

華嚴經明法品內立三寶章 藏本并下六章合作二卷今遵傳記各別刊行

唐魏國西寺沙門法藏述

三寶義略作八門一明建立二釋得名三出體性四顯融攝五明種類六揀所歸七辨業用八明次第

一明建立

初明立意者有七種一為翻邪故即翻外道尊師謂自在天等故立佛寶二為翻外道邪論等故立法寶三為翻外道邪眾等故立僧寶二為翻外道涅槃經云歸依於佛者是真優婆塞終不更歸依其餘諸天神歸依法者則離於殺害終不更歸依外道諸典籍歸依僧者不求諸外道等二為除病謂須良醫并藥及看病人故諸病悉愈三寶亦爾故不增減經云若得一跳即得三歸若得三跳即是故三寶慈悲救眾生生死苦如故立法寶為開眾生念佛故生緣念故為令眾生念佛故立僧寶為令念法求證真如故論云為念佛故立僧寶為開眾生念佛故說三寶答曰偈言依調御師御師弟子故也五約三義故立三寶一調御師二調御師法三調御師弟子故也六約三乘人故立三寶亦爾以得無流法故世間八法所不能可以易三寶亦爾以得無流法故世間

僧者不求諸外道等二為除病謂須良醫并藥及看病人故諸病悉愈三寶亦爾故不增減經云若得一跳即得三歸若得三跳即是故

二釋名

第二釋名者於中有二先釋總名三是數寶是喻義從數義立名即帶數釋也又寶是可貴義依寶性論寶有六義一希有義如世珍寶以難得故無善根眾生經百千劫不能得故二無垢義如世珍寶體無瑕穢三寶亦爾以具六通等故四莊嚴義如世珍寶能莊嚴眾生世行故三寶亦爾能莊嚴法身故五最上義如世珍寶於諸物中最為微妙三寶亦爾過世間故六不變義如世珍寶以體真故不

動故也彼論偈云眞寶世希有明淨及勢力能莊嚴世間最上不變等也後別名者佛陀此云覺者覺有二種一是覺悟義謂理智照眞故也二是覺察義謂覺察煩惱賊故也從無明睡覺覺自覺覺他覺行窮滿故也又覺察此云覺之者名爲覺覺智鑒俗故又覺察煩惱賊故從無明睡覺覺自覺覺他覺行窮滿故也達摩此云法法有軌範開生物解故有財釋也達摩此云法法有三義一自體名法如說諸法處法界等三軌則名法法有軌範開生物解故如法釋也離法性即離分別此云和合衆所證理同故也此中正取後一兼明前二也僧伽此云和合衆此有二義一理和謂見諦理時心雖各異所證理同故

三寶章

一處和合是名僧伽

二事和謂四人已上人雖各別同秉成一羯磨事故名事和是則佛是覺照義僧是和合義法是軌範義皆從義用立名也又智論云僧伽秦言衆多比丘其

三出體性

第三出體者三寶有三一同相二別相三住持。初中有三義一約事就義門即佛體上覺照義邊名爲佛寶則彼佛德軌則義邊名爲法寶遠諍過盡名爲僧寶三義雖別然此佛德不殊故云同相此即以佛無漏功德爲體諸乘但淺深異耳唯除人天。

相此義通諸敎唯除小乘及始敎同體門竟
第二別相中先明世間佛寶若約世間人天所得以有漏五蘊爲體此中先明世間佛寶若約世間人天所得以有漏五蘊爲體以同世間示黑象脚身及樹神身等若小乘中毗曇等宗有二佛一生身謂父母生相好之形是報身此中唯取無漏功德謂道後盡智無生智等五分功德爲法身此五分功德非可重故不入佛寶或有漏及報相從名佛以有漏功德不傷又此宗中於彼五蘊寶法上假施人名無別假人如貧名富等若成實宗五蘊功德等屬法寶攝別說假人爲佛寶體以有

以彼不了故二約會事從理門即三寶相雖別然同以眞空理爲性故云同也涅槃經云若能觀三寶常住同眞諦我性無性此卽以眞空爲體通諸敎唯除凡小也三約理義融顯門卽離念本覺名佛寶卽此中有恆沙性功德故性中卽有法僧也又淨名經云於佛法僧義卽此恆沙性德冥符和合故云名法寶卽此恆沙淨德冥然不二名僧寶不可爲一然無別體豈爲異也故三寶無爲相是法寶相是僧寶相而言無非是法寶相莫不皆是法寶莫不皆是僧寶就覺義而論並稱爲佛軌則而言無非是法寶和合而說義說有三不可爲一然無別體豈爲異也

假名行人為師匠益要在假中故也若三乘中三身
佛或以五聚法中一分為體謂無為中真如擇滅等
為法身色處為化身以心無漏義故以無漏清淨八
識心王二十一心所及不相應行中小分并色法界
所成假者等相從總為受用體也或以瑜伽等為法
始教之初說亦是迴心聲聞教也或以真如等為法
為受用身作事智為化身妙觀智通二身此如佛地
論說此等約始教之終說義當為直進入說或唯以
法攝大覺地謂以清淨法界為法身鏡智及平等智
大定智悉為應身形像為化身如梁攝論說或約五
真如為法身用如起信論中真如以體相二大內以
後得智為受用身體之差別為變化身或唯以一
大智為三身體如攝論以無垢無罣礙智為法身以

三寶章

法寶體體者小乘中理教行果一以四諦十六行等為
教所明並在其中以具同別二門故餘可準知

理法為教法體二小乘三藏教等音聲處名句文聲處法處二
法為教體三以菩薩教等即見道八忍八智
斷非想結九無間八解脫合三十三心在向道四果及
辟支無漏五蘊等雖有理和無漏事無漏在家出家總
攝此依毗曇宗但以假人為佛法僧故彼論云一
切智名信佛信法信僧故得知也四以佛法及
二乘所得涅槃為果法寶以相好身及智等有助
成無漏智故相從亦入佛僧攝涅槃非助故是法
寶故也問涅槃是滅諦助道是道諦教法屬苦集是
則一理法已具攝何假後三寶耶答依此門中理
實收盡二不壞緣者不分三寶境界差別若於此事
中最勝義故立後三法理亦無違此義云何如跡乘此
二種一事道謂戒定等二理道謂滅以理事異故通
通是前道諦戒定等約事助道此四冥
異故分二也滅亦二種一事滅以離惑業品數上下
令滅有優劣故是事滅屬彼果法二理滅謂盡止妙

三寶章

就覺義說若約所依以海印三昧為體亦即攝前諸
三世間即知用一切理事人法等總為佛寶體亦通
不分三二等此約頓教說若依一乘二種十佛既通
前教生故順小乘所化無量形類各令有心故知有心故
槃經云如來所化無量形類各令有心故知有心
有化心如大迦葉觀如阿難如是等又涅
真如法身後得智如

出此四冥通是前滅諦亦理事異故分二也菩無我等是所詮理教是能詮就勝分二也問佛僧俱是人何不但立人法二寶答因果異故分二也問若爾法中亦有因果何不立四寶答八用強勝能秉持法是故分二法不自弘用劣故合為一寶也若三乘中或內以四諦十六行及三無性等理為理法寶二以三藏十二分教假實二法識所變等為教法體三以諸道品六度等為行法體四以涅槃菩提等為果法體仍此四法皆即空無分別如般若經說當知此約始教說也或以真如體相為理法從真所流為教法從

三寶章

真內熏及依淨教所起諸行為行法此行契真證理究竟為果法是故四義迴轉唯一真如也此如起信等所說問此中果法與佛行法與僧各何別耶答約如來所成義邊總屬佛寶約諸菩薩施學義邊總屬為寶行中約上地所得義邊約僧寶下地所學義邊為法寶義理差別約法體不殊也當知此約終教說或以離言真法為法謂理事教義俱無盡因陀羅網等如此經耳若依一乘約有十法謂具足主伴無盡因陀羅網等如此經皆就軌範義說具足主伴無盡因陀羅網等如此經說此據別教言若攝方便前諸教法並在其中餘可準知。

僧寶體者小乘中若依毗曇宗僧有二種一應供上盡諸佛下極至於凡夫沙彌通是僧是故檀越供次請一不揀佛上下悉得供僧之福二三歸僧唯取聞八中四果四向以為僧也凡僧不成僧故不取也緣覺出世無和合眾不成僧彼宗不可歸僧佛是佛寶亦非僧又聲聞中唯無漏菩薩功德不可重故非寶也又依薩婆多宗菩薩單一不成僧體有漏非可重故非寶又有二一第一義僧謂出家四果聖人二等有漏僧謂凡夫僧聖人等智有漏戒定等即方便生身即報五陰二等智有漏戒定等即方便

三寶章

有三一生身即報五陰為正也若成實以無漏假人為僧體仍有四句謂有為僧德無僧威儀等準之若三乘內菩薩以三賢已去乃至等覺所有漏無漏功德及色心等五蘊假者為菩薩僧體體及聲聞人資糧位已去乃至羅漢所成漏無漏功德法者以為僧寶故此三乘人唯取出家同僧獨覺及聲聞菩薩及犀角辟支等皆入法寶故大智論散花品云以花散諸菩薩名供養法以花散諸比丘名供養僧當知此約始教之初說或分勝顯劣以明大小如涅槃

經云僧名和合和合有二一者世和合二者第一義和合世和合者名聲聞僧第一義和合者名菩薩僧當知此約始教之終說或說二乘入大乘者是僧不爾即非由唯以菩薩等爲真僧寶故或爲究竟僧也當知此約終教爲真僧寶此約離相離分別或云寶有菩薩不見有菩薩等此約頓教寄言顯耳或唯取菩薩爲僧寶此約一乘別教說若攝方便如前諸主件爲僧寶體一皆徧六位盡三世間無盡法界具足教並在此中上來別相竟

第三住持三寶者小乘以塑畫等色法爲佛寶體但

三寶章

九 宅五

表示一釋迦佛以無他方佛故經法紙墨及塑像皆以色法爲體出家凡僧以有漏五蘊爲體四人已上僧以眾同分不相應法爲體問如形像致敬損壞於何處得罪福答立像擬表眞容故於眞邊得福明若是佛塔若能爲表主餘人亦爾問若殺凡僧云隨是何塔答塔以佛爲表主故得罪亦如是此應聖邊得罪故從凡聖望從其擬表主僧若依律中損經等望財有心命故從凡聖中佛法及僧像同以色法主得罪也若三乘中佛自位得罪無心命亦兼有名句等凡僧以五蘊爲體若一乘中亦得名也

第四融攝門者有二重一約三種二約三寶餘義準之上來總明出體竟

四顯融攝

大法界中約機緣起所成淨用故亦遠取本法爲體

初中有三一約同相於中即有別相住持此有二義一以彼二種皆悉緣成無自性故不異眞空是故俱在同相中攝問若彼攝在同相中時爲有差別爲無彼二如其有異故如以有彼二故如其無者云何說攝以無彼二無所攝故但以彼二無自性空非壞彼二方得爲空是故經云色即是空非色滅空又經云非以空故色名色空但以色空即是色是故當知攝別歸同而不壞別也二約

三寶章

十 宅五

教說二以眞如體爲大爲內熏因及彼用大爲外熏緣令生始覺於此始覺分得爲僧滿足爲佛妙軌及用中之教以法爲寶故彼論云爲三寶皆從同起不異同也此如起信論說又彼論云本覺本不相捨離一智淨相謂依法力熏習如實修行此明僧寶中法身及識相滅二種相與彼本覺不相捨離滿足方便破和合識相續心相現法身智淳淨故此明佛寶中法身自受用身也二不思議業相者以依智淨能作一切

97

勝妙境界所謂無量功德之相常無斷絕隨眾生根自然相應種種而現得利益故此明他受用身及變化身并所流教及住持幢相等亦在此中又彼論云本覺者謂心體離念離念相者等虛空界無所不徧本故歸於同相也又既以本覺隨緣作此別相還不離彼法界一相此中從彼流故成法僧也還證彼故為還證此法身此中亦梁論云無不從此法身還不離彼佛寶也是即不破別而恆同不乖同而恆別其猶攝波唯水而不廢動攝水唯波而不壞溼舉體全收二義不失當知此中道理亦爾思之可見以此教理是

三寶章

故同中具於別也又彼住持之相即是真中用大中攝以依泥等所表真相及紙墨等所顯教相並是最淨法界之流薀是出世相亦從彼流非世法果也故經中造像麨麥棗葉露盤功皆不滅終成大故是故經中造像麨麥棗葉露盤功皆不滅終成大王又以袈裟至彼獵師非法之處真相不壞能令象當得泥洹等又如彼縷救龍難等又如出家破戒悉焚氣馥如是功用極廣大者明此十種功德如牛黃存香異真也又為真標相令諸有情卽尋此相還至真源故卽真也故論云真如用者能生世間出世間善因

果故是故以末歸本一切住持三寶幢相皆是真中相用攝也

第二約別相中亦攝彼二既以同相成此別相是故別中亦攝同盡如波門攝水水無不盡此中亦爾是故則不失同而恆別也餘思準之又住持幢相亦在別中以泥木像等若非如來神力加持法豈能饒益眾生生善滅惡等也是故經云如來不思議菩薩力及佛力故令於末代得形像住持有其二義一是所既從智流不離智故攝在其中是故經云如來圓智中印機所現麤末

第三約住持於中攝者此中住持有其二義一是所住持由前同相別相真實三寶餘勢力故舍利形像經卷凡僧相續不絕故既以彼持此此中卽攝彼二法也以此皆是如來圓智中印機所現麤末之相如大樹葉不離本莖也二是能住持謂令此形像經卷凡僧相續不絕故諸有情作依止處令漸修行得彼不斷絕與諸有情作依止處令漸修行得彼名住持是故彼二由此得立攝在此中潛隱而成以然者以若非彼所持無以能持彼是故二義無二相攝鎔融故也

第二三寶相收中亦三初約僧寶攝二謂諸菩薩中

道觀心智覺名佛寶即此境智軌生物解說名法
即此觀心內合中道外和漏諍故言僧寶如瓔珞經
云菩薩謂於第一中道智為佛寶一切法無生動與
則用為法寶常行六道與六道眾生和合故名僧寶
轉一切眾生流入佛海故。

二約法寶者一約理法中即有佛僧如前
佛此明法但以覺義和義皆可軌故也故論云
如是解諸法見盧舍那又經云見緣起法即是見
故法中自具三寶故經云一切法皆悉無真實是
同相中說二以行法攝僧果法攝佛理教通因果
三約佛寶者有二義一約本覺智如同相說二約始
覺智謂此圓智與智一味即為理教攬於萬行成一妙果故
圓音與智一味即為理教攬於萬行成一妙果故
此智即具行果就此四義名為法寶又此智中具
因智故亦有僧故經云雖得佛道轉於法輪入於涅
槃而不捨於菩薩之道又經云聲聞緣覺智若斷
皆是菩薩無生法忍是則菩薩無生法忍智及二乘智等一
攝也又經云於如來智中出菩薩及二乘智等一

三寶章

也以得法為佛行法為僧更無異法故也故
此法者名為僧也。

法慧又經云於佛寶中即有法僧又論云依法身有
法依法有究竟僧如是等。
上來二門融攝約三乘教說亦通一乘以同法界故
若別教說者淨法緣起有其三義支分義圓滿義軌
則義以分外圓攝分以成圓是即分內之圓也
圓非分外圓攬分皆是故經中普賢等
分三義通融皆依是故經中普賢等
菩薩於毛孔中現諸佛海及轉法輪諸菩薩眾則僧
中自具三寶又如經中大法界法門謂理事等法
亦具佛僧如彌多羅女寶經等事中現佛菩薩等又

三寶章

一塵中現佛菩薩又一一法門中皆具佛僧因果故
也又如經中如來眉間出塵數菩薩如是佛中亦具三
世間轉正法輪為諸菩薩眾如是故一切法皆是三
以法界身攝一切法並皆都盡是故一切法皆是三
寶故也。

五明種類

第五明種類差別者有二先別後總別中佛寶或同
世間身此約人天或二身或三
身四身此約小乘或一身二身三
身四身此約三乘或十身以顯無盡此上
皆是別說法寶中或唯教法此約人天或具四
名義並如別說法寶中或唯教法此約人天或具四

種如小乘亦或四種或唯一種此約三乘名同小乘而義別也或具前諸說或具十種謂理事等主伴具足此約一乘或通三乘眾此約三乘或唯凡僧此約人天或唯菩薩此約一乘約小乘或通三乘及人天但義異也或三種謂同相總說者或有二乘一眞實謂前別相二假名謂前住持此約小乘此約三乘或唯聲聞此等如前此約三乘或有十門以顯示應知此等故此中亦即攝前諸教所明三寶並在其中也顯現即是住持成其大益主伴具足通因陀羅微細說何以故此中十三寶在修行心證此處無不

六揀所歸

第六揀定所歸者於中有五門
一捨邪歸正門謂但捨外道三邪歸於有漏三寶此約人天說以於此中無無漏故佛亦同也
二捨劣歸勝門以彼但相從攝在寶中而非究竟安隱處故不辨雜心依三寶各二種佛有二種一生身佛二法身佛法亦有二種一無我法二第一義僧二等僧皆得名寶乃至約寶明歸問種一第一義僧二等僧皆得名寶何等耶答歸依彼諸佛所得無云三寶各二種爲歸何等耶答歸依彼諸佛所得無

學法僧學無學法涅槃無上法此明唯歸佛無漏五分法身不歸有漏生身唯歸所得學無學無漏法不歸有漏等僧唯歸涅槃無漏法不歸有我有漏法故問何故寶中通攝歸涅槃無漏則是所敬養若其揀擇此無漏法不歸此有漏則劣歸依據究竟安隱處者則可歸依寶無漏若欲重故不歸宅此亦如是或可通收同寶歸亦皆歸田宅俱可歸依寶此有二義一以寶同歸之要捨重悲爲物依故也上來約小乘說
寶唯無漏此如上辨或可以歸同寶歸亦通收以皆
三捨權歸實門謂彼愚法二乘無漏亦非可歸以非究竟安隱處故如彼化城終須捨故唯大乘中所得無漏趣同歸寶相是眞歸依處也寶與供菩薩戒等歸門此約三乘終教說或通歸聲聞僧犯菩薩戒等此約愚法亦是可歸以諸趣寂皆究竟廻心故餘寶準之此約趣寂教說二大乘中自有二義一愚法亦是可歸以諸趣寂皆究竟廻心故餘寶準之此漏故又亦自有三乘法故說通二非攝愚法此通始終漸教說也
四捨相歸眞門謂自宗中唯同相三寶究竟安隱故

令歸依餘非究竟故佛勸捨是故涅槃經云汝今不應如諸聲聞凡夫之人分別三歸何以故於佛性中即有法僧為欲化度聲聞凡夫故分別說三歸異相又云若於三寶修異相者當知是章清淨三歸即無依處此等經意勸捨別歸同當知此約終教及頓教說也或亦通收皆可寶重悉為佛依故此約三乘教說

定或亦通收以本末圓融無二相故攝方便故同一界盡三世間攝一切法是真歸處餘隨物機虧盈不五捨末歸本門唯一乘中十三寶具足主伴窮於法

三寶章

法界故是故乃至人天所得亦在其中餘義準之

七辨業用

第七業用優劣者此中既不分三相但平等為用此有三義謂依持資成別相用隨緣顯現別相用稱諸菩薩觀智現別相中佛寶利益業用別相法次僧劣故涅槃經云譬如人身頭最為上非餘支節手足等也佛亦如是最為尊上非法僧也餘可知持用僧最勝以能秉持佛法益眾生故法次住界資成三慧故佛寶最劣形像但為生信境故若一

耳

八明次第

第八明次第者有二先別後總初中同相三寶三相不分無始本有故無先後也別相中有四門一約起化次第先佛次法後僧以是教主故佛說法故依法修行以成僧故如經云佛在佛樹力降魔得甘露滅覺道成三轉法輪於大千其輪本來常清淨天人得道此為證三寶於是現世間寶性論亦同此說

二約入證次第先法次佛後僧謂諸佛所師故能生佛故僧法故先證此法已道成佛也後度弟子方有僧也問佛未證法前豈不名僧耶答如釋迦佛未坐道樹前不名為僧以無眾故無僧相無此經中佛先現三寶師子座次集十方諸菩薩眾後請說示法門寶也

四約修行次第先佛次法後僧謂修行之來先須捨俗投緇雖復出家必須依法修行行滿究竟終得成佛也住持中約元起之由以明次第則佛寶在先如優填王等造像初故次佛滅後迦葉等結集法眼故

次也。後度凡僧以持佛法故居後也若一乘三寶皆無前後以於法界大緣起中同時顯現悉具足故或皆有先後以主伴相成故隨舉為首故總說者小乘二三寶中真實居先假名在後三乘三寶中同相居先別相為次住持在後。一乘十三寶或前後或非前後如前說餘義準可知。

華嚴經明法品內立三寶章

三寶章

光緒二年金獻廷　金尹志　朱尊三　朱鳳章
朱庚筳　朱金裕　周玉衡　施資刻於江北

華嚴精舍施錢十四千文重刊
光緒二十一年春二月金陵刻經處識

流轉章

唐魏國西寺沙門法藏述

生滅流轉略作十門。一明違順。二斷常。三一異。四有無。五生滅。六前後。七時世。八因果。九眞妄。十成觀。

初中於一有為流轉法上義分為二。謂前念滅後念生。經云如印泥印文成此即印壞為滅文成為生。又經云如印壞後陰初總後別。總中有四義。此中生滅違順有二門。初總後別。總中有四義。一相違義以背滅為生生盡為滅。以相違故成生滅。二相順義以背滅後念不生要由滅前念後念方生。是故相順方成生滅。問若前念不滅後念不得生。以二念不並故。旣其滅已亦不得生。以無所依故。如論云滅法何能緣次第緣。是故滅已無物誰能生後念。答滅有二種。一斷滅。二刹那滅。不同問。此刹那滅若不引後念故。是即斷滅故。若不引後生故。非此滅故。是刹那滅必引後生故。刹那滅必引後念。是即不引後生。故刹那有二位。一約能依轉識麁故。從自種生前念後念近遠俱為等無間緣。二約所依本識細故。前後流注。滅已更生無間相續。問

念方生是故相順方成生滅。問若前念不滅後念不得生。以二念不並故。旣其滅已亦不得生。以無所依故。如論云滅法何能緣次第緣。是故滅已無物誰能生後念。答滅有二種。一斷滅。二刹那滅。不同。此刹那滅若不引後念故。是即斷滅故。若不引後生故。非此滅故。是刹那滅必引後生故。刹那滅必引後念。是即不引後生。故刹那有二位。一約能依轉識麁故。從自種生前念後念近遠俱為等無間緣。二約所依本識細故。前後流注。滅已更生無間相續。問

若爾入寂二乘最後滅心應亦還生。即無涅槃便成大過。答若約小乘最初教。可如此以二乘入寂二乘永滅斷故。即不如彼宗中許入寂段身生滅故。若終教等即於餘世界變易身受教化行菩薩道。乃至成佛盡未來際。絕以無眾生作非眾生故。四記論中滅者復生。後約小乘說問此微細滅旣自不住何能有力而生念。答以依眞如如來藏故。令此生滅得生滅也。經云依如來藏故有生滅心。又經云依無住本立一切法。是故滅無眞依。無以起生。生不依眞。不從滅起。

起信論云不生不滅與生滅和合名阿梨耶識。是即流轉是不流轉也。是故相順而成生滅。三亦違亦順方得生滅。由前二義不相離故。以若不滅無以生生。若不生生無以背滅故。以此二相離非非。相順思之可解。四非違非順方得生滅。由前二義相奪故。以無可解者此生及滅各開之為二。前念滅中二義。一滅壞。二引後。義二引後義與後念生中二義一依前義二背前故是相順由滅壞與背前生滅極相違由引後與依前不異故是

約所依本識細故前後流注滅已更生無間相續問

亦違亦順無有障礙由滅壞融引後背前故生滅非違非順也更有句數思之可見

第二斷常者亦先總後別總中四句由前滅故不常由後生故不斷後不俱準思之別中亦四句由前滅故不常及背生故不斷不俱準思之別中亦四句由引後及依前即不恆流而不恆流而不移而不常由引後及依前故位不絕位不至法本不斷出上二義不相離故也由滅壞違生後由背違前是故非常非斷非不流轉非非不流轉也由前念中引後非斷令此流轉法亦非流轉也由前念中引後

第三一異者亦二門先總中亦四句由前念中引義後念中背前義是不一門俱不俱等思之可知二別中亦四句謂前後非一各二非二為異俱不俱思之又交絡相望亦四句可見是故一異無礙流而不流也

第四有無者亦四句一後念中背前義是有義二前念中滅壞義是無義三後念中依前義是非無義四前念中能引後義是非有義五由前二義無二是俱存義六由後二義無二是俱泯義七由存泯無礙合前六句為一無障礙流轉經云一切法不生滅我說刹那義此之謂也

第五生滅者於中亦二重初中四句依前後起是無生義以不由自能起引後故是不滅以有功能故俱不俱準思之

第六前後中亦二重初總中四句由依前及引後故二念不相離故俱流轉不俱等準思之又前念滅故不生後念起故不滅俱不俱準思之

門中後取故而說俱流轉即無轉別中通論有四重一不礙二不礙前後同時而說三不礙三時而說四不礙非三時而說是非三不礙非三時而說是非三

第七約時世者於中有三初約趣向二約相成三約經中劫入非劫等準之

初中有四一從前向後門謂依前念滅令後念生是故依過去滅引起當來今時法初中有四一從前向後門謂依前念滅令後念生是故依過去滅引起當來今時法

第七約時世者於中有三初約趣向二約相成三約經中劫入非劫等準之

二依後向前門謂依當來現作現在滅而無停積三由前二義無不積無不減故亦無不積無不減形奪盡故非生非滅三由前二義無不積無不減故亦無不積無不減形奪盡故非生非滅

向前亦向後依此門故即滅無積而無盡

無生是謂無礙法門也。第二相成者有五句。一此現在法由當來有及由過去滅生是故現在法落謝為過去引成令現來是故二世所現在法由無體入於過未二此現在法落謝為過去引後作當來是故現在所成令過未無體入於現在。三由前二門不相離故此現相成有力義故世俱立。四由前二義形奪盡故此相成無力義故三世俱泯。五合前四義同一法故存亡無礙理事雙融。思之可見。第三時法者於中亦有五門。一時不流而法轉謂依前滅引後生此生滅還引後此是法轉也。然過去時不至現在不至未來此時不流也。

流轉章 五

此即約時念念間斷約法相續恆流。二法不轉而時遷。謂由過去謝滅方有現在落謝能引當來。此即約法本不去不來到於當來不相到故。以時流法轉無二故。三俱遷者以不流之時即約時念念無間也。四非遷者以時遷無二故無遷動也。五合前四句不相離已來未曾暫停也。無始已來未曾遷動也。故從無始無來不動而流還而不易無障無礙是此法體。思之可見。

第八因果門中亦四位。一無二有三俱四泯。初中謂此一念法前因已滅對誰稱果未生因當念不住非因非果。二假有因果者如論云觀現在法有引後用假立當果對說現因觀現在法有酬前相假立曾因對說現果因果不無。三俱者由有酬前義故有因由有引後義故有果此二門復具存亡二義也。四俱泯者由滅壞故因非因由滅壞故果非果由四義合成一流轉故非因非果。由引後義故非果背前義故非因。由酬前義故非因背前故非果。此二由背前不異酬前故非非因由引後不異背前故非非果。

流轉章 六

不異故非因果非非因果又若因果先存可得對之說非既因果先自不成今亦無非因果之可思之。第九真妄中亦四。一無二無法三相盡四理現初中此中但是前滅後生無間流轉畢竟無人故論云一切世間法法因果彼以生滅法中竟無人故此生滅法由後背前及此亦不從前念而來由前滅壞故無法可至後位無自性無體故無法可從前念來。由能引後故體非後念所攝此亦不能至後念由念無法故體不可去至後念後念無法可從前念來但緣起力故似有相續實無有一法從此至彼故論云但從於空法還生於空法此之謂也三相盡者思惟此法過去已滅未來未至故無體現在不能自住故無體也又復思惟前念已謝故無有來不至後念故無有耶答即以如過未之空無為故無有現假有故是性空迅速故不能住是故此法相無不盡又細思惟現法不離過未以離首尾無別體故是故諸相未曾不盡問若爾者豈令現在如彼過未耶亦無體空無不是真空以不礙假有者是性空故是法理去當念迅速故是故只說此生死流轉法即是真空非是斷空故也

流轉章 七

非滅此法方為性空經云諸法畢竟空無有毫末相又經云色即是空非色滅空此之謂也思之可知四理現者即由如是相自盡故平等理性未嘗不現論中十種真如內如名為流轉真如以尋思此流轉相盡真理現故又經云生死即涅槃等皆此義也是故諸佛菩薩看於生死常見涅槃恆遊生死如履波者未嘗不踐水踐水者無不履波依是道理諸佛不起涅槃界常在生死中教化眾生等悲智無礙斯之謂矣

第十成觀者有二先令識妄念後攝念成觀前中識

妄念者既思惟此流轉之法細剋其實唯是一念至於無念彼能緣之念亦如所念無不相及而昔所見自他相即空故性本現故既知法實如此而應傷人法是非差別悉是亂識妄想計度實無所有已顯倒息諸妄念又復思惟此妄念逐自決二則今恆無所有經云從無住本立一切法是謂有其生其滅同無有住法也二成觀中二一先行初解中二一始謂解知如前所說諸義令心作合而後行其謂解知此之謂也二成觀中二一始謂思惟彼法定二終謂知此解是解非行亦解不如所解是故方堪為行方便二行中亦二一始謂思惟彼法至無念處諸見皆絕絕亦絕言說不及念慮不到若於爾時作無念等解並是妄念非是實行何況餘念故云法離一切觀行久作純熟心不失念四威儀觀此一門無念便足何須如上廣分別耶問若不則尋思彼義者即見不伏生若不如前觀義者即見不破也設總無知但強伏心而妄觀並是謂中作非是真行究竟無增惡見入於魔網不能成益故經頌云百千癡羊僧無慧修靜慮設於諸觀並是謂行情謂不破也設總無知但強伏心而

百千劫無一得涅槃聰敏智慧人能聽法說法欲念
須臾頃能速至涅槃其觀中魔事及餘行相觀利益
等並如別說。

流轉章

光緒二年程守中　陳鴻儒　陳雨亭　施資刻
於江北
華嚴精舍施錢七千文重刊
光緒二十一年春二月金陵刻經處識

法界緣起章

唐魏國西寺沙門法藏述

夫法界緣起無礙容持如帝網該羅若天珠交涉圓融自在無盡難名略以四門指陳其要一緣起相由門二法性融通門三緣性雙顯門四理事分無門

初緣起相由門者於中曲有三門一諸緣互異門即異體也二諸緣互應門即同體也三應門同體雙辨同異也此三門中各有三義一互相形奪體無體義由此得相即也二互相依持力無力義由此得相入也三體用雙融有無義由此即入同時自在也

○初緣起互異門者謂於無盡大緣起中諸緣相望體用各別不相參雜故云異也依持義者一能持多一有力是故能攝多多依一故能攝入一無有障礙此即無有不容之一以一之多依一無不持故多無不入之多故能持一能依一多無不攝之多故能入一多之多無不持一之多故多有有力多有無力故不能依持持能攝入一一望於多亦無不持有能攝入無有障礙是故亦無有不能依持持能依入一然既爾一依多持多亦無有不依入一有依有持故是故一多全有力全無力全有體全無體○然是故亦無不能依持能攝入能依入無有障礙此即無有不容之一持多依一持入一之多即多持一依一入一之多以無礙俱存雙泯二句無礙亦無性為一所成是故多即一諸緣相奪體無體者多緣無性為一所成是故多即一

由一有體能攝多由多無性潛同一故無不多之一亦無不一之多一無性為多所成多有一空即多亦爾是故一無體故能攝他同己亦無有體無體故能攝他同己廢己同他攝他同己亦無有體無體故能廢己同他他無有體故能廢己同他無障礙亦無非同己他廢己同他同己亦無有障礙也亦無障礙自在思之可見相即非同非異三體用雙融有無義者但有相即不相入無不相即故一以體有用而無用但有相入無不相即故二以用有體而無體故唯有相入無相即故三歸體之用不礙其用全用之體不失其體是故體用不礙雙存即亦入亦即無有障礙鎔融四全用之體體泯全體之用用亡是則體用交徹形奪兩非即入同源圓融一味五合前四句同一緣起無礙俱存六泯前五句絕待離言應可去情如理思以於一緣應多緣故各與彼多全為其一是故此一多一雖由本一應多緣故名為同體門也依持義具多箇一然與本一然無差別者謂此本一體能持彼多者一多一無力依本一有力能持是故本一中容彼多一多一無力依本一故是故本一中是即無

不容多一之本一亦無不入本一如本一有力為持多一無力為依容入既爾多一有力為持本一無力故能容入亦爾是卽由本一無力故能容入無有障礙多一望本一有依有力無力故能容入能容亦無障礙俱存雙泯二句持無力有力故能容入無有障礙多一望本一有持有無礙亦準思之同體門中容入義竟二互相形奪體無體者謂多一無性為本一成多一無體融同本一故是則本一為有體能攝多一無不卽本一也無不攝多一之本一亦無不卽本一如本一

緣起章
有體多一無體攝卽既爾多一有體本一無體攝卽亦然是故亦無不攝本一之多一亦無不卽本一是卽本一望多一有有體無體故能攝他同己廢己同他無有障礙亦非卽非攝義故也本一望多一之多一望本一一亦無不卽無體攝卽思之可見同體門中相卽義竟三體用俱融卽入無礙者亦六句無礙準前思之可見同體門者以此二門同一緣起應異無礙雙辨同體異體則諸緣雜亂非緣起故若無同體緣不相離故若無異體緣不相資亦非緣起故要由不雜方有相資是故

若非同體無異體故是故通辨亦有四句一或舉體全異具入卽等具入卽以法融通各全攝故三或俱非以相奪俱盡故四或俱非也餘入卽等準思知之上來第一緣起相由門竟作餘未

法界緣起章

華嚴精舍施錢三千文重刊
光緒二年陳韓氏施貲刻於江北
光緒二十一年春二月金陵刻經處識

圓音章

唐魏國西寺沙門法藏述

圓音義略作四門分別，一舉義，二決擇，三會違，四辨釋。○初中有二，一謂如來能以一音演說一切差別之法，所謂貪欲多者即聞如來說不淨觀，如是等乃至一切，故名圓音。是故華嚴經云一切差別言音，說無邊契經海。二謂如來唯以一音能同一切言音中，演說諸法。一言演說盡無餘。○第二決擇者，或有說言如來於一語言中演出一切眾生言音，是故語言法。一言演說盡無餘。○第二決擇者，或有說言如來於一語言之中演出一切眾生言音，是故名曰一音。所發多故名曰圓音，或有說言如來唯發一梵言音，名為一音。能為眾生增上緣令其所感解不同，故自聞如來種種言音作若干音，或有說言如來唯寂滅解脫相言音故名圓音，非謂如來有機感力故自聞如來有若干音，或有說言如來但以語業同故，名為一音，非謂如來唯發一梵一音，所以故名一音。若此等音不即無性，同真際者如響故有一音故。此上三說何得偏取俱有失。何者初說但多無一圓義故。後說唯無性，非音義故。如實義者三說合為一圓義。何者若彼多音不即一音，此但多音，非是圓義。以彼多音即一音故，鎔融無礙名作圓音。若彼一音不

即一音故，鎔融無礙名作圓音。若彼一音不即是一音，故此一音即是梵音。若以梵音不即無礙名一梵音等音，不離作故，無性故如響故，無性同真際如響故，作無性故，饒益故。○第三會違者，如婆沙論中七十九卷說世尊有時為四天王先以聖語說四諦。二天王領解，二不解，世尊憐愍復以南印度邊國俗語說四諦，一天王解，一不解。世尊憐愍復以一種蔑戾車語說四聖諦時，四天王皆得領解。問若以一音異類等解。後二天王何不即解。答彼論釋云，彼四天王意樂不同，為滿彼意故，佛異說。復次世尊欲顯於諸言音皆能善解斷彼疑故。復次有所化者依佛不變形言而得受化。又所化者依佛變形言而得受化。依佛不變形言而得受化者如說佛在摩竭陀國云云。為度池堅步行十二由旬七萬眾生皆得見諦。為佛轉變形言而為說法彼轉變形言而為說法。為佛轉變形言而受化者，若依佛轉變形言而為說法。不能解，是故世尊作三種語為四王說法，準上三釋義理可通，並由眾生宜聞有異故不相違。○第四辨釋者有二。一明分齊，二顯利益。初中佛一言音普遍

一切。謂一切處。一切時。一切法等根熟之者無遠不聞。根未熟者近而不聞。言徧者如智論目連尋聲極遠如近故。二徧一切處謂此圓音盡未來際未曾休息。三徧一切法無有一法非圓音所宣說者。四徧一切衆生謂此圓音無有根器而不開覺若爾何故鶖子在座如聾不聞釋非謂圓音所不聞。是所聞之處故名徧。至問此若普徧何成語音。能至此不聞釋非圓音能至而不聞。若爾何者此若普徧何失其音。屈曲詮表設爾何失二俱有過今則不曲故其存屈曲非等徧故釋若由屈曲非音故。今釋若由屈曲乖其等徧是音非不曲。是圓音。若由屈曲乖其等徧是音非不

圓音章

壞曲而等徧不動徧而差韻是謂如來圓音。非是心識思量境界。二利益者若依小乘。如來言音未必一切皆有利益。如佛問阿難天雨等非是法輪音聲。所攝若大乘等中如來所發世俗言音無不皆成大利益故如佛入城唱乞食聲令城同聞俱獲利益故經云諸佛音聲語言威儀進止無非佛事。

圓音章

光緒二年陳予卿施資刻於江北華嚴精舍施錢二千四百文重刊

光緒二十一年春二月金陵刻經處識

法身章

唐魏國西寺沙門法藏述

法身義四門分別,初釋名者,法是軌持義,身是依止義,則法身亦名自性身。二體性者,略有十種:一依佛地論,唯以所照真如清淨法界為性,餘四智等並屬報化。二或唯約智以無性攝論云此據攝境從心名為法身,匪智為法,故謂離二障諸德釋云一切諸法尚即真如,況此真智而不如耶?既即是如,何待攝境以為法身,是智非理。今釋境如梁攝論云唯如如及如如智獨存名為法身。

三境智雙泯,經云如來法身非心非境,此上四句合為一無礙法身,隨說皆得。六此上總別五句相融形奪泯茲五說,通然無寄,以為法身,此上單就境智辨。七通攝五分及悲願等法行功德,以修生功德必證理,故融攝無礙,如前智說。八通收報化色相功德無不皆是此法身收故。故攝論中三身二智所現故,屬智法身攝有三義,一相即如故歸理法身,二智通攝一切三世間故,眾生及器無非佛故。九通攝一切,故大法身具十佛,故三身等並在此中,智正覺攝為

法身章 一

十總前九為一總句,是謂如來無礙自在法身之義。

三出因者有四:一了因照現本有真如法故。二生因生成修起勝功德,故無礙因生了,即二果不殊故。四業用者,亦有四:一此理法身與諸觀智為所成果。二此理法身與義為所開覺。經云法身說法授與義故。三或作樹等密攝化故。四遍諸塵化利生勝業用故,此以起報化毛端等處重重自在無礙業用也。

法身章

光緒二年孫聯元施資刻於江北

華嚴精舍施錢一千四百文重刊

光緒二十一年春二月金陵刻經處識

十世章

唐魏國西寺沙門法藏述

十世義作二門。一建立者。如過去世中法未謝之時名過去現在。更望過去。彼過去為過去。現在此是未有。是故今為現在。過去今為過去望今現在。彼過去已滅。故名過去。彼以為過去。望於未來是未有故。又現在此一具三世俱在過去。又彼過去望於現在法謝已滅無故名現在。法起未謝之時名未來。過去更望未來亦未有故名未來。

已謝無故名未來過去。更望未來亦未有故名未來。又此三一具俱在未來此九中各三。現在是有六。未來此九中各三。現在既各無。過未俱無問若於過未各立三。如是耶答設於過未邊此三亦無。何但三重而說九耶。又此九世歷然不異前故唯有九也。第二總相攝者。更欲立三世故說為十也。九義故不相由者。且如過去乃有九義故。一相即二相入此二義故為一念。而有九門。二法性融通義。由初緣起相由。得成此二得相由者。由二義故。一緣起相由。義二法性融通義。初緣起相由者。且如過去現在未來。此三一一之中。復各有過去現在未來。是故九世。然此九世。迭相即入故為一念。即合為十世也。

然此十世具足別異成緣起。故得即入也。又由三世法。各有故不離。一念故得相即也。以俱在一念而古今歷然。故不相即也。又由三世。互相在故。如過去中有現在。即是彼現在故。是故即入也。又由過去中有未來。即是今世未來故。是故即入也。餘一一世中有九世。如是即入皆准此可知。又此九中三世。定得俱不俱。且就俱中。亦有俱不俱。何以故。現在中現在。過去中過去。未來中未來。此三定得俱。以同一現一過一未。此三定得不俱。不俱故。又由現在中有現在故。可見有現。以望彼法亦現在故。又此九中三世。定不得俱。不俱。何以故。現在中過去。過去中未來。未來中現在。此三定不俱。以現在法望之。乃是過去之未來。又以未來現在望之。復是未來之過去。是故彼法亦現在。亦未來亦過去。是故不俱不俱故。

去未來無故令彼過去現在成有。以若此有彼已謝。故令此未有故。又由此有彼。已謝故令過去現在成有。故是故由此未有彼。得未謝故也。又由過去無。故令過未未來不成。無也。謂此無故此無展轉由彼無故。令彼過去現在成有也。以若此無故此無也。以彼未謝。故令此不有故。又由彼未謝故令此不有。又由此不有故。不成有故。令過去未來無故。令現在成有也。若此不有彼亦不有。若彼不有此亦不有。此有故彼有。此無故彼無也。此現在成有。又由彼六義謂由過去現在亦有六義。謂由過未方令現在成有。何以故。若彼過未無有俱此現在不有不成故。何者若無過未。即令此有。不有不成有也。若彼無有此有亦不有不成有也。又現在得謝無不謝之有。非緣起有故不成有也。

望未來現在亦二義準上思之過去現在望未來現在亦二義謂若過去現在不有即未來現在有不成故反此亦準知問俱者可相由不俱者密相由亦是展轉相由以若答俱者現相由不俱者展轉相由以若無此不俱相由不俱者密相由亦是展轉相由以若門一如過去唯一謝滅但是過去位中自現去一如過去唯一謝滅但是過去位中自現故以現在望之是過去家之過現在家之過以所望異故不相礙也三如過去未來二以過現在望之此未有故是過去家未來二以

十世章 三 宅六

緣現起猶未謝故是現在三以未來現在望之此已謝故是未來過去是未來現在望之亦過未四未來現在亦唯一門謂是未來現在可知上來次第相由有斯九門第十超間相由無初一則無後一等是故如次及超間相收依是道理令諸門相入相即如經云過去置未來今未來一切劫迴置過去一切劫非彼故以力用相收故得說入然體不雜故不相相由之義有二門一約體性謂若無此彼全不成故此即彼也二約體性謂若無此彼全不成故此即彼也

十世章

約體說為相即釋此二門如別說是故不失本位不無即入也思之可見經云無量劫能作一念頃等是此義也第二約法性融通門者然此九世時無別體唯依緣起法上假立此緣起法復無自性依眞而立是故依緣起理事融通無礙有其四重一泯相盡二相與二相有三相隨互攝四相即相入以末歸本反上可知經云非劫非劫非本劫劫入非劫劫是此義也二中全事能入本事從未唯事而無理以末歸本反上可知經云非非劫入劫劫入非劫劫是此義也三中由隨事之理事非理故俱存而不雜也非事故全一事能容一劫者是此義也四中由隨理之事故一切即一也由隨事之理入一中也反上即一切也由事即理之事故全一即一切也由一入一切可知四中由隨理之事故一切即一也一入唯事不可即入要理事相從相即故是故有即入時劫依此無礙法故還同此法自在即入餘義思之可解

十世章

光緒二年馬國盛施資刻於江北華嚴精舍施錢三千二百文重刊
光緒二十一年春二月金陵刻經處識

玄義章

唐魏國西寺沙門法藏述

緣起無礙一　染淨緣起二　揀異情三　藥病對治四
理事分無五　因果六　二諦無礙七　眞妄心境八
能化所化九　入道方便十

緣起無礙門第一

問緣起諸法會融無礙如何可見答今釋此義作二門一開義融通二句數決擇初中開有三重四句一空不空門謂一切皆空無有毫末相以緣起無性故虛相盡故或一切不空以空爲諸法故以非情謂之無故不異色等故或二義無礙或兩門俱泯並可準思二相在不在門謂或一切入一切以法性爲一一又一切法既即法性是故一中由無性以有不相是也或不一謂由無性故一多絕故不互不雜故雖恆涉入住自位故或俱謂微細相入在外故萬里迢然恆相在不失一事故無障礙故或俱非謂入出融故絕二相故有此法難名目也如一入一切一具斯四句一入一亦準思之三相是不是門或一切即一此有二門一約性謂如經云若人欲成佛勿壞於貪欲諸法即

貪欲如是即成佛此經意以貪欲無性故不可壞諸法即貪欲者即貪欲之無性理也若不爾者豈貪是一切法體耶是故當知舉貪名而取貪實二約事此中二。一始二終始謂法界無別有即法界一爲法界一。一始二終者既全以法界即一法故一切法即一法也又以法界無別有即以法爲一法無別故一切法即是一也問一法既是一切爲一何乖理性既爾則無可即若就理一多絕則無可即一切法相入法相若故一切法既即一多既絕則無可即一切法即於一也問若約事相即既以事即俗若約理有即乖於眞若擧事而取理即不異前門更何乖故云即於眞若湛然即事而非理事之理方爲眞理故全事即理不可即若理而非事今由理事不二而二謂事之事方爲幻事故恆全體即理嚮像執言求解終日難見或一謂全體相是而不一故不雜也一切不是一謂全體相形奪故絕二相故無是不是也或俱非由前二義故具故或俱是由前二義互準之或俱絕由前二義無礙故如一切即一有此四句一即一切四句準思此上三重融成一一約性謂如經云若人欲成佛勿壞於貪欲諸法即

際圓明具德無礙自在是謂法界緣起門思之知耳
二句數決擇者亦三重先約一多相即不相即總有
四四句。一由一即多故亦一即多故名一二二由一即
即多故亦一即多故名一二二由一即多故非一二
一準之第二由一不即多故亦一不即多故非一二
非一三一不即多故亦一不即多故非一四一準之
非不一多不即多故非一三由一即多故亦一不
由一即多故名一二三由一不即多故亦一即
四由非即非一不即多故非一二三由俱故非一
由一即多故名一二三由一不即多故亦一不多故
四由不俱故不即多故名一二三由俱故名一二
　玄義章　　　　　　三　　　宅六
四由不俱故不俱多一亦準之是故此上順有十六
句逆亦十六總三十二句也二約空不空亦三十
二句三約空不空亦三十二句是故合有九十六
又若三重相融有三重四句是故合有九十六
不即或俱或不俱等或唯即不即或唯在不在或唯
不俱等或唯即不即或唯在不在或唯
故三四為十二句帖前九十六總為一百八句法門
也。
染淨緣起門第二
問眾生雜染及三寶清淨為俱是妄為亦非妄答此

二各有四句謂眾生是妄以橫計有故眾生非妄成
法器故此二約用眾生如性滿故三寶是妄由上二句故眾生非妄
以妄即空故眾非妄由二約境真如不妄故
云眾生強分別作佛度眾生經云若解真實者無
無菩提等故二三寶非妄以能治妄故經云佛菩提
之所能斷故三三寶非妄由隨眾生見聞得益故說
非妄故論云但隨眾生見聞得益故說為用也四三
真故論云全體是真故恆一相故經云三寶同一味故
也
揀理異情門第三
　玄義章　　　　四　　　宅六
問真空與斷空何別答略有四別一約境謂真空不
異色等名法理空也斷空在色等外及滅色方為空
名為斷滅空也二約心謂真空聖智所知也三約
真空必伏滅煩惱令成正行入位得果緣念斷空
同也斷空情謂所得世人所知也四約德用謂觀達
成斷滅見增長邪趣入外道位顛墜惡趣復若於空諸
有見如須彌不起空見故如芥子論云寧於空
佛所不化等又真空即色故不可斷空取是故真空
不思議也斷空不爾反上知之四約對辨異者問色
等既即是真空斷空何獨不真耶答若斷空亦即空

而實無差別但爲濫取空名是故揀之耳略作四句一色與斷空不相即以俱是所執故如見人畜等二斷空即空與色即空二空不別以無二相故三色眞空亦即斷空不相即以情理異故又斷空與色不相即亦情理別故四即空之色與即空之斷得相即以從詮說理別故就法融通故如此二門具斯四句餘一切法相羣皆準思故經云諸法即貪欲貪者以即空之諸法還即彼即空之貪耳問如貪法即空即空未知瞋等空爲即是貪外答等亦即空爲猶在貪外答一切是內而外宛然全是外而內亦爾以圓融故無限全是內而外宛然全是外而內亦爾以圓融故無限

分故無障礙故問爲如堂內空與房內空此二空無分限故二一味同故云堂空即房空而實堂內空不是房中攝爲如此不也此是世法非可同彼若如彼言房空不移而全在堂中亦爾非是彼此相通故說無二但以彼空元來是此空故名無二也既非世法難申說也會意思之或容可見耳

藥病對治門第四

問對病與治分齊有幾修行之要故請示之答病有二種一麤謂巧僞修行二細謂執見不破爲他知故一內實破戒而外現威儀等二假全不破爲他知故

玄義章 五 宅六

求名利故狡滑故伺狲故不直護短故第二細中亦二一雖具直心而執我修行二雖不執有人而計有法實見不破故對治之藥亦有二種一麤亦謂於諸過質直柔軟作下下意不顯已德第二細中亦二僞皆藏深愧懺悔二觀察諸法平等不一諸修行時究知無我人亦計疲苦二觀諸法門依佛二一相無相入理無不治盡此是大乘修行法門依佛藏經義說

理事分無門第五

問如此理事爲理無分限事有分限耶爲不耶答此中理事各有四句且理一無分限以徧一切處法界四俱非一切以一法中無不具足故如觀一塵中見一切全體在一法而一有分以隨自事相有分齊故一相非二門故大品云色前際不可得後際二無分以全體即理故三俱非以前二義融故二亦不可得以此卽彼故四俱非以二義融故平等此二義方是一事無礙具故二相絕故由上諸義是故理性不唯無分故在一切法

處而全體一內不唯分故常在一中全在一外事法
不唯分故常在此處恆在他方處不唯無分故徧一
切而不移本位又由理不唯無分故不唯無分故偏一
唯分故不在一事內不唯無分故常在此處而不
也不唯無分故不在他處而無不唯無分故是故無在而不
果者無上大般涅槃後四句者是因非果如佛性是
十二因緣因果者即是智慧通法果者阿耨菩提果
師子吼品云佛性者有因有因因有果有果果因者
因果果門第六
而在此在彼無障礙也
玄義章　　　　　　　　　　七　　宅六
果非因如大涅槃是果如十二因緣所生之法
此中具智慧非因非果名為佛性理也開第三句
為五種或有佛性二人俱無因性與果
佛性也或有佛性闡提人有善根人二無因性有
性善根人有闡提人有無果二人俱無非因
者非果且如無明是佛性二當體淨故是法身
二是能知名義成反流故名報身性餘支準此又初
四句中初者謂染淨緣起門二微起內熏發心三始覺
四本覺現又初隨染隱體用三染盡淨圓
四還源顯實又初與第四俱是理性但染淨異中間

二俱是行性但因果異又初染而非淨第二淨而非
染第三亦染亦淨第四非染非淨又是自性住為
是引出三四是至得果又初二因又轉初為
四轉二為三三以二成三以三證初冥合
不二是故四義唯一心轉若離無明此四相皆盡也
二諦無礙門第七
二諦無礙有二門一約喻二就法喻者且如幻兔
依巾有二義一兔二巾亦二義一相差別義二體
空義巾亦二義一住自位義二舉體成兔義此巾與
兔非一非異且非異有四句一以巾上成兔義及兔
玄義章　　　　　　　　　　八　　宅六
上相差別義合為一際故為不異此是以本隨末就
末明不異二以巾上住自位義及兔上體空義合為
不異故不異此是以末歸本就本明不異三以所攝
之末亦與所攝隨末之本此二雙存無礙俱存
故為不異此是本末不異四以所攝歸本
本末泯之末從之本此二雙泯故為不異
巾上住自位義與兔上相違故為非一
此是相背非一二以巾上成兔義及蓮上體空義故為非一
此是相害故為非一三以彼相背與此相害此二位異故為

非一謂背即各相背捨相去懸遠也相害即與敵對親相飡害是故近遠非一此四以極相害泯而不泯由極相匪存而不存義爲非一此是成壞故又上四又此四非一與上四不一而亦不一雜故不異故不異取四不異理徧通故是若以不異門取諸極相和會若以不異門取諸極相違諍極違而亦非一就法說者巾喻眞如如來藏喻眾生生死非異亦有十門準思之可知又兔喻生即死而無礙巾即隱即顯而無礙此生死隱顯逆順交絡諸門

鎔融並準前思攝可解二顯義者有四門一開合二

玄義章

一異三相是四相在初開合者先開後合開者俗諦緣起中有四義一諸緣有力義二無自性義三無性義四事成義眞諦中亦有四義一空義二不空義三依持義四盡事義合者三門一合眞二合俗三初者有三一約用謂有力無力無二故二約體謂體用無二故三無礙謂體用無二唯一俗諦合眞者亦有三一約用門是奪俗全盡無二約體空不空無二故三無礙謂依持義與俗中有力者有四門一約起用門謂眞中依持義與俗中有力

玄義章 九 宅六

義無二故二約泯相門謂眞中盡俗與俗中無力無二故三約顯實門謂眞中不空義與俗中無性義無二故四成事門謂眞中空義與俗中存事義無二故開合竟理事相即以緣起相由故有四句初中四句者一二事相即以一事不相即以無二故二二事不相即以二事相動故三事相即亦不相即以緣起無性故事動非静故四非動非静故以無性故事動故以事相動故無二故開合門各有四句此中四句一二事相即以即無不即故二二事不相即以不即無即故三二事相即亦不相即以緣起相即無別事故四非即非不即以即不即無二故約詮會實故以即不即二理不相即以緣起無性二理即事以理隨緣事得立故二事相即以即無

玄義章 十 宅六

事如理而無礙

眞妄心境門第八

眞妄心境通有四句一約情有心境謂空有相違以存二相故二約法有心境謂空上有相違以見心境上亦同俱是妄情故或心謂絕二境見以妄見故或境上有相不壞是妄見以境上有空亦有心境或謂上空境有不二以俱融故心謂全形奪故心境俱見不二見故以情就法說謂境即有無俱無理無不異故三以情分餘分性不異故或以情有以爲一性或亦相違以全奪故心謂妄取情中有以是執心故或亦比知其

理無以分有觀心故四以法就情說境即有無俱理有有無俱情無無二為一性或亦相違以全奪故心謂見理有以智故見情無以悲故或見無二心是一心故此上四門中約境各有四句心上各有三十二句準思之。

能化所化融通門第九

諸佛眾生緣起融通總有十門一分位門佛有二義一法門平等此二是能化佛門眾生亦二義一所依如來藏二能依妄染此二是所化眾生門二理事門以佛法身與眾生如來藏無二性故為化所依是故唯一理事門也二以法身不異如來藏報化依染器而現是故總是眾生門也四以如來藏報化復內攝真理故唯妄染門七以報化外攝妄染內攝真理故唯妄染門九以妄染能現報化故唯一事門六以理隨緣故事無不存故理性不改故唯一理門五以事虛無體故理性不染能現報化與眾生妄染以相由是故事法門也三以法身不異如來藏報化差別此二是能化佛門眾生

入道方便門第十

作入道緣起要有三義一識病二揀境三定智初中二一麁謂求名利等二細存見趣理等揀境中二對境謂情之境在邊等二真境謂盡緣起具德二三乘境空有不二融通等。二一解謂能生正解仍解行別二約境謂以無分別智互相揀之其義即見又入道方便略作四門一懺除宿障門二發菩提心門三受菩薩戒門四造修勝行門

造修勝行有二途一始二終初中有三門一捨緣門二隨緣門三成行門初中有六重一捨作惡業二捨親眷屬若出家捨門徒及生緣眷屬三捨名聞利養四捨身命五捨心念六捨此捨令絕能所無寄故二隨緣門者有四重一於一切堪情下至微少堪處皆應覺知不受勿令有少染三於一切違境乃至斷命怨皆應守心歡喜忍受四凡所作行遠離巧偽詐等乃至一念亦不令有。

三成行門者一起六波羅蜜行云云二四無量行云云

云三十大願行云云

願行有二一諸未起行策令起

二已起行持令不退皆由願力卽通法行也二終者亦三門初捨門者卽止行也觀諸法平等一相諸緣皆絕云二隨緣門者卽觀行也還就事中起大悲大願等行云三成行門者卽止觀俱行雙融無礙成無住行眞俗境不殊悲智心不別又此境而不別也又明菩薩住不住行說有二門一開中亦二初不住後明住二由見生死二不住涅槃初中亦二一由見生死過患不可住二不住生死故無可住二由不異生死故不住又智理無別故能所絕待住二由不住涅槃故二不住又見涅槃本自有故本空故無能住也二明住亦二初住生死者亦二一由見過患起大悲故住爲除纏故二見空故住不怖故也又二一見過故住二見空則涅槃住此卽涅槃也恆住涅槃以無二故無偏住故亦云無住二常化衆生故住以所化衆生卽涅槃故第二合在生死涅槃者亦二一常證理故常住二常化衆生故云無住中有四初合生死涅槃以無二之處故亦云住又卽住此無二故無分別行也二不住爲不住以不住唯一無二行合不住二合住不住爲住以法界法門絕能所故唯一味故無境行之異也四合前開與此合無二性唯一故無境行也三合行境二門者以不住爲良由

玄義章

無別唯一無礙法門是故不礙開而恆合不壞合而恆開無二相故說所不能至也若更以句數分別有四重四句一唯不住生死卽是二唯不住涅槃亦是三俱不住亦是四俱非不住二唯住生死亦四句返上思之三唯住涅槃唯不住生死俱不俱皆非可知四唯住不住涅槃唯住生死不住俱亦不俱是故十六門皆全得一卽不假餘門仍不壞是故無障無礙多卽一一卽一隨智取捨思之

玄義章

光緖二年馬瑞元　秦世恩　呂振廷
程貢南　湯椿華　劉兆厚
華嚴精舍施錢十二千文重刊
光緖二十一年春二月金陵刻經處識

華嚴三昧章

華嚴三昧章一卷、新羅崔致遠作賢首傳用華嚴三昧觀直心中十義配成十科證知此章即觀文也。東洋刻本改其名為發菩提心章於表德中全錄杜順和尚法界觀文近三千言遂疑此本非賢首作。庚子冬南條文雄校遊高麗得古寫本郵寄西來。首題華嚴三昧章雖盡善登之棃棗因本作章故仍其舊尚有華嚴世界觀求而未得也。

石埭楊文會識

華嚴三昧章

唐魏國西寺沙門法藏述

三昧略以四門分別發心第一簡敎第二顯過第三表德第四。

初中問云何名發菩提心答曰依起信論有三種心。一者直心正念眞如法故二者深心樂修一切諸善行故三者大悲心救度一切苦眾生故。依此三心各曲開十門。就初直心中眞如有十心。一者廣大心謂誓願觀一切法悉如如故二者甚深心謂誓願觀眞如要盡源底故三者方便心謂推求簡擇趣眞方便故四者堅固心謂設逢極苦樂受此觀心不捨離故五者無間心謂觀此眞如理盡未來際不覺其久故六者折伏心謂若失念煩惱暫起即便覺察折伏令盡使觀心相續故七者善巧心謂觀眞理不礙隨事巧修萬行故八者不二心謂隨事萬行與一味眞理融無二故九者無礙心謂理事既全融不二還令全理之事互相即入故十者圓滿心謂頓觀法界全一全多同時顯現無障無礙故。第二深心中亦具十心者一者廣大心謂於徧法界一切行門誓當修習學故二者修行心謂於無邊行海對緣修造故三者究竟心謂凡所修學要當成就乃至菩提故四者忍苦心謂能忍諸難行不以為難故五者無厭足心謂頓修多行勇悍無厭足故六者無厭一難行多時念念相續恆不斷故七者常心謂於謂修此諸行不求人天二乘果故八者不求報修諸行稱本求心皆大歡喜故九者歡喜心謂於所修行皆離二我俱絕三輪故。十者不顛倒心謂凡具十心。一者廣大心謂於一切眾生皆立誓願將度脫故。二者最勝心謂度彼要當得佛果故三者巧

華嚴三昧章　三

便心謂求度眾生巧方便法要當成就故四者忍苦心謂堪忍代彼一切眾生受大苦故無無疲倦心謂化一眾生設於無量劫荷負眾苦不以為勞故七者常心謂於一一眾生盡未來際念念無間不休息故八者不求恩報心謂於諸眾作此廣大饒益終不希望毛端恩報故九者歡喜心謂令眾生得安樂時過自得輪王樂釋梵天王乃至第二乘涅槃故十者不顛倒心謂不見能化及所化謂二簡教者問眾生修行為要藉受持聖教方成行

耶為要須捨教法行方成立耶答通辨此義略有十類眾生。一者自有眾生元不識教懸捨聖言師自妄心或隨邪友違教修行以為心要外現威儀內懷巧偽巧偽誑惑是魔徒黨此為最惡人也二者自有眾生勤苦修行無所益以質直心隨逐前類莫知修行此上二人俱捨聖教不讀經典以此雖好人也三者自有眾要二人背教為損即便唯讀聖言不解義意妄背真此雖不捨聖言猶非好人也四者自有眾生受持讀

華嚴三昧章　四

誦唯逐文句不解義理不解修行唯以直心讀誦為業雖無巧偽勝過前人猶非究竟此上二人俱不捨教不得義理五者自有眾生讀誦聖教分知解行渲非究竟六者自有眾生廣讀文句少有修行多讀文句不復尋言專修不復多讀此雖勝前漸修聖教順教修行取意專持聖教徧知解行雖是好人猶非究竟七者自有眾生受持聖教深會其意忘筌得實唯在修行不復尋言雖捨教筌猶非究竟八者自有眾生尋教得旨知一切法無不稱性是故於文字教法亦不待捨離持此順性之教則為正行此雖不捨教而得真猶

非究竟。九者自有眾生常受持稱性之言教遂得於不捨不著恆觀之真理不滯俱起二行經云聖說法此雖非究竟聖默然者是其事也。十者自有眾生尋教得真會理此則教理事俱融合成一觀方為究竟也。

第三顯過問色空為相即耶答有四句謂即亦不可非亦不可俱亦不可。初中有二謂據人及法就人有四句若色即空有二過一謂以凡夫見色是真空故二聖有二過一迷同聖過以凡夫見色是真空故二聖智同凡過以所證真空即是凡見色故若空即色亦有二過失一凡應同聖見真空還有二過二聖應同凡見妄色故若色即空還有二過失一壞真諦過以空為色故二壞俗諦過以色為空故若色即空有二過失一壞俗諦過以真空故二壞真諦過以俗故就法四句若色即是青黃等色則無妄色故二青黃等相為真空則無真空故就法四句若色即是青黃等色則別無俗諦過以青黃等色即是真空則無俗諦故二者壞真諦過以青黃等為真空則別無真空故二非即亦不可者亦有四失一者凡聖過以所見妄色不成過以所見妄色隔色空故若空不即色亦有二

失一聖智不成過以取色外非真空故二聖不從凡過以空異妄色聖自聖故就法四句者亦有二失一壞真諦過以壞俗諦不會色歸空則無真空理非俗諦過以空外斷空故若色非不空不可者謂若色即空則色不無性待緣不得有故俗諦過以空非色妄無依故。第三俱亦不可者亦有二種先據人亦有二失一二諦雜亂過二迷悟不斷過思之可見。第二俱亦不可者謂若色非空非不色非不二失一二諦雜亂過二迷悟混雜失法體過四非俱不可者謂若色非空非不色非不二失一二諦各別俱不成過二一諦混雜失法體過思之可見。

第四顯德自有二種先就人有二失一迷無悟期二位俱壞過二據法者亦有偏含容觀四色空章十門止觀五理事圓融觀三周條文雜校云此下初三門無釋可考似讓其釋於杜順法界觀也。 ◯ 四色空章十門

止觀者第一會相歸性門於中有二種一者所歸之理非斷空故不礙事相會事歸理二於能緣心攝散入止也第二依理成事門者亦有二種一者所歸之理非斷空故不礙事

宛然二由所入之止不滯寂故復有隨事起於妙觀第三理事無礙觀者亦有二種。一由習前理事融通交徹令無礙故。二雙現前故。現前理事融通之照故。第四理事雙絕門者。由事理雙觀互相形奪故遂使兩相俱盡非理非事寂然雙絕是故令止觀雙泯迴然無寄也。第五心境融通門者。即彼絕理事之境而冥然一味不二不二故不壞一味而心境兩分無礙境與有心相在門者由理帶諸事全偏一事故也即止之觀於一事中見一切法而心無散動如一事一切亦爾。第七彼此相是門者。由諸事悉不異於理一切復不異於事是故以不異見一事即是一切而念不亂如一與相舍非異體無二故是故即入二門同一法界而心無散動也。第八即入無二之智頓現即一切亦爾。第九帝網重現門者。由於一事中具一切復各具一切如是重重不可窮盡如之目頓現而無盡普眼所矚朗然現前而無分別亦無散動也。第十主伴圓備門者。菩薩以普門之智頓照於此普門法

界然舉一爲主一切爲伴互容皆悉無盡不可稱說。菩薩三昧海門皆悉安立自在無礙然無異念也。
五理事圓融義十門第一理事俱融門事虛體無性故舉體全理也。二真性理法以緣起事法以虛無性故全事擧體全理也。二真性理法以緣起事法以虛無性故舉體全事也。第二理法隱顯門理性隨事隱顯融通亦有十義。一以理順事故十俱存而各相奪而無不泯並鋭意思之三由前二義不相離故俱存不壞六理俱不泯九前八相奪故不立八俱亡而理事俱泯也。
三事法隱顯門事相隨理隱顯融通亦有十義。一以事全理故理顯也。二以事全理故事隱也。三以前二不相離故隱顯俱立也。四以二相奪故非隱非顯也。五以前二不相離故即顯常隱也。六以前二故隱常顯也。七此二不相離故即隱即顯。八以二不相離故同時俱現也。九由前八義同一事法性不相礙故同時相奪無不盡泯同一理性不相礙故俱泯十同時相奪亦非一切也。深思可見又單顯單隱俱泯十義思準可知。第三事法存泯門事相隨理及俱存亦非一也融成十義一以事存故理亡。二以前二不相離故亦存亦泯四以

二相奪故非存非泯也五以舉體全理事相方成故即泯而存也六以事相無不蕩盡故即存而泯也七以二義相順故即泯俱存也八相奪故即存亡自在無礙亦深思可見十以同時相收迥超出情表相在一切餘一緣無力而能收一中即一眾緣起法於中若無一緣餘一切緣全不成故是故即多緣起有力能攝一故是故即多緣有力而能收一二緣無二以多唯一故

第四事事相在門事法緣起力用相收亦有十義準前思之一諸事法緣起力用相收亦有十義準前思之

一事法緣起力用相收亦有十義準前思之一事攝在多中即多現一隱也三由前二義不相離故無礙俱現也四以各相形奪無不盡故即非隱非現也五由有力攝他時必無力入他故即隱即現也六無力入他時必有力攝他故即顯即隱也七俱攝俱入故隱顯俱現也八俱不攝不入故隱顯俱不現也九以前八義同一事法緣起故總合為一相即自在俱存亦不相礙也十以前九義圓融絕慮亦準前思之

第五一事隱現門又單攝單入等十義亦準前思之一事望多有攝有入故一現也二由一入多故一隱也三以攝入同時

一多能攝一故多現也二一能攝多故多隱也三以攝入同時存亡自在無礙俱現隱也四全攝相奪各盡故非現非隱也五由方能入於多故是即隱常現也六由具前二義方能入故即隱即現也七由具前二義方能攝故即現即隱也八合前八義同一法無礙頓現即俱泯也九合前八義同一相即自在亦有十義準前思之十攝入具顯自在亦有十義準前思之

第六多事隱現門當知隱顯自在無寄迴超言慮頓現有此十義如理思之又攝入具顯自在亦有十義準前思之

第七事事相即門一多能攝一方能入於一故是即隱常現也二一方能入多故是即隱常顯也三以多能攝一方能入一故即現常隱也四攝入相奪俱非也五以多能攝一故即顯常隱一故即隱即顯也六以具前二義方能入故即顯即隱也七以具前二義方能攝故即隱即顯也八合前八義同時頓現具隱顯俱泯然超絕言慮也九合前八義同一法即俱泯現前也十以前諸義各相形奪泯絕即顯俱現非也

第八事事相作門事事相作亦有十義準前思之一於大緣起中若無一緣非但彼能起事法不成此能起亦不成是故一緣是能成為有力義也二多亦為能成一緣義亦即多緣歸於一故一存多泯也二多亦為

體亦不成是故一緣是能成為有力義也體是空義是即多歸於一故一存多泯也二多亦為

一故多為能成是有義一為所成是即一歸於多故多存一泯二兩門二義並不相離故即存亡俱現四形奪俱盡故即泯也五一為能成必有所成故是即攝廢同時也六多為能成必有所成故亦攝廢同己之有即是廢自同他之空也六多為能成必有所成故亦攝廢同己之有即是廢自同他之空各二不相離故無礙俱現也七一多緣起隨義成立故泯存亡俱可知第八一多緣起隨義成立故泯存亡俱存泯亦有十義一此法有攝他同己故自存也二存泯亦有十義一此法有攝他同己故自存也二

華嚴三昧章 十二

已同他故自泯也三收廢現故亦存亦泯也四以二義全奪故俱非也五非盡己同他。無以盡他同己。是故泯常存也六反上句故存常泯也七二義不相離故存即泯常存也六反上句故存常泯也七二義不相離故泯存俱泯即存俱現也八相奪全盡故俱非也九合前八句一事法不相障礙俱現前也十諸義同體相奪俱盡故超然絕慮思之可見第九諸義同體相奪俱盡故超然絕慮思之可見第九十諸義同體門然多望一既攝他廢自相是存亡亦有廢自同一故多有攝一同多無亡亦有十義一以多有攝一同多無雙現四形奪俱盡故雙非也五以非不攝一同多泯

已同他故自泯也六非不同一無以攝一泯即存也七由泯即存故有泯存俱現前也八由存即泯故有存泯俱非也九由八義同位相須互相應也十諸義融合圓明頓現具足前也由上諸門並同大緣起無障無礙俱現前也由上諸門並同大緣起無障無礙俱現絕挺然無寄唯證相應也會意思之第十圓融具德門亦具一切三隨舉一義亦具一切四隨舉一句亦

具一切五以此圓分俱是總相故融攝一切六俱是別相莫不皆是所攝一切七俱是同相義齊均義故八俱是異相相望不同故九俱是成相緣起義門正立俱現故十俱是壞相各別不作相味故此上諸義中各有解行境會意思之此即略辨理事圓融若能熟思便法理現前則華嚴義旨由此稍開耳

華嚴三昧章

謹案唐賢首國師著述中土久佚經 楊仁山先生轉輾求得者爲華嚴探玄記 刻梵網經菩薩戒本疏入楞伽心玄義起信論義記華嚴義海百門十二門論宗致義記華嚴策林一卷及此三昧章書謂係贋本先生華藏世界觀一卷嘗覆 先生書云此書本亦不可得日本南條文雄君嘗覆 先生書云法藏所作三昧觀者義海百門或華嚴雜章之異名也先生辨其非是覆書云法藏所作華嚴三昧觀名目致遠作別傳已用其直心中十心名目貴國所刻發菩提心章錄十心之文與崔同幷有三十心之文與法界觀及他種湊合而成謹知華嚴三昧觀當有全本流傳高麗也祈請駐韓道友訪之又書云近聞貴宗同人往高麗布教者頗多唐法藏所作華嚴三昧觀子南條君遊高麗訪得此本寄 先生書云華嚴世界觀二種高麗或有存者乞寄信求之歲庚得唐法藏華嚴三昧觀寫本因奉贈一本未知此果與華嚴三昧觀同乎抑異乎 先生覆書云華嚴三昧章與菩提心章同而關法界觀始知二書同出一本即華嚴三昧觀無疑矣錄原文以上均照蓋 先生

之於此書歷數十年之久徧中日韓三國一再訪求僅乃得之至足寶已 先生得是寫本識以數語謂將登之棃棗而珍藏篋衍未遑付梓 先生西歸忽忽六載同人幾不復知有此事乃者覆檢 先生遺稿始知梗概覓得底本亟爲校刻以竟先生之志謹以 先生原文冠於卷首並節錄 先生與南條君往來書牘中語如右俾當世咸知是書久佚之後得之非易異日者儻能更得楞伽疏等四種之與是書並顯於世尤法門之大幸歟丁巳仲春海鹽徐文霨附識

華嚴一乘教義分齊章卷一

唐大薦福寺沙門法藏述

今將開釋如來海印三昧一乘教義略作十門。

建立一乘第一
教義攝益第二
古今立教第三
分教開宗第四
乘教開合第五
起教前後第六
決擇其意第七
施設異相第八
所詮差別第九
義理分齊第十

初明建立一乘者然此一乘教義分齊開為二門一別教二同教初中二一性海果分是不可說也何以故不與教相應故則十佛自境界也故地論云因分可說果分不可說者是也二緣起因分則普賢境界也此二無二全體遍收其猶波水思之可見。

別教一乘別於三乘如法華中宅內所指門外三車誘引諸子令得出者是三乘教也界外露地所授牛車是一乘教也然此一乘三乘差別諸聖教中略有十說一權實差別以三中牛車亦同羊鹿俱是開方便門此三中牛車亦是所指彼牛車故方為示真實相若彼牛車在門外所住處而是實者長者門內引諸子時何不出竟至本所指牛車故又不說彼經亦不說彼牛車人出門即得彼牛車故是故經中諸子索車唯索二乘故是故當知界外露地所授牛車是一乘教也

二教義不同三乘教中約彼三乘所求小果何以故白父言父先所許玩好之具羊車鹿車牛車願時賜與以此得知三車同索此中三車約彼三乘所求果故故云三車空無若望自宗並皆得果若不得者如何出世今言俱不得者方便相盡故皆無也若約大乘云昔日但有言教無實行果故是故以實映權則方便自盡故說迴三乘入一乘故是故以實故無三乘何以故爾彼求羊鹿不欲迴彼求牛車人既出界外更不同一乘故若非彼三中別教一乘別於三乘如法華中宅內所指門外三車

大乘。更是何色人也。以至自位究竟處故後皆進入大乘。一乘問臨門三車為實耶。答實不為實何以故。是方便故。由是實非不實。由是方便。故引故非是實。此二無二唯一相也。言但約二乘以經不揀故彼一乘俱是教故。是故經云。以佛教門出三界苦亦不可說以臨門牛車亦同羊鹿。但有其名以望一乘非本所望是故經云。是時諸子各乘大車得未曾有非內先許。三所望差別以彼一乘非是界外故許三車是故。佛界外四衢道中授諸子等教義差別本所望亦不可說非本所望言。但約二乘以經不揀故聖言無失故。以門內所許今皆無得露地白牛本非希冀故。今云牛車未言餘德而莊嚴等此即體具大車諸寶網寶鈴等無量眾寶而露地所授德也。又彼但云牛車未言餘耳。又云多諸儐從而侍衛等行眷謂宅內指外故此以明異相並約同教一乘以彼宗明方一相。是故經云我有如是七寶大疾如風等用殊勝也。以云白牛肥壯多力其主伴具足攝德無量是故經云我有如是七寶大牛車唯一。以彼三中則不爾主伴具足攝德無量是故經云我有如是七寶大

華嚴教義章卷一 三 宅一

其數無量無量寶車非適一也。此顯一乘無盡教義此義廣說如華嚴中此約別教一乘以明異耳。五約寄位差別如本業經仁王經及地論梁攝論等皆以初二三地寄在世間四地至七地寄出世間八地已出出世間四地以上乃至七地寄出世間中三地寄菩薩法八地應是出出世間中三地寄聲聞法六地寄緣覺法七地寄菩薩法若大乘即是一乘則於出世法華中應三乘一乘此在出出世者則三乘俱是出世也。此四衢別授大白牛車出在出門外故當知法華中四衢別授大白牛車是故七地者是也。此四衢別授大白牛車地已去至七地者是也

華嚴教義章卷一 四 宅一

世之上故是出出世一乘法即是此中八地已上一乘法也。問若爾何故梁攝論云二乘善名出世地已上乃至佛地名出出世。既不言三乘是出出世耶。答彼第七地為聲聞緣覺何作是說。四五二地為緣覺八地已去乃是出出世。第六地為緣覺彼云二乘善名通具如下說。六付囑差別如法華經云於未來世若有善男子善女人信如來智慧者當為演說此法華經使得聞知為令其人得佛智慧故。若有眾生不信受者當於如來餘深法中示教

利喜。汝等若能如是則爲報佛之恩。解云餘深法者
即是大乘。非一乘故稱之爲餘。然非小乘是以稱深
亦不可說以彼小乘爲餘深法。以法華中正破小乘
此付囑也。豈可默其深耶。是故當知餘深法正在一乘故作
子善薩摩訶薩無量億那由他劫行六波羅蜜修習
道品善根未聞不信不受持隨順是等猶爲
假名菩薩。解云此名三乘菩薩根未熟故雖如是前
爾許劫修行。不信此經。雖聞不解。意云如此經性起品云佛
法華經內。餘深法中示教利喜者。是以望一乘究
竟法。是故說彼以爲假名。若望自宗亦眞實也。此文
意明華嚴是別教一乘不同彼也。 八難信易信差
別。如此經賢首品云一切世界群生類鮮有求大乘
聞乘易能信。緣覺者轉復少求大乘者甚希有。
猶爲易能信此法甚爲難。解云此品中正明第
終心即說一切位及成佛等事既超三乘。恐難信受
故舉三乘對比決之。 九約機顯理差別。如此經第
九地初偈云。若衆生下劣其心厭沒者。示以聲聞道
令出於衆苦。若復有衆生諸根明利。有大慈悲心饒益諸衆生
爲說辟支佛。若人根明利有大慈悲心饒益諸衆生

爲說菩薩道。若有無上心決定樂大事爲示於佛身
說無盡佛法。解云此明一乘法門主伴具足故云無
盡佛法不同三乘一相一寂等法也。以此地中作大法
師明說法儀軌。是故開示一乘三乘文義差別也。
十本末開合差別。如大乘同性經云一切所有聲聞辟
支佛法諸菩薩法諸佛法如是一切法皆悉入毗
盧遮那智藏大海耳。此文上證定爲摭鏡。其別敎一
乘三乘差別顯現因果等相。與彼三乘敎施設分齊。全別
不同。廣在經文。畧如下辨。縱無敎證依彼義異尚須
分宗。況聖敎雲披煥然溢目矣。二該攝門者。一切
三乘等本來悉是彼一乘法。何以故。以三乘望一乘
有二門故。謂不異不一也。初不異者。即三乘
即一故不異也。何以故。據彼三乘。望彼一乘
者。未知彼三爲一。故謂不異。問若爾有何法。三乘
機不壞。故依何法而得進修。若如有四句。一
一故不異即三故不壞。二由不壞。若存如何。雖三
機不壞。更無可存。故是不礙存三。由不壞。進修
壞。二故依初二義。三乘機得有入一乘。由後二義
三乘機得存。故雖有四句反上
一乘即三明不異者。隱顯四句反上
更無餘也。二以一乘即三明不異者。隱顯四句反上

思之是故唯有三乘更無一也此如下同教中辨
二不一者此卽一之三與上卽三之一是非一門也
是則不壞不一而明不異又此中不一是上分相門
此中不異是此該攝門也。二同教者於中二初分
諸乘後融本末。初中有六重一明一乘於中有七
一約諸法相交參以明一乘謂如三乘中亦有說因陀
羅網及微細等事而主伴不具或亦說華藏世界而
不說十等。或一乘中亦有三乘法相等。謂如此別一
乘垂於三乘三乘參於一乘是則兩宗交接連綴引
亦有五眼十通中亦有六通等而義理皆別此別一

攝成根欲性令入別教一乘故也。二約攝方便謂彼
三乘等法總爲一乘所以經云諸所作皆爲一大事故等也。三約所流謂三乘等
有所作皆爲一大事故等也。三約所流謂三乘等
恐從一乘流故故經云。汝等所行是菩薩道等以
云毘尼者卽大乘也。四約就勝門卽是菩薩所乘故經
一乘望別教雖權實有異同是菩薩所乘故經
云唯此一事實餘二則非眞又云止息故說二乘
文有二意。一若望上別教餘二者則大小二乘也。以
聲聞等利鈍雖殊同期小果故開一異。三故若望同
教卽聲聞等爲二也。又融大同故開一故五約教事深細

如經云我常在靈山等。六約八義意趣依攝論如問
菩中辨七約十義方便如孔目中說依上諸義卽三
乘等並名一乘皆隨本宗定故是同教名爲二
別也。二明二乘有三種一者一乘三乘此中合愚法爲二乘此則
謂如經中四衢所授幷臨門三車此中合愚法爲二乘此則
心俱是小乘故。二耳二者大乘小乘爲二乘此則
合一同三開愚法異迴心。三者一乘三乘小乘
通愚法及迴心又初約一乘次約三乘後約小乘
可知之。三明三乘亦有三種一者一乘三乘小乘
名爲三乘此爲顯法本末故。上開一乘下開愚法故

有三也。以經中愚法二乘並在所引諸子中故知三
乘外別有小乘三車引諸子故知小乘在所引中
三人俱出至露地已更別授大白牛車故知三乘外
別有一乘故。二約經問何以故得知愚法二乘
彼愚法約大乘終教已去並不名究竟出三界故。又
以故以八執煩惱未永斷故但能折伏而已故彌勒
所問經論云。一切聲聞辟支佛八不能如實修四無
量不能究竟斷諸煩惱但能折伏一切煩惱故又
經云。汝等所得涅槃非眞滅度又經云。若不信此法
得阿羅漢果無有是處又大品云。欲得阿羅漢等果

當學般若波羅蜜是故當知羅漢實義在大乘中是故大乘必具三也故普超三昧經云如此大乘中亦有三乘則為三藏謂聲聞藏緣覺藏菩薩藏惟大乘中得有三乘餘二乘中則無此也入大乘論中亦同此說是故瑜伽聲聞決擇及雜集等論辨聲聞位果及斷惑分齊與婆沙俱舍等不同者是其事也是故當知一乘三乘小乘分齊別也由此義故大智度論云般若波羅蜜有二種一不共二共言共者謂此摩訶衍經及餘方等經共諸聲聞眾集說故不共者如不思議經不與聲聞共說故解云不思議經者彼論自指華嚴是也以其唯說別教一乘故名不共義準知之如四阿含經名不共以唯說愚法通二乘教故如大品等經其集三乘眾通說三乘法具獲三乘益故云共也此中通大之小非愚法通小之大非一乘依此三義故梁攝論云善成立即有三種一小乘二三乘三一乘其第三最居上故有三乘若言說大品等時一音異解得小果耶又說增一等時何不異華嚴時何不異解得大果耶是故當知三宗各別理不疑也又二者解得小果耶

諸教議章卷一 九宅一

大乘中乘小乘為三乘此有三義一則融一乘同大乘合愚法同小乘故唯三也此約一乘辨二則大乘自有三乘如上所說三則小乘中亦有三如慈悲愛行等異於二乘故也四者或為四此則開一異三合三聞故也二謂一乘三乘小乘為五二謂三乘人天為三謂三乘八天為四準上可知。五者或為五五三謂佛與二乘亦為五並準釋可知。六者或無量乘謂一切法門也故此經云於一世界中間說一乘者或二三四五乃至無量乘此之謂也上來分乘竟。二融本末者此同上說諸乘等會融一乘也所有其二一泯權歸實門即三乘教等即一乘也故經云三乘等者即是一乘二攬實成權門則三乘教等不壞三而不礙一是故一三融攝體無二也問若爾二門俱齊如何復說有權實耶答若依初則不異實而即權故二門不異也若後則不異權而即實故二門不異也問此二門豈不相違耶答理遍通故全體無二何必一向藉於權故泯權恒存。理遍通故全體無二何必一向藉於權故泯權實是故攬實實不失實現未必一向

權不立是故三乘即一乘即
三乘雖具存壞竟必有盡一乘
一乘謂如別教二或唯三乘如
故或亦一亦三如同教四或非
四義中隨於一門皆全收法體
而不相礙也深思可解餘釋乘
求明建立一乘竟

第二教義分齊

明攝益分齊　初中又二先示相後開合
三義一者如露地牛車自有教義

華嚴教義章卷一　　十一　宅一

具足如華嚴說此當別教一乘二者如臨門三車自
有教義謂教得出為義仍教義即無此
三乘教義如餘經及瑜伽等說三者以臨門三車為
開方便教界外別授大白牛車方為示真實義此當
同教一乘如法華經說　二開合者有二先總後
別中一乘三句者或唯一乘或具教義約
三乘自宗說或唯教各有三句三乘一乘說約
義約別教自別教一乘說約彼所目故也一乘三句
教義約別教說或唯為約彼非教義故後總說者或
義唯約三乘教說隱彼無盡教義故俱非教

俱教以三乘望一乘故或教義俱以一乘即三
故或具此三句約同教說或皆教義各隨自宗
別說矣　二明攝益分齊者於中有三一或唯攝界
內機令得出世益即以三乘當宗說為究
如瑜伽等攝界外機令得出世益如小相迴
竟此有二種若先以三乘和合說故同教攝亦名一
乘者此即一乘三乘和合說故屬同教攝已成解行後於
說也三或通攝二機令得二益此亦有二若先以三
出世身上證彼法者即屬別教一乘此如法華經說
入一教此如法華經說若界內見聞出世解行出
乘引出後令得一乘亦是三一和合攝機成二益故

華嚴教義章卷一　　十二　宅一

第三約今古立教者謂古今諸賢所立教門差別
一且暑敘十家教謂以為龜鏡　一依菩提流支依維摩
經等立一音教謂一切聖教皆是一音一味一雨等
霍但以眾生根行不同隨機異解遂有多種如其
本唯是一圓音教故經云佛以一音演說法眾
生隨類各得解等是也　二依護法師等依楞伽等

華嚴教義章卷一

經立漸頓二教謂以先習小乘後趣大乘大由小起故名為漸亦大小俱陳故即涅槃等教是也如直往菩薩等大不由小故名為頓亦以無小故即華嚴是也遠法師等多同此說。三依光統律師立三種教謂漸頓圓光師釋意以根未熟解脫究竟故名漸次故名頓教為根熟者於一法門具足演說一切佛法故名圓教謂於上達分階佛境者說更無由漸次故名頓教故名圓教謂於上達分階佛境者即此經是也後代諸德多同此說。四依大衍法師等一時諸德並亦宗承大同此說。四依大衍法師等立四宗教以通收一代聖教。一因緣宗謂小乘薩婆多等部。二假名宗謂成實經部等。三不真宗謂諸部般若等明即空理等。四不真實宗謂諸部般若等明即空理等。四真實宗謂涅槃華嚴等明佛性法界真理等。五依護身法師立五種教。三種同前衍師。第四名真實宗明法界自在無礙法門等。六依耆闍法師立六宗教。初二同衍師。第三名不真宗明諸法真空理等。第五名法如幻化等。第四名真宗明諸大乘通說諸法如幻化等。第五名法界宗明法界自在無礙法門等。

八依江南愍法師立二教一釋迦經謂屈曲教以逐物機隨計破著故如涅槃等。二盧舍那經謂平等道教以逐法性自在說故即華嚴是也。九依梁朝光宅寺雲法師立四乘教謂臨門三車為三乘四以彼臨門牛車亦同羊鹿俱不得故餘義同上辨信行禪師依此宗立二教授大白牛車方為第四乘教謂一乘三乘三乘者則別解別行及三乘差別先習小乘後趣大乘是也。一乘者謂普解普行唯一乘華嚴法門。及直進等是也。十依大唐三藏玄奘法師依解深密經金光明經及瑜伽論立三種教即三法輪是也

常宗明說真理恒沙功德常恒等義第六名圓宗明法界自在緣起無礙德用圓備亦名華嚴法門等是也七依南岳思禪師及天台智者禪師立四種教統攝東流一代聖教。一名三藏教謂小乘故彼自引法華經云不親近小乘三藏學者又智論中說小乘為三藏教大乘為法藏中說大乘經不名三藏教故二名通教謂諸大乘經中說通詮三乘人等及大品中乾慧等十地通不通小乘者是也。三名別教謂諸大乘經中所明道理不通小乘者是也。四名圓教謂諸大乘經中說一即一切一切即一無盡法門一即一切一切即一等

華嚴教義章卷一

師依解深密經金光明經及瑜伽論立三種教即三

法輪是也一轉法輪謂於初時鹿野園中轉四諦法輪即小乘法二名照法輪謂於中時於大乘內密意言諸法空等三名持法輪謂於後時於大乘中顯了意說三性及眞如不空等三法何以故以華嚴經在初時說非是小乘故彼教一乘在後時諸德及三乘中始不攝華嚴法門也此上十家立教諸德並是當時英悟絕倫歷代明模階位巨測如思禪師及智者禪師神興感通參登位靈山聽法憶在於今。諸餘神應廣如僧傳又如雲法師依此開

華嚴教義章卷一

宗講法華經感天雨花等神迹如僧傳其餘諸法師行解超倫亦如僧傳此等諸德豈夫好異但以備窮三藏觀斯異轍不得已而分之遂各依教開宗務存通會便堅疑碩滯冰釋朗然聖說差異其宜各契耳。
第四分教開宗者於中有二。初就法分教類有五。後以理開宗乃有十。初門者聖教萬差要唯有五。一即愚法二乘教。二大乘始教三終教四頓教五圓教。一即小乘教。三終教四頓教五圓教初一即愚法二乘後一即圓融具德故此中間三者有其三義。一或總爲一。謂一三乘教也以此皆爲三人所得故如上所引說。二或分爲二所謂漸頓以始終二教所有解行並在言說階位次第因果相承從微至著通爲漸故言說棱伽云漸者如菴摩勒果漸熟非頓此之謂也。以言說棱伽云頓者如鏡中像頓現非漸即此中頓者如一切法本來自證不待言說不觀待智如淨名以嘿顯不二等又頓教中卽顯絶言故棱伽云頓者如鏡中像頓現非漸一念不生卽是佛等故言說頓也以此三或開爲三謂於漸中開出始終二教卽如上說深密經寶積經中亦有說頓教修多羅故如上立名等三法輪中後二是也依是義故法鼓經中以空門

爲始以不空門爲終故彼經云迦葉白佛言諸摩訶衍經多說空義佛告迦葉一切空經是有餘說唯有此經是無上說非有餘說復次迦葉如波斯匿王富十一月設大施會先飯餓鬼孤貧乞者次施沙門婆羅門甘饍衆味隨其所欲諸佛世尊亦復如是隨諸衆生種種欲樂而爲演說種種經法若有衆生解忘犯戒不勤隨順捨諸樂味隨其所樂修學種種如來藏常住妙典名爲始教又起信論中約空經乃至廣說解云此則約終教又約如來藏常住眞如約漸教名爲頓教門顯絶言眞如就依言眞如中約

始終二教說空不空二眞如也。此約法以分教耳。若就法義如下別辨。二以理開宗宗乃有十。一我法俱有宗此有二。一八天乘二小乘小乘中犢子部等彼立三聚法。一有爲聚法二無爲聚法三非二聚法。初二是我又立五法藏一過去二未來三現在四無爲五不可說此即是我不可說是有爲無爲故。二法有我無我宗謂薩婆多等彼說諸法二種所攝。一名二色。三色。四不相應五無爲故一切法皆悉實有也。三法無去來宗謂大眾部等說有現在及無爲法以過未體用無故。四現通假實宗謂說假部等彼說無去來現在世中諸法在蘊可實在界處假隨應諸法假實不定成實論等經部別師亦即此類。五俗妄眞實宗說出世部等說出世法皆實餘世俗皆假以虛妄故。六諸法但名宗謂一說部等出世法皆實非虛妄故。七一切法皆無宗謂大乘始教諸經部說諸法皆空然出情外無分別故。八眞德不空宗謂終教諸經說一切法唯是眞如如來藏實德故。有自體故具性德故。九相想俱絕宗如頓

教中顯絕言之理等準知。十圓明具德宗如別教一乘主伴具足無盡自在所顯法門是也。第五乘教開合者於中有三。初約教開合。二以教攝乘。三諸教相收。初約教者然此五教相攝融通有其五義。一或總爲一謂本教謂別教一乘鎔融唯一大善巧法。二或開爲二謂本末教。本教謂別教一乘究竟及方便故又名諸教本末教。末教謂小乘三乘從彼所流故。三或開爲三謂一乘三乘小乘。三乘小乘教以方便中開出愚法二乘故。四或分爲四謂小乘漸頓圓以始終二乘俱在言等故。五或散爲五。謂小乘始終頓圓此約終始說。二以教攝乘者有二。先一乘攝教有五。一別教一乘。云云。二同教一乘。云云。三絕想一乘如楞伽此頓教意。云云。四密意一乘如八意等此約始教。云云。五一乘亦有五。一小乘中三二始教中三謂始別終同以有入寂故。三終教中三始終俱同以有迴心故。四頓教中三始終俱離故。云云。五圓教中三始終俱同並成佛故。云云。三諸教相收者有二門。一以本收末門。二以末歸本

門初於中於圓內或唯一圓教以餘相皆盡故或具五
教以攝方便故頓教中或唯一頓教亦以餘相盡故
或具四教以攝方便故熟教中或一或三初教中或
一或二小乘中唯一皆準上知之二以未歸本小乘
故初教熟教中或一是自宗故或三頓教中或一或
方便故準上知之是則諸教下所明義理交絡分齊
唯一皆準上知之是則諸教本末句數結成教網大聖善巧長
此思之是則諸教本末句數結成教網大聖善巧長
養機緣無不周盡故此經云張大教網置生死海漉
人天魚置涅槃岸此之謂也
第六教起前後者於中有二。初明稱法本教。二
明逐機末教。初者謂別教一乘即佛初成道第
七日在菩提樹下。猶如日出先照高山於海印定中
同時演說十十法門主伴具足圓通自在故於九世
十世盡因陀羅微細境界即於此時一切因果理事
等一切前後法門乃至未代流通舍利見聞等事並
同時顯現何以故卷舒自在故舒則該於九世
在於一時故此卷即舒舒又即卷何以故舒則該
無二相故經本云於一塵中建立三世一切佛事

又云於一念中即八相成道乃至涅槃流遍舍利等
廣如經說是故依此普聞一切佛法並於第二七日
一時前後說如前後印同時顯現同時前後印即此
中道理亦爾準以思之。二逐機末教者謂三乘等
有二義一與一乘同時異處說二異時與處說
義者是同教故一乘末非一故二各有二義一三乘
小乘。初者密迹力士經說佛初成道竟七日思惟
已即於鹿園中以眾寶等莊嚴法座廣集三乘眾梵
王請佛為轉法輪廣益三乘眾得大小等果乃至廣
說如彼經中又大品經云佛初在鹿野轉四諦法輪
無量眾生發聲聞心無量眾生發獨覺心無量眾生
發阿耨多羅三藐三菩提心行六波羅蜜無量菩薩
得無生忍住初地二地乃至十地無量一生補處菩
薩說三乘法與一乘同時說也又以此教證當知此
律說佛初成道竟入三昧七日後乃於鹿野苑而轉
法輪故知小乘亦於一乘同時說也又普曜經云第
二七日提謂等五百賈人施佛麨蜜佛與授記當得

作佛等此經所說雖通三乘等教有義亦攝八天等法亦與一乘同時說也問說時既同何故說處別耶答為約時處寄顯法故須同時說處同異也故地論云說處顯示勝處故顯示同時教異處者欲明此是得菩提處顯示同教故於此菩提樹下說者示非別教故如別教一乘在於自在得法稱本而說也餘三乘等法欲明逐機改異故就機鹿園而說如四分律及薩婆多論說或七七日後說如法華經或六七日說如興起行經或八七日乃說如十誦律說或五十七日後證如大智論說或一年不說法經十二年方度五八如十二遊經說有人解云智論五十七日者即五十箇七日與十二遊經一年同也以此等教證當知三乘小乘教並非一乘教差別故隨機宜說故餘可準知。第二時處俱異者由於一乘不即起顯非本也。第二時處俱別也或三七日或七七日乃說如四分律及薩婆多論說或七七日後說如法華經或六七日說如興起行經或八七日乃說如十誦律說或五十七日後證如大智論說或一年不說法經十二年方度五八如十二遊經說有人解云智論五十七日者即五十箇七日與十二遊經一年同也以此等教證當知三乘小乘教並非一乘教差別故隨機宜說故餘可準知。第七決擇前後意者然諸教前後差別難知略以十門分別其意。一或有眾生於此世中小乘根性始終定者即見如從初得道乃至涅槃唯說小乘未會見轉大乘法輪如小乘諸部執不信大乘者是。

二或有眾生於此世中小乘根不定故堪進入大乘初教即見定者即見如來於初時轉於小乘法輪迴向諸外道後時見轉大乘初教即空法輪如諸論初說者是。三或有眾生於此世中於小乘及初教根不定故堪入終教即見如來後時見轉空教法輪後時見轉不空法輪如維摩經中初示言說之教猶非深密經等說者是。四或有眾生於此世中漸教中根不定故堪入頓教即便定者即見示言說之教方為究竟後顯絕言之教方為究竟如維摩經中言說中後維摩默二菩薩及文殊等所說不二並在言說中後顯絕言之教以為究竟者是。五或有眾生於此世中頓悟機熟即便定者即見佛從初得道乃至涅槃不說一字如楞伽說又涅槃經云若知如來常不說法是名菩薩具足多聞等。六或有眾生於此世中三乘根性定者見佛從初即說三乘教法乃至涅槃更無餘說如上密迹力士經及大品經說者是。七或有眾生於此世中三乘根不定故堪進入同教一乘者即見自所得三乘之法皆依一乘無盡教起是彼方便阿含施設故諸有所修皆迴向一乘三歸一等又如上所引三乘與一乘同時說者等。

八或有眾生於此世中三乘根不定故堪可進入別教一乘者即知彼三乘等法本來不異別教何以故為彼所目故更無異事故如法華經同教說者是九或有眾生於此世中具有普賢機者即見如來從初成道乃至涅槃一切佛法普於初時第二七日海印定中自在演說無盡具足主伴無窮因陀羅網微細境界本來不見說三乘小乘等法如華嚴經別教中說者是此約普賢教解行滿已證入果海十或有眾生於一乘別教解行見聞及解行處說即見上來諸教並是無盡性海隨緣所成更無異事

即教中諸教即是圓明無盡果海具德難思不可說不可說也此約一乘入證分齊處說餘可準知。

第八施設異相者然此異相繁多略約十門以顯無盡何者十異。一者時異謂此一乘要在初七日說。猶如日出先照高山等故此示法勝因在初時及勝處說也若爾何故陀羅網等前際後際不可說劫不可說劫際並攝在此七日說也。二者處異謂此一乘在蓮華藏世界海中眾寶莊嚴菩提樹下即攝七處八會等及餘不可說不可說世界海並在此中以此義也又此華藏世界通因陀羅網故周遍帀法界處說彼一乘稱法界處亦無不偏昇六天等者是此在娑婆界木樹等處亦一乘處即三乘爾彼故佛地經等但云在淨土中說法界處亦不別指摩竭提國光曜宮殿等具十八種圓滿故耶菩薩經云佛在三界外受用土中此三乘地上菩薩說佛地功德故此指華嚴皆云在華藏界內摩竭國等不云在娑婆內亦不云三界外故知一乘也餘義準知。三者主異謂此一乘要是盧舍那十身佛及無盡三世間說如普賢行品云佛說等不同三乘等或唯列普賢等菩薩及佛境界及受用身等說餘義準知。四者眾異謂此一乘會中唯說剎眾生說三世一切說等不同三乘首唯列聲聞眾菩薩或大小二乘等中有聲聞眾耶彼中列聲聞眾問若爾何故第九會中諸神王眾爾不同三乘等故為示如聾如盲顯法深勝也二文殊出會對顯法故為示如聾如盲顯法故為示如聾如盲顯法深勝也二文殊出會外所攝六千此正非是前所引眾此等皆是已在三乘中令迴向一乘故作是說也。五者所依異謂此一乘教起要依佛海印三昧中出不同三乘等依佛後得智出。六者說異謂此一乘同此說義一品一會等時必結通十方一切世界皆同此文多句亦皆徧十方。三乘則不爾但隨一方說一事一主伴其一部是故此經隨一文一句皆徧十方一相位相在信等位中攝一切位。一位中亦然乃至一一位在信等位中餘位亦爾但隨一位是故此三乘等則不爾但隨一相說無此主伴齊徧等也。七者位異謂此一乘所有等諸位仍一一位皆徧十方一切世界中所有一一相當位上下皆階降皆不相雜也。餘如下說。八者行異

謂隨一菩薩則具信等六位一一位中所有定散等差別行相並一時修如東方一切世界中所西方世界中常供養佛等如是十方一切世界行亦不分身一切皆爾。一念中一念盡一一界行即一切行等皆如是修更無優劣又一行即一切行一位即一切位皆徧滿。以地前者分齊况地上菩薩猶各有分齊以明之。一彼乘中法門異謂略舉十種如下說。一彼有十佛二彼有十佛二彼有十信三彼有三明四彼有八解脫此有十。五彼有四無畏此有十

六彼有五眼此有十眼七彼說三世此說十世八彼有四諦此有十諦九彼有四辯此有十辯十彼有十八不共法此有十不共法。其餘一一事皆是十。其餘門無量廣如經說。九者事異謂隨有舍林池地山等事皆是法門或是行者事或是位或是教義等而不壞其事仍一一塵中皆悉有如是等因陀羅微細成就隨一一事起皆具足法界一切差別事。因即空即真如等故不同三乘等則不爾但可說即空即真如等非是彼法自或是以神通不思議力容得題現非是彼恒如是也又若以神通不思議力容得題現非是彼此如是餘可準知。

華嚴一乘教義分齊章卷一

華嚴一乘教義分齊章卷二

唐大薦福寺沙門法藏述

第九明諸教所詮差別者略舉十門義差別故顯彼能詮差別非一餘如別說。一所依心識 二明佛種性 三行位分齊 四修行依身 五修行時分 六斷惑分齊 七二乘迴心 八佛果義相 九攝佛境界 十佛身開合

第一心識差別者如小乘但有六識義分心意識如小乘論說於阿賴耶識但得其名如增一經說。若依始教於阿賴耶識但得一分生滅之義以於真理未能融通但說凝然不作諸法故就緣起生滅事中建立賴耶從業等種辦體而生異熟報識為諸法依方便漸漸引向真理故說熏等悉皆即空如解深密經云若菩薩於內於外不見藏佳不見阿陀那不見阿賴耶不見阿賴耶識不見諸熏習不見心意識若能如是知者是名善巧菩薩如來齊此說立一切心意識秘密善巧瑜伽亦同此說故所立賴耶識但得生滅之義論但云不生不滅與生滅和合非一非異故是故論所立賴耶識得理事融

故取二分會歸真也。若依終教於此賴耶識中但明

異名阿黎耶識以許真如隨熏和合成此本識不同前教業等種生故楞伽云如來藏受苦樂與因俱若生若滅又云藏識又云如來藏名阿賴耶識而與七識俱起又云如來藏者為無始惡習所熏名為藏識又云如來藏是善不善因能遍興造一切趣生又云如來藏自性清淨心因無明風動成染心等如是非一問真如既言凝然不變云何得說隨熏起滅耶答此是隨緣起滅之法非凝然也如起信云自性清淨心因無明風動故起滅如是說故如何言真如為常耶既言隨緣作諸法時不失真常故非如情所謂之凝然也問既言真如常恆不變不作諸法如何得說隨緣作諸法耶答真如有二義一不變義二隨緣義無明亦二義一無體即空義二有用成事義此真妄中各由初義故成上真諦也各由後義故成上俗諦也此真俗無二體相融無礙離諸情執此是終教中約體相融門說故但說一分凝然真如義廣如起信論說又此終教中約終極盲闊謂真妄交徹二分無二體相融不二也此終教中約終極義說故無二體也論云一心作此雖依一心而有二義也此終教中約諦相差別門故說有二此又如十地經云三界虛妄唯一心作攝論等約前始教釋為賴耶識等此十地論等約終教釋為如來藏等又如達磨經頌攝論等釋為種子識如實性論釋云此界等者界為因義即是

約終教釋云此性者即如來藏性依此有諸趣等者如勝鬘經說依如來藏有生死依如來藏有涅槃等乃至廣說是故當知法唯一真如心差別相盡無有二法可得融會故不二是前終教中摩經中三十二菩薩所說離言絕慮不可說不可說染淨鎔融無二之義淨名所顯離言不二是此門也以其一切染淨相盡無有二法可得融會故不二是前終教中為不二也若依圓教即約性海圓明法界緣起無礙自在一即一切一切即一主伴圓融故說十心以顯無盡如離世間品及第九地說又唯一法界性起具德也。

華嚴教義章卷二　三　宅二

即攝前諸教所說心識何以故是此方便故從此而流故餘可準知問云何一心約就諸教得有如是別義耶答此有二義一約法通收二約機分齊義者由此甚深緣起一心具五義門是故望一乘敎說二攝理從事門如始教說三理事無礙門如終教說四事盡理顯門如頓教說五性海具德門如圓教說即攝化衆生一門如小乘教說即約機明得法分齊者或有得名而不得義如心亦具十德如性起品說此等據別教言若約同教

小乘敎或有得名得一分義如始敎或有得名得具分義如終敎其餘義門如唯識章說第二明種性差別者若依小乘種性中有六種謂退思護住昇進不動不動性如舍利弗等於佛功德不盡未來下者聲聞性如獨覺性中有三品上者佛種性種性然非是故於此敎中說有大菩提性餘一際起大用故是故於此敎中除佛一人餘一切衆生皆不說有大菩提性若依三乘敎種性差別略有三說一約始敎即就有

華嚴教義章卷二　四　宅二

為無常法中立種性故即不能徧一切有情故五種性中即有一分無性衆生故顯揚論云云何種性差別謂略有五種一無般涅槃法二不應理界有情有五種性第五性無出世功德無有斷故由是道理諸佛利樂無所以爾非五種道理諸菩薩利樂有情別故瑜伽論云種性略有二種一本性住二習所成本性住者謂諸菩薩六處殊勝有如是相從無始世展轉傳來法爾所得習所成者謂先串習善根所得此中本性即內六處中意處

143

為殊勝即攝賴耶識中本覺解性為性種性故梁攝
論云聞熏習與阿賴耶識中解性和合一切聖人以
此為因然瑜伽既云具種性者方能發心即知具性
習二法成一種性故此二緣闕一不成
亦不可說有性種約修說為習為後習可位至堪任已去方
如上菩彼經約初習為性後習為修然有二義問此二
約本說有性種約修說為習為後習可位至堪任已去方
性與仁王及本業經中六種性內習種性從習
別耶菩彼經大都約位而說以初習為性後習為修
積成為性種故說習種在十住性種在十行三賢
之前但名善趣不名種性瑜伽中久習名習種約本
為性種而此二種非初非中後是故經說習種成性
論中說為依性起習故又經說種性在發心後論中
經論互說在發心前要方備足又彼功能必有所依
性在發心前功能方顯是故論說種性在發心後論
故經說在三賢位中顯是故論要由功能方可說有
說在前位耶亦是互舉義融通問何以爾以論說種
性方起功能故論不違經亦以論說種性必至堪任
又以何義知種性至堪任位耶菩以論說種性必具
有性習方起功能故論不違經若已修行必至堪任
若於三行全未修行爾時立為無有種性由此當知

五

從愚夫至堪任已來中間修此串習行者更何位修
也以於思位未修習故得位已去具第二住故是故
當知從愚位未修串習至彼堪任位方成此二
習豈遍融以為種性問若有性者不說種性是性
故如其有習無修亦無彼性有先無後應有非性
既為緣起故無非性種者此亦不然以習成處定先有性
先無後有者此亦無有非性種者此亦不然以習成處定先有性
愚位未習故不說性故不名無習是故有性
後說有性隨於諸乘串習何行爾時即說本有彼性

問若爾此即唯是一不定性耶何得有五種性差別
耶菩即由此義安立五性何者謂修六度串習已
位到堪任成菩薩種性若習至於忍位成聲聞
性故智論云煙頂忍等名為性地善若修至世
第一法是名第二位故知前三善根屬種性位若
俱舍論云順解脫分者謂能感涅槃法獨覺華知
解脫分中有涅槃法獨覺華知由此善生已令彼
名為身中有涅槃法獨覺華知由此善生已令彼
若於三行一修行未至本位爾時立為三乘種
若於三行全未修行爾時立為無有種性由此當知

六

諸乘種性皆就習說問若愚位無習即無性者後縱起習何得爲有答有習非是無性故是故恒有無習自恒無既不以分位差別故如涅槃經云三種人中畢竟而爲性以故斷一闡提輩若遇善死者輸一闡提無佛性也善男子一闡提輩亦得阿耨多羅三藐友諸佛菩薩聞說深法及以不遇俱不復名一闡提心何以故所以者何若能發菩提之心即不得離一闡提三菩提心所以者何若能發菩提之心即得阿耨多羅闡提性也一闡提輩實不得阿耨多羅三藐三菩提如命盡者等乃至廣說當知此中就位前後有無三藐三菩提

華嚴教義章卷二　七　宅二

提如命盡者等乃至廣說當知此中就位前後有無恒定不相由也。二約終教即就真如性中立種性故則徧一切衆生皆悉有性故智論云白石有銀性黃石有金性一切衆生悉有涅槃經說言衆生亦爾悉皆有心凡有心者定當得阿耨多羅三藐三菩提以是義故我常宣說一切衆生皆有佛性。問有難云若諸有心者亦應當得若言佛雖有心更非當得菩提是故如有難云若諸有心亦應當得菩提亦非當得答經中已是揀濫故但云衆生有心亦非當得菩提是故但云衆生有心

云佛矣以處處受生名爲衆生故不同佛也問若並有性論云何建立五種性耶答論自有釋故寶性論云一向說闡提無涅槃性不入涅槃者此義云何爲欲示現謗大乘因故此明何義爲欲迴轉誹謗大乘心依無量時故作是說以彼寶性有淸淨故又佛性論云問曰若爾云何佛說衆生不住於佛性永無般涅槃耶答曰若有衆生不信佛性故令衆生捨此法故若依道理一切衆生不息以是義故經作是說若一闡提者本有淸淨佛性若不得般涅槃者無有是處是故

華嚴教義章卷二　八　宅二

性決定本有離有離無故解云此論前文廣破無性乃至未文云三者失同外道有本定有本定無有不可滅無不可生此等邪執故無本定故無性定有釋故佛性論第二卷云何故復有經說闡提衆生決定無有般涅槃性乃至廣說問前始教中但以斷異小乘故說一切人有佛性若爾二經便自相違如何會通答此亦有會通一說一了一不了故不相違解云若小乘中但以斷異小乘始教中以斷異小乘故說多人有皆不說有若三乘始教中判爲權施不猶未全異彼故許一分無性是故論中判爲權施不

了說也問若依終教一切眾生皆當作佛即眾生雖
多亦有終盡如是若最後成佛即無所化所化無
故利他行闕利他行闕成佛不應道理又令諸佛利
他功德有斷盡故如其一切盡當作佛而言眾生終
無盡者即有自語相違過失此無終盡者永不成佛
故又如一佛度無量人於眾生有損已不若漸
損必有滅無損不應理故若無損者即無減
度有滅無終有情離上諸過失此義云何答若謂眾
此建立無性故並令成佛說有盡者是即便於眾生
生由有性有情故

華嚴教義章卷二　　九　　宅二

中起於減見眾生界既減佛界必增故於佛界便起
不能離增見何以故以彼見於諸有性為不增減乃
故即便增見起於斷見諸無性者並不成佛故即便
設避此見故立此一分無性有情眾生界增見減
大邪見者所謂見眾生界減乃至廣說
增見如是增減非是正見是故不增減經云舍利弗
見如是增減見於諸有性者所謂見眾生界減
於常見增見以彼見故不能實知一切界故不能
癡凡夫不如實知一切界故不能寶見一切法界
邪見心謂眾生界增眾生界減又文殊般若經云假
使一佛住世若一劫若過一劫如一佛世界復有無

量無邊恒河沙諸佛如是一一佛若一劫若過一劫
畫夜說法心無暫息各各度於無量河沙眾生皆入
涅槃而眾生界亦不增減乃至十方諸佛世界亦復
如是一一諸佛說法教化各度無量河沙眾生皆入
涅槃而眾生界亦不增減何以故眾生界不可
得故義言眾生界亦不增減何以故眾生界不可
盡不名無量劫飛行虛空求空邊際終不可盡之
者各無量劫飛行虛空假使無量河沙勝神通之
爾非以當令其有終說有無終盡是故諸
難無不遍也又為成諸佛利他功德無斷盡故立
此無性眾生界此中道理亦

華嚴教義章卷二　　十　　宅二

分無性眾生者是即令彼諸佛但有變化利他功德
亦即斷彼隨他受用諸功德也以無菩薩證諸地故
又化地中亦但有麤斷滅彼細以無一八得二乘無
漏故又今已後諸佛無有一佛得說三乘等教以無
得聖機故即斷諸佛同體大悲也又若定意謂悉有
性故必皆有最後佛利他行不圓滿以其所化無一
性者然彼佛故但佛菩薩二利之中利他為最何有
不令一八得聖果而於自身得成佛耶又本皆發弘
誓願云令諸眾生悉得菩提是故令得故本願不虛

而眾生界不可盡故本願不斷若不爾者違本願故行願虛故成佛不應理故離欲避上諸失建立無性不謂彼過遷此宗是故無性非為究竟了義也問夫論種性必是有為如何此教約為種性耶答以真如隨緣與染和合成本識時即彼中有本覺無漏內熏眾生為返流因得為種性耶又論中如來藏具足無漏常熏眾生為淨覺是也又彼論中說性因彼梁攝論說為黎耶中解性起信論中本法因又寶性論及彼真如性者彼本云如六根聚經說六根如是從無始來究竟諸法為體故解云以

攝論說為黎耶二義中本

真如通一切法今揀去非情故約六處眾生數中取彼畢竟真如理以為性種性也此與瑜伽所說同但彼約教以理從事麤相而說故約事種性是故佛性論云自性清淨心名為道諦又涅槃經中約佛性者名第一義空第一義空名為智慧此論中約此終教以事從理深細而說故就真如性法身故也地持云種性麤相我已略說此之謂也寶性論中約此終教云種性者有二種一者本性住性二者習所成性故也就本覺性智說為性種其習種亦從真如所成故攝論云多聞熏習從最清淨法界所流等又起信論中以真如體相二大為內熏因真如用大為外熏緣

以與無明染法合故是故三大內外說熏以熏力故無明盡時實合不二唯一真如也。三約頓教明者唯一真如說相名為種性而亦不分性習之異以一切法由無二相故是故眾生皆是一相一相不可得故一切眾生皆以此準之上來約三乘有二說一攝前諸教所明種性並皆具足主伴成宗以同教攝方便故。二據別教種性甚深因果無二通依及正盡三世間該收一切理事解行等諸法門本來滿足已成故也。

華嚴教義章卷二

就詮故大經云菩薩種性甚深廣大與法界虛空等此之謂也若隨門顯現即五位之中位位內六決定義等名為種性亦即此法名為果以因果同體唯一性故廣如經說餘可準知。問云何種性約教差別不同耶。答此亦有二義一約機明得法分齊一約法辨隱顯相收。初義者由此種性緣起無礙具五義門是故諸教各述一門隨執非有門如小乘說二隨事顯門如始教說三隨理偏情門如終教說四絕相離言門如頓教說五性備眾德門如圓教說雖有五然種性圓通隨攝徧收隱顯齊致也。二明得法分齊者。或一切皆無唯除佛一人。如小乘說或一切皆有唯除草木等。如終教說或亦有無。如始教說或具前四。如一乘方便處說或即因具果逼以離相故或具前分無性故或亦非有非無。如頓教說或一義略示一明位相二明不即三明行相。初者依小乘有四位謂方便見修及究竟也又說小乘十二住義以為究竟及說三界九地十一地等廣如小乘論說二不退者此中修行至忍位得不退故也其行相亦如

彼諸論說問何故小乘行位等相不廣顯耶答此中意者以義差別顯教不同而小乘異大乘理無疑故不待說也。若依初教亦以三義顯初位相者。此中有二一為引愚法二乘令迴心故施設迴心教亦但有見修等四位及九地等名同小乘或立五位謂道前七方便內分前三種為資糧位以遠方便故四善根為加行位以近方便故餘名同前又說後乾慧等十地第九名菩薩地第十名佛地者欲引二乘望上不足漸次修行至佛果故又以二乘人不在於地外同在地中者以引彼故方便同彼以二乘入於

現身上得聖果故不在後也又此位相及行相等廣。如瑜伽聲聞決擇及雜集論說問何故瑜伽等所明聲聞行位不同耶答不同相者有二義。一為顯小乘八愚於諸法不了說故二為方便意。一為顯小乘八愚毗曇等耶順向大說故此旣非是愚法小乘又非菩薩漸漸引向大說故以十地說為影似小乘故又相者彼說菩薩十地差別不以十信亦成位故此亦為似即知是彼三乘教中也。二為直進八顯位地前有四十心以彼十信義又以彼地前以為大乘故又為影似小乘見修及通

乘道前四方便故是故梁攝論云如須陀洹道前有四位謂煖頂忍世第一法菩薩地前四位亦以如是謂十信十解十行十迴向似迴心教故以信等四位為資糧位十迴向後別立名數多分影似小乘等故問何故此教所立四善根為加行位以彼影似引彼有勝方便故答為隨問何故此教似彼不名引故若全同彼彼為小耶答不全異彼難信受故假似彼小機麤淺故不能盡受大乘深法是故教中直進之人亦似小乘而義理仍別二凡以大始所示位等法相亦似小乘而義理仍別二凡以大乘望上不足漸次修行以引彼故方便同彼以二乘入於地外同在地中者以引彼故

乘似小乘說者皆通二義一為引小二為淺機是故說此為始教也即如何義等者如瑜伽說云何已成就補特伽羅相謂諸聲聞等先已串習諸善法故猶若已安住於下品成熟時便有下品欲樂下品加行猶往惡趣安住於中品成熟時便有中品欲樂中品加行不往惡趣安住於上品成熟時便有上品欲樂如說乃至惡趣於現法中證沙門果即於現法得般涅槃如說乃至聲聞獨覺亦爾何以故道與聲聞種性同故乃至廣說於菩薩位為似二乘亦立如是三種成熟故彼論云若諸菩薩住勝解行地名下品成熟住淨勝意樂地名中品成熟住上品成熟若菩薩住下品成熟猶往惡趣此盡第一無數大劫乃至廣說餘二大劫配二成熟如是等文類例皆非一具說可準而知。二不退位者依佛性論云若諸菩薩至十迴向方皆是不退位也此中聲聞緣覺非是愚法是故此忍樂覺至世第一法皆不退也當知如此中亦可菩薩地前總說為退凡其上意乘人也故瑜伽云若諸菩薩地前猶墮諸惡趣故如是菩薩住勝解行地猶往惡趣此

盡第一無數大劫如是等也。三明位中行相差別者如瑜伽云勝解行住菩薩轉時何行相或時具足聰慧於其諸法能受能持於其義理堪能悟入或於一時不能如是或於一時具憶念或成於妄類於諸眾生未能如實知或時於他說法教授教誡亦勵而轉勉勵轉故不能如實知或為他說法教授教誡未了知實引發善巧方便知或於大菩提已發心而中或不中隨欲樂故或令自樂由思擇故欲令他樂後退捨由內意樂故欲令自樂由思擇故欲令他樂或於一時聞說甚深廣大法教而生驚怖猶預疑惑如是等類名勝解行住。此是十二住中第二住行相其更劣及地上行相皆如彼說。若依終教亦說菩薩十地差別亦不以見修等名說又於地前但有三賢以信是行非位故未得不退故本業經云未上住前信相菩薩名字菩薩其人略修行十心謂信進等又仁王經云習忍已前行十善菩薩有進有退猶如輕毛隨風東西等在此修行經十千劫入十住位方又云始從凡夫地值佛菩薩教法中起一念信發菩提心是人爾時住前名信想菩薩亦名假名菩薩亦名字菩薩其人略修行十心謂信進等廣如彼說

得不退故十住初即不墮下二乘地況諸惡趣及凡地耶設本業經說十住第六心有退者起信論中釋彼文為示現退也為慢緩者策勵其心故而實菩薩入發心住即得不退也。其行相者起信論說三賢初位中少分得見法身亦非業繋又依三昧利益眾生又以願力受身自在於十方世界八相成道亦得少分見於報身佛其所修行皆順真性謂其地性體無慳貪隨順修行檀波羅蜜等廣如彼說又梁攝論中十信名凡夫菩薩十解名聖八菩薩等始教淺上行位倍前準知是故當知此中行位與前始教

深之相差別顯矣問此教豈不通引二乘何故行位不似小乘說耶答此後諸教並皆深勝所引二乘亦是純熟高勝機故不假似彼也。若依頓教一切行位皆不可說以離相故一念不生即是佛故若寄言顯者如楞伽經云初地即八地乃至云無所有何次等又思益經云若人聞是諸法正性勤行精進不從一地至一地若不從一地至一地是人不住生死涅槃如是也。若依圓教者有二義一攝前諸教所明行位以是此方便故。二據別教有其三義一約寄位顯謝

始從十信乃至佛地六位不同隨得一位得一切位何以故出以六相收故主伴諸地相即故圓融故經云在於一地普攝一切諸地功德是故經中十信滿心勝進分上得一切位及佛地等相即等是其事也又以諸位及佛地等相即等故即一切位及佛地者是其事也又信滿成佛相者但有三生即得見聞位謂此法門成金剛種子等如性起品說二解行位謂十報明位相即等故即得離垢三昧即得十法門成金剛種子等如性起品說二解行位謂於一一位上即是菩薩即是佛者是此義也以一一位上即是菩薩即是佛者是此義也率天子等從惡道出已一生即得見聞位二約地無生法忍及十眼十耳等境界廣如小相品說又

如善財始從十信乃至十地於善友所一生一身上皆悉具足如是普賢諸行位者亦來成正覺時汝當見海位謂如彌勒告善財言我當來成正覺時汝當見我亦如是當知此約因果前後分二位故三約行位即是因果二謂自分勝進此門過前諸位解行及以得但唯有二謂自分勝進此門過前諸位解行及以得法分齊處當是白淨寶網轉輪王位得普見肉眼即等上處住當是白淨寶網轉輪王位得普見肉眼十佛剎微塵數世界若三乘肉眼即不如此故智論云肉眼唯見三千世界內事若見三千世界外

者何用天眼為故知不同也又彼能於一念中化不
可說不可說眾生一時皆至離垢三昧前餘念念中
皆亦如是其福分感一定光頗離鏡照十佛剎微塵
數世界等當知此是前三生中解行位內之行相也
以約因門示故約信滿得位已去所起行用皆徧
法界如經能以一手覆大千界又於一世界不離一
可說也廣如信滿得位經文說又云不離一念於十方
坐處而能現一切無盡身所行等乃至廣說是故當知與彼
世界一時成佛轉法輪等乃至廣說是故當知與彼
法界等一一時供養無盡諸佛作大佛事饒益眾生不
三乘分齊全別何以故以三乘行位是約信解阿含
門中作如是說也問前終教中不退際上亦得如是
八相等用與此何別答彼於此位示成佛時於諸
位皆不自在以未得故但是當位暫起化故此即不
爾於初位中起此用故問義既不同何故並同時起
故是實行故該六位故問耶答先作此說問既一位
信滿勝進故上起此用於彼教令易信受故何須更說後諸
有一切位及信滿心即得佛者何須更說後諸
位即是初中之一切也如初後亦爾問若
菩說後諸位即是初中之一切也如初後亦爾問若

初即具後得初即得後者亦可後亦具初既不得後
應亦不得初耶答實爾但以得故不得故是
無有未得後而不得初也問若爾云何說得諸位階
降次第答以此經中安立諸位有二義巧一約相就
法分位前後寄同三乘引彼方便是同教也二約
門分位前後相入圓融自在異彼三乘是別教也
不相違也問若爾此中一切前後是初門即而恒後
不相即而恒前即而恒後是別教耶答若是初門即
心即得而說滿心等耶答是故初不依位成今
依三乘終教位說以彼教中信滿不退方得信位今
即寄彼得入位處一時得此一切前後諸位行相是
故不於信初心說以未得不退未成位故是行者
故若爾非位住位成佛何名信成佛由信成佛義準知
問若爾言住位成佛非位佛也餘義準知
阿羅漢果謂於一生種解脫分第二生得
依小乘自有三人下根者謂諸聲聞中極疾三生得
第三生漏盡得果極遲經六十劫中根者謂獨覺人
極疾四生得果極遲經百劫上根者謂佛定滿三僧
祇劫此中劫數取水火等一劫為一數十筒合一為
第二數如是展轉至第六十為一阿僧祇依此以數

三阿僧祇也。問。何故經下根返經時少而上根乃多時耶。荅能於多時修鍊根行等以爲難故是故多也。又依婆沙等菩薩成佛有二身。一法身二生身法身者謂戒定慧等五分修此法身具有四時一三阿僧祇劫修有漏修四波羅蜜時二於百劫修相好業時三出家苦行修定時四波提樹下成正覺時生身者報身於摩伽耶城淨飯王家受生報身百劫修相好業成佛定經三僧祇。但此劫數不同小乘何者此修行成佛定經三僧祇。但此劫數不同小乘何者此取水火等大劫數至百千數此復至百千爲一俱胝

名第一數數此俱胝復至俱胝爲第二數如是次第以所數等數至第一百名一阿僧祇此卽十大劫數中第一數也。依此數滿三阿僧祇仍此教中就釋迦身以分此義也。如優婆塞戒經云我於往昔寶頂佛所滿足第一阿僧祇劫然燈佛所滿足第二阿僧祇迦葉佛所滿足第三阿僧祇劫。我於往昔釋迦佛所始發阿耨菩提心也。又有偈歎弗沙佛已卽超九劫。但九十一劫卽成佛也。問。三無數劫修諸實行。但是變化非實修耶。荅由此始教就下機故成報身。何故乃就化身說耶

第二約終教說有二義。一定三阿僧祇約一方化儀故。又此教中修實行故成實報身不約化說法故。又云我實成佛已來經無量無邊百千萬億阿僧祇劫。又經云我於然燈佛所得授記等以方便別故。又此經云我實成佛已來無量無邊百千萬億阿僧祇劫云何以於百劫修相好業等何以故以小乘中論偏修業始教中不修福分是故臨成佛時更於百劫別修相好業始教中不修福分是故臨成佛時更於百劫別修故故又終教中引彼亦同彼說仍是化也。此終教中論其實行從初發意卽福慧雙修故成佛時無別修也二不定三阿僧祇此有二義。一通餘雜類世界

故如勝天王經說。二據佛功德無限量故如寶雲經云善男子菩薩不能思議如來境界所得菩薩而實思量。但爲淺近眾生說三僧祇修習如來境界不可計數阿僧祇劫非但三也。問。何故前教定三乘教有定數不可說耶。荅此中不可計數者計數已來不可計數故方便漸勸彼教有定不可說。但爲此教熟故。若依一乘教三也。問。何故此教就二乘向一乘故作此說也。若依頓教一切時分皆不可說。但一念不生卽是佛故。一念者卽無念也。餘可準思。若依圓教一切時分悉皆不定。何以故謂諸劫相卽相入故該通一切因

陀羅等諸世界故。仍各隨處或一念或無量劫等不違時法也。餘準而思之。第五修行所依身者若依小乘但有分段身至究竟位佛亦化非實也。若依直進中為迴心聲聞亦說分段佛身至金剛已還以十地中麤煩惱種未永斷故十地已還有中陰者是此義也。問八地已上

一切菩薩於煩惱障永伏不行以無漏智果恒相續故。如阿羅漢既無現行惑何得更受分段之身耶。若是凡卽以現惑潤業受生何不爾但惑種用以受生故雜集論云。一切聖人皆以隨眠力故結生相續。又梁攝論云。異凡夫聖人受生非愛雷彼種子。解云。若聖人受生非愛雷彼復以何者所雷惑種耶便無用何不於此第八地初永害一切煩惱種耶。彼既不爾可以所知障受變易身通諸位。問已斷煩惱者彼卽

也。問若爾何故聖教說八地已上雖有所知障為依止。故受變易身若對此等為欲寄對二乘顯其優劣故。經作此說。然此寄對依諸聖教約位不同略辨十門。一說羅漢卽同於佛更不分位。如律中說佛度五百已卽云羅漢佛有六然羅漢出於世間又同坐等當知此約小乘教說。二亦於佛地分出羅漢。如成羅漢及所知障頓成羅漢及論說得菩提時頓斷煩惱盡邊諸法如來故。此中雖約頓斷煩惱障。亦為生諸聲聞中心欲樂故寄於佛果以分大小也。三第十地名阿羅漢佛地超過故非彼也。如涅槃經中說十地名阿羅漢佛地超過故非彼也。如涅槃經中說

四依云阿羅漢者住第十地。此寄因異果以分大小也。此上二門約始教中迴二乘教說。四七地已還寄同羅漢八地已去寄菩薩位。如仁王經云遠行菩薩伏三界習因果業滅。唯後身位中住第七地阿羅漢位。此寄因自在未自在位以分大小也。此約菩薩直進中說。此寄聲聞至七地故。煩惱障及分段身俱至此位八地已去寄菩薩行位勝前是故教有彼所知障及變易身。五初二三地寄同世間。四地寄聲聞羅漢。以得四諦法故。此以得世間四禪等故。五地寄此聲聞羅漢。以得須陀洹等以得道品以得初出世故。五地寄此聲聞

六地寄此辟支佛以得十二緣生法故七地已去寄此菩薩以得無生法忍故此如本業經說上來唯約三乘教說以未分出一乘法故。六世間二乘同前至六地第七地寄三乘菩薩以未自在故八地已去寄一乘法以得自在故如梁攝論等說此約一乘等分相而說。七於初地之中已過世間及二乘故。如地論等說此約三乘中比證分齊說。八地三賢位已過二乘地如起信論說此約終教種性中有十種心已超過二乘一切小乘三乘等退說。九信滿心後即過一切小乘三乘等如賢首品說此約一乘說。十初在凡夫地創發心時即過二乘如智論說羅漢比丘正知沙彌發心推在前等此通一乘及三乘說由有如是寄對法門故諸說前後準此而知。若依終教地前雖受分段身於金剛位餘義如下斷惑中說問若於地上受變易身障中永斷一分麁使亦不分彼分別俱生中永斷一切煩惱故。如攝論中云何大悲同事攝於地上不留煩惱助願受生令此不爾願智勝故自在受生。故留煩惱助願受生。問如說八地已還菩薩略有二類一悲增

上悲增者留惑受分段身智增者伏惑受變易身故此義云何答如此所說恐未然何者若其慧必劣慧導悲應滯見之悲豈名增上縱悲智齊均尚不名悲增上況以劣慧導智應滯寂而言增上若智增上其悲必劣悲導智應滯寂之相智何名增上以諸菩薩從初已來與凡小故有導念雙修如車二輪如鳥二翼何得說彼有二生死耶當知由此始終二教麁細異故非由悲智互增上也若言彼智習怖諸煩惱故永伏者若於地前未證真如可約本習容有此類故。以未純熟故初地已上行解純熟同證同行同修同斷如何得有如是差別故起信論云地上菩薩種性發心修行皆無差別也又此教中地上變易寄不可說所依身分亦如下指。若依頓教一切行位既離垢定前以至彼位得普見肉眼故知是分段也又如善財等以分段身分甚極微細出過諸說變易但以此教不分生死麁細之相總就過天應同變易但以此教不分生死麁細之相總就過

患以為一際至信滿後頓翻彼際故不說也餘準而知之。

華嚴一乘教義分齊章卷二

華嚴教義章卷二

華嚴一乘教義分齊章卷三

唐大薦福寺沙門法藏述

第六斷惑分齊者有云若依小乘者依三乘有二
義。一約位滅惑相。二寄惑顯位相。初義者若
依始教具足三乘斷惑差別由此是其三乘教
有二種謂煩惱所知。先辨二乘斷煩惱障於中有二
先障名數後斷惑得果。初中煩惱有二謂分別俱
生總有十種一貪二瞋三無明四慢五疑六身見七
邊見八邪見九見取十戒禁取餘六通二種五識得起
謂疑邪見見取戒禁取於中四識唯除初三
亦通分別及俱生由意識中邪師等三因引故得
有分別起也意識具十種四分別六通二末那唯四
俱生六中除瞋及邊見以瞋不善此識有覆無記
故又以一類相續緣故非第六所引不同五識故
恒相續緣故又唯是異熟無覆無記性皆有覆無記
八識總不起者唯第七識煩惱皆有覆無記
故其分別起者唯欲界以上二界煩惱皆為四
界除瞋諦分別起者各有九即有七十二并欲
界合有一百

一十二也其俱生者欲界具六上二界除瞋各唯有
五合成十六通前分別總有一百二十八也問何故
前惑法小乘中十使不通迷四諦此中即通耶答此
有二義一以三乘中煩惱功力漸漸寬廣故一切
也二又由迷等義通一切境也。第二斷惑得果者
先斷分別有其三八一若從具縛入真見道頓得
三界四諦之中伏故是以得彼果也三若已離欲
時欲界修惑九品之中伏斷前六故云倍離欲入見
道時即永斷前所伏故是以得果也三若已離欲
真見道兼斷九品得不還果如瑜伽說入見道
果者有其三種隨其所應證三果故次斷俱生者
六識俱生其三界九地各有九品又進修道入有其二
漸得離斷欲界九品中前六品盡得一來果斷九
盡得不還果已即頓斷三界上二界九品修惑及三
更無餘果何者以彼欲界九品頓斷修惑竝於上二界總一
種故九品各初一品一時頓斷三界漸除也若爾何故有漸
斷故云漸除也對法論云頓出離者謂入諦現觀已依止
能頓緣故

未至定發出世道頓斷三界一切煩惱品品別斷唯
立二果謂預流果及阿羅漢果乃至廣引指端經等
如彼說其末那煩惱行相微細前漸頓二人皆與非
想地惑一時頓斷故瑜伽未那相應任運煩惱唯
想非想處其未那斷非如餘惑而斷故此煩惱唯
與問何故此勝欲令捨小從大故作此說其論末那
漸引起過愚法二乘無此勝智顯彼教劣方便
前劣故此超過愚法二乘無頓斷此中有耶答為頓
也諸趣寂者入無餘時一時皆斷唯此非擇滅也其
障諸趣寂者入無餘時一時皆斷唯此非擇滅也其

華嚴教義章卷三　　　　　　　　　　　　三　宅三

餘一切有斷不斷慧解脫人不斷俱解脫人分有所
斷謂八解脫障不染無知修八勝解所對治故如瑜
伽說又諸解脫障由所知障解脫故當知此所知障
等於所知障心得解脫此即愚法漸然
向大故安立此教深勝於彼故許分斷斷
上所斷木同愚法以彼唯斷煩惱得故此即始教為
種子故木同直進菩薩斷惑者又煩惱障地前伏現行
同二乘真見道時一刹那中頓斷二障分別起者地
障初地已去自在能斷故不斷何以故潤生攝化

故不墮二乘地故為斷所知障故為得大菩提故是
故攝論云由惑至惑盡證佛一切智解云此位盡者
是所知障盡即由惑起勝行故得至此位盡證者
佛果也又梁攝論既云酉是故當知煩惱障種
至金剛位其所知障細故菩薩於十地修道位中唯
地分斷故對法論云諸菩薩修道位中唯修所知障
修所知障對治道非斷煩惱障得菩薩時頓斷煩惱
障及所知障頓成羅漢及如來故其未那俱生相應
細故亦同前至佛地盡也問其二障修惑諸識相應
細故亦同前至佛地盡也問其二障修惑諸識相應
至佛地故對法論云又諸菩薩由此即說二障修
地上現行有何同與菩其煩惱障內第六識惑既盡
盡故酉彼是故現種皆以智御用成勝行不起過患
猶如毒蛇以咒力御不令死不起過患而成餘用是故
薩善巧酉惑亦爾故菩攝論云如毒蛇咒所害等是故
當知於彼煩惱或現或種皆得自在其第七識等煩惱
性非潤生故其所知障皆後地惑於前地起或現
以觀智有間故其所知障其前地地分斷若爾何故
或種以地地分斷故問若爾何故第六識中煩惱障
起有漏心等耶答若約所知障為有漏若約
彼既酉惑故即是有漏實有

漏此二通十地若未那煩惱即實有漏至於七地有無不定以有時暫起有漏心故餘義準知又此教中感滅智起分齊者感種在滅相時智即在生相時相反如昂即低低即昂等廣如對法論說又此法以依識無性故即空無分別是其障義今此障義伏何故說能斷所知障故彌勒所問經論云一切聲聞辟支佛人不能如實修四無量不能究竟斷諸煩惱但能折伏一切煩惱等楞伽經文亦如上說問此說之若依終教諸聲聞於煩惱障伽不能斷但能折伏

何故與前教不同耶答彼爲引二乘故未深說故是故以上就下說煩惱障同彼二乘至佛地智方盡又以下同上亦許二乘全斷感障分斷所知障今此就實以愚法二乘無廣大心故不究竟斷煩惱障又亦人於二障中不分俱生及分別但有正使及習氣前伏使現行初地前三賢位中初既不墮不除習氣佛地中於煩惱然彼能斷舊故不斷爲除所知障二乘地是故梁攝論自在能斷故不斷爲除所知障等故是聖人云十解已去得出世淨心又云十解心已上名聖人

不墮二乘地故仁王經云地前得人空而不取證等又起信論得少分見法身作八相等皆此義也以此菩薩唯怖智障故修觀伏斷彼障然初煩惱障非但不怖不修對治亦乃觀留助成勝行初地已上斷於所知障一分麤故於煩惱障不復更斷是故二障不分見修至初地時正使俱盡故彌勒所問經論云問曰若聲聞人先斷煩惱障所知障漸斷修道煩惱何故菩薩不同聲聞答曰菩薩之人無量世來爲諸眾生作利益事後見眞如甘露法界觀彼一切諸眾生身而實不異我所求處是故菩薩

見修道中一切煩惱能障利益眾生行故即見道中一切俱斷此文爲證其末那煩惱亦初地斷麤現除殘習故無性攝論云轉染汙末那得平等性智初現觀時先已證得修道位中轉復淸淨更不云轉淨者云此是入眞見道時暫伏不起非正斷也若正斷者是故當知此教地上但除習氣寶性論云不轉復淸淨以總未斷故云轉淨者以依始教如彼說一切凡夫有煩惱障故有垢以諸聲聞辟支佛等有智障故有點者以諸菩薩摩訶薩等依彼二種習

氣障故。論釋云。二地上名摩訶薩故知但有習氣障也。此中正斷從斷正使無間方有習氣。何以故未斷已前無微薄故。論云何地上煩惱使盡而得不墮二乘地耶。答智力勝故。智障斷無間方有微薄故論說。無聞生習氣。問云何地上煩惱使盡已斷除故不名。無間生習氣。問云何地上煩惱使盡已斷除故同斷盡故。猶尚不得彼一來果況此菩薩道力殊勝小乘頓出利人。斷欲界惑六品盡時。上二界六品亦同已斷。智障正使斷無間方有微薄故論說又況此正斷惑時智起惑滅。非初非中後。又此教中正斷惑時智起惑滅。非初非中後取故云何滅。如虛空本來清淨。如是滅虛如中後取故云。一取滅顯二位者。諸聖教說略有十八門。一寄二位。故梁攝論云。地前惑顯位。宜應知之。第二明寄惑顯位者。諸聖教說略有十八門。一寄二位。故梁攝論云。地前斷之第二明寄惑顯位者。諸聖教說略有十證二位故梁攝論云。地前漸除煩惱障地上漸除障。又云十解已去得出世淨心。又云地前雖得人無我以法無我未淨故人無我亦不清淨。又云仁王經云其人我執前十解中已除。今唯滅法我執。又云十解中已除人我執。又云仁王經云其人我性已入生空位得聖人性故。本業經起信論亦同此

說。二寄皮等三惑顯三僧祇。故梁攝論云。初僧祇斷皮煩惱第二僧祇斷肉煩惱第三僧祇斷心煩惱等。三以此三惑寄顯地前地上及佛地。四以二障顯地之中入心除皮住心除肉出心除心等。五以染心麁細寄顯二障三處通謂地前地上及佛地。三位如地持論云三十三僧祇中說地前三心不同如梁攝論三十心等。四以二障顯地之中入心除皮住心除肉出心除心等。五以染心麁細寄顯二障三位如地持論云三十心等。四以二障顯地之中入心除皮住心除肉出心除心等。三位如金光明經說。三位如地前如金光明經說。得顯化身。依根本心盡得顯應身。依事心盡得顯法身。依根本心盡得顯法身道根本心盡得顯法身道是地前道此是第六識法身道是地上未那以

依緣賴耶識本心故勝拔道是金剛位根本心是賴耶識。六寄於三障。初直顯三身故彼經云煩惱障清淨能顯應身業障清淨能顯化身智障清淨能顯法身。七寄於三無性所起煩惱寄顯三身。一切凡夫為三相思惟分別相二者依他起相三者無性相。故有縛有障遠離三身不至三身。一者不能解故不能滅不能淨。故諸佛至於三身解云能解者是所執性但應知解故能滅。故能淨者在趣真如修令淨染分依他起性應斷滅故能

故。八寄四障以顯四位此有二義一約正使寄顯地前四位四行四因四報何者為四一謂以聞提不信障使滅已翻顯十信之位成信樂大乘行為淨德因及鐵輪王報一以外道執我障寄以翻顯位成般若行為我德因銅輪王報二以信樂大乘行為淨德十行位成破虛空定器三昧行為樂德因銀輪王報四獨覺捨大悲種子為常德因金輪王報又翻顯四障所得四行即為常德寄顯四障成信樂太乘種子為因即如父也二顯破虛空定離小乘執令法身堅固緣即如母此三顯破虛空定離小乘執令法身堅固

如胎也四大悲益生如乳母具此四緣故得從地前生在初地已上諸佛家故名佛子也又此四種和合如車輪能運能轉至解脫虛如聖王輪備有四事謂轂輞輻軸如其次第四義應知第二以四障習寄顯地上四位四定四德四報一初二三地滅聞提不信習即顯此一位相同世間又得大乘光明三昧成於淨德除因緣生死變易報二四五六地滅外道我執習即顯此一位相同二乘得集福德王三昧成於我德除方便生死三七八九地滅聲聞畏苦習顯此一位相同大乘得賢護三昧成於樂德除有生死四十

地至佛地已還滅獨覺捨大悲習顯此一位因圓果滿得首楞嚴三昧成於常德無有生死永盡故無上依經本業經佛性論寶性論梁攝論等說又此四中初二通二障後二唯智障。正使地前除習氣地上淨心已來斷二障也。九於十地中為別相故三地終心以文亦誠證修惑正使四地已去是但有微習何以故前三地相同世間四地已去無明習氣皆悉微文云一切欲縛轉復微薄一切色縛轉復微薄諸見縛者先有縛轉復微薄一切無明縛轉復微薄。

已除斷地論釋云一切欲縛轉微薄等者斷一切道欲色無色所有煩惱及彼因同無明習氣皆悉薄違離故諸見縛者於初地見道已斷故解云此因者煩惱障種子也無明習氣所知障種子也以二障種子同時違離故云上來多分約終教說十地別相中寄顯世間二乘菩薩三位別故仁王經說前之三地斷三界中色煩惱四五六地斷三界中色煩惱七八九地斷三界中心習煩惱解云以三地終位得上界定心斷三界中心習煩惱七八九地斷三界中心習煩惱解云以三地終位得上界定

極至四空定離下地色故云斷色惑也以四地已去
得二乘無漏出世間位故於色心俱盡故七地
已去是菩薩位漸細於前故寄滅於世間色心習氣以顯
彼位也。十一於此菩薩位中為顯自在及未自在
二位別故七地已去寄滅三界色心煩惱及彼果報
八地心習無明已滅除十地二習無明故本業經云七地已
盡九地三界色心二習果報無遺餘八地色習無明已
滅二依三無性論寄顯二性以顯見修二位差別故彼
論云由見道故分別性即無故言不得由修道故依
他性即滅故言不見。十三依雜集論等以分別俱
生二種煩惱寄顯見修二位差別何以得知但是寄
位非實斷者如分別我見藉邪師邪教及
邪思惟妄計即蘊離蘊等我如佛弟子雖居凡位亦無
邪思惟故非不起即蘊等若言雖加行
樂於無我性此人豈非直不起即蘊無願
依正師正教正思惟故非入見道應入資糧加
義既不爾是故當知為顯見道無現行即寄彼橫計
顛倒麤惑反以顯之又以任運所起煩惱細難斷故
翻顯修位漸增差別如實義者但一煩惱有麤有細

見位斷麤修位斷細如未那煩惱通二位斷之如無
相論云第二識及相應法至羅漢位究竟滅盡若
見諦內煩惱識及心法得出世道十六心時究竟亦同
滅餘殘未盡但屬思惟是名第二識所藉三
緣寄顯地前三賢位別故得知也。十四於分別惑所
知此說如上所引故得知謂十解等除邪師等如次
行相麤故邪思惟所起寄加行伏以邪師邪教所起寄資糧位伏以
約迴心二乘說。十五於俱生內六七識惑七地已
來寄有現行八地已去永伏不起此為寄顯入觀有
行相麤故邪思惟又以邪師邪教所起寄加行位伏此

間無間位異故作此說。十六又以六識煩惱寄至
四地末那煩惱寄至七地八地已去唯有所知障此
亦為顯世間二乘菩薩位故作此說也。十七為顯
十地至佛地地真俗二智故以十一無明反寄顯之
深密經云由此安立故以二十二種愚癡品及十一麤重安立
諸地故既云安立故知寄顯也此諸義廣如瑜伽對
法唯識攝論等說上來多分約始教說已諸門並
是阿含門寄惑反顯位相差別何以故為設十地
為令眾生於十地中離慢執故位相甚深極難了知

寄惑顯位生淨信故餘義準思可見。若依頓教一切煩惱本來自離不可說斷及與不斷如法界體性經云佛告文殊師利汝云何教諸善男子發菩提心文殊言我教發我見心何以故我見即是菩提此文證之準知。若依圓教一切煩惱不可說其體性但約法界一得一切得故亦如是故一切具足主伴等故彼能障惑亦不分使習種現也故普賢品明一障一切障一斷一切斷者是此義也又此斷惑分齊準上下經文有四種一

約證謂十地中斷二約位謂十住已去斷三約行謂十信終心斷四約實謂無可斷以本來清淨故廣如經說又前三乘等諸門斷惑若一障一切斷即入此教若隨門前後並是三乘等此約別教言及所攝方便故諸教所明上已正說下第七二乘迴心者有六種說。一或一切二乘皆迴心以更無餘求故如小乘中說。二或一切二乘迴心以悉有佛性力為內熏因故如來大悲力外緣不捨故根本無明猶未盡故小乘涅槃不究竟故

瑜伽顯揚論說諸識成熟及不成熟中四句內聲聞獨覺入無餘依涅槃者阿賴耶識及諸轉識俱不熏本識轉識皆滅無餘後生心以何為因無因而生果不應理故菩彼論依此說有滅又起如來藏起心已不復為生心故既未斷證有何因緣得滅阿賴耶識耶行相廓顯不從眞起不已不復現中就實而說既以根本無明熏起方得滅故所得涅槃豈為究竟化城同喻二乘入於此二法既俱未斷證故又由於彼無斷證故所得涅槃豈為究竟

應便有失又由上四因故得生心也問如生心迴向時分齊云何答由根不等故經劫乃起故楞伽云菩薩住三昧樂安住無漏界無有覺知如昏醉人酒消然後覺彼覺法亦然得佛無上身總相說若差別經時皆到阿耨菩提心位如涅槃經云須陀洹人亦復遲遲得三昧乃至無上覺萬劫即能得到阿耨菩提之心解云此明最鈍須陀洹人受七生已方入涅槃滅心心法始入滅定得經八萬劫乃

得生受佛教化。即發菩提心。若於一身得第二果。受二生已。即入涅槃。經六萬劫即能發心。若於一身得第三果不還。欲界即入涅槃。經四萬劫即得發心。若於一身得阿羅漢。即現入滅定經二萬劫即發心。獨覺根利經一萬劫便能發心。此五人發心之時。即入十信菩薩位方名發阿耨菩提心。又有義前五人從凡入小果入涅槃後。起迴心修十信行信滿。心已迴入十住初發心已來。隨根利鈍各經劫數。未必一向在涅槃中經爾許劫也。如直往人既經萬劫修行滿足。堪能發心。彼獨覺入根最利故亦似直往人。經一萬劫。餘四鈍根又差別故時多別也。上來明遲疾者。如法華經云我滅度後復有弟子不聞是經。不知不覺菩薩所行。自於所得功德生滅度想。當入涅槃。我於餘國作佛更有異名。是人雖生滅度之想入於涅槃。而於彼土求佛智慧得聞此經。唯以佛乘而得滅度。更無餘乘。除諸如來方便說法。此上並約終教說。三或一切二乘亦不迴。謂決定種性者。趣寂不迴。不定種性者並迴向大。如瑜伽聲聞決擇中說此約始教引二乘說。四或非迴非不迴。以離相故。如文殊般若等說。此終頓教說。

五或合具前四說。以是大法方便故。此約一乘攝方便說。六或絕前五。此有二種。一一切二乘皆即空無可迴也。如經云。如聲聞無所迴趣。二一切二乘等並已迴竟。更不復迴也。如經盲者是也。二一切眾生皆已迴竟究竟。是此並約一乘所以普賢菩提心分齊。云何答。若三乘中迴心即與三乘中迴心已去。順教說問。如一乘攝方便中若一乘中迴心即入十信已去。得法門舍利弗及因陀羅慧比丘等六千八人於文殊師下文舍利弗及因陀羅慧比丘等六千八人於文殊師利邊迴心即得十大法門及十眼十耳等境界義當

即是解行身偏於五位法也。餘義如別處說。
第八佛果義相者。於中有二先明常無常義。後明相好差別。
問前中若小乘佛果唯是無常。以不說本性功德故。如佛性論云。小乘佛果以從因緣起故亦是無常以無性德故。若三乘終教法身是常。以自性常故。修生功德是無常以無間斷故。相續常住等。若依終教有二義先。性無間相續。亦得是常以修生功德是無常。以無性德故亦無別明。後總說。別中修生功德俱無常。即俱常。何以故本從真如流故。無明

已盡邊歸真體故眾攝論云無不從此法身流無不
邊證此法身等寶信論起信論等盛立此義如彼應
知又智論云菩薩婆若不與三世合故過去世等
是虛妄是生滅薩婆若是實法非生滅解云薩婆
若此云一切智即知佛地圓智同真如故非生滅也
又攝論云猶如虛空徧滿一切色際無生住滅變異
等如來智亦爾徧一切所知無倒無變異等是故當
知非直無間斷故亦以為常亦即同真如不變異故
法身是常以隨緣時不變自性故亦是無常以隨染
緣起機故何以故以諸功德既並同是真是故用
唯是真作故起信論中釋報化二身唯屬真如用大
攝又論云眾生心淨法身影現等又云復次本覺隨
染分別生二種相與彼本覺不相捨離謂一者智淨
相二者不思議業相乃至廣說由此法
身隨緣義故是故功德差別得成不變義故是故
功德無不即真如舉體隨緣全相不變二義鎔融無
障礙故是故佛果即常即無常具足四句或非四句
中以偏義應知問若爾何故得說非一非異耶答若始教
隨義應知問若爾何故得說非一非異耶答若始教
故非一也若終教中功德有二義一緣起現前義以

唯是真作故起信論中釋報化二身唯屬真如用大

三無數劫功德不虛故二無自性義以離真如無自
體故此中初義與法身隨緣後義與法身不變是非
異門以舉體全收故又此初義與不變義與隨緣
之可見。若依頓教以相盡離念故唯一實性身平
等平等不可說有功德差別亦不可說常與無常若
寄言顯者如經云吾今此身即是法身又經云一切
諸佛身唯是一法身是即不動非異非一也思
是故具有三說。一約用佛果既通三世間等四義謂一
常等義有三說。一約用佛果既通三世間等四義謂一
生二本有。三本有修生四修生本有圓融無礙備無
邊德是故亦通常等四句上二句義思之可見三約
體亦通四句謂此經中以不說為顯故是即與隨緣
相應故是無常若體相俱有隨緣起際攝無礙
故皆有常等無礙思之。二明相好差別者若依小
乘有三十二相八十種好是實法也。若三乘中或
亦但說三十二相八十種好是化身之相乃約始教引小
相義如金剛般若經對法論等說此約始教引小
說也或約報化說八萬四千相並是實德此約直進

及終教等說問何故智論等於此化身辯金鏘馬麥等往業所致三十二相等亦各出因耶若爲引二乘因下而說現業果不亡故聖道斷惑非滅報空說以是漢穢沙金鏘等亦爾以小乘方便令漸說受眞實法身恐彼難信故以此功德說爲法身令易信受。

功德攝在彼中也此上故得出因也問何故攝論中說三十二相等亦是彼所見因故此等亦卽是報身其相好示現彼方便故如大乘方便經說其相好垂在化中顯示是所以因便故如大乘方便經說其相好垂在化中顯示方便故引二乘亦卽於此身示現實報身故亦非

以觀見故二彼以功德爲法身故攝在彼中也此上並約始教說又三十二相等卽無生無性故亦卽是眞如法身此約終教說。若依一乘有十蓮華藏世界海微塵數無盡相好一一相皆徧法界業用亦爾所以說十者欲顯因分佛相故又觀佛三昧經所中約此三乘宗分佛相好以爲三段故彼經云略者我今爲此時會大衆及淨飯王略說又略說人間示同人事同人相故爲諸普賢賢首等諸好我初成道摩伽陀國寂滅道場爲普賢賢首等諸八十種好示同人事同人相故說三十二相勝諸

大菩薩於雜華經已廣分別解云此中三十二相等當略中之略爲人天二乘等卽當初也。八萬四千義但當是略爲三乘菩薩等當次也。佛實相好品說是一乘華說者卽此華嚴相好品故餘義可知今別教相卽義當終也以此雜華卽是華嚴故處說者卽是指此華嚴相好品說是一乘第九明攝化分齊也若依小乘唯此娑婆雜穢此不說其釋迦佛隨他受用實報淨土及自受用土今醍醐羅天化身充滿百億閻浮提是所化分齊如摩首羅天化身充滿百億閻浮提是所化分齊如摩若三乘中法性土及自受用土或有說在梵網經及對法論等說當知此約始教說何以故爲二乘教以釋迦身爲實報今卽翻彼顯其是化故於彼天別立實報處說其化身但充滿百億閻浮內或有說釋迦報土在三界外如涅槃經云西方去此三十二恒河沙佛土有世界名無勝是釋迦佛實報淨土此約終教說以不隨下說故寄梵化故是故當知色頂之身亦非實報或說化境非但百億如大智論中以三千大千世界爲一數數至恒河沙爲一世界性又數此至恒河沙爲一世界海數

此又至無量恒河沙為一世界種數此又至無量十方恒河沙為一世界所化分齊也此約終教說以攝化漸廣於前故又唯約須彌山世界說以居此界故未說樹形等世界故又唯約須彌山世界說以居此報身菩提樹下說華嚴故即染歸淨故以法華論主釋為實也如菩提樹下說華嚴即為蓮華藏即為報身在靈鷲山說法華故我常在靈山等法華論主釋為中亦顯一乘故其處雖同此即歸淨故說法華為界法華亦爾同此故是同教也然未說彼處即為境十華藏及因陀羅等故非別教也或有說此釋迦身

即為實報受用之身。如佛地經初說此釋迦佛即具二十一種實報功德彼論釋為受用身也此亦約同教說何以故此釋迦佛若三乘中但為化身若別教一乘即為究竟十佛之身是故此釋迦身亦隨教功德處明佛身隨教即權歸實說為報身即方便顯迦非但是化恐難信受故彼經中為約三乘究竟十佛說華嚴一乘法時此釋迦身即是故以此為同教攝身即是法身也是故以此為同教攝說華嚴一乘法時此釋迦身即是法身此約頓教法身即是法身此約頓教寄言而說以相盡離念故

尼身非但三身亦即是十身以顯無盡然彼十佛境界所依有二一國土海圓融自在不可說若寄法界總示如第二會初說。二世界海有三類一蓮華藏莊嚴世界海具足主伴通因陀羅等境界二於三千界外有十重世界海當是一類三世界輪圍十世界旋七世界轉八世界蓮華九世界須彌十世界相此等當是萬子已上輪王境界即盡空遍法界又一類須彌樓山世界數量邊畔即盡空虛遍法界一類樹形世界乃至一切眾生形等悉亦如是皆如一類樹形世界乃至一切眾生形等悉亦如是皆

偏法界互不相礙此上三位並是一盧舍那十身攝化之處。仍此三位本末圓融相收無礙何以故隨一世界即約麤細有此三故當知與三乘全別不同此第十佛身開合者有二先約法身。義中先約法身或唯真境界為法身餘身皆是此家用。或唯第八識攝法身。餘三智攝餘身故。佛地論五種法身中唯以本覺為法身。或以四智攝論無垢無為法身攝法身。金光明中四智攝三身。以鏡智攝聖碍智為法身。修智本覺故。如起信論攝論大覺地論三身以鏡智攝聖碍智為法身。金光明中四智攝三身以鏡智攝法身故。或境智合為法身。如梁智攝論云唯如如及如如智獨存名為法身。此上二句約終身故。

教說。或境智俱泯為法身如經云如來法身非心
非境此約頓教說或合具前四句以具德故或俱絕
前五以圓融無礙故此二句如性起品說此約一乘
辯。次別約釋迦身明者此釋迦身或是化非法報
如始教說或有是報非法化如同教一乘及小乘說
但深淺為異也或是法非報化如頓教說或亦法亦
報化總如三乘等說或非法非報化如別教一乘說
十佛故也。數開合者或立一實性佛也此約
約頓教或立二佛謂此受用與化身自受用
說二生身法身或立二佛此有三種。一生身化身合名生身此約小乘
約二生身法身合名法身如佛地論說此約始教說三自
性法身應化法身如本業經說此約終教說或立三自
身佛如常所說此通始終二教說或亦立四如
身是於三身中受用身分自他二身故有四如佛
種一於三身外別立性身為明法身與法身
地論說此約始教故有四如楞伽
身作依止故亦於報身內福智分二故有四如佛
經云一應化佛二功德佛三智慧佛四如如佛此約
終教說或立十佛以顯無盡如離世間品說此約一
乘圓教說也。

華嚴一乘教義分齊章卷四

唐大薦福寺沙門法藏述

第十義理分齊者有四門。一三性同異義。二緣起因門六義法。三十玄緣起無礙法。四六相圓融義。

初三性同異義者。三性各有二義。真中二義者。一不變義。二隨緣義。依他二義者。一似有義。二無性義。所執中二義者。一情有義。二理無義。由真中二義故。與前三義不一。由真中二義故。與前三義不異。由此三義故。真該妄末。妄徹真源。性相通融。無障無礙。

此三義亦名翻真如隨緣依他似有所執情有。由不變義故。又約真如隨緣依他似有所執。不復更滅也。又約真如隨緣依他似有情有由此三義故。不動本而常末也。經云法身流轉五道名曰眾生也。即由此三義故。不壞末而常本也。經云眾生即涅槃不復更滅也。又約真中不變義。依他無性。所執理無。由此三義故。三性一際同無異也。此則不壞末而常本也。經云眾生即涅槃不復更滅也。又約真如隨緣依他似有所執情有。由此三義故。亦無異也。此則不動本而常末也。經云法身流轉五道名曰眾生也。問依他似有等豈同所執情有耶。答有二義故不異。一以彼所執執是實故無異也。是故真源無二。

問如何三性各有二義。不相違耶。答以眞中二義。雖復隨緣成於染淨。而恒不失自性清淨。祇由不失自性清淨故。能隨緣成

染淨也。猶如明鏡現於染淨。雖現染淨而恒不失鏡之明淨。祇由不失鏡明淨故。方能現染淨之相。以現染淨。知鏡明淨。以鏡明淨。知現染淨。是故二義唯是一性。雖現淨法。不增鏡明。現染法。不污鏡淨。非直不污。亦乃由此反顯鏡之明淨。當知真如道理亦爾。非直不變成於染淨。亦乃由此方顯真源。非直不壞染淨。方成於性淨。亦乃由此性淨。方成染淨。是故二義全體相收一性無二。依他中雖復因緣似有顯現。然此似有。必無自性。以諸緣生皆無自性故。若非無性。即不藉緣。不藉緣故。故非似有。似有若成必從眾緣從眾緣故。必無自性。是故由無自性。得成似有。由成似有。是故無性。故智論云觀一切法從緣生。即無自性無自性故即畢竟空。畢竟空者是名般若波羅蜜。此則由因緣故有。由因緣故無。是故有無皆不二也。涅槃經云。因緣故有。無性故無。即顯無性由因緣。有由因緣故無性。是故緣生即無性。無性即緣生。所執性中雖復當情稱執現有。然於道理畢竟無故。如於繩上橫計有蛇。然於鬼道理畢竟無。以於無處橫計有故。如於木杌橫計有鬼。然於異性故無異。何者以三性各由二義。無異性故。如圓成雖復隨緣成染淨。而恒不失自性清淨。祇由不失自性清淨故。能隨緣成

木畢竟是無如於其木鬼不無者即不得名橫計有鬼以於木有非由計故今既橫計明知理無由故得成橫計故方知無是故無二唯一性也當知所執道理亦爾上來直明竟。第二問答決擇者於中有三門第一護執第二示執之失第三顯示其義。初門護執者問眞如是有耶答不也。隨緣故問眞如是無耶答不也亦有亦無耶答不也不變故問眞如非有非無耶答不也眞德故問有二性耶答不也隨緣故不變常住也餘二句可知又問有耶答不也離所謂故下三句例然又問有耶答不也空眞如故又問有耶答不也離戲論故又問有耶答不也離相違故又問有耶答不也聖智行處故餘句準之。依他起性者問依他是有耶答不也緣起故問非有耶答不也緣起故問亦有亦無耶答不也多義門故問非有非無耶答不也緣起故皆無性故何以故以無性故成緣起也餘二性故問非有耶答不也無性故何以故以無性故成緣起也何以故以無性故成緣起也餘二

句可知又以緣起離於四句又以無性故亦離四句可知矣又問依他有耶答不也約觀遣故問無耶答不也能現無生故又問亦有亦無耶答不也異圓成故又問非有非無耶答不也約徧計分故又問有耶答不也所執故問無耶答不也道理故餘句準之。徧計所執者問徧計是有耶答不也情有故又問無耶答不也理無故又問亦有亦無耶答不也二性故問非有非無耶答不也無體故又問有耶答不也由執有故又問無耶答不也不由執成故又問亦有亦無耶答不也相觀境故又問非有非無耶答不也能瞻眞故餘句準之。第二示執過者。若計眞如一向是有者有二過失。一常過謂不隨緣故即墮常過問諸聖教中並說眞如爲凝然者此是隨緣成染淨時恒作染非謂不作諸法而凝然也若謂不作諸法而凝然者是即不異無常之凝然也情所謂之凝然也

計故即失眞常以彼眞常不異無常之常出於情外故名眞常是故經云不染而染者明作無常時不失常也問教中旣就不異無常而不染者明不就不異無常故說眞如為無常故不就不異無常故說眞如為無常時凝然常者何亦說此義故經云如來藏受苦樂與生滅論云自性清淨心因無明風動成染心等以此教理故知眞如不生滅法旣不異無常故隨緣隱體是非有也問眞如是不生滅法旣不異無常故得說無常者亦可依他是生滅故無常故得說無常者亦應依他

雙融教義章卷四　　　五　　宅四

得有不異常之無常不異無常之常耶荅亦得有也何者以諸緣起無常之法卽無自性方成緣起是故不異性而得無常故經云不生不滅是無常義又以諸緣起卽無自性非滅緣起方說無性是則不異於常成無常也又云眾生卽涅槃不復更滅此中二義與眞中二義相配可知此卽是空非色滅空故又云智論云智障極盲闇謂眞俗別執此之謂也是故若執眞如同情所謂而凝然常者卽不隨緣成於染而無二故若不隨緣成於染也是故執眞如不假了因卽墮常過又若隱其自體不

淨染淨等法卽無所依有法又墮常也以染淨法皆無自體賴眞立故。二斷過者如不隨染之有卽非眞有故卽斷也又若有者卽不隨染淨染諸法旣無自體眞不隨緣卽生死無依無所依不得有法亦有是斷卽常也又無依無所依不得有法亦有是常也第二執無者亦有二過失一常過者謂無心所計有無卽是常也又無者稱於眞失彼眞無亦卽斷也第三執亦有亦無者具上諸失謂眞如無二而雙計有無非於眞者以無理故是斷也若謂如彼所計以為眞者以無理故卽常也第四非有非無者戲論於眞是妄情故

是卽常也　　　　　六　　宅四
　第四非有非無者戲論非眞而謂為有失於眞理卽是斷也
　第二依他起中。若執有者卽是常也。又由執有卽是不藉緣故不藉緣故不得有法卽是斷也
問若說依他以為有耶荅有義便有失者何故攝論等說依他性是有耶荅依他以有體不藉緣故一一緣中無作者故失一常過謂已有體不藉緣是有不異空卽是斷也
由緣無作方得緣起是故緣無體性故聖者不動眞際建立諸法若謂依他如言有者卽緣
他緣之有何以故從眾緣起是故緣無體性故聖者不動眞際建立諸法若謂依他如言有者卽緣

起有性緣若有性即不相藉不相藉依他壞依他者良由執有是故汝意恐墮空斷勵力立有不謂不達緣所起法無自性故即墮空無斷依他故也。二若執無者亦有二失若謂依他是無法者節緣無所起故不得有法即是斷也問若說緣生為畢竟空耶答聖說緣生以何故緣生為空無所起故即是空此即中論等內廣說緣生為空不異有之空也何以故從緣生不異有之空方得為空若不爾者無緣生因以何言空是故不異有之空名緣生空此即聖者不動緣

華嚴教義鈔卷四 七 宅四

生說實相法也若謂緣生如言空者節無緣生無生故即無空理無空理者良由執空是故汝意恐墮有見猛勵立空不謂不達無性緣生故即失依性空故邊墮情中惡趣空也問若由依他有二義故是則前代諸論師各逃一義融攝依他不相違者何故後代論師如清辯等如何者為末代有情根機漸鈍聞說依他相成非相破也是其有義不達彼是不異空之有故即執他是其有也是故清辯等破依他有令至於無故即不謂之有也是故無也得彼依他之有若不至此徹底性空即不得無方乃得彼依他之有也又彼有情聞說

成依他之有是故為成有故破於有也又彼有情聞說依他畢竟性空不達彼謂之空以故即是為如謂之空是故護法等破彼謂空以存幻有幻有成故為成空故是故護法義存依他性立是故相破反相成也是故如有滅非真空即斷過又若說無法為空故破於依他者無即是斷常也法是故相破非緣非執即墮過也以二理交徹全體全攝若無後代論師立故為色護法義存故以色即是空清辯義立空故為成空故破於色以色即是空故以是故交徹全體相奪無由得顯甚深緣起依他性法據上諸失可以準之問若第三亦有亦無者具上諸失也若說無法為緣非執無即是斷過也

華嚴教義鈔卷四 八 宅四

求所說依他起性有無偏取此應不可雙取有無契道理如何亦有具上失耶答依他起性中雖具彼有無之理然全體交徹空有俱融而如所計亦不無者即成相違具上失也。第四非有非無者亦無緣起亦非成相違具上失也。第四非有非無者故即以無為道理也其所執於有無中所計亦不失思以情謂若非有非無者即是戲論者有二過失。謂若所執是其有者於有無中所計則不空即是常也若妄執偏計為情無者即凡夫迷倒不是斷過也。二若執偏計為情無者即凡夫迷倒不

異於聖即是常也亦即無凡故是斷也又既無迷亦無悟亦無故即無聖人亦是斷也無者既無二而謂有無即聖人上失也非有非無者戲論徧計亦具相違故具上失也成過竟。第三顯示其義者。真如是有義以迷悟所依故。又不空義故。不可壞故。故餘如上說。又真如是空義以離相故。隨緣故。違自在故。餘亦如上說。又真如是亦有亦無義以具德故。對染淨故。鎔融故。又真如是非有非無義以二不二故。不得故。餘準上知之。二依他是有義。緣成故。無性故。餘準前知。依他是無義以緣成無性故亦準前知。依他是亦有亦無義以二不二故。亦準前。三徧計是有義以約情故。徧計故執故。餘準前思之。三性非有非無由是所執故。徧計是無約理故。亦準前。三性一際舉一全收。真妄互融性相隨取一不得故準前。

第二總說者。攝論婆羅門問經中言世尊依何義說如是言。如來不見生死不見涅槃。於依他中分別性及真實性生死涅槃依無差別。義何以故。此依他性由分別一分成生死由真實一分成涅槃釋曰依他性

非生死由此性因真實成涅槃故。此性非涅槃何以故。此性由分別一分即是生死是故不可定說一分。若見一分餘分性不異是故不見生死亦不見涅槃。由此意故如來菩薩婆羅門如此三分於依他性中說分別性以煩惱為性依他性為分別二性為性真實性為清淨分。故說法有三種。一染污分二清淨分三彼二分。依何義說。此三分。於依他性中分別性為染污分。真實性為清淨分。依他性為彼二分。依此義故。說如來阿毗達磨修多羅中世尊說法有三種。一染污分二清淨分三清淨染污分。云何阿毗達磨修多羅中說。此三分於依他性中說。分別性為煩惱分。真實性為清淨分。依他性為二性為性故說法有三種。一煩惱為分

三二法為分依此義故作此說也此上論文。又明真妄該徹末無不稱真妄徹真源體無不寂真妄交徹二分雙融無礙全攝思之可見。第二緣起因門六義分別合五融攝六約教。第一門中有二。初列名者。謂一切因皆有六義。一空有力不待緣。二空有力待緣。三空無力待緣。四有有力不待緣。五有有力待緣。六有無力待緣。二釋相者。初者是空也。有力不待緣。何以故由剎那滅故。剎那滅故即顯無自性是空也。然此謝滅非由緣力由此滅故果法得生是有力也

故云不待緣也。二者是俱有義何以故由俱有故方有即顯是不有是空義也俱有故能成有是有力也俱故非孤是待緣也。無自性故因不生故是空也因不改而生果故是有力義也三者是待衆緣義何以故由待衆緣方生然此不自故是有力義雖待緣非是不緣義也。四者決定義何以故由自類不改非由緣力故是不待緣義也。五者引自果義何以故是有力義能自不改而生果故是不待緣義也。六者是恒隨轉義何以故由隨他故不可無不能違緣故無力用即是待緣義也

由此故是待緣也是故攝論爲顯此六義而說偈言刹那滅俱有恒隨轉應知決定待衆緣唯能引自果

第二建立者問何以故說六義不增至七不減至五耶答爲正因對緣唯有三義一因有力不待緣二因有力待緣三因無力待緣全不作故因歸緣故又由上三義中各有二義謂空義有義故不立第四句問何故第二門各有三義耶答以彼非是因義故不立思之可見問待緣者待何等緣苍待因事之外增上等三緣不取自六義更互相待

耳問因望緣得有六義未知緣對因亦有六義不苍此有二義增上緣望自增上果得有六義以還是親因攝故果望他疎緣故不具六親因望他亦爾問果中有六義不苍果中唯有空義與他作因時即果性故即此一法爲他因時卽有果義說有二義是故六義唯在因中若約終教以此教中說如來藏隨緣義無別自性是故六七識等亦是如來藏隨緣所成故初教若爾現行爲種子豈得有六義苍祕密酬因有故若終教中間斯六義與終教有異謂從他生故不共不生耳

識亦具本識中六義也思之可見者有二種一約體二約用。初約體有無而有四句。一是有謂決定二是無謂刹那滅義三亦有亦無謂合彼引自果及彼俱有義四非有非無謂恒隨轉及彼待衆緣無二故是不自生也由合彼恒隨轉及彼待衆緣無二故彼無二故不共生也由具三句合其六義方成彼果無二故不無因生也是則由斯六義因緣全奪顯緣起勝德故地論云因不生緣生故不共

生無知者故作時不住故不無因生隨順有故又集論云自種有故不從他生待眾緣故非自生無作故不共生有功能故非無因生此六義與八不分齊云何答八不據遮六義約表又八不約反情顯自顯六義據顯理情自亡有斯左右耳。第四開合者或約體唯一以因無二體故或約義分二謂空有以無自性故現前故或約義分三一有力不待緣二有力亦有力待緣三無力待緣不待緣初即全有力中即亦有力亦無力以第四句無力不待緣非因不論也是故唯有三句也或分為六謂開三句入二

華嚴教義章卷四

門故也如前辯或分為九謂於上三義隨一皆具彼三故何以故若非有力卽無無力是故隨一具三故有九也或分十二謂於上六義空有二門不相離故有十八謂於上六義中一一皆具三義故有三十六謂於上六義隨一皆具六故以或分為三十六謂約待緣不待緣三六成十八也或無一餘皆無故門思而準之。第五融攝者然此六義以六相融攝取之謂融六義為一一因為六義是別相六義齊名因是同相六義各

（十三）

體異體門也由有此等義門故得毛孔容剎海事也思之可解。三十玄緣起無礙法門義夫法界緣起乃自在無窮今以要門略攝為二一者明究竟果證義卽十佛自境界也二者隨緣約因辯教義卽普賢境界也初義者圓融自在一卽一切一切卽一不可說其狀相耳如華嚴經中究竟果分國土海及十佛自體融義等者卽其事也不論因陀羅及微細等此當不可說義何以故卽不與教相應故地論云因分可說果分不可說者卽其事也問若果不可說者云何說耶答此果義是約緣形對為

華嚴教義章卷四

相知是異相由此六義因等得成是成相六義各住自位義是壞相問六義分齊云何答六義據緣起自體六相據義門以法體入義門遂成差別如以六義入四句顯是故順三乘入六相方便也德故順一乘是故四句與六相俱於此六法中具六義故第六約教辨者若小乘中法執因相於六法中具足主伴無盡義而主伴未具若三乘如來藏法無我因中有六義俱無若一乘普賢圓因中具足主伴無盡緣起方究竟也又由空有義故有相卽門也由有力無力義故有相入門也由有待緣不待緣義故有同第六約教辨若小乘中法執因相於六法中具足主伴無盡義而主伴未具若三乘如來藏法無我因中有六義俱無若一乘普賢圓因中具足主伴無盡

（十四）

成因故說此果非彼究竟自在果所以然者爲與因位同會而說故知形對耳。第二義者有二。一以喻略示。二約法廣辯。 初喻示者如數十錢法所以說十者欲應圓數顯無盡故此中有二。一異體。二同體。所以有此二門者以諸緣起門內有二義故。一不相由義謂自具德故如因中不待緣等是也。二相由義由義謂自具德故如諸緣起門內不異體等是也。二相由義故如待緣等是也。初即同體後即異體就異體中有二門。一相即。二相入所以有此二門者以諸緣起法有二義故。一空有義此望自體。二力無力義此望力用由初義故得相即由後義故得相入。

初中由自有二義故。一空有義此望自體。二力無力義此望力用由初義故得相即由後義故得相入。

釋嚴教義章卷四 十五 宅四

若有時他必無故故他即自何以故由他無性以自作故二由自若空時他必是有故所以自有全力故所以能攝他他全無力故是故常相即若不爾者緣成非緣起故此義思之可見。 二明力用中自有全力故所以能入他他全無力故所以不相入又由二有力二無力各不俱故無彼不相入故有有力無力無二故是故常相入以體攝用無別用故唯是相入以用攝體無別體故唯是相即更無別體故唯是相

華嚴教義章卷四 十六 宅四

即此依因六義內準之於中先明相入初向上數十門一者是本數何以故緣成故乃至十者皆有十。何以故若無一即一切不成故。一即攝於十也仍十非一矣。餘九門亦如是。二一即一切何以故由緣成故一者是緣成故若不爾者自性故不得名緣起也。乃至十者皆非自性由緣成故一即十也若不爾者十非緣成故不得成故是故一即十。如是十中有一餘亦如是準以思之。此約異門相望說耳。若約同體門中者即自具足十門。一者一即一。何以故緣成故一即一切也。乃至十者一即十。何以故緣成故一即一切非一一中有十者是緣成一若不爾者自性故不得名緣起也。乃至十中有一者亦如是。此緣起陀羅尼法若不如是即不成故定知如是。此約異門相望問既言一即一切云何一緣成故是故一中即具多一多者方名緣起。若不爾者自性故不名緣起。何以故由無性故。若不由此緣起是法界家實德故普賢境界具德自在無障礙故華嚴云菩薩善觀緣起法於一法中解了多法眾多法中解了一法是故當知一中十十中一。

相容無礙仍不相是一門中旣具足十義故明知一門中皆有無盡義餘門亦如是問一門中攝十盡不答盡不盡何以故一中十故不盡十中一故不盡非顯德等準之可解耳別別諸門例如護過去妙理應如是知第一門竟 初異體門中第二卽義者此中有二門一者向上去二者向下來初門中有十門一何以故緣成故一卽十何以故若無一卽無十故緣成故一卽十何以故是十矣如是向上乃至第十皆如前準可知言向下者亦有十門一何以故一卽十者由一是本數故若一不卽十者多錢卽是多錢耳問若一不卽十者有何過失答有二失一不成多錢過何以故若一不卽十一一皆非十故十皆非錢故不成多錢過何以故若一不卽十十亦不成何以故若無一卽無十故今旣得成十明知一卽十也二者不成一義亦不成何以故若不相卽緣起門中空有二義得一不現前便成大過謂自性等思之可知下同體門
以故若無十卽無一無體餘皆有故是故此十卽一矣如是準前可知耳以此義故當知一卽十也一卽二三四乃至十者準例可知向下一一錢皆如是準可知耳問此門與前體門何別答前明一中十此明一卽十也問一체中하여何得有一卽十耶答이 체문 중 하여 自體卽是一 準 以思之

中準此知之餘門亦準可知耳問若一卽十者應當非是一若十卽一者應當非是十祇爲一卽十故所言一者非是一緣成無性一爲此一卽一何以故緣成無性故無自性故無緣不成也一若十卽一義門爲一時俱圓耶爲前後逆順同體不違德用自在無礙故皆得如此問如上所說去來其相云何答去來義約自位不動而恆去來何以故一卽一物故但爲生智顯理故爲此耶答耶勿妄執矣應如是準知問上一多義門爲去來不答不去來何以故去來等義耳若廢智論者卽其事也問若廢智卽非有如此耶答若由智故說有如此者智廢智卽不論緣起卽是始終故智卽法耶答耶不成何以故若耶不成智亦不成何以故緣成故問同時具足故同體異體義準以思之大段第一異門訖 第二同體門者亦有二義一者一中多多中一二者一卽多多卽一初一中多一者何以故由此一錢自體是一仍是本數一中卽具十何以故由此一中

復與二作一故即為二乃至與十作一故即為十一是故此一之中即自具有十箇一耳仍一也以未是即門故初一錢既爾餘二三四五已上九門皆各如是準例可知耳二者多中一亦有十門一者如是即門故初一即十中一也何以故緣成故初一在十一之中以離十一故由此一故此即彼初一望後九異門相入耳今此同體何別答前異體者初一望前後異門說也即義亦準思之二者一即具十非一故以故由此一故是一矣餘下九八七乃至於一皆如是也仍十一之中以一即一矣餘一一亦有十門一故此即一十中一何以故緣成故初一與十作一故此即一十中一何以故緣成故初一在十一之中以耳門故初一錢既爾餘二三四五已上九門皆各如是準例可知耳二者多中一亦有十門一者初一即十何以故由此初一即是十故何以故由此初一即是十故餘九門皆亦如是準之可知二者一即十亦有十門一者十即一何以故由此十即一故餘九門皆亦如是準之可知問此同體中一即十等者為祇攝此十耶荅此並隨智而成須十即如前釋曰無盡者一門中既有增減隨趣矣十復自迭相即相入重重成無盡也然此無

十即一亦有二門一十即一者亦有十門不同一者一即十何以故緣成故初一即是十故一即十何以故緣成故初一即是十故餘九門皆亦如是準之可知二者一即十亦有十門一者十即一何以故由此十即一故餘九門皆亦如是準之可知問此同體中一即十等者為祇攝此十耶荅此並隨智而成須十即如前釋曰無盡者一門中既有增減隨趣矣十復自迭相即相入重重成無盡也然此無

盡重重皆悉攝在初門中也問為但攝自一門耶為亦攝餘異門耶荅或俱攝或但攝自無盡何以故由此一門中無盡餘一切門中無盡皆悉不成故是故初門同體即攝同異一切門中無盡皆具足無盡故此一門中具足一切無盡無盡何以故此但自攝同體即自攝無盡更無可攝餘異門如虛空不相知故無窮其圓極法界無不攝盡耶荅或但自攝無盡何以故由餘異門即自攝無盡及相即相入等成無失也如此門既具足無盡餘一一門中皆悉如是各無盡無盡誠宜如是準知此

且約現理事錢中說彼一乘緣起無盡陀羅尼法非謂其法祇如此也應可去情如理思之第二約法廣辯者略有二種一者立義門二者解釋門初立義門者略立十義乃至五乘等一以顯無盡何者為十一教義即攝一切因果五八法六分齊境位七師弟法智八主伴依正九隨其根欲示現十逆順體用自在等即攝一切教義即攝一切因果即攝一切解行即攝一切理事即攝一切乘三乘等一切分齊境位七師弟法智即攝一切主伴依正即攝一切隨其根欲示現即攝一

切逆順體用自在等。此十門爲首皆各總攝一切法
成無盡也。二言解釋者亦以十門釋前十義以顯無
盡。問何以得知十數顯無盡耶。答依華嚴經中立十
數爲則以顯無盡義。一者同時具足相應門此上
十義同時相應參而不雜成緣起無有前後始終等別具足
一切自在逆順相應同時具足相應故此依海印三昧
炳然同時顯現成矣。二者一多相容不同門此一切
諸義隨一門中即具攝無盡義者此亦如是然此一中雖具有
初錢中即攝無盡義者此因果理事一切法門如彼
多。一非即是其多。耳多一中一等準上思之餘一一
門中皆悉如是重重無盡故也。故此經偈云以一佛
土滿十方入一亦無餘世界本相亦不壞無比
功德故能爾然此一多雖復互相含受自在無礙仍
體不同也。所由如上釋此有同體異體。準上
思之可解。三者諸法相即自在門此約同體門中
一切一即一圓融自在無礙成耳。若約異體門中
即自具足攝一切法也然此自一亦復自相入重重
無盡故也。然此無盡皆悉在初門中也。故此經云初
發心菩薩一念之功德深廣無邊際無量劫諸佛
劫不能盡菩薩何況於無邊無數無量劫具足修諸度窮

地功德行義言一念即深廣無邊者良由緣起法界
義者即其一切故爾如彼同體門中一切各現
一即一切故一即得一錢即得重重無盡
無盡義者即是也所以何況無邊劫者即此經又云初發心
是佛故也由是緣起妙理無邊劫者此經又云初發心菩薩
終方原始終皆齊得始即得終。然也。在於一地
普攝一切諸地功德也。十信終心即作佛者。屬於一地
一即多多即一故也十信終心即無盡即是故得一即一切
爲前後耶答同時具足爾時無邊劫即一時炳然現一切者屬微細
問同體一切一門中即攝一切諸事也。何以故即其事也
無盡義者即其一切故爾如彼同體門中一切各現
攝隱映互現重重無盡者屬因陀羅攝餘義即同即異即
多即少即有即無即終即始如是自在具足一切無
盡法門仍隨舉爲首餘即爲伴道理亦不差失舊來
如此也亦辨同體一門中即自在無窮德耳餘異體
等門中亦準思之問若一門中具足自在具足一切無盡自
在者餘門何用爲答餘門如虛空何以故同體一門
并攝自門一切豈可攝餘門耶如同體一門中所攝自一
切復攝餘一切故既攝自一切者但應
也。何以故圓融法界無盡緣起一一一切重重窮其法界
也。何以故圓融法界無盡緣起無一一切並不成故

此但論法性家實德故不可說其邊量故此經偈云不可言說諸劫中演說一切不可說劫猶可盡說不可說諸劫中演說一切不可說劫猶可盡不可說不可說一切諸劫盡可算其數十方虛空界一毛猶可知一切剎微塵尚可算其數十方眾生心悉可分別量菩薩初發心究竟不可測良由此一乘圓極自在無礙法門得一切故耳因果俱時前後相容故以六相總別等義而用括之明知因果俱時相緣起以信地菩薩乃至與不可思議佛法爲一故地論云攝一切故此一乘深須思之此事不疑又此經云何以故此初發心菩薩即是佛故悉與三世

諸如來等亦與三世佛境界等悉與三世佛正法等得如來一身無量身此等諸佛智慧所化眾生皆悉平等又云初發心時便成正覺具足慧身不由他悟如是云云無量廣如經文問此等義因果緣起豈可即滿德果耶此一乘義因果同體成一緣起得此即得彼此不得即彼此不得果者因即不成他何以故不得果者非因也問上言果分離作佛得果因相即相入故即相入故十信終心即辯作佛得法耶若今言作佛者但從初見聞已去乃至第三生即得彼究成解行解行終心因位窮滿者於第二生即得彼究

華嚴教義章卷四 二十三 宅四

竟自在圓融果矣由此因體依果成故但因滿者即沒於果海中此爲證境界故不可說也此如龍女及普莊嚴童子善財童子並兜率天子等於三生中已有此義與彼廣如經辯應準思之問上言一乘望二乘得作佛者此即彼三乘中已有此義與一乘何別答三乘教義理事因果等如上一切法門及與一切眾生悉爲一念即得作佛今此一念即得具足一切義皆新新斷惑亦不住學地而成正覺具足十世同時同時同時同時同時同時作佛後同時同時同時同時同時同時佛以顯無盡逆順德故及因陀羅微細九世十世等

徧通諸位謂說十信終心已去十解十行十迴向十地及佛地等同時徧成無有前後具足此即一切耳然此一念與百千劫無有異也直須思之此即第三諸法相即自在門訖　第四者因陀羅網境界門此上諸義體相自在隱顯互現無數億諸佛國須彌金剛圍世間不迫迮於一微塵中此但從故此經云於一微塵中示現三惡道天八阿修羅各各受果報此三偈即三世間也又云一一毛孔皆有無量菩薩眾各爲具說普等爾所佛坐

華嚴教義章卷四 二十四 宅四

179

賢行無量剎海處一毛悉坐菩提蓮華座徧滿一切諸法界一切毛孔自在現又云如一切微塵所示現一切微塵亦如是餘者云如無量廣如經辯此等並是實義非變化此是如理智云無量廣如經辯此等並是法性家實德法爾如是不入此例何以故此但是一重現而已何故乃是說如是展轉即重重無盡也宜準思之問若據此中現無量佛剎等者此方說華嚴經時亦云一切微塵中亦如是非謂分別情識境界此可去情思之問上一塵重重現耶此方說華嚴經時云一切微塵中亦如是說彼微塵中說華嚴經時云何智中如量廣如經辯此餘者即眷屬圍繞如上教義等並悉如是自在成耳及前相即相入自在住等皆悉如是攝一切法界並悉因陀羅成也。五者微細相容安立門此上諸義於一念中具足始終同時齊頭顯現無不明了。猶如束箭於一念中炳然同時齊頭顯現故此經云菩薩於一念中從兜率天降神母胎乃至流通舍利法住久遠及所被益諸眾生等於一念中皆悉顯現廣如經文又云一毛孔中無

文重重無盡有何分齊。云何辯其始終等耶荅。隨其智取舉一為首餘則為伴。據其首者即當耳。餘者即為眼等。如是自在成耳及前相入等一切法門。

量佛剎莊嚴清淨曠然安住又云於一塵內微細國土一切塵等悉於中住宜可如理思之問是義與上因陀羅何別耶荅重重隱映因陀羅攝齊頭炳然顯著微細攝此諸義並別不同宜細思之者祕密隱顯俱成門此上諸義隱覆顯了俱時成就也故此經云於此方入正受他方三昧起如云眼根入正定色塵三昧起等又云一微塵中入正受一切塵中起等又云男子身入正受女子身中三昧起等云云又云於一毛端頭三昧起等如是自在又於隱彼顯此顯彼隱此方入正受正受同時祕密成矣又此經云十方世界有緣故往返出入度眾生或

見菩薩入正受或見菩薩從定起又云於彼十方世界中念念示現成正覺轉正法輪入涅槃現分舍利度眾生如是無量餘如經辯。又如佛為諸菩薩受記之時或現前受記或不現前祕密受記等。如上第一錢中十錢如是前受記即為祕密望第一錢中十錢即為顯了。第二錢望則成此彼成彼成故俱名成就也應如此準思之。密何以故此見不見彼故不相知故雖不相知然則成此彼成故俱成顯了第七諸藏純雜具德門此上諸義或純或雜如菩薩入法界等若以入門取者即一切皆入故名為純又如菩薩入一三舍理事等一切差別法故名為雜又如菩薩入一三

昧唯行布施無量無邊更無餘行故名純又入一三
昧即施戒度生無邊諸餘行俱時成就也
如是繁與法界純襍自在無不具足矣宜準思之
入者十世隔法異成門此上諸襍義徧十世中同
時別異具足顯現以時與法不相離故言十世者過
去未來現在三世各有過去未來及現在即為九世
也此九世迭相即入故成一總句總別合成十世也
也然此十世具足別異同時顯現成一緣起得入也
故此經云或以長劫入短劫或短劫入長劫或百千大
劫為一念一念即百千大劫或過去劫入未來劫未
來劫入過去劫如是自在時劫無礙相即相入渾融
成矣又此經云於一微塵中普現三世一切佛剎又
云於一微塵中普現三世一切眾生又云於一微塵
中普現三世一切佛事又云於一微塵中建立三
世一切佛轉法輪此上諸佛事又云無量廣如經文此
上諸義門悉於十世中自在現耳宜可思之。九者
唯心迴轉善成門此上諸義唯是一如來藏為自性
清淨心轉也但性起具德故與三乘不同然一心亦具
足十種德如性起品中說十心義等者即其事也所
以說十者欲顯無盡故如是自在具足無窮種種德

耳此上諸義門悉是此心自在作用更無餘物唯
心轉等宜思釋之。十者託事顯法生解門此上諸
義隨託之事以別顯別法謂諸理事等一切法門如
此經中說十種寶王雲等事即諸法門也顯
義可貴故立寶王雲以表之如經云無量如意寶之
上諸義潤益故資擇故斷斷故以雲標
矣如是等事云云三乘中以有此
義與此別答三乘託異事相表異理今此一乘
以表之顯上諸義相即是彼所現道理更無異也具此一
切義所託之事相即是彼所現道理更無異也宜可如理思
理事教義及上諸法門無不攝盡者也可如理思
之。此上十門等解釋及上本文十義等皆悉同時會
融成一法界緣起具德門普眼境界諦觀察餘時但
在大解大行大見聞心中然此十門隨一一門即攝
餘一切也應可以六相方便而會通之可準上來
所明竝是略顯別教一乘緣起義耳又於其中諸餘
法相無不皆盡應廣如經論疏鈔孔目及問答等設
為方便等廣問答除疑宜可廣依華嚴經普眼境界準
思之問此上三乘全別不同此上道理與彼三乘為
與彼問此上道理與彼三乘一別不同此上可信矣又
以何文證知三乘外別有一乘耶答此經自有誠文

故偈云。一切世界群生類。尠有欲求聲聞道求緣覺者轉復少求大乘者猶為易能信是法甚為難良由此法出情難信是故聖者將示彼三乘對此決之又偈云若眾生下劣其心厭沒者示以聲聞道令出於眾苦若復有眾生諸根明利有利樂於因緣法為說辟支佛道也若人根明利有大慈悲心饒益諸眾生為說菩薩道即大乘也若有無上心決定欲大事為示於佛身諸佛法一乘位中隨其機欲方便少說由不窮法界源故權現二乘也由此一乘非下機堪受是故大聖善巧現於

身三身等佛今為如是無上心機樂大事方始現佛十身境界說無盡佛法耳現佛身說無盡佛法也三乘但隨機而已未顯諸佛十身自境界等非窮盡說也何故三乘以此無窮過失故然此一乘以無窮為身又隨機少說一相一寂一味理等。
實德故耳。又此經云於一世界中聞說一乘者或為三四五乃至無量乘於一乘據本末分齊耳聖教文義顯然不可以執情而驚怪者矣。
六相緣起三門分別。初列名 二明教興意三問答解釋
初列名者謂總相別相同相異相成相壞相總即一舍多德故別即多德非一故同相者多義不相違同成一總故異相者多義相望各各異故成相者由此諸義緣起成故壞相者諸義各住自法不移動故。第二教興意者此教為顯一乘圓教法界緣起無盡圓融自在相即無礙鎔融乃至因陀羅無窮理事等此義現前一切惑障一斷一切斷得九世十世惑滅行德即一成一切成理性即一顯一切顯並普賢境行及佛果同時相即自在具足逆順因即普賢解行及成正覺證入齊初發心時便成正覺良由如是法界緣起六相鎔融因果同時相即自在具足逆順成耳。

第三問答解釋者然緣起法一切處通今且略就緣以證入果即十佛境界所顯無窮廣如華嚴經說。
問此但據緣起法中一切處通今且略就緣成舍辨。問何者是緣成舍耶答椽等諸緣是問若椽等諸緣是舍者為椽獨作舍耶為要餘緣共成舍耶若椽獨作舍者何故不作椽時即不成舍時即得有椽作舍者未有瓦等亦應作舍今言能作者未有瓦等不能作舍故椽非是能作也今言椽作舍者即是全椽自獨作舍何以故故若離椽舍即全不成故。若椽作時全椽自獨作舍時不是舍作故非椽也作椽全舍時即得椽名作舍時即得舍名但論椽能作不說非椽而作。何以故椽即是椽故。今言能作者何以故故椽即椽是因緣由未全成若不全成不名為椽。問若椽等諸緣各出少力共作不全

作者有何過失答有斷常過若不全成但少力者諸緣各少力此但多箇少力不全一全舍故是斷也諸緣並少力皆無全成故是其常也若不全成者一樣旣屬一舍應不全成故知非少力也故知好全舍去卻一樣時豈非舍耶答樣若不去卻一樣時無舍故知好去卻一樣時無舍故知不成板瓦等是故所以然者若無樣卽無此舍並壞故不名舍也問何故去卻一樣者卽是樣也若不卽樣者卽是舍壞故卽不成舍也

今旣並成故知相卽耳。第二別相者樣等諸緣別於總故云何別以總成別別卽總故若不別者總義不成故若不卽者總義不成故此義云何本以別成總故總卽別也若不爾者總義不成故是故別卽總故得成總也若不卽者總卽別也問若總卽別者應無總也答由總卽別故是故得成總也問若總卽別者應無總也答由總相故別卽是總者如何別相卽是舍故如何別相卽是舍者由舍相卽是故成別也是故別卽總相卽是故成總相卽是故別卽總也別外

何過也別在總外故非別也思之可解問若不別者諸緣何故不同相耶答祗由不同相故有舍故若相同者卽作舍而執有舍者無因有舍是斷也若相違不作舍者無因有舍是斷也

第三同相者樣等諸緣非別作餘物故名同相此與諸緣同作舍等諸緣雖體各別名同相也問此與總相何別耶答總相唯望一舍說今此同相約樣等諸緣非作餘物故名同相也問若不同者何過耶答若不同者諸緣互相違不同作舍故不得有舍故無斷常過也

第四異相者樣等諸緣隨自形類相望差別故問異相者祗由異故所以同耳不異者樣等諸緣各各異相故若不異者椽旣丈二瓦亦應爾壞本緣法故失前齊同成舍義故今旣成舍故知是不異也今旣成舍故知是不異也問此與別相有何異耶答前別相者但別於緣故說別相耳今異相者諸緣各異故問若不異者有何過失耶答若不異者椽卽同瓦丈二壞本緣不相異故舍義不成故是常也何者壞本緣法不共成舍故常也是故異者諸緣各異故是斷也

第五成相者由此諸緣舍義成故由成舍故椽等名緣

若不爾者二俱不成今現得成故知成相互成之耳
問現見椽等諸緣各住自法本不作舍何因得有舍
義成耶荅祇由椽等諸緣不作舍故舍義得成所以
者若椽作舍去即失本椽法故舍義不得成今既不
作故椽等諸緣現前故舍義得成又
若作舍者何過失耶荅有斷常過失何者舍本依椽
等諸緣成今既並不作不得有舍故是斷本以緣
成舍名為椽今既不作故無舍故是常也又椽不作舍得椽名者亦是常
無因有故是常也又椽不作舍故無舍故椽不作舍得椽名者亦是斷

第六壞相者椽等諸緣各住自法本不作故問現
見椽等諸緣作舍成就何故乃說本不作耶荅祇由
不作故舍得成若作舍去即不住自法故有舍義明
不成何以故作去失法故舍若不住自法有舍義即
也問若作舍去有何失故不住自法耶荅若椽作舍
即失椽法失椽法故舍即無椽無椽故舍即不成
成失椽法而有舍者無椽有舍是斷也又椽不作舍
椽亦不作舍故有舍有椽有是常也又總即一舍別
即諸緣同即互不相違異即諸緣各別成即諸緣辦果
壞即各住自法別爲頌曰

一即具多名總相　多即非一是別相

華嚴一乘教義分齊章卷四

多類自同成於總　各體別異現於同
一多緣起理妙成　壞住自法常不作
唯智境界非事識　以此方便會一乘

華嚴教義章卷四

大華嚴經略策

唐清涼山大華嚴寺鎮國沙門澄觀述

第一釋經題目　第二明經宗趣
第三釋佛名號　第四處會法主
第五不起昇天　第六說經時節
第七經之部類　第八翻譯傳通
第九華藏體相　第十生佛交徹
第十一信圓妙　第十二惑障不同
第十三如來十身　第十四聖賢位欠
第十五波羅密　第十六說十之由
第十七地獄頓超　第十八二乘聾瞽
第十九普賢行願　第二十文殊祖師
第二十一悲智雙流　第二十二止觀雙運
第二十三動寂自在　第二十四事理相融
第二十五彰其十玄　第二十六辨玄所以
第二十七法界名體　第二十八證入淺深
第二十九善財南求　第三十知識別證
第三十一圓融行布　第三十二果海離言
第三十三定之名　第三十四通差別
第三十五通六通　第三十六忍淺深
第三十七佛不思議　第三十八十身相海
第三十九功無功用　第四十教起源由
第四十一三藏二藏　第四十二分教

華嚴經略策

第一釋經題目

問諸經得名或人或法或因或果體勢多端不審此經從何立稱仰當剖析以示詮題。答某聞至趣無言非言莫顯欲窮妙理必假筌罄故無名之中強立名字大方廣者所證法也佛華嚴者能證人也大以體性包含方廣乃業用周徧佛謂果圓覺滿華喻萬行披敷嚴乃飾法成人經乃貫穿常法一經體用盡矣大方廣五周因果皆佛華嚴斯乃人法雙題法喻齊舉有體有用有因有果理盡義圓該攝無外包難思之義理為一部之宏綱委細宣陳恐煩視聽謹對

第二明經宗趣

問夫言必有本理必有歸未知此經宗何法門意趣何向仰當具答示其所歸使於簡文得見幽致。答夫舉領提綱毛目自整尋根得本條流自明無宗之宗也法界者是總相也包事包理及無障礙皆可軌持具於性分緣起者稱體之大用也理實者別語理宗也宗說兼暢此經以法界緣起不思議為

也因果者別明事也此經宗明修六位之圓因契十身之滿果一一皆同理皆是法界大緣起門語理實則寂寥虛曠故經云法性本寂無諸相猶如虛空不分別超諸取著絕言道真實平等常清淨語緣起則萬德紛然故經云而於第一實義中示現種種所行事此二無礙故實故事理交徹互奪雙亡此二相成則事理照著以理實而融因果則涉入重重會斯二而歸法界則融通隱隱故經云於有為界示無為法而不滅壞有為之相於無為界示有為法而不分別無為之性由斯自在靡所不通唯證相應故超言念謹對

第三解釋佛名

含無外盡是經宗論其意趣覽之成觀速證佛果謹對

問諸經論內多說釋迦或談遮那則三身別稱此經何理即此釋迦遮那仰出所以兼釋梵名

答夫教隨機異權實多途分三身名目自是三乘教內今一乘玄旨一體不分即實之權釋迦即權之實即是遮那故經云或名毗盧遮那或名釋迦牟尼名無二也釋迦此云能仁牟尼此云寂默毗盧遮那此云光明徧照身智一光事理齊照圓明獨朗

假立其名實則一娑婆界有百億十千之名窮法界中名名無盡隨宜攝物一多在機亦假無盡之名彰無盡之德耳謹對

第四處會法主

問說時方人為生物信法身雖徧說必有方求知此經於何而說復幾會說為佛獨說為託他人仰答說由使無惑也答法身無在而無不在即體之用應必有方略說七處不同實則處窮法界言七處者

一會菩提場第二會普光明殿第三會忉利天第四會夜摩天第五會兜率天第六會他化自在天第七會逝多園林而三會普光故有九第一會在菩提場說如來依報因果第二會普光法堂說十信法門第三會忉利天宮說十住法第四會夜摩天說十行法第五會兜率天說十迴向法第六會他化自在天說十地法第七會重會普光法堂說因圓果滿法有十一品經前六因後五果滿第八三會普光法堂說普賢大行法六位頓成第九歸菩提場則十會圓明頓彰玄極言為佛獨說為託他人者此經欲表諸佛齊說故於諸會多是十方末託他人者

諸佛加菩薩說欲明一說一切說故第一會十方諸佛加菩薩說普賢是華嚴海會主故表普法故第二會文殊為主而十信無門萬德首故第三會法慧菩薩說表十住法慧心增故第四會功德林菩薩說表十行法門高出歸向義故第五會金剛幢菩薩說表十迴向法門森聳故第六會金剛藏菩薩說表十地法含藏出生不可壞故第七會亦普賢菩薩說因圓果滿普周法界行德皆普故第八會亦圓收始自初心終極等覺皆共同修乃至成佛舉一位名收六位行為二千行法界亦普賢菩薩說沒六位名收六位行為二千行法界亦普賢菩薩說
捨因故第九會如來自入師子頻申三昧令諸大眾頓證法界示相而說普賢文殊二聖開發百城善友並皆同說故此一會曲分為二一即本會如來現相二聖開顯頓證法界二即六十一經末終盡八十諸善知識為善財說漸證法界漸頓該羅本末總皆證法界故略明會處顯文若斯若散取經文總有十處初此閻浮二周百億三徧十方四盡塵八十餘異界六該剎塵七重攝八復重收九猶帝網十皆同則約會略舉三千界廣周法界無盡說主三種世間無不說也束此九會以為四分第一會從

亦有六品一昇忉利天宮品二忉利宮中偈讚品三十住品四梵行品五初發心功德品六明法品第四會有四品一昇夜摩天宮品二夜摩宮中偈讚品三十行品四十藏品第五會三品一昇兜率宮中偈讚品三十迴向品第六會一品十地品第七會有十一品一十定品二十通品三十忍品四阿僧祇品五如來壽量品六菩薩住處品七佛不思議法品八如來十身相海品九隨好光明功德品十普賢行品十一如來出現品第八會唯一品即離世間品第九會亦唯一品即入法界
勸樂生信分第二從第二會如來名號品至如來現相品有三十一品四十一卷經文名修因契果生解分第三以第八會離世間一品有七卷經文名託法進修成行分第四以第九會入法界一卷經文名依人證入成德分若分初會六品一世主妙嚴品二如來現相品三普賢三昧品四世界成就品五華藏世界品六毗盧遮那品三光明覺品四菩薩問明品五淨行品六賢首品第二會亦有六品一如來名號品二四聖諦品三光
世主妙嚴品至毗盧遮那品有十一卷經文名舉果

品初三會各六品爲十八品四五兩會共有七品成二十五品第七會十一品故有三十六品六八九三會各唯一品故有三十九品又束三十九品爲三分初世主妙嚴品爲序分二現相品已下爲正宗分三從入法界品六十一經爾時文殊從善住樓閣出已下竟經爲流通分三十九品調冠眞宗九會四分彰其大格現文若此具本難彰尋其名題方知綱要謹對

第五不起昇天

問去住不同人天處別如何經說不起覺樹而昇三天又許不起而昇理應齊等如何經云爾時如來不離一切菩提樹下而昇須彌頂忉利天帝釋殿二昇夜摩三昇兜率獨有此言其故何耶。答法性寥廓緣起難思我佛世尊獨有不言故昇以爲身總緣起而爲用體用無礙一多自在不分而徧不去而周感見有前後閻浮有感見在閻浮天宮有感見上昇覺樹之佛而昇彼天故法慧菩薩云佛子汝應觀如來自在力十方浮提皆言佛在中我等今見佛住於須彌頂亦然如來自在力明知去住皆物見也請以喩顯譬

如澄江一月三舟共觀一舟停住二舟南北南者見月千里隨南北者見月千里停舟之者見月不移是則此月不離中流而往南北設百千共觀八方各去則百千去住見殊諸有智人自曉玄旨者顯問言去住事理應何以三賢獨有斯旨又異義故謂前赴後事相鄰次故不假帶入不假越故須連帶此三會同詮何以三賢居然不假前第七卽位中普賢及於妙覺已已證入天彰六位體用已融第九唯明證入體用一味故並皆不假唯三會要令成鉤鎖一法界會故謹對

第六說經時節

問如來出現何時說耶垂五十年一化始終三時五時之異不審此經何時說耶仰具說時以袪疑滯。答夫心冥至道則渾一古今法界無生本亡時分況無涯之說念劫圓融則正覺始成頓彰自狹至闊略有十重一念二盡七日三徧三際四攝同類劫五收異類劫六以念攝劫七劫念重收八異類界時九彼此相入十以本收末卽非劫爲劫略叙十重舉一全收非長非短能短能長謹對

第七經之部類

問聖教之詮廣略非一未知此教為廣為略為具為闕耶　答無言之言窮法界無說之說物無非詮略就言詮以為十重差別一略本經即今所傳八十卷三十九品是以其梵本有十萬偈今所譯四萬五千故二下本經即是具本十萬偈中四十八品即龍樹菩薩於龍宮所見總有三本此當下本經即彼所見本有四十九萬八千八百偈一千二百品四上本經亦彼所見有十三千大千世界微塵數品此中上二本並非世人心力能傳五普眼經即善財童子所見第三善友海雲所持

華嚴經略策　九

以大海量墨須彌聚筆書此普眼法門一品中一門一門中一法一法中一義一義中一句尚不得少分何況能盡總持菩薩方能受持故六同說經即一類世界盡法界虛空界容毛端處以言聲說無窮盡故七異說經謂樹形等刹世界既異施設亦殊不可定其若色若言部類雖準八主伴經如遮邪佛說則十方佛為伴如十方為主則遮邪等盡為伴故九眷屬經謂非經而類此通方之說隨宜說教皆入此門故名眷屬經耳十圓滿經謂上諸本總融為一無盡教海故一文一句皆攝無遺以所詮難思故能詮難

喻略申十類以示玄門然其略詮亦收義理猶如海滴濕性同故謹對

第八翻譯傳通

問夫教自西天東流華夏貝多梵字紙素翻傳必承明詔之恩要假群賢詳議未知此典之譯在何朝主何人而新舊同異仰申旨的令識鴻源　答自佛日沈輝西天結集漢明之代教始東垂不思議經普朝方有前後傳異四本不同一晉義熙十四年北天竺三藏佛度跋陀羅於揚州謝司空寺即今上元興嚴寺翻梵本三萬六千偈成晉經六十卷

華嚴經略策　十一

沙門法業筆受慧嚴慧觀潤色二大唐永隆元年中天竺三藏地婆訶羅此云日照於西京太原寺即長安崇福寺譯出入法界品內兩處脫文一從摩耶夫人後至彌勒菩薩前中間天主光等十善知識二從彌勒菩薩後至三千大千世界微塵數善知識前中間文殊申手摩善財頂十五行經即八十卷經之初大德道成律師薄塵法師大乘法師等同譯復禮法師潤文三大周證聖元年于闐三藏實叉難陀此云喜學於東都佛授記寺即今敬愛寺再譯梵文兼補諸闕計九千頌通舊總有四萬五千偈合成唐本

八十卷其梵本即則天大聖皇后遣使于闐迎來此方大德義淨三藏弘景禪師圓測法師法寶法師賢首法師等同譯復禮法師綴文神英法師日照補文安喜學脫處卻脫日照所補文殊菩薩案善財頂十五行經賢首法師以新舊兩經勘以梵本將第四本中雖益數處卻脫日照所補文殊連今之所傳即日本若有八十卷初無文殊結集經事準西域三本也然如來說教能隨類音一言三詳競競誠慎使上眞賢達傳譯必音善兩方。聖意下隨時機故得傳通功深益遠謹對

第九華藏體相

問華藏刹海如來依報修淨土觀所感未知於中安立形體有何形狀可得聞乎修何等因成茲刹海立何行業遊處其間仰示入門知所歸趣

答我佛國土依正圓融體即眞如量周法界語其嚴飾等一切之刹塵法化橫豎窮無際修因曠遠算數難量圓機圓修方造其境然隨機隱顯雖淨穢虧盈稱物淺深大小互現而淨穢交徹雖大小而通局相融識智巨量豈能盡故依經略示其狀此華藏世界有二十重其最下一重到第二重近遠

者即一佛刹微塵數世界方至第二重也從第二至第三第四乃至二十重漸漸增遠近數等也今此娑婆即第十三重也於華嚴藏最下先布須彌山微塵數風輪此風輪上持普光摩尼香水海內有蓮臺名種種光明藥香幢華持刹海其華面即是大地四方均平清淨堅固於中有不可說佛刹微塵數香水海一種一種中各有四天下微塵數香水河右旋圍繞然其一海間各有四天下微塵數眾妙寶以為嚴飾一一境界皆具地面體是金剛眾雜妙寶以為嚴飾一一境界皆具

世界海微塵數清淨功德之所莊嚴經云華藏世界所有塵一一塵中見法界寶光現佛如雲集此是如來往昔於諸有微塵佛所修功德淨業故獲種種寶光明華藏莊嚴世界海又云華藏世界海法界無差別莊嚴悉清淨安住於虛空是知雖有無盡莊嚴略申其十以顯之因無不趣一皆稱法界若觀成者即生其中萬行之因無不趣往然其總意若報若應皆無障礙略申其十以顯難思一事理無礙二成壞無礙三廣狹無礙四相入無礙五相即無礙六微細無礙七隱顯無礙八重現無

礙九主伴無礙十時處無礙即具一切無礙觀成居然自往謹對

第十生佛交徹

問眾生與佛迷悟不同生則六道循環佛則萬德圓滿如何有說即生即佛二互相收渾成因果全乖法理答夫真源莫二妙旨常均特由迷悟不同遂有眾生及佛迷真起妄假號眾生體妄即真故稱迷則全迷真理離真無迷悟則妄本是真非是新有迷因無明橫起似執東為西悟稱真理而生如東本不易就相假稱生佛約體故得相收不見此源迷悟頓成萬德圓備若朝為越女暮作吳妃夕產王宮旦稱太子豈要階降方為人君謹對

第十一十信圓妙

未醒了斯玄妙經云法界眾生界究竟無差別一切悉了知此是如來境如來繞成正覺普見眾生已成正覺眾生正在迷中向佛心中受苦冀希玄之士無捨妄以求真謹對

問十信為初智成佛須與經云法界眾生界究竟無差別一切悉了知此是如來境如來繞成正覺普見眾生已成正覺眾生正在迷中向佛心中受苦冀希玄之士無捨妄以求真謹對

答夫教有淺深根有勝劣從微至著漸教誘於劣機初心頓圓圓教被於上士既圓信圓解萬行圓修頓

第十二惑障不同

問二障塵沙尚非所喻阿僧祇劫未得斷名十地聖人分分漸損如何一切斷耶既越常規難以取信答惑本無從迷真忽起而不返瀾漫無涯若纖雲拂空其來無所須與彌滿六合黯然長風忽來倏爾雲盡千里無點萬像歷然方便風波羅密恆沙惑無本性空顯現眾德本圓八萬塵勞皆淨法眼照無惑並是真門眼翳未除空華亂起但淨法眼何惑不消滯執堅牢居然多劫謹對

第十三如來十身

問經論據說佛有三身或開不出受用自他或合但分真應何理致遂說十身請陳十名兼示體相

答夫真身寥廓與法界合其體包羅無外與萬化齊其用窮源莫二執迹多端諸佛就機一異說約體相用略說三身總自他分二受用及與真應盡理而說十身方圓言十身者略有二種一融三世間以為十身二如來一身自有十身謂一菩提身二願身三化身四力持身五相好莊嚴身六威勢身七意生

身八福德身九法身十智身然此十身即佛十德具體具用有應有真但融無二門故稱圓妙云何十德一覺樹道成朗然大悟二願周法界兜率上昇三化應多端若水分眾月四力持永久有全身碎身五相好無邊碎塵難數六威勢映奪如月映星七感通如意速疾八福德深厚若海包含九法性真常湛然周徧十智決斷頓覺圓明十德不離一身更無別佛不同三身四智體用不同言融三世間十身者一眾生身二國土身三業報身四聲聞身五緣覺身六菩薩身七如來身八智身九法身十虛空身於一

華嚴經略策 十五

如來身既有十身餘九身亦然便成百身又互相作便成千身而真應相融一多自在冀當仰信無滯常聞謹對

第十四聖賢位次

問十小乘經皆立次位未知此教次位如何 答理無淺深證有階降以無為法賢聖不同或階位歷然或無所位次各取一義未盡源流令無位無差不位次差別略有二門一者行布二者圓融此二相資互無障礙言行布者次位歷然故涉四天別陳六位

第二會雜修十信顯十甚深第三會忉利天宮方說

十住第四會夜摩天內彰十行法門第五兜率陀天說十迴向等妙二覺第六他化天內說十地法門第七普光法堂正說等妙二覺第八一會正顯圓融言十信者一信心二進心三念心四定心五慧心六戒心七不退心八護法心九願心十迴向心未成次位不立階位但彰隨緣行願而其德用該攝始終已如上說言十種甚深以顯隨行者一發心住二治地住三修行住四生貴住五具足方便住六正心住七不退住八童真住九法王子住十灌頂住十行者一歡喜行二饒益行三無違逆行

華嚴經略策 十六

四無屈撓行五離癡亂行六善現行七無著行八難得行九善法行十真實行然即如次是布施等十度法門雖兼多門十度為主言十迴向者一救護眾生離眾相迴向二不壞迴向三等一切佛迴向四至一切處迴向五無盡功德藏迴向六隨順堅固一切善根迴向七等隨順一切眾生迴向八真如相迴向九無縛無著解脫迴向十入法界無量迴向位中備修諸度而為所向一位中備修諸度而為所向無上菩提二迴向一切眾生三迴向實際前二為隨相迴向後一為離相迴向隨離不二事理齊修

悲智雙運則親能證入言十地者一歡喜地二離垢地三發光地四燄慧地五難勝地六現前地七遠行地八不動地九善慧地十法雲地然此十地由修十勝行斷十種障礙證十眞如故分十地一一地皆有四道一方便道二證道三助道四無住道謂各修加行爲方便道正證眞如以爲證道兼修諸行以爲助道權實雙流不住生死及與涅槃爲不住道言第七會明等妙二覺者有十一品經前之六品明等覺位謂一十定品二十通品三十忍品四阿僧祇品五如來壽量品六菩薩住處品言等覺者已超十地於

華嚴經略策　十七

妙覺約等妙覺亦名如來雖等而修亦名菩薩經顯相言妙覺者有五品經謂一佛不思議法品總明佛德二十身相海品別顯大相三隨好光明功德品別明隨好四普賢行品總顯圓因五出現品總彰果用朗然大悟離覺所覺故名妙覺上辨行布前階差淺深不雜二明圓融者以性融相一位之中具一切位或初攝後或後攝初中中攝初初攝普二位成四十重相攝之義故第八會具六位所明行法而沒位名頓彰諸行初心頓覺亦許頓修故普慧菩薩發二百問普賢菩薩申二千答爲二千行

一圓收謂隨一行卽攝二千行行皆爾爲圓融也然行布圓融說有前後義乃一時若不圓融是以彰其行布若不行布圓融乃理性德用相是性之相故圓融不礙行布故行布不礙圓融圓融不礙行布故行布不礙圓融性是相之性故布不礙圓融則一爲無量行布不礙圓融故布不礙圓融則隱隱一爲無量則融通隱隱一爲無量則涉入重重故唯智知凡情難測謹對

第十五十波羅蜜

問諸經之中多說六度今言有十其故何耶　答欲

華嚴經略策　十八

登妙位非行不階行雖千門不出十度說十度爲治六弊說六度門欲顯圓融復治十障故說十度然一一度各相收從其增微以爲十種一施二戒三忍四精進五禪定六般若七方便八願九力十智施謂財法無畏無不皆捨戒乃防非止惡內外無瑕忍則順違不干諦察忘懷心境精進則離身心相萬行增修禪定則六度門念慮皆亡安心理境般若則心無分別善達性空方便則涉有常空施爲無礙願度則思修功成萬境不動智度則決斷無惑證法怡神力度則上求下化窮未來力度則十度齊起故經云不取衆相而慧菩薩發二百問普賢菩薩申二千答爲二千行

行施本絕諸惡堅持戒解法無害常堪忍知法性離
常精進已盡煩惱入諸禪善達性空分別法具足智
力能博濟滅除諸惡稱大士十度廣義備於大疏謹
對

第十六說十之由

問諸經之中法相隨義三身四智五眼六通隨數減
增不可一準如何此教多說十耶　答眞理圓融非
相不顯欲彰圓妙故寄十以明之十是一周數之圓
故多則難盡少不顯圓又盡理而言十方備足故五
眼開爲十眼三身具說十身欲令觸目圓融一一皆

入法界故多說十斯可知也謹對

第十七地獄頓超

問罪有淺深位有階降阿毗地獄極惡罪人如何頓
超便階十地若言經力或推佛光何不獄中談經何
借光明常照仰申所以用遣大疑　答圓滿教海德
用難思諸佛威神利樂頗測然其化物要在有緣地
獄罪人昔聞圓法具金剛種得遇佛光光流成道之
時即是根機扣聖感應道交亦似萌芽之
假卽是根機已熟冥扣聖感應道交亦似萌芽之
含陽氣東風一拂頓爾抽條位雖頓圓因亦積善若
非其器亦不遇光欠第久修果無頓得其由影隨質

妙響逐聲倫理數然亦何致惑謹對

第十八二乘聲聾

問地獄極惡何遇佛光聲聞聖流何頓聲聾又法華
拂席遣出所由以曉疑網　答因緣多門教化萬品
餘經仰出而不聞以其猶雷霆震地獄種盆頓超二乘無機
根有大小盆有淺深地獄種盆頓超二乘無機
對而不見其何感哉又聞知有遠盆諸聲聞輩不
不觀斯理昭著大聖化儀理非一準法
華威遣以勵會中不輕令聞知法圓妙不其二乘各
謗不修蕾其不聞以彰絕分顯法圓妙不其二乘

第十九普賢行願

有指歸義無乖越謹對

問此經他經皆說普賢行願何者是耶請具分析
答一乘教旨創燭於高山十身妙因必資於大行行
皆稱理一一普周一行之中攝一切行一切行海全
在一塵以萬行沸騰而一道眞善當體已稱普賢行
矣斯之普行普賢所行亦以此行成普賢人法相
假皆得此名簡非次第行布之行德周普賢矣人至
順調善曰賢略收十門以顯無盡三所化普要化無盡眾生界故三
切如來平等證故二所求普要求一

所斷普要斷無邊煩惱海故四事行普而
不行故五理行普一一事行徹性源故六無礙行普
事理二行互交徹故七融通行普隨一一行攝無盡
故八所起用無不周故九所行處普第三際時念劫圓
融無竟期故上之十行參而不雜為普賢行散在諸
經本教徧具謹對

第二十文殊祖師

問文殊菩薩現是因人邪稱佛母既為法身菩薩何
以偏住清涼或言親稟釋迦復言來自金色或言諸
佛之祖或說菩薩之師仰盡源流彰其準的使參玄
之者不惑見聞 答至聖至神難窮其本憑教憑理
略述見聞示迹因人久成正覺體周法界應必有方
得果不捨因門迹為釋迦弟子昔為妙光菩薩以為
九世祖師況無不從其發心故為諸佛之祖偏主摩
訶般若復為佛母之名依不動之真源言自金色世
界震旦之人有感偏居清涼之山矣首楞嚴經略陳
其本曰龍種上尊王如來央崛經說其現成即謂摩
尼寶積處胎經說十方皆證菩提何以經中偏明定慧或說雙行之相云何可
計同萬類之變化入帝網之剎塵湛一寂之真源無

華嚴經略策 三一

成無滅口欲談而詞喪心將緣而慮息無相現相清
涼應現於多端即身無身金容煥目而無視執相者
迷其至趣觀空者執其見聞惑偏求有外之
空迷下士忽然虛相以為妖異乍生於日夕豈千秋
萬歲之常情況宣公上稟於諸天神僧顯彰於靈境
高齊八州以傾體有唐十帝之迴光清涼聖居理無
惑矣真源普徧何疑焉冀當仰其聖靈無得測其
深淺謹對

第二十一悲智雙流

問甚深般若直造心源何要悲心涉事流動 答佛
法大海要唯此二智造真境悲以兼濟有悲無智愛
見是生有智無悲墮二乘地今以忘機之智導無緣
之悲不滯空雖觀寂滅無心而化四生九類如二輪
而未始迷空故涅槃生死故雖涉有
之致具悲智而果圓謹對

第二十二止觀雙運

問於佛法中智為上首但應修智六度萬行皆證菩
提何以經中偏明定慧或說雙行之相云何可
見 答智慧雖尊非定不深其照萬行雖廣此二獨

華嚴經略策 三二

尊其猶易之乾坤亦似天之日月禪非智無以窮其寂智非禪無以深其照故寂智雙流方成佛果經云佛自住大乘如其所得法定慧力莊嚴以此度眾生謹對

第二十三動寂自在

問夫寂理內外並冥何能施為更起大用。答聲聞事寂事外求真動而非寂菩薩體理即事而真動而無動不礙常寂故不起滅定而現威儀謹對

第二十四事理相融

問事相萬差理唯一味如何經說事理無礙而相即耶。答事外求理二乘偏真照事即理菩薩大悟色外無空全色為空空外無色全空是色色謂緣生之法空謂無性之理由緣生故無性即色事而是真空由無性故從緣即空理而為色事一體二義有事理之名二義一體故得交徹也謹對

第二十五彰其十玄

問切聞華嚴深義謂之十玄請列其名略申其義。答十表無盡二一造玄隨舉一法即具斯十一謂同時具足相應門如大海一滴含百川之味二廣狹自在無礙門如徑尺之鏡見千里之影三一多相容不

同門若一室千燈光光涉入四諸法相即自在門如金與金色二不相離五祕密隱顯俱成門如片月澄空晦明相並六微細相容安立門如瑠璃瓶盛多芥子七因陀羅網境界門若兩鏡互照傳曜相寫遞出無窮八託事顯法生解門如立像豎臂觸目皆道九十世隔法異成門如一夕之夢翱翔百年十主伴圓明具德門如北辰所居眾星同拱十無前後舉一全收斯為華嚴不共玄旨謹對

第二十六辨玄所以

問事理懸隔一多不同如何無礙重重涉入。答因廣難量略陳一二一法無定性故以一非定一故能即多多非定多故能即一經云金剛圍山數無量悉能安置一毛端欲知至大有小相菩薩以此初發心二法性融通故謂若唯約事則互相礙不得即入若唯約理則唯一味無可即入今不異理之一事全攝理性時令彼一事不異理之多事隨所依理皆於一中現則事在理外失今既一事攝理皆盡而多事豈不於一中現故經云一切法門無盡海同會一法道場中等謹對

第二十七 法界名體

問何名法界法界何義。答法者軌持為義界者有二義。一約事說界即分義隨事分別故二者性義約理法界為諸法性不變易故此二交絡成理事無礙法界事攬理成理由事顯二互相奪即事理兩亡若法界事攬理成理由事顯二互相奪即事理兩亡若互相成則常理常事四事事無礙法界謂由以理融彼事故義如前說謹對

第二十八 證入淺深

問有得有證為增上慢如何說有漸頓證入。答有得有證取相為非無得無證是真證故般若心經云以無所得故菩薩心無罣礙諸佛則得菩提無淺深何有頓漸寄淺顯理漸入漸深故名為漸直就體明理不可分故名為頓頓外無漸漸即頓該羅非一非異如斯證悟漸頓兩亡假以言詮強名頓漸謹對

第二十九 善財求南

問道無不在善友普周十室之中必有忠信如何求友要往南方。答理無方隅人無不在欲有表示寄於一方以事理求略有五義一者西域居人宅多東向自東向南爾餘方亦然故二者舉一例餘一方既

順日月轉表於善財隨順入法故三南者正也表離二邊東西邪故四南者明也發生萬物聖人南面意在此故五南者生也略表法門盡滅南主陽諸夜神表地證相離方所故聖繞立意海印發揮未有一法而無所表謹對

第三十 知識別證

問既為善友必解行已周何乃各得一門皆云彼非我分豈可一文一藝而為師傅者耶。答法門無邊入門各異以表所主各別不盡難思法門故言唯知此一門餘非我分故經云諸佛境界無有邊各隨解脫能觀見猶如百川同歸於海又令善財歷事無厭若一友具說則不假諧多不得善財徧求徧事此一乃多之一故至普賢一時頓圓多是即一之多一

第三十一 圓融行布

此義已見行位之中但徧歷一切耳。無礙故難思議也謹對

第三十二 果海離言

問修因契果諸教皆同華嚴之中自說五周因果正二報燦然可觀十身圓融前後頻有何言果海本

離言詮若離言詮何由證入。答佛法雖廣略有二門一者宗通二者說通宗亦名證教亦教證二道宗通示修行說通示悟尋言契理必以教為筌罤得意亡言必在虛心體極今言果海約證相應可寄言詮皆得名故稱果海離言得意亡言詮何有欲令亡言得旨故稱果海離言然果假言成證須修入攬因成證乃心冥境智言因果本亡能所謹對

第三十定

問何名十定。答定謂心一境性體離一多隨境用差故百千不等今寄十顯圓以表難思皆從體用得名而相融無礙一普光大三昧二妙光大三昧三次第徧往諸佛國土大三昧四清淨深心行大三昧五知過去莊嚴藏大三昧六智光明藏大三昧七了知一切世界佛莊嚴大三昧八一切眾生差別身大三昧九法界自在大三昧十無礙輪大三昧謹對

第三十四十通差別

問何名十通請列其名及其體用。答通謂無壅精義入神大用自在亦寄十顯言十通者一他心智通二天眼智通三知過去劫宿住智通四盡未來際

智通五無礙清淨天耳智通六住無體性無動作往一切佛剎智通七分別一切言詞智通八無數色身智通九一切法智通十入一切滅盡智通三昧智通皆以無障礙大智而為其體有此十用故立十名謹對

第三十五十通六通

問十通六通有何差別。答仰申同異以釋疑情。十通大同少異欲彰圓極開六為十言六通者一他心宿命通此二不開餘四神境通二天眼通三天耳通四他心通五宿命通六漏盡通。云何開耶。答他心宿命此二不開餘四各分為二故成為十謂天眼約見分成四一見未來第二第四二名天眼即見現在四名盡未來際劫是見未來天耳約聞音聲辭分成五五名天耳即聞音聲七名分別即言辭也神境約業用色身分成六八六名無數色身偏語現身漏盡名八九約智中無漏名一切法智通十約定慧不同分成九十名無漏智成六八六名無體性無作用即是業用成無數色身偏現身業用皆同法界包攝難思盡三昧故六成十然其業用皆同法界包攝難思異六也謹對

第三十六十忍名體

問何名十忍仰列名體。答忍謂忍可即智慧為體

深淺法喻寄十顯圓一音聲忍聞深教聲不驚怖故
二順忍隨順理事故三無生忍了法無妄念不起
故四如幻忍了法緣生如幻不實故五如燄忍了境
如燄不可取忍了法緣生如幻不實故五如燄忍了境
響忍音聲如響緣合虛故七如影忍身等如影業緣
現故九如化忍無而忽有無真實故十如空忍究竟
如空不可取故謹對

第三十七佛不思議法
問何名佛不思議法。答諸佛果法名之為法無不
離相一一融通為不思議心行處滅故不可思言語
道斷故不可議心言罔及為不思議經云菩薩住此
不思議於中思議無有盡入是不可思議處思與非
思俱寂滅如是方名真不思議謹對

第三十八十身相海
問何名十身相海。答十身之義即菩提願化等已
見上文言相海者觀佛三昧經說如來相略有三類
一下品說有三十二相八十種好二中品說有八萬
四千相二上品說有八萬四千好一一好有八萬
四千光明三上品說相具無盡相如雜華經為普賢說雜
華卽華嚴也此經文列九十七大人相結文云有十

蓮華藏世界海微塵數相一一體以眾寶莊嚴用周
法界深廣難思故名為海廣如本經謹對

第三十九功無功用
問成功立德三教所同如何此經讚無功用。答緣
修積行卽說立功造極體真須亡功矣如乘船流
萬世無用則用周十方無功之功曰真功矣如乘船流
入海頓息篙櫓而舉帆隨風萬里非遠功用行息是
息篙櫓無相智卽錦帆高舉無依無住卽乘無功
用風則永處法流長遊智海謹對

第四十教起源由
問諸佛設教各有源由以何因緣華嚴教起。答因
緣無量略有其十一謂法爾常規如大王路千聖同
轍故二酬昔行願謂昔發大願救度一切非此法門
能救故三遂通物感凡厥生靈皆含佛智若無有感
佛應不生下有澄潭方落月影機宜叩聖應彼說
故四明示真門謂不識眾生性含智海識洞真空
可求之五開物性源以諸眾生性含智海識洞真空
衣蔽明珠室埋寶藏但妄隨境變體逐相遷鼓擊真
源浩蕩無際今令知心合體達本忘情瑩模內之金
容剖塵中之經卷使少作功力疾至菩提故談斯經

以為顯示六宣說勝行謂行布圓融七令知地位亦具二種亦如前說八彰果德莊嚴謂依正二果依報如華藏世界正報如上下身九示其終歸令歸法界法界之義亦如前說十廣利今後令一披讀終獲菩提暫少聽聞成金剛種謹對

第四十一三藏二藏

問經說三藏復說二藏此經為屬何藏所收 答三藏之中正唯脩多羅藏兼詮餘二言三藏者一脩多羅此云契經二毗奈耶此云調伏三阿毗達磨此云對法即經律論三名為三藏也言二藏者一聲聞藏二菩薩藏即上三藏隨大小乘開合不同此經即大乘菩薩藏攝也謹對

第四十二十二分教

問何名十二部經 答十二分教舊名十二部經濫部帙改名分教十二分者一脩多羅此云契經恐有三相初總相二別相三本相初如是我聞終至歡喜奉行皆曰脩多羅別者於前總中分出十一部也本者於彼別中初略後廣也三和伽羅那此云授記頌如十住品發心住品故二祇夜此云應頌如發心品及出現品是也四伽陀此云諷誦如三天

華嚴經略策 三十二

偈讚五尼陀那此云因緣如三家請及觀善財六優陀那此云自說如十地初本分是及普賢行品是也七伊帝目多伽此云本事如大威光經文是也八閻陀伽此云本生如說諸善友往生時事也九毗佛略此云方廣一部全受斯稱涅槃經云所謂大乘方廣經典其義廣大猶如虛空故又雜集論為五義廣者謂菩薩藏相應言說故一切有情利益安樂所依處故演說廣大甚深義故十阿浮達磨此云未曾有如不起而昇四天及示行七步等一切障故亦名無比法無有諸法能比類故一切義廣者謂菩薩藏相應言說故略此云方廣一部全受斯稱十一阿波陀那此云譬喻如出現品是十二優婆提舍此云論義如問明品是 又問因何有斯十二分教 答梁攝論云從真如流出大悲心大悲心流出正體智正體智流出後得智後得智流出大悲心大悲心流出十二分教也謹對

大華嚴經略策

華嚴經略策 三十三

愛蓮堂施洋銀二十圓 葉子珍施洋銀一圓
其刻此卷連圈計字一萬二千七百零八箇
光緒二十一年夏五月金陵刻經處識

答順宗心要法門

唐清涼國師澄觀撰
圭峰沙門宗密注

至道本乎其心，心法本乎無住，無住心體，靈知不昧，性相寂然，包含德用，該攝內外，能深能廣，非有非空，不生不滅，求之不得，棄之不離，迷現量則惑苦紛然，悟真性則空明廓徹。雖即心即佛，唯證者方知。然有證有知則慧日沈沒於有地，若無照無悟則昏雲掩蔽於空門。但一念不生，前後際斷，照體獨立，物我皆如。直造心源，無智無得，不取不捨，無對無修。然迷悟更依真妄相待，若求真去妄，如避影以勞形，若體妄即真，似處陰而影滅。若無心忘照，則萬累都捐，若任運寂知，則眾行圓起。放曠任其去住，靜鑑見其源流，語默不失玄微，動靜豈離法界。言止則雙忘智寂，論觀則雙照寂知，語證不可示人，說理非證不了。悟寂無寂，真智無知，以知寂不二之一心，契空有雙融之中道。無住無著，莫攝莫收，任法界性，是非兩忘，能所雙絕，斯絕亦絕。般若現前，般若非心外新生，智性乃本來具足。然本寂不能自見，實由般若之功，般若之與智性，翻覆相成，本智之與始覺，兩體雙絕。證入則妙覺圓明，瑕翳微塵，念念全真，處處證真，無一塵而非佛國，一心而非佛心。一全收，一不二。心佛眾生，炳然齊致，而不二真妄物我，舉一全收，心佛眾生，炳然齊致，而不二

虛心之鑑

迷則人隨於法法萬差而人不同逐妄

悟則法隨於人人一致而融萬境無物象非同

言窮慮絕何果何因本離體本寂寥孰同孰異異境

唯志懷虛朗消息沖融契之即神念體佩道之士

其猶透水月華虛而可見也無心鏡像照而常空矣喻

心要法門頌

豁爾靈明現 倐然世界通即無礙初出日似

形容何處實 念慮本無從不起即真

欲達心源淨 須知我相空自虛處

真金開伏藏 赫日出曚曨惑智起妄忘情忘

試將心比佛 與佛始終同無別理現無故

答順宗心要法門

心要法門

三

石埭楊文會施貲敬刊

光緒二十三年春二月金陵刻經處識

三聖圓融觀門

唐大華嚴寺沙門澄觀述

夫上聖觀人設教言不虛陳。按指發揮觸事皆通。因有妙德叩示以二聖表法之二義。遂著三聖圓融觀。一毛之智觀無難。以度成麤。依教理略示綱要惟冀遠識虛己而求之焉。三聖者本師毗盧遮那如來普賢文殊二大菩薩是也。大覺應世輔翼塵沙。而華嚴經中獨標二者託以表法不徒然也。今略顯二門。一相對明表。二相融顯圓。且初門中三聖之內二聖為因。如來為果。果超言想。且說二因。若悟二因之玄微。則知果海之深妙。然二聖法門略為三對。

一以能信所信相對。謂普賢表所信之法界。即在如來藏故。故般若云。一切眾生皆如來藏普賢自體遍故。初會即入如來藏身三昧者意在此也。文殊表能信之心。佛名經云。一切諸佛皆因文殊而發心者表能信依發故。善財始見發大心故。經云。文殊菩薩出生一切菩薩無休息故。然信但有信而未能見。又所信無二理。故無初普賢。居後。二以解行相對。普賢表所起萬行。上下諸經皆言普賢行故。文殊表能起之解。經稱文殊為善財等稱善知識聞菩薩行入解脫門。皆是文殊威神力故。又云文殊常為一切菩薩師故。又云文殊師利心念一切菩薩師故。又云得究竟三世平等身故。一毛廣大即無邊者稱法性故。依理而發智故如虛空故。又見普賢即得智波羅蜜者。明依於事即理故文殊師利常為無量百千億那由他諸佛母故。文殊師利從文殊師利智所證中出故。又云從他所證法性流出故。又云得智波羅蜜者明依於理而發智故。

三以理智相對。普賢表所證法界即出纏。如來藏善財童子入其身故。又云得究竟三世平等身故。一毛廣大即無邊者稱法性故。文殊表能證大智本所事佛名不動智故文殊師利常為無量百千億那由他諸佛母故文殊師利從文殊師利智所證中出故經中所說法門多顯般若旨故。又云從文殊師利智慧大海所出生故見後文殊方見普賢。顯其有智方證理故。是以古德銘後文殊為智照無二相。以解雙絕故。又理開體用智分權實故。以文殊二智證。普賢體用故。此一門亦古德親問三藏有經說未傳此方。又二聖法門各自圓融謂文殊必因於信方能成解。有解無信增邪見故。有信無解長無明故。信解真正方了本原成其極智極智反照不異初心故。初發心時便成正覺。又前方便之解。普賢表所起之萬行。上下諸經皆言普賢行故。文殊居初普賢居後。二以解行相對。

時便成正覺又前方便之智不離智體故後文殊名智照無二相照信不殊於智故從無身相而展右手是以文殊三事融通隱隱於普賢三事自相融者理若無行理終不顯依體起行必稱體由行證理理無行外之理由理顯行故隨所證理無不具一證一切證故見普賢一毛所得法門過前不可說倍又是卽體之用故毛孔法門緣起無盡是普賢三事涉入重重又二聖法門互相融者要因於信方知信卽爲邪故能所不二不信自心有如來藏非菩薩故於解方能

三聖圓融觀門 三

起行稱解成智邊照於理智與理冥方曰眞智理
用體理成智行不異解行不二次以智卽是理
無二故經云法界寂照名止寂照名觀觀窮數極
智所入又無二卽體用無二又卽名普賢帝網之
曰理卽體用無二是以文殊三事融通隱隱之行
妙符乎寂卽定慧不二此二不異名爲觀融爲普
賢三事涉入及上下諸經廣顯理事圓融而不名文殊
事行名普賢行旣二聖相融而不名文殊法門旣相融者
屬理唯一心法界故舉一全收二聖法門

則普賢因滿離相絕言沒同果海是名毗盧遮那光
明遍照顯證相應法界品中普賢之後便偈讚佛
德者顯果相也品初如來自入三昧現相無言表所
證絕言而普賢開顯放光令悟表能證絕言而文殊
開顯者卽斯意也若合三聖法門以爲經目者普賢
寂體故卽是佛通圓諸因證理上體用故文殊普
賢二俱華嚴萬行披敷信智解行皆是因華嚴本
業用故又卽包通爲普賢理含體用故文殊爲
是大所證體用無不包故卽爲經目者卽爲經
因言顯故故題目無遺則攝大經義盡亦一代時

三聖圓融觀門 四

教不離於此理智等然上理智等並不離心心佛衆
生無差別故若於心能了則念念因圓念念果滿出
現品云菩薩應知自心念念常有佛成正覺故而卽
一之異不礙外觀勿滯言說若與此觀相應則觸目
對境常見三聖及十方諸菩薩一卽一切故心境無
二故依此修行一生必不剋三生必圓矣

三聖圓融觀門

　　　石埭楊文會施資敬刊
光緒二十三年春二月金陵刻經處識

華嚴法界玄鏡卷一

唐清涼山大華嚴寺沙門澄觀述

余覃思大經薄修此觀羅其旨趣已在疏文恐墮業於深經少讚演茲玄要精誠之者時一發揚數子懇求叩余一闡釋積歲疑滯今方煥焉夕惕勤勤願釋深旨顧以西垂之歲風燭難期妙觀之淪湑冀將辭之亂轍乃順誠請略析幽微名法界玄鏡冀將來道友見古賢之深衷矣。

修大方廣佛華嚴法界觀門略有三重終南山釋法順俗姓杜氏。

大等六字所依之經略無經字法界觀下能依之觀今先略釋經名大方廣者一切如來所證法也。佛華嚴者契合法界能證人也法分體相用人有因果大者體大也則深法界諸佛眾生之心體也。曠包如空湛寂常住強稱為大故經云法性偏在一切處。一切眾生及國土三世悉在無有餘亦無形相而可得即大義也方廣者業用廣大相用周遍相德之法無邊即相即體之用也。障礙舉一全收聖智所緣為所證之法界也佛者

果也萬德圓明華喻因也眾行榮曜嚴通能所而有二重一華嚴佛果所嚴以十度因成十身果也一華能嚴佛果能嚴大方廣者則果無行不備無德不圓一華三德稱體而嚴顯真常德所嚴也嚴體相用成佛三德稱體大用德偏如如相而嚴辯修成華嚴也依用修嚴稱體而嚴如德成德無邊之華嚴也故一經三大皆大德如因果人法雙題法喻齊舉一經總題有體相用人果人法性德無際故三大皆大方廣故二方者並佛華嚴一題七字各有十義今當略釋二十義者則七字皆大一大者體大法界常偏故周因果相大性德無際故三大稱體用周大十義者果大十身皆悉偏法界故五華者因故四佛者果大十身皆悉偏法界故五華者因普賢行願自體偏故六嚴者智大佛智如空能嚴故七經者教大竭海墨不能書一句故八者義大上六字所證皆稱性故九者境大總斯七字普以眾生為所緣故十者業大以斯教旨橫偏豎窮無休息故具十無盡故稱大也方廣十義者一之相稱體之用即十方法界為身佛以法身充滿於法界故大者法身偏一切故十用大也方者即體之相佛以法為身故如法身普如無量故二者意生身於二身一多隨意無不周者智身普周為無量故二者意生身

華嚴法界玄鏡卷一

故佛者含五六身。一菩提身。覺樹道成故。二者威勢身初成正覺映菩薩故華者含七八身七福德身三世所行眾福大海因不可盡故八者願身毗盧願因周法界故嚴大海因不可盡故華嚴者經第十力持身舍利圓音聲教無藏相好莊嚴身十蓮華盡故則經七身皆成佛也華嚴十義度嚴於十身爲嚴不同即以十嚴故無經字十義者略是貫是故法並可知也無盡教海不出七字故依此教以成觀門修法界觀略有三重者略標綱要修之一字總貫一題止觀熏修習學

造詣也言法界者。一經之玄宗總以緣起法界不思議爲宗故然法界之相要唯有三然總具四種一事法界。二理法界。三理事無礙法界。四事事礙法界今是後三其事法界歷別難陳。一一事相皆可成觀。故略不明。總爲三觀。所依體其事略有十對。一教義。二理事。三境智四行位五因果六依正七體用八人法九逆順十感應隨一一事皆爲三觀所依之正體其製作人名德行因緣具如傳記。

真空觀第一理事無礙觀第二周徧含容觀第三

華嚴法界玄鏡卷一 三

此列三名真空則理法界二如本名三則事事無礙法界言真空者非斷滅空非離色空即有明空亦無空相故名真空如文具之二理事無礙者無形相全在相中互奪存亡故云無礙亦如文具三周徧含容者事本相礙理本包徧如理乃至塵毛皆具包徧。空無礙以理融事全事如理亦如下說然事法名界則此二相望成於十門亦如下說然事法名界則性分義無盡差別之分齊故事事無礙法界具二義性融於事一事

而無礙故法界第四法界亦具二義一事盡事法同一性故名事事無礙法界

第一真空觀於中略作四句十門法不壞其相如性融通重重無盡故此標章也前二各四加第三四故爲十門一會色歸空觀二明空即色觀三空色無礙觀四泯絕無寄觀此列名也。

就初門中爲四。

四觀皆有三段謂標釋結然準下文前三以法揀情第四正顯法理揀情三句標名則同釋義則異今先總明三句所揀所揀有三一揀即離二揀亂

意三揀形顯初中就通相說三句皆揀即離從多分說初句明空不離色次句明空不即色以揀太即第三句雙明不即不離具揀亂意由揀三情故第四句顯其正理第二揀亂意者謂寶性論明地前菩薩有三種執三種不了知真如來藏生死涅槃二際平等不正之空故第四句顯空初句揀之二取色外空第二句揀之三者謂空為有第三句揀形顯者既揀三種不正之空故說真空也第二句顯色無體自性空第三句非斷空第四句形色體空

顯一體空第四句色空不二俱空解曰此第三義乍觀有理以見第二有青黃言謂爲顯色第一色以揀形顯第三無青黃言便爲形色故此釋細詳有違何者一二三何以不言形色長短第二何以不言青黃第三何以不言斷滅顯色耶第二何以不得言形色長短方圓非真空而文第三偏言青黃顯色何以不得言斷滅非真空耶色何以不言長短方圓非真空故第二偏言青黃爲恢當但揀前二足顯真空而文第三釋非真空者明相顯著故又形色亦即空矣是知三句皆是實實色即空例假形色亦即空矣

含形顯二皆即空次正釋文一色不即空以色舉體即空故不即斷空何以故是空也以色不即空故是真空也是空也以下釋此揀離色明空及斷空言離色是空在色外色外復二一色明空謂如牆處不空此第三句揀空也故言即空故良非斷滅外道斷滅歸於太虛二乘皆有斷滅云斷滅然外道斷滅歸於涅槃故肇公云大幻莫若於有身故滅身以歸無勞勤莫先於有智故絕智以淪虛又云智為雜毒形為桎梏故灰身滅智撥喪無餘若謂入滅同於虛全同外道楞伽云若心體滅不異外道斷見戲論故今文云以色舉體下釋上以即空故三良由下結成即真空故非斷滅故何以故即空然青黃無體莫不皆空故云二色之理故云不即空然青黃無體之空非即青黃故云不即空良以青黃無體故云不即空也

亦標釋結釋中揀二妄情一揀太即以聞色空不知性空便執以為真空故須揀之故云青黃之相非是真空之理此唯揀色為即空故次然亦非青黃下明亦非離相要即青黃無體為真空耳由此義故似雙揀小乘然是舉法雙揀情後明不離是舉法耳上文以揀亂意三種空中以空為有不二不盡謂經意三種空以有揀斷滅今當不盡空以不盡揀空為有不謂有體盡滅

華嚴法界玄鏡卷一　七

空若是物則有盡滅若有盡滅則有生起今法空相不生不滅豈有有耶故般若云諸法空相不生不滅等又青黃之相非眞空之相不滅豈以三良以下結成舉其無體之空結以空而為有耶三良以下結成舉其無體非色相明空非有豈得色耶
三色不即空故何以故以空中無色故不即色會色無體故是即空故良由會色歸空空中必無有色是故由色空故非色此以上三句以法揀情訖
此中文二先釋當句後結前三前中亦釋釋中先雙揀即離以空中無色故色不即

離色無體空不即色不離方為眞空二揀亂意異色明空彼執色外有空與色為異色明空今明空中尚無有色何得有空與色相對又會色無體故說即空豈於色外有空對色云何以故凡是色法必不異眞空以諸法必無性故是故色即是空如色空既爾一切法亦然思之

四色即是空何以故凡是色法必不異眞空以無性故是故色即是空如色空既爾一切法亦然思之

華嚴法界玄鏡卷一　八

此中有二先正顯眞空之義後結例諸法前中亦三初標次釋以色從緣必無性故者依他無性即眞空圓成三是故下結既非滅色異色不即故即眞空空非斷滅不即不離故即眞空無性無性之眞理即是色相無編計矣緣生無性即如色相之首五蘊之初故諸經論凡說一義皆約法故大般若等從色已還八十餘科例皆將色例所依體事無不即空即之十對所依體事無不即空皆須以法揀情顯即

第二明空即色觀於中亦作四門
事歸理

此總標也然此四門總相但翻上四亦前
法揀情第四句正顯法理就揀情中翻前色空義
則大同取文小異亦標語同釋義有別今先總
揀亦有三義一揀即離二揀亂意三揀形顯今初
第一句明真空不離前色第二句明真空非即色
相第三句明真空雙非即色第二揀亂意三揀形顯
者第一句明斷空非是實色第二句明所依非能依其
空即揀相有第三句明

第三義揀形顯者有云第一句明非斷空不礙形
色第二句明自性空不礙顯色第三句明一體空
俱不礙形顯第四句明俱空空不礙二空色解曰
前會色歸空觀第三揀義既違正理今雖列之以
對前文四句亦不取也次正釋文四句亦各有三
復加有二
一空不即色以空即色故何以故斷空不異色故
云非色真空必不異色故云空即色要由真空即色非真
令斷空不即色也
此門亦三初標二釋釋上二句初句明斷空非真

色對前色即空中實色非斷空下句明真空不異
色對前不離色明空雖含即離是舉正上
句是所揀情謂離色二揀亂意者揀斷空非實
色對前會色歸空實色非斷空下句三要由真空下
結成以下句舉正結上句是所揀情
二空不即色以空即色故何以故空理非青黃故
言空不即色然非青黃之真空必不異青黃故
云空不即色要由不異青黃故不即青黃故言空即
色也
此亦有三初標釋中先揀即離明真空非即色相
不即色也

云空不即色正揀太即對前會色歸空中色相非
真空後然非青黃之理必不異青黃者明不即色
之空亦非全在色外對前亦非離相有性二揀亂
意者揀謂空為有既空理非青黃豈是有耶對前
真空不是相有三要由下結舉不異不即之正結太
即之情
三空不即色以空即色故何以故空是所依非能依
故不即色也必與能依作所依故即是色也良由是
所依故不即色也是故言由不即色故即是色也上三句亦以法揀情訖

就文亦二先釋此句後結上三句前中亦三初標。釋中雙揀即離可知然前約空中無色揀此約能依非所依揀次下當知然正反前應云色中無空理今不爾者揀空中無色由有文色中無空故故今不云空中無色由事即理有文色中無空理俱絕以空中無色即理絕相故能所依以空無空之色非實故不反上別就空為所依揀於異色對前異色明空三良由下結以所依之色故云不即二既是色之所依故依之色故云不即不離意云所依之空非一所依之色對前異色明空之所依非能依之色故云不即二既是色之所依故不離色也結離亂意者既必不異能依故不離色也結離亂意者既必與能依之色而為所依明色非空外對前空非色外也二上三句下總結三門義如前說。
四空即是色何以故凡是真空必不異色以是法無我理非斷滅故是故空即是色如空色既爾一切皆然思之。
此門亦二先釋第四後結例諸法今初亦三初標二釋言以是法無我理等者出所以也以是法無我故空即是色三是故空即是色者結此門也二如空色下結例舉上四門空即是

華嚴法界玄鏡卷上 十一

色則例此空是一切法況不是十對所依耶。
第三色空無礙觀者謂色舉體不異空全是盡色之空故即色不盡而空現也空舉體不異色全是盡空之色故即空不隱而色現也菩薩觀色無非見色無非見空觀空莫非見色無障無礙也。
此觀有三謂標釋結二謂色之空有本無盡故空即色標釋結下有本無盡故空即色下文理非全現故今依有本而釋義亦通以不對下文理非全現而釋然色是有中之別稱通為一味法思之可見釋義亦通有二義者謂空有二義有非有二義者謂有非
空中言空者以空必盡有故言非空者亦無空相故又不礙有故有中必盡空是空之義也空不取空其不相礙故有必盡空是空之義次明色空不礙中初明色有相離故又不礙有中必盡空不礙空取空故其不相礙故盡色之義也空取色故不礙空即是有相盡色之義在第四泯絕無礙門然今文中色空各有三句皆初句標無礙下句出相云色不盡空即空故而空不隱者以空不礙色故空即色也二有盡色之空而色不盡者以色不礙空故色即空也

華嚴法界玄鏡卷一

之空故空不隱也若總相言但色舉體即空不盡以即空故空便現也空上亦然以空舉體為色故色即是空既即是空亦不隱前無三字義理亦通則應後句滅卻盡空之三字故空亦不可言即色有本三是故下結成無礙亦是前明所觀此正明不可此語亦不受迴絕無寄非言所及非解所到是謂行境何以故以生心動念即乖法體失正念故

第四泯絕無寄觀者謂此所觀真空不可言即色亦不可言即空不可言即色即空亦不可言非色非空一切法皆不可不可亦能觀故云普薩見色等

此第四觀大分為二先正釋第四後對前三觀會釋成總今即文中三初標名二謂此下釋相三何以下徵結此中大意但拂迹現圓若細釋者明俗即是真二明空即色顯真即是俗三明色空無礙然色空相望乃有多義一融二諦義初會色歸空觀即真諦雙現四泯絕無寄明二諦俱泯若約三諦初即真諦二即俗諦第一義諦若約諦初即真諦二即假觀三四即中道觀三即雙遮明中假雙照明中四即雙照中道觀意明三觀融通為真空耳二者色空相望總有四句取文小異

華嚴法界玄鏡卷一

初會色歸空觀中四句前三句明色不異空第四句明色即是空第二明空即色觀中四句前三句明空不異色第四句明空即是色第三觀明色空無礙觀中今文舍有三前二相即成義三相害義廣如第二理事無礙觀一相成義二無礙義三相即義就心經意乃與今義同無得真空妙有義相瑧矣若約三觀色空相即明是中道即上四句為空假中之三觀也色不異空空不異色明真俗不異真空相即明相即亦相成義第三色至無智亦無得拂四句相即成義前二今第四句明空即色第三明空不異色第四句明空即是色

空無礙觀正明無礙義今第四觀即相害義俱泯故雖有此三意俱顯於真空義耳若別消文者不可言即色者不即色正明無礙故方第四句不可言不即色正明非色故又以色即空故不即色拂前第一會色歸空觀本絕言故約觀即心冥真極故方成妙色觀云亦以空即色故不即空拂第二明空即色觀三句不可言亦即非色亦不可言亦不即空故方成第四句無可言不即空不即色同理故理本絕言故心冥真極無心即故方成即事

空觀耳。又上會色歸空無增益謗。明空即色無損
減謗。色空無礙無雙非戲論謗。今無可相即無相
違謗。四謗既無百非斯絕故迴絕無寄又云一切
法皆不可者結例總拂言結非獨色法成其
三觀並皆拂之受想行識萬化之法皆同前色言
總拂者總拂前三會色歸空觀等皆不可言此語亦不
四句可絕三觀可拂故不可說亦不可也亦不無
受者是心言之迹故迴絕無寄般若現矣若生心動念皆
者皆不可受不可說言是則有受有念
存心境兩亡亡絕無寄般若現矣若生心動念皆
不會理言語道斷故言不及心行處滅故解不到
言是謂行境者結成上行然有二意一者上是行
家之境今心與境冥智與神會亡言虛懷冥心遺
智方詣茲境明唯行能到非解境故二者即上心
智契合即是真行行分齊故三何以
反釋成行
又前四句中初二句八門皆揀情顯解第三句一門
解終趣行此第四句一門正成行體若不洞明前解
無以躡成此行若不解此行絕於前解無以成其
正解若守解不捨無以入茲正行是故行由解成行

起解絕也
此即第二總結上第四門唯結當門成行
今總結四門然此上二句八門皆是則門句大門小前
總標中亦云十門大門小上結中云正
三句以法揀情既互通此第四句是則門句互通應
合門大句小義既互通此第四句是則門句互通應
分解行二若不洞明下反顯相資如目足相資於
中初以解成行次若不解成行若守下
捨解成行三是故下結成二相總成真空絕相觀
也則內外並冥緣觀俱寂也

華嚴法界玄鏡卷二

唐清涼山大華嚴寺沙門澄觀述

理事無礙觀第二

即理事無礙法界也。

但理事鎔融存亡逆順通有十門。

此觀文三初總標二別釋三結勸今則初也即總顯觀名具為十門本就前色空觀中亦即事理不得此名者有四義故一雖有色事為成空理色空無礙為真空故二理但明空未顯真如之妙有故三泯絕無寄亡事理故四不廣顯無礙之相無為而為無相而相諸事與理炳現無礙雙融相故為上四義故不得名至此獨受是以今標具下十門無礙之根鎔融是總該下十門似如洪鑪鑄眾像故鎔謂銷融即初銷義融即終義以理融事事與理鎔和二而不二十門無礙其義同故又此二理事鎔融別當相遍互融成次存亡九十真理非事理法非事理二相存故亡即七八真理即事事法即理廢已同他各自泯故逆即五六理奪事事理奪理事理逆順故即三四依理成事事能顯理事理順理也故此

二句總攝十門方為事理無礙之義成第二觀然事理無礙方是所觀觀之於心即名能觀此觀別說觀事觀理真觀觀事理無礙成中道觀又觀事兼悲觀觀理是智觀此二無礙即悲智相導成無住行亦即假空中道觀耳

一理遍於事門謂能遍之理性無分限所遍之事分位差別一一事中理皆全遍非是分遍何以故以彼真理不可分故是故一一纖塵皆攝無邊真理無不圓足

此第一門然下十門應即為十以釋二意便總料揀故分五對第一理事相遍對第二理事相成對第三理事相害對第四理事相即對第五理事相非對亦名理事相即對然此五對皆先明理尊於事故又皆相對相然以理望事有成有壞有即有離事望理有顯有隱有一有異逆順自在無障無礙同時頓起深思令觀明現是謂理事圓融無礙觀

第一理事相遍對二初正釋二料揀前中二先釋其遍相後以理望事望理初對文中有三初標名二謂能遍下釋事理相遍相三約緣起故要遍事經云法性遍在一切處一切眾生及國土故次何以下釋全遍所由謂要全遍者

若不全徧可分故非如浮雲徧滿虛空隨方可分故是故下別指一事顯其徧相以塵含理顯全徧

二事徧於理門謂能徧之事是有分限之理要無分限此有分限之事於無分限之理全同非分同何以故以事無體還如理故一塵不壞而徧法界也如一塵一切法亦然思之

文亦有三初標二謂能徧下示能所相三此有分下明徧理之相於中初正明以全同名徧欠何以下釋同所以有分之事全如理故若不徧同事有別體次是故下結示徧相後如一塵下例一切法

此對爲下四對之本由相成故有相成等。

此全徧門超情難見非世喻能況。

第三料揀上二門也於中三初標難喩二寄喩顯三問答解釋今初言難見者以道理深故有本云離見難言難見卽超情難見者容有見故下寄喻以明難言難見耳言難見者事徧理相殊而互相徧事故無相全在相中事徧理故一塵便無涯分一塵旣無涯分何有法之當情故一塵全在相中至理何曾懸遠卽相無相五目難無相全在相中

註華嚴法界玄鏡卷二 三

觀其容全理之事世法何能為喻故經云譬如法界徧一切不可見取一切又云三界有無一切法不能與此爲譬喻顯爲一切喻耳如全大海在一小而海非大小又於大海而波非大同時全徧於諸波而海非一又大海全徧一波時諸波亦各全币於大海而波非一又大海全徧於諸波一波全币大海時諸波互不相礙。

思之

第二寄喩以明也旣無可喩而舉喻者借其分喩通其玄意令諸達識因小見大亡言領旨文有三重無礙。初以大海對一波明大小無礙此舉喩上事理相徧二義竟也文但舉喩無法合若總相合以海喻理以波喻事配文可解然意猶難見大海何以得全在一波以波無二故一波何以得全在大海以海無二故一波理以全徧於理同時全徧下以一事何以理無二故一波明一異無礙又上卽非一異等相至下問答自明所以三又大海雙對一波諸波互望齊徧無礙約法卽一塵對諸波明一異無礙又以理事同理故一波以辯無礙又一塵對諸波一徧一下

註華嚴法界玄鏡卷二 四

以一理對一事多事相望齊徧無礙。
問理既全體徧一塵何故非小既不同塵而小何得
說為全體徧於一塵又一塵全帀於理性既成矛盾義極
若不同理而廣大何得全徧於理性既成矛盾義極
相違
第三問答解釋雙釋法喻而其文中但就法說例
使曉喻上喻之中文有三節今但合為兩重問答
今初問也文中二先以理望事問約喻卽前大海
對一波諸波互望齊徧無礙為問前中先問後答
一問牒大小而答兼一異二對前第三以大海雙
難小既不同塵而小故云非小難徧
全在一波而海非小故云徧等卽以徧
市下約事望理難先以一塵難大次云若不同理
而廣大下以非廣難徧約喻卽前一波全徧於大
海而波非大既成矛盾下結難矛者卽鑱也排
也昔人雙賣二事歎盾卽云我矛刺不入歎汝盾
能穿十重之盾買者云我矛還刺汝盾豈不
傷哉意明二語互相違
答理事相望各非一異故得全收而不壞本位
此下答中二先雙標後雙釋今卽初也上問但問

大小今正答一異兼於大小由於理事二法相望
故云各非一異
先理望事有其四句一眞理與事非一異故理性全體
在一事中二眞理與事非異何故理性恆無邊際三以
非一故無邊理性全在一塵四以非異故理性無有分限
此釋理望第二句偏塵非小二義相酬其難意
云偏塵非小二義相違何得互通今第三句明大
理徧在一塵第四句明徧雖徧非一塵其無分限則非
小也卽雙答徧塵難非小及非小難徧一塵難雖徧
兩段但一相徧耳
次以事望理亦有四句一事法與理非一故不壞於一塵
全帀於理性二事法與理非異故一小塵帀無邊眞理三以
非一故帀非大故塵徧理而塵不大思之
一故市無邊理而塵不大四以非異故
一小塵徧於大理亦第四句雖徧於理而塵不大但
答事望理卽答前一塵徧理何故非大等亦初二
句正明徧理卽答前相違之難亦第三句明一
其非大亦三四句正答相違之難亦第二句明
小塵徧於大理亦第四句雖徧於理而塵不大但

明事理非一非異兩義難通。

問。無邊理性全徧一塵時。外諸事處為有理性為無理性。若塵外有理性。則非全體徧一塵。若塵外無理性。則非全體徧一塵。義甚相違。

此下第二番對前以大海之喻而為問答。今此問也。彼前喻云。大海全徧一波時。不妨舉體全徧於諸波。一波全徧大海時諸波亦全徧。互不相礙。問應云大海全徧一波時。餘諸波處為有大海為無大海。若一波外餘諸波處為有大海若波外無一波。以此望齊。

答。若塵外有下結成妨難。若約喻文中先正問後答。若塵外有諸波處為有大海。若波全徧一波時。餘諸波亦全徧。互不相礙文中。

有海則非全體徧。一波若波外無海。則非全體徧一切。對難文可知。

答以一理性融故。多事無礙故。故得全在內而全在外無障無礙是故各有四句。

此下答中文則雙標二門。一理性融故。標約理四句。多事無礙故。標約事四句。餘可知。

先就理四句者。一以理性全體在一切時。全體在一塵處。是故在內即在外。二全體在一塵處。是故在外即在內。三以無二之性各全在一切中。故是故亦在內亦在外。四以無

二之性非一切故。是故非內非外。前三句明與一切法非異。此之一句明與一切法非一。良為非一非異故內外無礙。

此就理中文二。先正明後結無礙。今初即答前無邊理性全徧一塵時。外諸事處為有理性全徧於諸事處。即釋喻中大海全徧於諸波。今第二句正答處有問若為塵外有理性。今略舉體全徧於諸波一波全在諸法時為全在一塵。以徧一切豈揀一塵第三句明其總徧內外。此理性全在諸法時為全在一塵。若為問者應云。一波全在一切中時亦全在前。一波不為問。若為問者應云。

一切波時不妨舉體全徧於一塵。以一塵前略無問。今此明在一切波前。一塵以徧一切故。亦無前三下結成無礙。故具出四句。內外無礙故不相違。

次就事四句者。一一事全币於一切事法時。不礙亦全币於一切事法時。不礙一塵亦全币是故亦全在內即在外。二一切事法各币於一切事法時。不礙一塵亦全币是故亦全在外即在內。三以諸事法各币於理時。無有障礙四以諸事法各不壞故。彼此相望非內亦非外思之。

此約事四句。前問所無。今影出之。前喻卻有喻云。

一波全币大海時諸波亦各全币互不相礙先舉一波以望於海故是就事前標云多事無礙故若別為問者應問云一事偏礙故若別為問者應問云一事偏於理不若亦偏者多事則不如理故今偏第二句多事偏於理時即偏餘事亦不如理故今答云多事如理同時偏而無分限故云偏耳相應然問理望於事云何為在內在多事相應然問理望於事云何為在內在外。今事望理以何為內外耶答亦以一事為多外。今事望理以何為內外耶答亦以一事為多

華嚴法界之鏡卷二　九

事為外若爾何異前門理望於事答前門先舉理偏於事名理望事今門先舉事偏於理名事望理事意問多事偏理一事偏理不前即第一故分二門本意但問多事偏理一事偏理不前即第一句一事全偏理故在內不故用此門答之又問一事偏之分二門一事全偏理故在內不故用此門答之又問一事皆以其一多皆即理故在內亦不故云彼此相望非有多皆以其一多皆即理故在內亦不故云彼此相望非有外也故第四句云彼此相望非內非外今此約事望偏也故第四句云彼此相望非內非外今此約事望理第四但以性非一非異故言各不壞相要須理理無內外何有非一非異故言各不壞相要須

一事之中非是一切一切事中非是一故方成第四故須彼此相望非內非外已釋第一相對竟三依理成事門謂事無別體要因真理而得成立以諸緣起皆無自性故由無性理事方成故如波攬水以成動水望於波能成立故如來藏得有諸法當知亦爾思之
此下第二相對然下八門皆先標名後謂字下解釋下更不料揀就此對中先明理望於事即第三門先正釋後以諸下出所以所以有二二由無性故。二真如隨緣故。而文有三初明由無性成中

論云以有空義故一切法得成若無空義者一切則不成大品云若諸法不空則無道無果二如波下喻喻有二義一上喻無性由水不守自性故而能成波二下喻真如隨緣成故謂若無水則無有波若無真如則無一切法成三依如來藏故有生死喻真如隨緣即勝鬘經云依如來藏故有生死如來藏故有諸法即楞伽云如來藏者是生死有諸法即楞伽云如來藏者是生死如來藏即真如隨緣之真如也故問明品文殊難云心性是一云何見有種種差別覺首答云法性本無生示現而

有生則是眞如隨緣答

四事能顯理門謂由事攬理故則事虛而理實以事
虛故全事中之理挺然露現如由波相虛令水體露
現當知此中道理亦爾思之

此第四門事望理也文有法喻合今釋之然前
門成謂無第三則離理有事今第四門何能顯理
如離水無波波起現水旣攬理成故能現事必無
從緣則無無性故況從無性理而成於事事方
故從緣無性卽是圓成夜摩偈云諸蘊之事方
性本空寂空故不可滅此是無生義由蘊其
顯性空性空卽是無生眞理又須彌偈云了知一
切法自性無所有如是解法性則見盧舍那一切
法事也無所有卽眞理也

五以理奪事門謂事旣攬理成遂令事相皆盡唯一
眞理平等顯現以離眞理外無片事可得故如水奪
波波無不盡此則水存已壞波令盡

此下第三相害對言相奪兩亡故今此第
五理望於事故事文有法喻亦攬第三成此
法先正釋後以
離眞下出其所以先正釋也如攬水
第五以全將理而爲事故事本盡矣先正釋以
離眞下出其所以眞外無事故則奪事也如攬水

六事能隱理門謂眞理隨緣成諸事法然此事法旣
違於理遂令事顯理不顯也如水成波動顯靜隱經
云法身流轉五道名曰衆生故衆生現時法身不現
也

此事望理也文分爲三初正釋此第三門成以
全理成事事有形相理無形相故事覆理故然此
云法身下引證
經下當更釋財首亦云世間所言論一切是
法身經

七眞理卽事門謂凡是眞理必非事外以是法無我
理故事必依理虛無體故此理擧體皆事方
爲眞理如水卽波無動而非濕故此卽水是波思之

此下第四相卽對也前明隱奪事理
亡理奪於事猶存雖言奪事皆盡而意在彼
離眞下出其所以眞外無事故則奪事也如攬水
事相虛非無彼事也今明相卽廢已同他各唯一

耳。今第七門理望於事亦有法喻法中先略釋後以是法無我下出所以若是但空出於事則不即事今以即法爲無我理離於事外有何理耶故理虛無體全將事法本來虛寂爲眞理耳故無動而非濕以事即理意明全將濕爲動故理即事水故無異相也。

八事法即理門謂緣起事法必無自性故擧體即眞故説衆生即如不待滅也如波動相擧體即勒章云一切衆生即如不復更滅度也又云一切衆生即寂滅相不復更滅森羅及萬象一法之所印觸事而眞不壞假名而説實相可知是即第八衆生法滅即是法身第七法身隨緣名曰衆生衆生法身體即一名異從本已來未曾動靜亦無隱顯以名異故有互相即有互隱奪以一體故得互隱顯由此相即眞俗二諦曾不相違夜摩偈云如

華嚴法界玄鏡卷二   十三

金與金色展轉無差別法亦然體性無有異理即事故雖有不常理即事故無智外如爲智所入事即理故無如外智能證於如

九眞理非事門謂即事之理非是事故如波之水非如動濕異故

此下第五相非對也即雙存義若不雙存無可相成相即隱奪等此門則隨緣非有之法身恆不異事而顯現後門則寂滅非無之衆生恆不異眞實非虛故所依非能依故如即波以動濕異故

十事法非理門謂全理之事事相宛然如全水之波波恆非所依水故是故擧體非濕故

此第十門理望於事但有三對一明事是於理則影出第九理是於性都有四對二能依所依前門文並可知若依此對二諦跨立即於諦常自二七八即於解常自一五六則二而不二三四則不二而二由初一對則令前義皆得相成

華嚴法界玄鏡卷二   十四

此上十義同一緣起約理望事則有成有壞有即有離事望於理有顯有隱有一有異逆順自在無障無礙同時頓起深思令觀明現是謂理事圓融無礙觀。

第三結勸修成觀前中二先結束前義後勸修成觀。

先總標若關一義非眞緣起約理望於事有壞者以成八字然一三五七九理望於事有壞者第五眞理奪事門有即者第七眞理非事門事望理中有顯者第九眞理有隱者第六事能隱理門有一者

四事能顯理門有即者第十事法即理門然成

第八事法即理門有異者第十事法非理門然成壞等就功能說言有成者理能成事非理自成餘七亦然則一一門皆有事理無礙之義故約理望事等不會相徧者有三義故。一是總相非如後八依此相徧而得成故。二者大同相即相攝故言約理隱顯等殊故。三者事理望各二順二逆三成七即事也。四顯八即事相順理也。五奪九非理成也。六隱十在者理事順理也。

非事逆顯即其相徧言亦是順故云自在成不礙。卽壞欲顯卽隱等故云自在成不礙。

壞不礙成等故云無礙正成之時即壞時等故曰同時五對無前後故又上四對理望於事。

但有成等而無顯等故但可言成於理但可言有顯等而無成等故但可言顯於事頓起又相故事從理成故可許成理常住非新有故可言隱理絕諸相故故云事事有萬差可與理冥故得言有此不離後一明事理有差異故云異相上約一理相故但可即不可不即成五對五中前四明事理有此不離後一統而收之但成五對方為緣起別五對之中共有三義成顯一對是理事相作義奪

隱不即此之二對即是事理相違義相徧故有相作對是事理不相礙義又由相徧故有相作故有於相違故有於相即乃至相徧故有相作無可卽有相違故有相卽又若無不卽則妙有各有四義約理望事門皆成眞空義一廢己成他義卽自他俱存義約理望事門由其相卽故得互泯又由卽他故有自他俱泯義四自他俱存卽眞理卽事門以自存故舉體成他故徧他也後約事望理徧事門由自存故徧他也後約事望理有妙有四義一顯他自盡義卽事能顯理

華嚴法界玄鏡卷二

門二自顯隱他義即事能隱理門三自他俱存義即事法非理門四自他俱泯義即事法即理門又由初及三有即事徧於理門以自存故而能顯他故徧他耳故約有存亡無礙真空隱顯自在故逆順自在無障無礙二深思下勤修成觀學而不思同無所得體達於心即凡成聖矣

常熟程經本施貲敬刊為超薦先父松谷府君仗佛慈力脫苦生西同治九年刻於如皋照明藏原本作二卷在理事觀之中分卷其文蟬聯而下但以觀日釋日標之閱者苦難尋究今重刻於金陵改作三卷校訂精詳令三觀頭緒歷歷分明觀文釋文條然不紊庶有益於初學也

華嚴法界玄鏡卷三

唐清涼山大華嚴寺沙門澄觀述

周徧含容觀第三

即事事無礙法界也。

此觀有三。初總標舉數。二別顯觀相。三結勸修行。

今則初也。即總名之意。以事事無礙若唯約事則彼此相礙。若唯約理則無可相礙。今以理融事則事事無礙。故云事如理融。萬有無可同喻。略如虛空。虛空中略取二義。一普徧一切色非色處。二包含無外無有一法出虛空故。即含容義。亦如空具於二義。無不包故即徧。無不容故即含。義理亦如空。二義無礙。其交參自在亦如空。具於二義無不包徧故。云事如理融。乃至纖塵亦能包徧。事如理融。為事能攝能徧。故云事如理融。則無礙攝即含容義。一徧一攝不礙徧。故事事能攝能徧。皆無礙。其交參自在亦徧十門。

一理如事門。謂事法既虛相無不盡。理性真實體無不現。是則事無別事。即全理為事。是故菩薩雖復看事即是觀理然說此事為不即理。此下十門展轉相生。然事理相如大同前門相徧

門也。即為總意能成下八故。此二猶兼理事無礙之義。屬事事無礙有本云理如事現作觀釋文多徧現二字諸本無義細尋成局。但有徧現義。故徧作觀釋文諸本多無。今依無本。今理徧於事。如事之局。義寬差別。如事大小一多等故。故徧現於事。但事無相無相徧。現非內外等。又若有徧現。亦似事無礙觀中事相徧現。非正釋。既以事虛理實是則真理如事之虛。

義為正。十門皆先標名後解釋。今初理如事中先正釋。既以事虛理實是則真理如事之虛。

二事如理門。謂諸事法與理非異故。事隨理而圓徧。遂令一塵普徧法界。法界全體徧諸法時。此一微塵亦如理性全在一切法中。如一微塵一切事法亦爾。據初釋文。似但明徧義。徧之別稱。相無分限。亦如理性全在一切法中。亦如一微塵普徧法界。法界全體徧一切法故。既一微塵舉體全在不異理故。由第一門理如

以虛名為實體虛即是實名無別事。文是故菩薩了見理即是見事。由見事即是見理。後然說此事不壞相故。若壞於相何所如是。則理事相如

亦如理性全在一切法中。如一微塵一切事法亦爾。據初釋文。似但明徧義徧之別稱。相無分限。亦如理性全在一切法中。亦如一微塵普徧法界。法界全體徧一切法故。既一微塵舉體全在不異理故。由第一門理如

事故遂得此門事全如理言圓徧者無分故圓體
周故徧矣遂令下別示徧相故徧諸事次如一塵
全體下明事徧由塵如理故徧諸事法界從法界
下舉微塵例諸事即事事皆徧斯則事事重重無
礙矣。界由刹等諸法既不離法界即事事皆徧斯則事事重重無
三事含理事無礙門謂諸事法與理非一故存本一
事而能廣容如一微塵其相不大而能容攝無邊法
界由刹等諸法既不離法界即事事皆徧斯則事事重重無礙矣一塵一切法亦爾此事理融通非一非異故俱在一塵中現如
一塵一切法亦爾此事理融通非一非異故總有四
句。一二中一二。二切中一三。一中一切四。一切中一
切名有所由思之。

華嚴法界玄鏡卷三　　　　三

文有三一正釋二結例三融通今初由上一事含
於理故餘一切事與所含理體不異故隨所含理
皆在一事中而言事與理非一者前門與理同
理而徧此門亦是如理而非一故言非一非異同
相方有能含對前非異故言非一非異故
第二亦不壞相如一微塵下通局中則顯
一塵下結例三此事理下融通就廣容門有此四
句此中能含所含不出一多交絡成四為能含邊
皆具與理非一非異義由非一故有體為能含由

非異故有用方能含為所含邊但約與理非異義
耳如初一中一者上一不壞相故有能含體而與
下一理非異故便能包含下一而下一不壞相故
理非異故隨所含理在上一中以離理無事故二
一切中一者以上一不壞相故有能含體而與下
一切不異故隨所含一切在上一中三一中一切
者由一不壞相故能含一切而與下一切不異故
能含一切所含一切理不異故隨自一切不異故
之理在上一中四一切中一切者由上一切不壞
之理在上一中之七門並皆不離廣容徧含之二義也

四通局無礙門謂諸事法與理非一即非異故令此
事法不離一處即全徧十方而不動一位即遠即近即徧即住無
一故全徧十方而不動一位即遠即近即徧即住無
障無礙。
此門重釋第二第二俱徧今不壞相有不徧義

即是通不徧是局文中與理非一故局非異故通即遠下結徧即是通住則是局

五廣陿無礙門謂諸事法與理非一即一塵而能廣容十方刹海由非一故廣十方法界而微塵不大是則一塵之事即廣即小無障無礙

此重釋第三門三明如理包含今由與理有非一義不壞陿相而能廣容文中非一故廣容先明非一即非異故明不壞廣容下句反上是則一塵下結

六徧容無礙門謂此一塵望於一切由普徧即是廣容故徧在一切中時即復還攝彼一切法全住自一中又由廣容故令此一塵還即徧在自內一切差別法中是故此一塵自徧他時即他徧自容能入同時徧攝無礙思之

此門正合前四五二門兼合二三以四五二門釋二三故廣容釋文中先標次釋後結今初以一徧多即普徧容即廣容義以有彼多可得徧故此一能容若多望之一即無徧容以所望之一無可言徧能望之多而容於

一不可得言為廣容故次由普徧下釋有二對初徧即是容唯一徧一容後又由下容即是徧亦是一徧即是容者一徧多時即徧亦是攝一容一徧前中猶如一鏡容九鏡在我一內徧即是容後容即是徧約九鏡時還攝九鏡之多在我一內一鏡卻徧所容多鏡影中故云還徧攝自他故一切全入一中之時即令彼一切還復在自一內一切差別法中是故下結可知

七攝入無礙門謂彼一切望於一法以入他即是攝令一法全在他故一切全入一中時即攝他即是入他故云還攝自之内同時無礙又由攝他即是入他故令彼一切恆在一內同時無礙思之

釋相之中先標後釋今初但約以多望一能攝前能容入即前徧前中有多可容入但入於一不得言徧前門有多可容故得言徧今別釋其相亦有二對前對多以入他故但云一無多可容入即是攝下

鏡在能入多鏡之中後對但反前多能入為所攝入之一在能入多中如九鏡入於一鏡還攝所入之一為所攝耳謂多攝一多入一多為能攝而多即能人故還將此多入於所攝一法之中如九鏡為能

攝者以有彼多可得言徧能望之一無徧容以所望之一無可言徧能容

攝還將九鏡入所攝一鏡之中。然上二對能入能攝皆是於多即攝所入名攝入無礙。而一但為所攝所入。不得能攝所入之名。至第八門方有能攝能入耳。後同時無礙者結也。結上多能入時即為能攝故云同時。

八交涉無礙門謂一攝一切一入一切有攝有入通有四句。謂一攝一切一入一切。一攝一切一入一切同時交參無礙。有本後二句在頭。

釋文亦三。初標所依。次釋。三結。初中但一望多有攝有入。次通有四句。下釋以一望一切故一在初。然第六門亦一望多。但有容徧二句而無攝入。第七門但多望一。有入亦唯二句。今第八門雖八門多望者。前第七門多能攝能入。令交涉名。既一亦能攝多故能入。得交涉名。又一望一與多俱為能攝。一即多亦為能入。令卻為所攝故入一所攝之一。亦能攝多之多。能攝能入便有四句。雖似八句二三合故但四句。四句皆具攝之與入。第一句云一攝一切一入一切者。謂上句一為能攝一切為所攝。而所攝一切亦得為能攝。即上第一句一為能攝故上之一切入一切之中故云一入一切。第二句云一切所攝一切亦為能攝。上之一切卻為所攝。云一切入一。此句但反上第一句耳。三即以一望他一。即第三句中一切復望別一切。以其四句皆由一邊同理之包為能攝。一邊同理之徧故。又四體可為攝與理非一非異故。非一非異。一有一多。喻一鏡為入。由與理之非異便能攝入。若以十鏡為喻。一九鏡為多。謂初句云一攝一切一入一切者。應云一鏡攝九鏡一鏡入九鏡。謂上一鏡為能攝。則九鏡為所攝。而所攝九鏡亦為能攝。故上能攝之一鏡卻入九鏡之中。云一入一切。然第二句云一切攝一一切入一者。應云九鏡攝一鏡。九鏡入一鏡。謂九鏡為能攝。一鏡是所攝。入所攝一鏡中。云九鏡入一鏡。故一鏡卻入所攝九鏡中。云一鏡入九鏡。第三句云一法一入一攝者。應云一鏡攝一鏡。一鏡入一鏡。第二鏡攝一鏡亦入第二鏡。第四句云一切攝一切者。應言十鏡各攝於九一切攝一切者。謂上句一切為所攝。而所攝一切一入一

鏡十鏡皆入於九鏡而所入所攝但云九鏡者畧
一為攝入故言有本云後二句入在頭者云一入
一法二攝一法一切入一切一切攝一切以不例
前故依現本四句皆攝在初。
九相無礙門謂一切一入一切一切攝一切一
謂攝一入一攝一切一切入一亦有入有攝亦有四
初標名云相在者自己攝法入他法中他又攝法
在我己中故云相在至下句中當見釋中亦三謂
標釋結標云一切望一者一切在初正反第八二
一切同時交參無障無礙。
亦有四句下釋釋四句中上標既云一切望一則
有四句四句之首合有一切之言以為能攝今
並略耳但取所攝所入以成四句然此四句與前
全異如前一攝一法一入一法但明自一隨對他
一自一攝他一時亦入他一耳今則不然謂第一
句云攝一入一者此謂一切隨攝一法將入一法
約十鏡說總以九鏡為能攝第一句者九鏡攝第
一鏡入第二鏡入一切入一切者謂九
鏡皆攝九鏡入一鏡中三攝二入一切入一切者九
鏡各攝一鏡偏入九鏡之中四攝一切入一切者九
鏡皆攝九鏡之中攝將隨一入彼一中復
皆攝彼一在此多中等故名相在約法一入一作者且
約諸佛望眾生說總以諸佛為能攝眾生
為所攝所入第一句者諸佛攝一眾生
中二者諸佛攝一切眾生入一眾生
身攝一切眾生入一眾生身毛中四者諸佛
一切眾生入一切眾生中餘法相望二多皆爾三
同時下總結由此互攝互在故有帝網重重之義
問此一切一在初答若但一攝一
句皆一在初然有兩句謂一攝一
切一入一切為一句二攝一法一入一法為兩句
耳今由相涉入第二是前所攝為能攝故第
三句互一相對第四句唯一切對一故成四句耳
不得四句皆一在初正義如前更有一意如攝一
第八第一攝一入一正攝一時即能入一等爾何異
舉一其一皆入以正同理廣容即同理普徧故若
爾何異第七第七但有二句亦自入所攝一切中
此中一切正攝一亦入餘一切一切等故若約
十鏡作者一鏡為一九鏡為一切二者九鏡攝一

鏡九鏡亦能入一鏡二者九鏡攝九鏡入一
鏡三者九鏡攝一鏡九鏡即入九鏡四者九鏡攝
九鏡九鏡亦即入九鏡為攝一切入一切雖通此
釋今不取之亦有云前第八門是複四句一者但
入一中二但攝一句故今一攝一切入我一中等若爾但有一
一入兩句成一攝一切入我一中等若爾但有一
攝入耳亦無入義故不取之
十普融無礙門謂普融一切及一切普皆同時更互相望
一具前兩重四句普融準前思之
此第十門總融前九近且收三第八門一望一切
華嚴法界玄鏡卷三　　　十二
第九門一切望一今具此二以一望一切有第八
門四句以一切望一切九門四句其第七門雖
不具四句而是一切一中收故近收三言總收
九者由第九門不出一多故由其初門理如事故
為多由第二門事如理故一可為一二四如理之
偏三五如理之包二即二不二而不二四不二而二
以不壞相故六即雙含七便攝入自
在八含一多交涉九含攝入自在十即同時具足相應門九即因陀羅網境
故第十門即同時具足相應門九即因陀羅網境

界門由第八交涉互為能所有隱顯門其第七門
相即門三總成諸門事故有微細門六具相即廣門隨一即廣陝門二
即門前三總成諸門事故有微細門四不離門一處即偏
首有主件門顯於時中有十世門故有純雜門隨
多劫有託事門是故於刹那信滿道圓一念該
爾故有託事門稱行境界無障無礙深思之令現在前
令圓明顯現稱行境界無障無礙深思之令現在前
也
第三勸修學學謂若圓明在心依解生行行起解
絕雖絕而現解行雙融修而無修非唯周偏一門
實亦三觀齊致無心體極無間常行何障不消何
法能礙斯觀顯現聖遠乎哉體之則神矣體非權
小聖亦難思矣故初生王宮貴極臣佐注想華此之一觀久而
安造茲玄余久探玄籍注想華此之一觀久而
究盡不鏡方寸虛負性靈故名法界玄鏡
心之歲矣今夾本文在內別題云華嚴法界玄
也今夾本文結云華嚴法界玄一卷有本無玄
字
華嚴法界玄鏡卷三
清涼精舍施錢三十二千文重刊
光緒二十一年春王正月金陵刻經處識

原人論序

唐終南山草堂寺沙門宗密述

萬靈蠢蠢皆有其本萬物芸芸各歸其根未有無根本而有枝末者也況三才中之最靈而無本源乎且知人者智自知者明今我稟得人身而不自知所從來豈能知他世所趣況乎豈能知天下古今之人事乎故數十年中學無常師搏攷內外以原自身原之不已果得其本然今習儒道者祇知近則乃祖乃父傳體相續受得此身遠則混沌一氣剖為陰陽之二二生天地人三三生萬物萬物與人皆氣為本習佛法

者但云近則前生造業隨業受報得此人身遠則業又從惑展轉乃至阿賴耶識為身根本皆謂已窮而實未也然孔老釋迦皆是至聖隨時應物設教殊途內外相資共利群庶策勤萬行明因果始終推究萬法彰權實策萬行懲惡勸善同歸於治則三教皆可遵行推萬法窮理盡性至於本源則佛教方為決了然當今學士各執一宗就師佛者仍迷實義故於天地人物不能原之至源余今依內外教理推窮萬法初從淺至深於習權教者斥滯令通而極其本後依

了教顯示展轉生起之義會偏令圓而至於末 人 物 文有四篇名原人也

原人論

唐終南山草堂寺沙門宗密述

斥迷執第一習儒道者

儒道二教說人畜等類皆是虛無大道生成養育謂道法自然生於元氣元氣生天地天地生萬物故智貴賤貧富苦樂皆稟於天由於時命故死後卻歸天地復其虛無然外教宗旨但在乎依身立行不究竟身之元由所說萬物不論象外雖指大道為本而不備明順逆起滅染淨因緣故習者不知是權執之為了今略舉而詰之所言萬物皆從虛無之大道而生者大道即是生死賢愚之本吉凶禍福之基基本既其常存則禍亂凶愚不可除出福慶賢善不可益也何用老莊之教耶又道育虎狼胎桀紂夭顏冉夷齊何名尊乎又言萬物皆是自然生化非因緣者則一切無因緣處悉應生化謂石應生草草或生人人生畜等又應生無前後起無早晚神仙不藉丹藥太平不藉賢良仁義不藉教習老莊周孔何用立教為軌則豈得又言皆從元氣而生成者則欻生之神未曾習慮豈得嬰孩便能愛惡驕恣焉若言欻有自然便能隨念愛惡等者則五德六藝悉能隨念而解何

待因緣學習而成又若生是稟氣而欻有死是氣散而欻無則誰為鬼神乎且世有鑒達前生追憶往事則知生前非稟氣而欻有又驗鬼神靈知不斷則知死後非氣散而欻無故祭祀求禱典籍有文況死後卻為鬼鬼復為人等豈可古來積鬼常存而有古今皆有耶外難曰若人死為鬼則古來之鬼填塞巷路合有見者如何不爾答曰人死六道不必皆為鬼鬼死復為人等豈唯常鬼無也人稟無知之氣安得欻起而有鬼無知也鬼神有知則知死後非氣散而欻有又祭祀求禱典籍有文況今皆稟氣何不知乎又言貧富貴賤賢愚善惡吉凶禍福皆由天命者則天之賦命奚有貧多富少賤多貴少乃至禍多福少苟多少之分在天天何不平乎況有無行而貴守行而賤無德而富有德而貧逆吉義凶仁夭暴壽乃至有道者喪無道者興既皆由天天乃興不道而喪道何有福善益謙之賞禍婬害盈之罰焉又既禍亂反逆皆由天命則聖人設教責人不責天罪物不罪命是不當也然則詩刺亂政書讚王道禮稱安上樂號移風豈是奉上天之意順造化之心乎是知專此教者未能原人

斥偏淺第二習佛不了義教者

。

佛教自淺之深略有五等。一人天教。二小乘教。三大乘法相教。四大乘破相教。此四在篇中。五一乘顯性教。此在篇中。第三

一佛為初心人且說三世業報善惡因果。謂造上品十惡死墮地獄中品餓鬼下品畜生故佛且類世五常之教。天竺世教儀式雖殊懲惡勸善不別。亦不離仁義等五常而有德行可修例如此國歛手而揖彼國散手而垂皆為禮也。令持五戒是不殺是不妄語是不盜是不邪婬是不飲酒得免三途生人道中修上品十善及施戒等生六欲天修四禪八定生色界無色界天。

原人論二

故名人天教也。然業有三種。一惡二善三不動據此教中業為身本。今詰之曰既由造業受五道身。未審誰人造業誰人受報若此眼耳手足能造業者初死之人眼耳手足宛然何不見聞造作若言心作者何者是心若是肉心肉心有質繫於身內如何速入眼耳辨是非是非不知因何取捨且心與眼耳手足俱為質閡豈得內外相通運動應接同造業緣若言但是喜怒愛惡發動身口令造業者喜怒等情乍起乍滅自無其體將何為主而作業耶設言不應如此別別推尋都是我此身心能造業者此身已死誰受

苦樂之報若言死後更有身心者豈有今日身心造罪修福令他後世身心受苦受樂據此則修福者屈甚造罪者幸甚如何神理如此無道故知但習此教者雖信業緣不達身本。

二小乘教者說形骸之色思慮之心從無始來因力故念念生滅相續無窮如水涓涓如燈燄燄身心假合似一似常凡愚不覺執之為我寶此我故即發貪瞋癡等三毒繫意發動身口造一切業業成難逃故受五道苦樂等身三界勝劣等處所。所以然者皆由執我遭起

等造業受報身則生老病死死而復生界則成住壞空空而復成。

此風名持地界風光音金藏雲布及雨滂注風擊成地味地餅林藤後粳米等種不銷又雨霔其上滴水成江河爆積成山石不攪成金玉。打擇成火鼓扇成風風鼓相持能成大地山河成國邑即便離別分所據其間之事續會人間千八百劫後於其中漸有昏昏。三皇已前人物有無茫然不知。今夜傳之但比說故也已。

轇轕膠諸家著種種異說佛教又緣通明三千世
界界不局大唐故內外教文不全同也住者住劫
二十增減壞者壞劫二十增減壞劫亦住劫能壞
無此世界亦經劫減壞者空亦能壞二十增減空
劫亦經劫生劫住火水風等三災壞前十九增減
如汲井輪迴諸教只知此世界生生輪迴不絕者
前早已知千萬億混沌已前元氣其終而復始都由
佛教法中小乘淺識不能了更深而說耳空界已
不了此身不是我身謂此身本因色心和
合為相今推等分析色有地水火風之四大心有受
能領納好想能取像者能造作了別能了別者之四蘊若皆
是我即成八我況地大中復有衆多謂三百六十段
骨一一各別皮毛筋肉肝心脾腎各不相是諸心數
—————
等亦各不同見不是聞喜不是怒展轉乃至八萬四
千塵勞既有此衆多之物不知定取何者為我若皆
是我我即百千一身之中多主紛亂離此之外復無
別法翻覆推我皆不可得便悟此身但是衆緣似和
合相元無我人為誰貪瞋為誰殺盜施戒遂不
滯心於三界有漏善惡斷集諦修道諦證滅諦以斷
貪等此息諸業證得我空真如乃至得阿羅漢果
灰身滅智方斷諸苦據此宗中以色心二法及貪瞋
癡為根身器界之本也過去未來更無別法為本今
詰之曰夫經生累世為身本者自體須無間斷今五

識闕緣不起為根境等意識有時不行悶絕睡眠滅盡
無想無想定無色界天無此四大如何持得此身世世不絕是
知專此教者亦未原身
三大乘法相教者說一切有情無始以來法爾有八
種識於中第八阿賴耶識是其根本頓變根身器界
種子轉生七識皆能變現自分所緣都無實法如何
變耶謂我法分別熏習力故諸識生時變似我法第
六七識無明覆故恒緣此執為實我實法如患重病
心昏夢時患夢力故心似種種外境相現夢時執為
實有寤來方知唯夢所變我身亦爾唯
識所變迷故執有我及諸境由此起惑造業生死無
窮彼義廣如前節方知我身唯識所變識為身本
不了之義如前破
四大乘破相教者破前大小乘法相之執密顯後真
性空寂之理破相之談不唯諸部般若遍在大乘經
定前信解故佛就後節節故將唯識法相之前或或
同故或云天竺戒賢智光二論師各依一大乘經立
三時教也後之二教指此意也今且據佛本意者且
欲破之先詰之曰此所變之境既妄能變之識豈實
言一有一無者彼俱破則夢想與所見物應在又物若
則變不是物物不是變境來夢滅其物應滅其

非夢應是眞物夢若非物以何為相故知夢時則夢想夢物似能見所見之殊據理則同一虛都無所有諸識亦爾以皆假託眾緣無自性故中觀論云唯依識而有差別若離心念即無一切境界之相經云凡所有相皆是虛妄離一切相即名諸佛等如此乘大是知心境皆空方是大乘實理若約此原身者誰又若都無實法依何現諸虛妄且現見世間虛元是空空即是本今復詰此教曰若心境皆無知無又云因緣所生法我說即是空起信論云一切諸法唯依妄念而有差別若離心念即無一切境界之相

原人論 七

妄之物未有不依實法而能起者如無濕性不變之水何有虛妄假相之波若無淨明不變之鏡何有種種虛假之影又前說夢想夢境誠如所言然此妄現故必依睡眠之人今既心境皆空未審依何妄現故知此教但破執情亦未明顯眞靈之性故法鼓經云一切空經是有餘說餘經者也又大品經云空是大乘之初門上之四教展轉相望前淺後深若且習之自知未了名之為偏若執為了則名為偏淺也

故就習八云偏淺也

直顯眞源第三佛了義

五一乘顯性教者說一切有情皆有本覺眞心無始以來常住清淨昭昭不昧了常知亦名佛性亦名如來藏從無始際妄想翳之不自覺知但認凡質故耽著結業受生死苦大覺愍之說一切皆空開示靈覺眞心清淨全同諸佛故華嚴經云佛子無一眾生而不具有如來智慧但以妄想執著而不證得若離妄想一切智自然智無礙智即得現前又云爾時如來普觀法界一切眾生而作是言奇哉奇哉此諸眾生云何具有如來智慧迷惑不見我當教以

原人論 八

道令其永離妄想自於身中得見如來廣大智慧與佛無異評曰我等多劫未遇眞宗不解返自原身但執虛妄之相甘認凡下或畜或人今約至教原之方覺本來是佛故須行依佛行心契佛心返本還源斷除凡習損之又損以至無為自然應用恆沙名之曰佛當知迷悟同一眞心大哉妙門原人至此然佛說前五教或漸或頓若有中下之機則從淺至深漸漸誘接先說初教令離惡住善次說二三令離染住淨後說四五破相顯性會權歸實依實教修乃至成佛若上上根智則從本至末謂初便依第五頓指一眞心體心體既顯自覺一切皆是虛妄本來空寂但以迷故託眞而起須以悟眞之智斷惡修善息妄歸眞妄盡眞圓名法身佛

根本智顯

體

會通本末第四一會前所斥同歸一源皆為正義

真性雖為身本生起蓋有因由不可無端忽成身相但緣前宗未了所以節節斥之今將本末會通乃至儒道亦是 去初節唯第五性教所說已生滅諸相如注說 謂初唯一真靈性亦同所謂不生不滅不變不易眾生無始迷睡不自覺知由隱覆故名如來藏依如來藏故有生滅妄想和合非一非異名為阿賴耶識此識有覺不覺二義 此下教中亦同所說依如不覺故最初動念名為業相 又不覺此念本無故轉成能見之識及所見境界相現 又不覺此境從自心妄現執為定有名為法執 乘此下方是第二小教亦同所說 故遂見自他之殊便成我執 執我相故貪愛順情諸境欲以潤我瞋嫌違情諸境恐相損惱愚癡之情展轉增長 此下教中亦同所說 故殺盜等心神乘此惡業運於中陰入母胎中 此下方是儒道二教亦同所說以氣為本 稟氣受質氣則頓具四大漸成諸根心則頓具四蘊漸成諸識十月滿足生來名人即我等今者身心是也故知身心各有其本二類和合方成一人天修羅等大同

於此然雖因引業受得此身復由滿業故貴賤貧富壽夭病健盛衰苦樂謂前生敬慢為因今感貴賤之果乃至仁壽殺夭施富慳貧種種別報不可具述 是以此身或有無惡自禍或有無善自福據目觀親不同所作自然如然外學者不知前世但執自然 復有前生少年修善老而造惡或少貧貴老而富貴少富貴老而貧賤皆出於時運 會彼所說咸歸自然 故外學者不知唯執否泰由於時運皆由天命也 所稟之氣展轉推本即混一之元氣也所起之心展轉窮源即真一之靈心也究實言之心外的無別法元氣亦從心之所變屬前轉識所現之境是阿賴耶相分所攝從初一念業相分為心境之二心既從細至麤展轉妄計乃至造業 如前敘列 境亦從微至著展轉變起乃至天地 即彼始自太易五重運至太極太極動而生兩儀 彼說自然大道 如此說真性其實但是一念能變見分彼云元氣如此一念初動其實但是境界之相 從父母稟受二氣與業識和合成就人身據此則心識所變之境乃成二分一分即與心識和合成人一分不與心識和合即成天地山河國邑三才中唯人靈者由與心神合也佛說內四大與外四大不同正

是此也哀哉寡學異執紛然寄語道流欲成佛者必
須洞明麤細本末方能棄末歸本返照心源麤盡細
除靈性顯現無法不達名法報身應現無窮名化身
佛

原人論

廣東鹽運使司兼署按察使司鍾謙鈞施銀五十
兩刻守護三千國土經原人論
同治十三年春　雛園刻經處識

注華嚴法界觀門

圭峯蘭若沙門宗密注

修 止觀誥熏
習 造詣

大方廣佛華嚴 所依經也大方廣者所證法也佛華嚴
是能證人大方廣即諸佛衆生之心
體也即體之相用佛也華嚴因也諸
佛果也華嚴因果也行嚴大方廣成
佛果在前行嚴大方廣之智爲主運於前行嚴大方廣佛
意不無經無文字

法界 謂淸凉新經疏云統唯一眞法界謂
是義一心一然心融萬有便成四種法界一事
法界界是分義一一差別有分齊故二理法界
界是性義無盡事法同一性故三理事無礙法
界具性分義性分無礙故四事事無礙法界一
切分齊事法一一如性融通重重無盡故

觀門 約此八九二成觀紙故文觀法界也
約此八九二成觀紙故文觀法界也

署有三重 單分齊標 法義一門事不獨立故
唯事法義故若事不獨立故
即分析事法故即三重分事故故
雖事之義即三重分事之即以對能
別不故第二但是義非三即事非智
故故三法義故事即三對能觀之境境
橫別有雲第三

京終南山釋杜順集 姓杜氏
雍州萬年人唐初時行化神異多端創製此觀
以寄文殊菩薩傳於賢首即首集中有法界
觀門文字但類此則集義無量紙若集爲

眞空第一 虛妄念慮故此名眞空
理事無礙第二

真空觀 周徧含容第三 事事無礙法界

第一眞空觀法於中署開四句十門

一會色歸空觀 二明空卽色觀
三空色無礙觀 四泯絕無寄觀

一會色歸空觀中爲四
就初門中爲四 前三
句簡情顯解後一句顯
解成行前三中初二句
簡情顯實故第三句會
色歸空故亦簡情色也

色不卽空以卽空故
何以故

色不卽斷空故不是空也釋上句也以
卽空故色卽空以故

色不卽空以卽空故

以色擧體是眞空也故云以卽空故

注華嚴法界觀門

故不是空也

良由即是真空故非斷空也

二色不即空以空即色故

何以故以青黃之相非是真空之理故云不即空

然青黃等必依真空以真空必不異青黃故云不即空也

良由即色之空非是斷空故非色滅空故云不即空也

三色不即空以色即是空故

何以故以青黃之體非別有故云不即空也

良由青黃之體無體莫不皆空故云不即空也

會色歸空空中必無色

何以故以空中無色故不即空

會色無體故即色是空

良由會色歸空空中必無色是故由色空故非色也當上句

上三門以法簡情訖二門

四色即是空

何以故

凡是色法必不異真空以諸色法必無性故從緣有是故色即是空如色既爾一切法亦然思之

注華嚴法界觀門

第二。明空即色觀者於中亦有四門

一空不即色以空即色故
何以故
斷空不即是色故云空非色句也釋上
真空必不異色故云空即色句也釋下故令斷空不即色也結上
二空不即色以空即色故
何以故
以空理非青黃故言空不即色句也釋上
然不異青黃故不即青黃釋故云即色不即色也結
要由真空不異青黃故不即色方是色之所依
三空不即色以空即色故
何以故
空是所依非能依故不即色也
必與能依作所依故即是色也

何以故
空即色故是故由
上三門亦以法簡情說
四空即是色
何以故
凡是真空必不異色以是法無我理即真空觀不異色也亦不
是斷滅故真如不守自性即色也
是故空即是色
如空色既爾一切法皆然思之

第三。空色無礙觀雖有空色二字本意唯歸於空以
此觀意在此故也文中舉色爲首但名真空觀不言
色觀
謂色舉體不異空全是盡色之空故則色盡而空現
空舉體不異色全是盡空之色故則空即色盡而空不
隱也色空既爾無礙無礙隱顯自在無障
礙也

是故菩薩看色無不見空觀空莫非見色無障無礙

為一味法思之可見

第四泯絕無寄觀者

謂此所觀真空不可言即色不可言即空亦不可言即一切法皆不可既爾一切法亦然是也如上句拂妄又拂迷上句拂所見色不即空空即色故應爾初句拂凡夫所見色應不即聖智所見色又應不即凡夫所見空應不即聖智所見空又應永非凡聖二境已超諸二諦故云不可等者饒本文文勢展轉不同今亦略申別釋別釋之文注亦得然

此觀後總辨四門初中文自不注後徵釋所以於中二

法華嚴法界觀門

見彼等皆不分別此語亦不可見所及道斷非解所到不可言如是寂然但有行境智能到非解境也何以故以生心動念即乖法體失正念故

如是則見聞覺知境智能到即是境即是寂智即念解即動念解即是正念此下總辨四門各當一句顯解而知若能無動念無解而無知何名正念此正念者即是本真動念是真動念何存新生之正念也

又於前四句中初二句八門皆簡情顯解第三句一門解終趣行第四句一門正成行體此中初句即色無損減謗二明空即色無增益謗三歸空無相謗

法華嚴法界觀門

理事無礙觀

前雖說色空無礙簡情計以成其正解由前若不明此理事無礙無以成其正解由解成行行起解絕以入於茲正行成由解成行此行成故解即絕也

理事無礙觀第二

理事無礙觀者謂事能與理事互融故此二相望有十門

一理遍於事門謂能遍之理性無分限所遍之事分位

注華嚴法界觀門

差別業淨心境互為緣起起滅此彼相貌不可具陳一一眾生所有國土皆遍在一切處一切眾生及國土亦無形相而句可得三句亦不可分也不全即非是分遍經云法性遍在一切處

二事遍於理門

謂能遍之事是有分限所遍之理要無分限此有分之事於無分之理全同非分同以全同故一塵不壞而遍法界也如一塵一切法亦然思之

何以故以事無體還如理故是故一塵不壞而遍法界也如彼真理無不圓足攝無邊真理無不圓足

何以故以彼真理不可分故所以一一纖塵皆

此全遍門超情離見

深戲

全遍門超情離見。一塵既無涯。分何有去之當情全在塵能容有因事世人指空雖有可見卻不可以識智知也。何以故。以眞理不可分故。只為眞理全體全在一塵故。是故一塵即非一塵。世俗結歎諸法各各全在眞理之中。非一。五眼而可見。即以明有簡而容無況一大海在中。一大波無別不同時而互為全遍故即云。何以眼而可視。可見。即不相礙之分齊故。如全遍於大海在一波中。而波不壞其中全遍於大海。而波不壞小故。如一小波同時全遍於大海而海非異俱時各遍於諸波而海非異俱時各遍於大海而波非一。自問答明示

又大海全遍一波時。不妨舉體全遍諸波。一波全遍

大海時諸波亦各全遍。互不相礙思之。

一塵全遍於理性。何故非大遍難思以小難遍上皆約理望事

問。既不同而廣大。何得全遍於理性。以大難遍上皆以大字為理字為事字望。理事合。合於理事不入。於上文有爾重問答。對後節一一皆指竟此丁繁四

既不同塵而小。何故非小難以小難遍

問理既全遍一塵何故非小答以小難遍上皆約理望事

若不同理而廣大。何得全遍於理性。

既成矛盾之類矛戈矛也戈之屬也昔人雙

即云能穿汝之盾者。吾矛鋒利無物不入。歎子
意兼二邊刺汝以矛無辭矣義極相違

問曰。理事相望各非一異。其有四句。

一。真理望事非一非異故。真理全體在一事中全遍也宗也上

二。真理與事非一即非異故。真理體恆無邊際下正答難宗

三。以非異即非一故。真理全體在一塵也宗因非異

四。以非一即非異故。一塵理性無有分限以非一之宗矣

異為因答理全遍塵而非小之宗矣

次事望理亦有四句
一事法與理非一故全匝於理性
二事法與理非異故不壞於一塵
三以非一即非異故一小塵匝於無邊真性
四以非異即非一故一切事處全匝一塵而無邊
理性騞然可見若塵外有理則非全遍一塵
問無邊理性全遍一塵時外諸事處為有理性為無
理性外無理則非全遍若塵外有理則非全體遍
塵外無理則非全遍一切事義甚相違為大思之
事字上開兩闕下對波字讀之而雖不大思之
之為問亦得海以理望事有此義也

苕以一理性融故理標下約多事無礙故各有四句
故得全在內而全在外無障無礙也

先就理四句
一以理性全體在一切事中時不礙全體在一塵處
是故在外即在內全體在餘事處即在外
故不妨還遍此一塵也如父約名字而言故今對十子
其一父也反是故理全體在一切中故亦在內即在外
子上父也反是故全體在一切中故亦在內
二全體在一塵中時不礙全體在餘事處即在外
上子反是故全體在一塵中故亦在內
三以無二之性各全在一切中故是故亦在內亦在

四以無二之性非一切故是故非內非外遍內外理
性恆與內外非異故理性雖能遍於內外
前三句明與一切法非異此之一句明與一切法非
一亦非異故非一非異故云非內非外非即非離
一塵全匝於理時不礙多遍也謂一塵全遍
則一塵全匝於理時不礙多遍多遍不如理也
內即在外一塵全遍於理若問一若總答應
一塵全遍與一切非異故此事一塵若望理則全遍
次就事四句
一一塵全匝於理時不礙多遍故一切事法亦全匝
是故非內非外遍內外

二一切法各匝理性時不礙一塵亦全匝是故在外
即在內也

三以諸事法同時匝理性故是故全內亦全外無有障礙
諸法同時遍匝不礙謂內外同時匝理性也

四以諸事法各匝理性時彼此相望非異非一故
非匝故非異亦非一也此以多即一多一即多
亦非匝故但一多不礙故云即
門答爾然則性非一多此且多問何用一多
即在內也

三依理成事門
謂事無別體要因真理而得成立下四以諸緣起有此

因有空義故。一切法得成大品
云。若諸法不空。即無道無果。
如波要因於水能成立故依如
來藏故有諸法。勝鬘云。依如
來藏故說生死。依如來藏故
有涅槃。棱伽云。如來藏者為
無明七識所熏。名為識藏起信
論云。依如來藏故有生滅心等
亦爾思之。

四事能顯理門
謂由事攬理故則事虛而理實以事虛故全事中之
理挺然露現
猶如波相虛令水體露現當知此中道理亦爾思之
所有如是。解法性即見盧舍那

注華嚴法界觀門　十三

五以理奪事門
謂事既攬理遂令事相皆盡唯一真理平等顯現宗
下以因離真理外無片事可得故
如水奪波波無不盡此則水存以壞波令盡 出現品
云一切眾生於念念中悉成正覺不成正覺也

六事能隱理門
謂真理隨緣成諸事法然此事法既違於理遂
令事顯理不顯也
如水成波動顯靜隱經云法身流轉五道名曰眾生
故令眾生現時法身不現也 問明品亦云未曾有
一法得入於法性

七真理即事門
謂凡是真理必非事外以是法無我理故事必
依理虛無體故故即事法為真理故即法是空
非能依故此上真理舉體即事方為真理
如水即波無異相也即事法故即水是波思之

八事法即理門
謂緣起事法必無自性舉體即真故說眾
生即如不待滅也。淨名云一切眾生即寂滅相
不復更滅。此上事法舉體皆即事以此眾生
即是法身。故法身流轉名曰眾生義一名異

九真理非事門
謂即事之理而非是事以真妄異故實非虛故所依
非能依故。後二對義應反此
如波動之水非波以動濕異故

十事法非理門
謂全理之事事恒非理相性異故令事相宛然
非全水之波以動義非濕故七八即事理有一對
依非所依故是故舉體全理而事相宛然。九
十即非真妄異實能
所依。三對但文小異爾此
束前義也。先結云
此上十義同一緣起 真空四義一廢已同他第三門
二泯他存己 五山三自他俱

存也九也四自他俱泯七也妙有四義一隱他存已六也他俱泯七也妙有四義一隱

約理望事則有成也即成壞等不成不壞同時
頓起非前非後是總相也又如事有可言成可言不成等八門依此下成壞等殊故此下勸修云
理有顯也二有隱也三一即也四有異也五有成也六有壞也七有離也八即事望於

周徧含容觀

周徧含容觀第三 一標 二釋 三結勸

事如理融 彼此相徧攝容無礙

謂事法既虛相無不盡理性真體無不現也事與理非一即事即理故云即也又如眾生毛孔中同真空亦現

一理如事門 彼此攝容周徧無礙

謂一事法既攬理成無別事即全理為事故事上即理不卽理故菩薩雖

註華嚴法界觀門 十五

復看事即是觀理然說此事為不卽理故
事理非異如事如理徧廣大故
二事法與理非異
謂事法與理非異故事隨理而圓徧諸法時
三事含理事無礙
謂諸事法與理非一故存本一事而能廣容

註華嚴法界觀門 十六

謂一微塵亦如理性全在一切法中
此一微塵溥徧諸法界如一微塵諸一切事法亦爾
此理事融通非一非異故總有四句
一一中一 二一切中一 三一中一切 四一切中一切
各有所由思之

注華嚴法界觀門

不同即第二句是含義末句互
爲合徧初句皆關也但應云攝入至下當明

四通局無礙門 釋第二門二門雖通有不徧故兼局
謂諸事法不壞相即不徧故通令此事法不離

一處即全徧十方一切塵內
謂諸事法與理非一故即非異故通令此事法不離

五廣陜無障無礙門 釋第三門
謂廣陜無礙門

由非異即非一故全徧十方而不動一位
即遠即近即徧即住無障無礙

六徧容無礙門 釋第四門
由非一即非異故廣容十方法界而微塵不大
十方刹海

謂事與理非一故廣容十方法界而微塵不大

由非異即非一故廣容十方法界而微塵不大

是則一塵之事即廣即陜即大即小無障無礙

六徧容無礙門 廣容徧二門皆合前四五兼之二二即兼徧故三五以徧容可悉受故但應云徧容攝入即一多反覆明之
即是徧故是容後明徧容即是
唯彼多故令唯一。無可言徧容即是

故徧在一切中時即復還攝一切諸法全住自中
徧者如安九鏡燈十方維布八面如一鏡

又由廣容即是溥徧故令此一塵還即徧在自内一

塵

切差別法中
九時即能徧九容
一切九時即能容九

是故此塵自徧他時即他徧自能容能入同時徧攝

無礙思之

七攝入無礙門

謂彼一切望於一法皆悉殊以入他即是攝

他可徧即前徧故云以入一即攝

一中之時即令彼一還復在自
彼多入一時還攝所入之一在我能入多内之能入即是攝能入一切之内同時無礙如九鏡
故云攝他即是入他也無有多容故一鏡還在能入多内

又由攝他即是入他故一法全在一切中時

攝入無礙門 九即各攝一切
謂九即各攝一人

八交涉無礙門

即一法望一切有攝有入通有四句
謂一望一切有攝有入通有四句

謂彼一即能入一切亦能攝一切
彼多徧令一入是能入也一徧令入是能攝

一切中時攝入約一多五句
此句即是能入攝

即一切亦能攝一多
徧即一是能攝一切一多相即攝即

二門何開二
問何得但言徧容即得開此繁文

別故
徧若入一切若攝一切四望何以得此
攝若攝一切若入一切四望何句以得此

一切望一亦然文雖廻互義不重者具至後門當示

名溥融
也其實二門

故舉一例
初徧一四若徧一攝一切云攝一切即徧一若徧一入一切亦爾然其

註華嚴法界觀門

難以言不

一切攝一入一。如東鏡彼西鏡彼入我東鏡彼入正是上一反此便為一入一切及一切攝一即上能入即此所入即彼所攝即彼能入及所攝便多矣。

一切攝一入一。如東鏡彼西鏡文勢如前三句但以言之反覆相即故云一切攝一入一也。

同時交參無礙門 如上釋

謂一切在無礙門 中此與前不同前是別攝餘法在他一一法中他能攝餘法亦入我中也此即彼此互相帶之勢重重然且約此門以釋之

九相在無礙門
亦有四句
一切攝一入一。如東鏡攝餘鏡為所入一切鏡將入東鏡中也
餘三句準此應知。

同時交參無礙門 如上釋

十溥融無礙門
謂一切及一溥融無礙云一具八九前九展轉相由故令此攝不出一剎那即同時頓顯故云溥融無礙也

兩重四句溥融無礙
總融前九又不頓顯故此攝即重重無盡也。

準前思之且攝第一門初句云一攝一切者且明我一能攝他一切即我一中具他一切也次明我一入他一切即我一入他一切中為彼所攝也對前句合上與此第四句合成一重二門思之
全句對上與九合也
中攝次第二句與八合也
第三句與七合也
第四句與六合也
第五句與五合也
中第六句與四合也
第七句與三合也
第八句與二合也
第九句與一合也

一切此是即九重中第一門末二句合也
絡配屬是即重重無盡主伴互融之門也

十九

二十

門徧配一切法義方成十玄之義若
但將此十以配於十玄節文勢別也
令圓明顯現稱行境界無障無礙深思之令現在前

漩澓頌

若人欲識眞空理　身內眞如還徧外
情與無情共一體　處處皆同眞法界
祇用一念觀一境　一切諸境同時會
於一境中一切智　一切智中諸法界
一念照入於多劫　一一念中收一切
時處帝網現重重　一切智通無罣礙

釋華嚴十明論叙

宋寶覺圓明禪師惠洪覺範撰

謨閣待制朱公世英為余言頃過金陵謁王文公於鍾山公以彥里閒脫生有志學道謂曰若讀史見勾踐伍員事乎勾踐保棲會稽置膽於坐臥則仰膽飲食亦嘗膽也伍員去楚奔吳昭關至蒲伏行乞於吳市之子設心止欲雪恥復仇而竟成也然稼此心以學無上菩提其何以禦之世英有志者事成也然稼此心殁一年余還自海外築室筠溪石門寺夏釋此論追

釋十明論序 一

念平時之語曰嗟乎流轉三界未卽弃去其恥亦大矣囚縛五陰未能超出其伉亦深矣以吳楚之伉而學者亦思掣肘徑去以誠至誠較之其相倍如日劫而學者多以一身之懶怠故自為障閡乎哉金剛般若經須菩提聞世尊言以恆河沙等身布施不如受持四句偈為他人說之福於是泣下其心豈不謂學者如來普光明大智慧具四天下微塵數偈而其所詮者如來戒定慧夫禳華具一法而已親近隨順此智者戒定慧已以戒定慧觀照方便破滅無明一切衆生彈指實

證故金剛藏菩薩曰隨順無明起諸有若不隨順諸有離是謂成佛顯訣入法要旨借令三世如來重復宣示深義與不能加毫末於此矣其於利害去取曉如白黑其義理昭著粲如日星不知學者於戒定慧何疑而不隨順於無明煩惱而不棄乎孟軻曰今有無名之指屈而不信非疾痛害事也如有能信之者則不遠秦楚之路為指之不若人也指之不若人則不知惡吾特未見耳豈密行暗證隱寶顯珍世不之知類者歟抑觀力魔浮習重境強多遇緣而退歟余得而知歟此觀力麤浮習重境強多遇緣而退歟余

釋十明論序 二

切慕思大智者父子於道能遺塵名收實效三十年間決期現證皆獲宿智通入法華三昧乳中之酪此其驗矣嗚呼安得如南嶽天台兩人者與之增進此道哉政和五年六月十日書

解迷顯智成悲十明論

唐太原李通立撰

釋十二緣生

夫十二緣生者是一切眾生逐妄迷真隨生死流轉波浪不息之大苦海其海廣大甚深無際亦是一切諸佛眾聖賢寶莊嚴大城亦是交梨普賢常遊止之蓁林園苑常有諸佛出現於中普賢菩薩恒對現色身在一切眾生前教化無有休息文殊師利告善財云不猒生死乃能具足普賢行一切諸佛功德海皆映重重充滿其中無有盡極與一切眾生猶如光影而無障礙以迷十二有故一切眾生悟十二有支即是佛故眾生及以有支皆無自性若隨煩惱無明行識名色六根相對受愛取有成五蘊身即有生老死常流轉故以戒定慧觀照方自身心境體相皆自性空無內外有即眾生心全佛智海心境無所依眾生種種樂及諸方便智皆依佛智起明如經頌云欲知諸佛心當觀佛智慧佛智無依處如空無所依如華嚴經佛子菩薩摩訶薩有十種退失佛法道獸菩薩行失佛法道當遠離何等為十為於善知識生憍慢心失佛法道獸惡受生界生眾苦失佛法道獸

失佛法道樂着三昧失佛法道於諸善根起疑惑心失佛法道誹謗正法失佛法道斷菩薩行失佛法道樂求聲聞及緣覺乘失佛法道嗔恚心失佛法道若修行者求大菩提心者無勞遠求但自淨一心以無明境滅識教即智明智自同空諸求立以空智慧炎明相見法門入十住初心此如善財童子登妙峯山頂以明相盡法門故欲令其心轉更增勝上入海門國重觀十二有支生死大海見佛出興與說經及佛功德海諸波羅蜜海乃至禪波羅蜜方始終又至十地中第六地作十度逆順觀察十二有支。

成般若波羅蜜門三空自在智慧現前以大慈大悲為首故不盡諸行又以空慧入諸行海長養大慈大悲入生死海如蓮華處水而無染汚如阿修羅處海繞沒半身像大悲菩薩以空智隨流處纏不沒廣如經說今略叙其十法令後學者不妄別求設使自外他求畢竟須明此理若獸十二緣生別求解脫智海者如捨氷而求水逐陽燄以求漿若以觀力照之心境總怎智自明自如貧女宅中寶藏不作而自明如窮子衣中珠自然無功而自現

第一明一切眾生十二緣生惡覺生眾從何所生第

二明十二緣生為是本有為是本無第三明諸佛解脫智慧為是本有為是修生第四明十二緣生與智慧誰為先後第五明十二緣生是一心所變云何受三界苦樂不同第六明十二緣生及佛智慧有始有終否第七明解脫法中何法有依何法無依有一常無常第八明諸佛解脫無有性相體無處所有無量功德有一切刹微塵身土莊嚴互相映徹所有大願雲一切衆生九明一切諸佛皆有大願雲度一切衆生盡方自解脫者如無量刹塵豈不違其本自大願無量力耶佛者如無量刹塵豈不違其本自大願無量力耶

十門論

十明十二有支是大生衆之源如何超度使令迷解同佛大智大悲成大法門一切智海佛功德海第一明十二緣生惡覺生衆從何所生者為一切衆生從本已來無始無終無性無性無古無今真智慧之體是一切衆生之本源也為真智慧生之體本無如華嚴經第六地不了第一義故號曰無明故名曰無明如華嚴經第六地不了第一義故號曰無明體性不能自知無性故為無性不能自了無明將知以真智不能自了既不自了是以諸佛更須示現出世說法利樂人天本無衆生可度既先賢得道利樂世間知真智要得了緣方

十門論

能現也若言真智本來自然常不變易者即有所依即有所住處即堅然形質十方虛空不可相容納也即同外道及二乘并淨土菩薩皆有所依故衆生自知衆生聖自聖不須教化也故知有賢聖得道會真明即真智無性作我見故知十二有支隨順無明行識名色對六根為觸識為能緣名色是所緣之境識對諸根隨事和合分別善惡取納受此一段五根從意色隨生無明行為所緣意為能緣名色隨事染著不能自知無性無了緣眼耳鼻舌身五根與名色相對無明行二事緣為種子意為能緣名色隨事和合觸受

及識七法為現行緣領受貪着不捨便生愛有愛取有三緣成來世業因生老死三緣為來世苦果此愛取有及生老必常以生老必常有果生生無有停息隨自貪欲乘憍慢放逸貪瞋勝劣等業三界受生苦樂不同皆是自心變非由他與應如是一切衆生所生苦海之源以迷真智故便有業生苦因此而起若達無我則無所生我若離於我支處執著我故常求有無不正思惟起於妄行行於無生是故經云十二法自性無生邪道舉行福行不動行積集增長於諸行中種心種

子生有漏身復起後有生及老死所爲諸業爲田識爲種子。無明闇覆愛水爲潤我慢漑灌見網增長名色芽名色增長生五根諸根相對生觸觸相對生受受生已復希求生愛增長生取取增長生有生已於諸趣中起五蘊身生已衰變爲老已老劣造業成病病已業盡爲衆衆時生諸熱惱故變悲愁嘆衆苦集此因緣果無有集故衆苦可悲愍爲名第一義故姿生諸迷心境故變悲生衆衆苦悲惱飄轉何休但淨意根柱流有支都無所有及名色識觸受等五法皆爲根本智

十明論

之法界自在緣生諸法門大海及諸波羅蜜諸功德海以明迷者即諸煩惱海一切心境總爲苦海若覺悟者即是諸法門及波羅蜜海一切正覺悟時無明不見若能如是解諸佛常現前此明迷解是故經云一切法不生一切法不滅十二有支迷眞智慧生十二有支以爲生源以此三乘教浴諸般若中爲中下種人但說五蘊十二緣生煩惱苦海便爲智海正覺海諸法門海空亦空有爲無爲畢竟空乃至十八空皆未明達十二緣生

七

那三浴皆悉圓滿一一塵中十方諸佛及一切衆生同住無礙海浴如是故非是權乘神通所作一切大小皆無邊方浴映重重無礙如經廣明

第二明十二緣生爲是本有爲是此中有二義一姿一眞一如世情姿見曉三世古今爲心許其萬事實無常又姿無常並無有窮盡言常無常所計言無常並姿無常是心姿想裁接無有定故皆不可依也言眞如理智常不變易亦是虛妄是故淨名經云無以生滅心行說

實相法以此十二有支是一切衆生自心自詐情計變生今言十二有支以是虛妄若言無常浴又以滅而取證或獸而往生者皆且得變化生衆非眞解脫是故號曰無明又世諦卽第一義諦不了第一義故說爲常及無常同第一勝義諦十二有支不見身心及境界若生若滅常與無常同第一義諦時無決定說不可說言常與無常故

第三明諸佛解脫智慧爲是本有爲是修生者此一

八

段須知四謗言法本有增益謗言法本無損減謗亦有亦無戲論謗非有非無相違謗若言諸佛解脫智慧本有增益謗若言本無要假修生損減謗此之一段非情意思量所及也情非神會想盡智圓何以同會一乘若以滅識凶情亦非是當一切眾生以情想恒存者常迷不知存修卽却敗放逸卽全乖若言本有修生者皆為過失何以然者言本有一切眾生元來是佛何因苦樂流轉不停若言修生還成敗壞有

十明論　　　九

來之淡皆是無常故須除此二障方可相應乃故頌曰諸淡不自生亦不從他生不共不無因是故說無生此乃禪定觀行方便以為了緣迷解自明不可得但知不休必不虛棄如乳有酪皆須待緣緣之量得當以此觀力功熟方乃證知急亦不成緩亦不中無作者故其略成已亦無來處亦非本有如來慧以戒定慧善方便而以照之而緣之中無作者無成壞故然於一切智一切種智於中而得剛然於諸淡中無能作所作者故亦非本有亦非無

第一義中無本無末無始無終無成無壞無三世古今亦不可作本有及以修生成就世間斷常諸見及諸諍論應如是知如經中頌云一切淡不生亦不滅無有斷見也是故不可作修生本有見一切淡不滅無成佛義也是故不可作修生常現前以無斷常故如是解諸佛常現前有卜度之安想求可相應當於一切淡無心道自現也無姿想正智現前方覺心境諸緣自皆無性心境無性智目同空境何能立空境寂滅無生所有現行都無能所無心道諸緣自皆無性心境現目皆如空谷響物成音空谷無心智亦如是應物分別都無所生

十明論　　　十一

於此是他同於幻住所有心境皆如不見一淡有生住與滅成壞等相名淡界緣起自在無生門如善財至德生童子有德童女所得空幻智幻生幻住淡門一切處受生皆同幻住

第四明十二緣生與佛智慧誰為先後者如世情識姿業所見者卽十二緣生亦在前若以道現智明古今元來不變無動轉故已是無量劫中所作善惡業果報德道現智明悉能見之如彌勒樓閣中善財入已彌勒三世古今業行悉於中現者是也以自淨智業圓明十方諸佛及一切眾生三世古今業行無

不普現以無明總盡。一切智成自合如是。但淨自心
不可希望。如世間初心淨念者。亦得少分
外邊眾生境界所現。故求大道心不取也。不可以螢
光滯於大智之明。此是攝亂息心也。亦有邪見
入身亦見少分。皆不可取也。善決擇之。如十地菩薩
等百萬阿僧祇三昧。無不坐大寶蓮華之上量
得百萬三千大千世界授如來職。其身充滿大蓮華
之上。此大蓮華四邊次有十三千大千世界微塵數
蓮華以爲眷屬。諸菩薩皆坐其上。尚猶於普賢行猶
爲障礙。欲見普賢菩薩不能得見。當捨五障方見普

十明論 三

賢略釋中已明善財欲入大悲位。但見摩耶夫人處
寶眼天。其明五障之數。何況世間息念少分淨心怕
怖眾生畏懼攀緣之心。而少分可見亦爲障。道未作
須作已作。須作樣不錯也。如一依善財童子所有十
十行五位行。皆從迷位中。一念普觀無量劫無去
求前後之見。十二緣生之法。於心境上意識不可更
魔王妄變自惑。其心至無始沉淪。由迷不覺存前
後見古今。第一義中。都無此也。一切處文殊師利
同聲說偈云。一念普觀無量劫。無去無來亦無住
是了知三世事。超諸方便成十力。又以大智體中同

三世事。以過去世入現在世。入未來世。以未來世入現在
過去世。以現在世入過去世。以未來世入根本智無三世
性姿執三世中。一世上三世皆現自圓無古無今。一世逼爲十世。以
三世中。一世上求方環輪上求。始未虛空中求。大小中邊前際
後際終。不可得應如是知。如是見盡三世。都總名初發心時便
成正覺。然後成普賢之行矣
第五明十二緣生及佛智慧有始有終者。如有人於
少時間夢見無量劫忽然睡覺。所有夢中時量劫數
竝不可得。亦如是見。無明及佛智慧亦不可得。爲無
明等十二有支及佛智慧。皆虛姿也。經云。無無明亦
無無明盡。乃至無老死亦無老死盡等相。不如是見
虛空性故。不可於空中求其生滅。一切法亦如是。
不見智慧生以無生滅故。一切法亦無生滅
無始無終也
第六明十二緣生是一心所變。云何受三界苦樂不
同者。金剛藏菩薩云。於第一義諦不了。故名曰無明
所作事是行。行依止初心是識。識其生四取蘊爲名
色。無明行識名色爲四名色。增長六處。六根是也。根

十明論 四

境識三事和合是觸觸生受於受染著是愛愛增長是取以從此愛取中不順貪瞋忿根各隨報業深淺輕重種種不同因此惡道人天諸業各各差別修行者大須觀察淨治識種以現智明門而於心境即得自在餘意下當更明

第七明解脫法中何法有依何法無依者聲聞獨覺皆於寂滅涅槃淨土菩薩獸生眾所依淨土般若中菩薩破有歸空成空智慧應生淨土當惑潤果毗盧遮那文殊普賢智大悲圓滿皆徧至六道眾生及三乘菩薩二乘聲聞緣覺一切所依皆恒徧故十方克滿猶如虛空智無所依非大小限量廣狹所依任也亦非情想計度所窮任無功無作大智之所印也以三乘解智現故無獸除心之所自他境不出不沒智即十方無去無來故亦無獸神通變化之身普徧一切眾生前無去無來故應感現其身宜應所心以無所作之智法爾能隨物應感現其身

十明論七

大小廣狹所依分量可得皆有所依故爲眾生根品量度未圓所有修行心量各依自分所得唯一乘佛果

其普賢行俱是三乘中諸教菩薩等法門國土皆有生教化眾生如涅槃中伈一切眾生有自性清淨亦化也如空谷響普應諸聲皆無所依一切眾生及諸賢聖皆無所依但以自情姿見也但智明迷解道自如是非是情所作得也故名不可思議更有餘意後當更明

第八明諸佛解脫體相本無處所有功德身土莊嚴爲是有常爲是無常者如報身及國土界淨土菩薩所知見故乃至十地菩薩受職位猶不如來出世三昧涅槃解脫身土功德微妙境界猶不能見成佛果德已後恒行普賢行常處世間十方六道無休息行亦不能見也如十地道滿欲見普賢行

十明論

以十地中三昧力三度倍倍入無量三昧畢竟不見普賢身及所有境界況如來果後恒行普賢行十方國土悉徧於中功德如何見也如華嚴經世界成就品如許穰類世界如來行普賢行之徧處如華嚴即是文殊師利化入人間覺城東大塔廟處轉說此經號普照法界修多羅經於大海中有無量百千億諸龍而來其所聞此法已深發大菩提心得不退轉於佛道咸捨龍身生天人中一萬諸龍趣正於人間文殊師利量無數眾生於三乘各得調伏移城大塔廟處無量童子在莊嚴幢婆羅林中大塔廟處無量大眾從城

而出來詣其所略舉優婆塞優婆夷童子童女各言五百入泆之衆以是義故但以文殊師利轉教人間若如來報身及國土諸天十地菩薩及淨土諸菩薩所不能見何況二乘及凡夫得見此出過眼耳鼻舌身情識之境界不可云常無常滅此量如來身及國土妙相不可以形質罣礙所分劑知一一毛孔皆無有邊際所得一切功德之體不屬生滅性故不可言常及無常皆無決定之體不屬生滅性故不可妄知

第九明一切諸佛皆以大願度衆生令盡若一衆生

十明論九　五

不盡者我不取正覺如今現有無量衆生在以有無量諸佛已成現成佛者豈不違其本願力也如十方世界不見一佛已成現成佛者常行普賢行處十方世界度脫衆生無古無今不出不沒但以衆生宜應所見成佛及以涅槃無作菩提何得何證何成何壞但以普賢行應現常然恒利衆生而無利者但以無作之智性自偏周應現迷本無成壞也正迷不見見迷中已不見智慧如善財入慈氏之門入已還合以諸泆中實無一泆有成壞故若於諸法中見有佛成佛者是無常義如涅槃經自具明文勿生疑滯

第十明十二有支是大生死之源如何超度使令迷解同佛大智大悲成大法門一切智海佛功德海者如華嚴經第二會普光明殿中說十信門如來足下輪中十度放光其光從如來眉間毫相中出照耀十方世界已求入佛足下輪中出藏其狀猶如寶色燈雲以此光明照於東方十三千大千世界修行者隨光心作光明想偏照三千大千世界作此想成已其光明照於東方十三千大千世界四維上下亦復如是次第一周一一方所想成十方過此是初觀第二次乃至第十倍倍增廣量度想念皆盡虛空令其自心亦盡虛空心同虛空其心自定朗然安樂方從定起十方觀四維上下周偏推求自心內外都無所得方始了知空慧現前名憶念一切諸佛智慧光明普見泆門在此位中定亂俱總名初發心任以此名念佛門以念佛空慧解脫泆門入十方國土皆如幻化無有體相同佛空慧相應故入十方知見已以此名念佛門普周偏故及一切境界念佛門空慧自性普周偏故可安立故轉泆輪三世劫在一時無時分延促之相

如經廣明入此十種廣大如虛空量念佛門方入海門國第二治地住法門方廣達十二緣生海成普眼經及成十波羅蜜行海佛功德海入清淨無染大悲蓮華無垢大智普光明智海如經雲何能捨世俗家入一切無上智海而未知菩薩行云善財童子問言欲生如來家如是十問具如經說海雲比上十種讚慰勸發之後方云我任此海門國十有二年為其境界所謂思惟大海廣大無量思惟大海甚深難測總勸十種觀察十二緣生次大海無染業之下。有大蓮華忽然出現以觀心圓淨生次無染

【明論】

成十無盡寶莊嚴十王供養恭敬明十智波羅蜜功德不出生次之海於生次大海之中利樂眾生無染自在以王表之阿修羅王云百萬億者檀波羅蜜中行滿也手執持其莖明不離根本智處生次而不沒以阿脩羅王表之已下思之表法如是餘可准知設有其事亦為表法眾也蓮華有佛出現說普現智者達十二緣生眾之海普光明智起差別智普現一切眾色色聲香味觸法虛空等隨一切世間眾生無盡心想無盡對彼根欲以應所宜說之為教有何盡耶經云以大海量墨須彌聚筆書

寫此普眼經滋一品中一門二門中一滋一滋中一義一義中一句不得少分何況能盡知我於此佛所千二百歲受持如是普眼滋門以十陀羅尼門為諸人天龍神等廣宣流布以十二緣之上有百煩惱十二緣中以為滋門故云千二百歲為一切賢聖所說不離中一世間乃至不離苦集一切解脫不離滅道一切苦集一切緣行等十依十住十行十回向十地及普賢等覺位一一隨事各不同如華嚴四聖諦品是諸修行者自明若不徧學不徧知住一滋中。莫知進路一乘之

【十明論】

教即以普光明根本智以為信解勝進之門以智無三世古今之體還以不移刹那際成大菩提依智無教不立古今之體還以不移刹那一念以智無延促無有去來智體同空多劫不離一念以智無延促以增損見雖有勝進功高時節不移毫分三乘之以立三僧祇劫佛果在十地之終聖智依根立教如是樂之者即作勿疑聖旨致有沉吟恐作空過以十箇智佛以為十信經又還於普光明根本智殿中說還以信之住六品經文還於覺首目首逼文殊師利以為眾生也金色世界及一切處金色世界及下所信之行首也

254

九箇世界總遍爲十是所信之法十箇世界皆名爲色所謂金色世界妙色世界等以十信之心是生滅心生信解故遷卦鴻漸於干磐等類是也略且如是不可具言十二緣生十住中第二住亦觀成普眼經也六地菩薩亦觀十二緣生起因緣成無障礙智慧光明令後學者觀之論主頌曰

生諸有漏業　成於後有身　生死恒流轉
不動行　常於諸行中　植心之種子
不能正思惟　妄行於邪道　罪行及福行
凡夫無智慧　執着生於我　常求於有無

十門論　　　　　　　　　　　三十

諸業以爲田　識心爲種子　無明以爲覆
愛水以爲潤　我慢爲溉灌　諸見生名色
名色既增長　五根由是生　諸根對名色
識種隨受觸　觸受既增長　愛取生諸有
有生五蘊身　生已有衰變　老壞皆歸灰
死時生熱惱　憂愁衆苦集　以此常流轉

生於六趣身　此中無一物　虛妄故如是
能以禪悅心　心念無虛妄　方能起空慧
普照於十方　是中無一物　能於無物中
方現如來智　既得智光已　復照諸衆生

十門論　　　　　　　　　　　三十

常於十方刹　具足普賢行　以化衆生故
而於佛果門　安立信住地　十行十回向
十地等覺位　修行不失錯
十信是生滅　十住入佛位　以此佛位中
饒益衆生故　解脫智無染　名之爲十行
以此解脫心　迴入生死海　常於生死中
廣利諸群生　名之爲十回向
長養大慈悲　涅槃三昧樂　仍於生死海
樂着解脫心　以除五種障　常於十方界
安立等覺位　成就普賢道　如於十住中

初住第二住　乃至第三住　而於佛果海
觀察十二緣　多求出世心　三此上表之
四住五住中　便以解脫心　返照世間境
及以十二緣　一切悉無礙　無不恒清淨
身心無內外　一切皆禪林
與諸如來等　以明返二世間是解脫比丘
出世及世間　十二行方解脫十俗十表之有國名彌伽
十二年觀達一終　第六住中
寂滅大神通　如是二解脫　皆悉總圓滿
無功神慧滿　之以離幢比丘至息無
方便住　廣度諸衆生
復思覺神用自在無第七方便住
方皆悉也

長養大悲行以滿願優婆夷　第八無功智

毗目瞿沙仙　能隨邪見流　以同諸佛眾

令入清淨智　住處與前同　俱名為海岸

以表智悲同　第九婆羅門　號名為勝熱

明九波羅蜜　能同邪見師　五熱及刀山

從空而投火　摧伏諸苦行　悉令入正見

以智行慈悲　師子幢王女　如此十住中

第十灌頂住　於智波羅蜜　以明十住滿

以十波羅蜜　和會智慈行　各各皆不同

勝進故如是　乃至十行中　十向十地中

及以等覺位　一一諸位中　波羅蜜行別

互衆各不同　不離初發心

二明論　三三

右以上法門皆如來普光明智為體差別智為用

令智慧充滿以為法界大乘經六十二有支皆依一

心而立隨事貪欲與心共生心是行是生於行迷惑

生識行識其生名色名色增長六處三分合為觸色

識三六分觸其生是有所起名生生是愛愛攝彼

根有支生是有有支為老老壞為死愛次是以

諸業如經自具於十二有支明也以

行六根是行苦觸受是苦苦餘是壞苦老次是

經云十二有支　種業如經

無明滅三苦總滅即得三空三昧空三昧無相三昧

無願三昧於一心境無有願求唯以大悲為首教化

一切眾生故三乘觀十二有支空煩惱總滅智慧大

慈大悲亦滅菩薩觀之諸緣由性空無生無滅無受

命者教化眾生不滅諸行乃至十空波羅蜜一法一

不捨一切眾生廣如經說十二緣生法雖一法一切

賢聖皆於中作觀各獲利不同十波羅蜜一法一切

位菩薩勝進名各名目德用不同不可一向准之

解迷顯智成悲十明論

二明論　三五

比丘　　比丘尼　　優婆塞　　優婆夷

默庵達照　三達普濟　覺傳　常新聞中

如戒智照　本尼純風芹　住法冒滋田

本戒雲月　余根觸　常船白篋青和

許居士　胡本正純　葛本意　尹厚卿智

桂養梅　余邦帆　黄兌膽　本平等

本常如　本堅白　本悟靜軒　李升晴嵐

許女人助　袁依起　本音一

刻本女人　吳心竟持淨　本預木潤

刻戒堂居士　邵璧邦友苓　賢奇等

刻經處　徐　　吳德沅　本淨

同仁澤經悟熊立妝　何　陳寶齋

同施春庵等顧功德刻此

同治八年冬十月如皋刻經處識

略釋新華嚴經修行次第決疑論卷一之上

大唐北京李通玄撰

夫大方廣佛華嚴經者是一乘圓教佛果之門佛果之樣者體自無成壞以化衆生故示現自成正覺佛果與後令舉自五位因果及攝化境界報得莊嚴示令其發志依法傚學令修行者所歸不疑若不曉解發心初因果及願意修其成佛之道設畏罪修福及息姿任心乃至二乘得果永超三界道及自心求自免苦之心未有以十方三塗人天苦道及自心之境便成智境與一切衆生及以諸佛同一智海之

門三乘之流但且說空破有說一切衆生有自性清淨又說三千大千世界爲一佛報境又云無數劫修菩薩行成佛又說他方有淨土此間是穢土皆是隨情接引皆是化城非眞實說此一乘智境皆非邊量云十佛刹微塵數身土交參意明如虛空無盡無限來無時可遷不見三世不見世間及以衆生不成佛及不成佛故但以自性普光明無作大智如虛空平等無作法故但以自性普光明無作大智如虛空平等等無作法故住衆生見應無根利物而無失時無所造

作法如是故智由三昧觀照迷解顯得不是修成悲由願興不是自然以願與成功終願廢至五位之中十任第八十行第八十迴向第八十地第八分分無功智悲任運利物故盡至等覺方終智悲道滿時亦不改法亦不移但爲生熟不同時法元來不異如三乘一乘境亦殊別事廣難量今但略叙綱廣申難盡意令行者順轍不枉其功於此一部之經略立十門以知進修之軌望得免其未得識過歸眞解約立十門者

一舉佛自果勸修生信門二自已發心信解修行門三以定該合古今三世門四入佛果位現障成位門五明自行所及至果成佛門六明自成佛果普賢恒行門七明成佛果滿一切成法界門八以佛果法利益人間俗衆門九令世間人及龍勸修入法信心修行因果同時門十至妙峯山入位舉行修行門

第一舉佛自果勸修生信門者即初會中六品經是及智身周徧經云於一切法成最正覺又十方世界一切人天中俱時出現經自有文經云始成正覺者三世長短執盡勢無古今名之爲始智現相盡名之

為成以理智大悲三法同體名之為正違悟心境一切無明便成大智普照十方都無所得名之為覺自成此道名之為成餘義論本具言第二現相品明如來口中放光十方告眾知佛成正覺令眾咸集此明如來語業及音聲周徧第三普賢三昧品明如來體用行門周徧第四世界成就品明如來身行周徧如世界成就品一一世界海有世界微塵數所依住形或山焰形如是無量無數依住形狀差別皆無量同虛空如來行皆周徧悉有如來轉法輪。一一眾生前而

皆徧至化無失時明如來行業國土及化身國土同行周徧第五華藏世界品明如來智悲圓滿報得功德莊嚴周徧其此華藏莊嚴世界海有須彌山微塵數風輪所持其風輪都舉次第有十二重所持其塵數莊嚴差別此十二重風輪皆以大願為覽上莊嚴差別此十二重風輪皆以大願為覽力所起於中所有願行所成皆是十地初心欣求佛果大願力所起略言有須彌山微塵數風輪皆以大願輪風體於中報得莊嚴以從行生由願起邊以大願風所持上功德以明果不虛求是故普賢云如是華藏莊嚴世界海皆由普賢願力起以普賢是差

別智上行以明行由願生其實而論願海無盡略言須彌山以為塵體者以表初地欣修十地及等妙二位一終願也總收無盡之大願如四弘大願也遍收無盡大願以少該多如經云如來以親近不可說世界微塵數佛一一佛所淨修世界海微塵數願廣如經說如此風輪上持一大香水海大香水海中有大蓮華藏世界海此大蓮華藏世界海中有十不可說佛剎微塵數香水海一一海中皆有不可說佛剎微塵數世界安住其中一一世界種復有不可說佛剎微塵數天帝網分布而住此中有香水海名無邊妙華光以現

一切菩薩形摩尼寶王幢為底出大蓮華名一切香摩尼王莊嚴有世界種而住其上此一世界上下安立二十重從下向上漸漸倍增廣一一地中皆有佛果名號其在經說以明十地昇進一一地中有向上漸漸增廣重重中皆有佛果名號以明隨位昇進因果位各有因果報得漸漸廣大殊勝以此向上漸漸增廣重十地中二十箇佛果名號皆是一號也十地中二十重世界二十箇佛果名號皆是一根本普光明智中隨位立名無別體也如一大蓮華都含不可說佛剎微塵數香水海及世界種者是一佛之報境以智境無限攝化利生無限還報境

莊嚴亦無限如近金剛輪圍山邊四周有十世界種上下各有四重世界者以明四攝法四無量心攝化眾生之極盡無限心報生故皆有因緣果不虛來且如是略知廣在經文及大論中第六毗盧遮那品明舉古佛之果表今古同法令生信種不疑古無今有者不可信以此品經法令發菩提心者倣而學之又初世主妙嚴品中十箇普賢眾海月光等十箇別名眾明以普徧別方成普義遍神天等眾有五十衆是佛以五位攝生之眾又示現入法入即齊佛所知以明修行者入佛知見故不令錯修如經具

明此無相法身根本智差別智三法是一根本智之無相無作神用之源皆徧周法界虛空界也此一部經以文殊師利此云妙德明無相法身智慧門毗盧遮那佛此云種種光明徧照以根本智光明成普賢大悲眾生同行濟世間而不染也根本智明神性光明自無體性根本之相善知一切性初發心者皆須以禪定觀照助顯此三法是一體性以此信心之後安立五位之差別智此三法漸漸令明修行者常以此之法進修之行治此三法

文殊師利毗盧遮那普賢三法為始終之體如修道者雖有擬成佛之意多有滯一法不知進修之路以迷情固守不求勝道少得為足是故此初會中有此三法六徧周義初發心者一徧知法則也此初會中言普光明殿中自明也此佛所行行之樣已信心自已信心如下第二會普光明之樣以成佛所行行之樣方成信心此是信他所行有五十眾明如來自行五位眾因果行門覆蔭徧周以明智業如虛空無色無形而大用徧周不往而速不來而至不作而用應物而成功號之為神體淨無垢非質礙所留隱現自在號之為天以智於生死利物一念而十方徧知同異差別無作性應物而用得自在號之為王王者自在義以如來身行徧利徧益而非天非人非鬼神之神用覆蔭徧故上略明佛五位因果報境行門令初發志趣求擬成佛者一如佛所行之法然後以大願力起於一切善法禪定觀照無疲勞心久任生死無疲勞心大悲愛海無疲勞心常於生死大海便為大智大慈悲海不出不沒無疲勞心一似佛所行之行當建是意方可

發菩提心自信自心佛果所修行之法樣如下方明若能於此一乘佛果起如是趣求志願力得不退志願力猶如虛空無有退動當知是人超過聲聞緣覺淨土菩薩之地彼三乘之心不達生死無明本唯智悲永絕有獸大慈悲心故於一乘法界外別求小果避生死苦不以禪定三昧觀照力超三界現行之業自化其頭上身同太虛空智悲獸患生死往生淨土見佛打鼓不復聞聲淨土菩薩劫劫不覺迷自無明聞法無大悲心且受自樂後當迴向此皆迷無

決疑論卷一之三 七

本是大智而於小道別有所求於維摩法華經中皆迴此果經中具說不可再言是故能於生死海成大智境能行大慈悲不出不沒者初發心時能超三乘出世之業果故如此經下交賢首品其明三千大千界頂戴一劫彼之所作未為難能以手擎十佛剎盡於一劫空中住是法者乃為難有以身不動彼之所作未為難信彼之所作未為難信此法乃為難十佛剎塵數眾生所悉施樂具其一劫彼之福德未為勝最勝十剎塵數如來所悉皆承事經一劫若於此品能論持其福最勝過於彼時賢首菩薩說此偈已十

方世界六返震動魔宮隱蔽惡道休息十方諸佛普現其前各以右手而摩賢首菩薩頂同聲讚言善哉善哉快說此法我等一切悉皆隨喜為明賢首菩薩說能信此法者真實心相契當故感應及福德業如是故如經中廣明又經頌云一切世界群生類勘有欲求聲聞道求緣覺者轉復少趣大乘者甚希有趣大乘猶為易能信此法為其難況復有淨土在他方者總是大乘義一乘者毘盧遮那報佛果德智悲之海無三世古今明生死之海成於大智大慈悲海無三世古今淨穢

決疑論卷一之七 八

之見是為法界一切剎海智凡同止重重不礙如光影像不說他方別有淨土之名是為一乘大心眾生所開示悟入使入佛知見故三乘所說但說一切空平等及一切眾生有自性清淨平等藏平等佛國有此土他方淨穢故一乘說空無自他淨穢平等二世諸佛自性清淨無有古今性一時成佛無前後等一切法無大小中邊如虛空量平等又文殊普賢毘盧遮那三法體用平等名為一乘方智凡同住平等一切眾生有如大智慧於一微塵中十初發心者應如是信解如是觀察如是修學如是悟

入普觀自他一切智凡同一智境不見餘相皆如來相無有生滅以智自在大悲隨世而安立諸法解眾迷心智自無有一法可得以如來智慧觀一切眾生迷如來智慧從虛妄業親以幻生其身明淨智之知見所有知見本是虛空無作自性明淨智之知見來知見普見一切心境無非佛事經頌云欲知諸佛心當觀佛智慧佛智無依處如空無所依眾生種種樂及諸方便智皆依佛智起聲聞及緣覺及諸佛解脫皆依於法界當知法界一切無依如來設教眾總令悟此無依之境名為解脫而實言之無縛無解

應如是信解佛境佛心量佛所行門

第二自已發心起信修行法門者有六品經一佛名號品信佛名號隨根隨世界名號不同二四諦品明四聖諦苦集滅道隨其根欲十方皆悉不同三光明覺品明佛足輪下光明最初隨根徧周不離四諦法門不同四淨行品明文殊師利同目等九箇菩薩各說一法明十信菩薩發生明淨之心五淨行品明一百四十願以淨信心者信之修行六賢首品明如來三昧名方網三昧同別自在令信心者信之修行

滿必得此法同自在神功大用以此六法用成十信心門又第二會初復有爾時世尊在摩竭提國阿蘭若法菩提場中始成正覺及十定品此第一會普光明智爲初會總明此經以十定品離世間品此四會經總爲菩提場以菩提普光明智爲教體以無量差別法不離一法界部經意以根本智爲體以無量差別法不敵一法界說教時即不離一念說教音聲即不離一念以爲菩提體以普光明智爲教之體無古今延促之性始終教意即昇進不同覺得此智以爲根本普光明智爲初會明此一教以十定品離世間品此四會經總明此智若法菩提場中始成正覺及十定品總有此言者以菩提場爲重敘意明此經

一時一念無古今。一音聲中說也設昇天諸會亦云不離菩提場普光明殿而昇忉利夜摩等天世間眾生情識妄立有古有今有延有促迷凡智現即無此見也是故經云智入三世而無來往如今見道智即古今三世諸佛一時成佛普見一切眾生心爲至於自心皆同一智之境是故經言佛心眾生心無衆生相三心無差別大意言之以普光明智大覺之教體不會意雖有昇進不同不離普光明智大覺之體不時收如是四重叙致是故一切處文殊師利同聲說頌曰一念普觀無量劫無去無來亦無住如是了知三世法超諸方便成十力此自已修信心之中文殊師利及覺首等十菩薩是成十信心修行之人色世界妙色世界蓮華色世界等十色世界是信色者能信之心以十箇信心昇進為鴻之與白鶴俱是鶴流而起十勝解故云十色世界如易中漸卦言鴻漸於千者亦明初入道信心昇進為鴻之與白鶴俱是鶴流為帶色故以明初信心亦言白色純素故言鴻也不動智佛無礙智佛是所信自心之果一切處文殊師利所說之頌及覺首等九箇首菩薩各說一頌是所信之法如來足輪下光是信心者作觀隨

決疑論卷一之上 十二

光引心漸令心廣大其光於初會中眉間放出照十方已入足下輪中名一切菩薩智焰明照耀十方藏其狀猶如寶色燈雲作是觀時作白淨寶光明想初照三千大千世界成已第二其光至於東方十佛國土南西北方四維上下亦復如是悉皆徧觀第三光照百佛世界十方徧觀第四光照千佛世界十方徧觀第五光照十千佛世界十方徧觀第六光至東方十千世界照百千佛世界十方徧觀第七光明過百千世界照百萬世界第八光明過一億世界東方一億世界第九光明過一億世界徧照

界第十光明過十億世界徧照東方百億世界千百千億乃至不可量盡法界虛空界作光明想如是四維上下如虛空光照耀成已然以此光明一念十方徧周然後照此法身之心觀光明之想無身無心無內無外無中無作性海無一物唯無有本末方所可依名曰根本智名為智身一切眾生同共有之迷之不了用作貪瞋著我我所流轉非他能與若智本自虛空性無古今體自明白照十方無有本道中妄想執固隨自心所作行業流轉生死諸惡

決疑論卷一之上 十三

能如是觀照力滅方能顯得不是修生如是相應名十住初心初發心任便同善財童子妙峯山頂德雲比邱所得憶念一切諸佛智慧光明門與一切諸佛智慧相應已千信心滿入法智流以十住波羅蜜智行嚴之如鍊真金轉更明淨以初一位總收五位因果第五位行行門皆在一位中間而有昇進漸漸微細至十住智時不遷智不異智方入通化身自在如善財南第六住心方令隨智見不取世間情識所知如隨光也此法一向令隨智見不取世間情識所知如隨光

引心令心增廣有二義一入智境界猶如虛空本無中邊二隨智行慈悲度脫衆生亦如智境無有限極如此光明覺品頌云見諸衆生在險道生老死苦常逼迫修諸方便無限量誓當悉度是其行聞法信解無疑惑了法空寂不驚怖隨形六道普救羣迷是其行如是光明引發心境緣衆生以成大慈悲行深厚終不擬求自身無苦以是義故從邊如淨行品一百四十廣大願皆稱本願智境無十信中開廓心境皆如虛空等十方衆生際無有一衆生擬有捨離之心若根堪不堪不離其一切世間

一切初發菩提心者皆須建如是願如是心起不退想然後順其志願求一切智心無懈怠具一切智常於十方三界六道衆生前對現色身各隨根欲而引接之令其解脫無有休息於信心中常起如是願一切衆生敬之如佛智爲一切衆生以如佛智慧而作生因總是佛智海中衆生若也迷解時不見始成佛不見故見衆生減以法無增減故爲衆生故新成佛不見舊故但爲衆生迷悟不同若也迷解時不見新成佛不見舊故衆生以智無故新故觀一切衆生如幻相體無本末猶如幻化人無有根栽生死等相但以無依本智而

決疑論卷一之上　　　　十三

一切初發菩提心者以表煩惱廣多障根本不動智委十佛剎微塵之數以表煩惱廣多障根本不動智委謂動故自作沉淪若論佛剎海無有中邊何有遠近以情障處立名達其情塵本無卽世界名何以金爲白光明無垢以表根本不動智光法身無垢故名爲金色問曰金位在西方何爲舉東方爲金色世界答曰以金色受氣於寅胎於卯表東方爲金色世界首以金色受氣於寅胎於卯表東方爲金色世界用之先導故號文殊師利此云無相法身虛空妙慧能顯其智猶如空慧發生顯起故一切處金色世界一切處
決疑論卷一之上　　　　十四

迷貪瞋無明慢疑身邊二見戒取邪見十無明爲過動故十佛剎微塵數世界有金色世界是爲初覺佛號不動智故以明東方是震動以明正在動中是不動智故以明東方是青龍吉慶春陽發明萬物初生之始義以明初發心者衆善奉行如經云東方過十佛剎微塵數世界有世界名爲金色佛號不動智者以道長劫輪迴善可思之益處處行住非法任方可於自心境體會無塵若也存是立非法任方可於經云是法任法位世間相常住諸法任法位方於作分別令見眞體不見是而與非名入佛知見是故

不動智佛一切處文殊師利者迷途塵謝智慧朗然
十方智境無非法事唯是智用起名不動智
故云一切處不動智以其空慧顯明此理號一切智
文殊師利文殊師利與十佛剎微塵數諸菩薩俱來
詣佛所者以明無邊妙慧根本智為一體用云來
佛所契會敬順以信心初以空慧簡擇顯發根本
智現既顯智業智慧為智使故到已作禮即於東方化
作蓮華藏師子之座以表明智已生方可心境無垢
以為座體智境無垢舍容萬德無可染著名為蓮華
於一方界常遊一切眾生生死畏中得大無畏名為
師子若於智體清淨報果上有無量眾福莊嚴今光
化十信心眾生望實報得不言化作自爾恒然無來
無去此乃令信心者自信已身心有此十智十世界
一切處文殊師利文殊師利皆自有之及以
普賢差別智以此三法以為教體令修行者倣之此
初以檀波羅蜜為主餘九箇佛為伴今且略述此一
門自餘九法在廣論已說皆隨方義表之昇進一切
內外經書設教皆令自身心中以法行之學之不可
推之與先賢聖者聖者無教性自天然略述十信門

竟以十箇智佛文殊師利等十菩薩眾行說一法門
和會佛果大用妙慧智慈悲願六品經十箇智佛以
為信體名為十信此信中方便起入道觀門以如來
足輪下光明引心廣大向十信入聖位之方便作意
者依法觀之次第如前
略釋新華嚴經修行次第決疑論卷一之上

略釋新華嚴經修行次第決疑論卷一之下

大唐北京李通玄撰

第三入位契真會佛智慧門者如十住以昇須彌山頂表之門山頂至相盡處也善財童子至妙峯山亦同此也得憶念一切諸佛智慧光明普見法門以處表所昇進心所至之道以昇山頂像從十信有為信心昇此十住空慧現前一切心境都無所得是名為智慧光明普見法門以空智慧破無始長夜計執之闇常流苦海今昇此位真空智慧光明普見無明一時頓盡如昇山頂至相盡處也若功至慧障無明一時頓盡如昇山頂至相盡處也若功至慧

明不勞登山今以處表法以昇須彌山表之於中明昇進得法之人還以所得之法為名是故十箇菩薩俱名為慧以法慧菩薩為首於中修行之佛果十箇佛果下名悉同名之為月殊特月佛為首以明無明智慧光明能破無始長夜無明貪瞋炎熱得大清涼樂故佛果月號殊特月此位中十慧菩薩是能開敷妙慧之心十箇月佛者之身十波羅蜜中清涼之果各隨十波羅蜜行下意配當皆自有意義如殊特月配檀波羅蜜以檀體能捨以明此位入真空慧一切見障執業無明煩

惱炎熱都已皆捨此為殊特月佛配初發心住檀波羅蜜為主餘九為伴無盡月佛者以明無相法身為戒體無有成破一受恒然名無盡月佛以忍體如空心無傾動故名不動月佛以此位空慧增明恒以空慧而觀諸法轉轉增明以為精進如風無體而能生諸法能成能壞佛號風月佛以禪定身心清涼能淨眾垢佛號水月佛以意准知世界堪能王導一切眾生開敷慧眼令其發明般羅蜜頭摩華世界者因陀羅佛者此云空智慧光明世界善生以赤色蓮華以戒體內心空寂戒相外嚴見者善生以赤色表

法眾有可觀也已下十波羅蜜意表之各有意義準者明此位貪瞋既已智慧開敷也略釋如是廣在論本法慧菩薩入無量方便三昧者以一心念以無量境界十方各千佛剎微塵數世界之外有千佛剎微塵數諸佛皆同一號名曰法慧普現其前以言慰數及手摩法慧菩薩頂者若在迷即千佛世界微塵數煩惱名之為外若以三昧力淨如許煩惱無明淨邊迷許智慧現前故有千佛剎微塵數佛智慧現前明以定發慧定慧正相應際名為千佛剎微塵數法慧佛

而現其前摩頂者定慧相印也言讚者以慧發即能
為妙言慧由定起故須讚能定之心與法慧菩薩智
者以明不離定而起用不同二乘空定無慧以言之
與智十信心位入定不入定而說法者明信是生滅心未
入正位故此位入定者非是息心定故是任性無功
自性淨故以任法本定即寂用不礙即如善財於別
山頂上見德雲比丘徐步經行者是其樣也以明自
在之山初止心不亂可依之定可依別山徐步經行是
用自在是無定亂心不亂有定可依之定此定出過攝
念息心修定方入佛解脫智慧光明之中尸攝念存

心息止所得之定是隨其深淺竝是色無色定三界
業敢心如虛空煩惱滅不生三界無大智慧證涅槃
樂是爲聲聞定也此十住位所入之定非如是也
一切法本自性定能起智慧轉更增明體無沈掉而
發生無量智悲長處生死不壞本性恒無
來成道身行偏周一切須彌王總至二表十信昇進
業門此位言昇須彌山向帝釋宮者有二義一名如
以處表法中帝釋逈見佛來以明從十信起
信向十住之心以信未真契十住之智慧故云遙見
佛來即以神力莊嚴此殿者心意作念置普光明藏

師子之座者安置身心入無作自性清涼定包含萬
境無不皆淨能會本智慧故名之爲普光明藏師子
之座得於生死恒無畏心名爲師子悉以妙寶所成
定慧莊嚴名爲妙寶所成智慧光明超多煩惱名
十千層級以表昇進皆爲層級廣意在論經本今且略言
者明定慧相應也此位有六品從十信昇進者不疑十住
之位如昇須彌山品以明法古今令令入者說
佛入殿同入此法同令入者說
十種住以明十種昇進皆十波羅蜜爲體一一中具十
互體十中有百五位皆然梵行品明戒體無相法身

爲戒體無成壞性初發心功德品明發心者廣大無
限利益廣多獲功德無限稱其心量與虛空等論主
頌曰虛空雖廣無有邊不能出生諸功德菩提智悲
如虛空重重功德不可說又經頌云一念供養無邊
佛亦供無數諸眾生悉以香華及妙鬘寶幢蓋上
衣服美食珍座經行處種種宮殿悉嚴好種種光明
妙寶珠如意摩尼放光耀念念如是持供養經無量
劫不可說其人福德雖復多不及發心功德大以明
有爲修福德者雖無限量一念惡心盡滅無餘設得
一劫終歸破壞以初發菩提心無爲智現智悲相應

一念功德過於虛空無有限量以虛空但空無有福善無有智悲無有功德普光大智為菩提體初發心功德不可限量若迷智體即有惡道業以自莊嚴若一念發心智業現前以智自性清淨業中有無量不可說無邊功德海自然莊嚴何況大慈悲饒益一切眾生應現如是開廓心海發度眾生無有限量發菩提心應如是開廓心海菩度眾生無有限量發意竟橫功德不唐捐可做之不虛其德無法發意竟何歸雖知發心不知如何發意如何進求如十行位在夜摩天說有二義一明佛身行利眾生徧周二表

決疑論卷二之下　五

十行勝於前位又明此天在空而居以明十住中以得法空智悲一終和會此位明於法空起行以明在行無著以此十行在夜摩天中說以夜摩天依空而住故師子座有萬層級者以昇進見道智慧廣多淨煩惱業以成座體層級廣多前位座置普光明藏師子之座此位化作寶蓮華藏師子之座以法空起行故云化作空行無染故號蓮華十箇菩薩下名悉同名之為林功德林菩薩為首林者以明行能蔭覆眾多故十箇佛號之為眼常住眼佛為首十箇世界皆名之為慧十箇佛號之為眼常住眼佛為首十慧世界是修行者智慧十箇眼佛是修行者以智知根利眾生也皆是隨位因果法門自餘法事如前此位有四品經成此位法門第一昇夜摩天宮品明此位所偈讚品明古今諸佛同入此法三十行品明此位行之行四十無盡藏品明信戒慚愧聞施慧念持辯等是如十迴向位十行偈讚品明古今諸佛同入此品三十迴向品明十行出世心同入此門三十迴向品明十行出世心悲然修空智慧出世心多此位迴十住十行出世心令入生死長養大慈悲是故善財童子善知識十住

決疑論卷二之下　六

十行之首皆有比丘至此十迴向位長者青蓮華為首以明出生死解脫心入於十迴向位中以俗人長者號青蓮華為首表之以前兩位迎佛之眾但有諸天眾無死不染是故善財於十迴向位中全行利生慈悲以是義故無有天女此十迴向位中全入生死大慈悲行諸天神八部無量大眾皆悉具足論本廣明此中略述令發心者知法則不迷趣求自知生熟兜率天王敕摩尼藏師子之座百萬億層級者以明此位但處生死成就大悲之行勝前

出世心故以是義故莊嚴各阿僧祇等寶百萬億層級此迴向位於解脫中作智門廣興等眾生數情識想念及大願海成普賢道饒益一切無限眾生念解脫智慧心於生死中了生無有休息後之十地及等覺王而得自在廣度羣生無有休息後之十地及等覺位中滿此十迴向位中大願即是更無別意以是說十地位時不言遙見佛意迎佛意皆在同此位中大願滿也此位兜率天中處中故下有忉利夜摩上中道義表此天欲界之中說者明和會智悲令圓滿故是有化樂他化一切諸佛示現誕生皆從此天而降神

也如發菩提心者善識經意修行問曰此十迴向位已經十住十行二位各有十法以皆知諸法自性空無相無性智慧現前至此迴向位中更與無量大願海作無量想念情識起智悲門豈非是生滅心耶如何稱道論主以頌答曰十住十行是初心多有緣眞念增勝爲除彼行緣習性故興願令迴向是達生滅是無生起願行慈善知世間生滅性想念已是無生起願行慈善知世間生滅性想念知本者無非智初心定慧緣眞是故十地位滿欲入普賢行以無度脫羣迷未曾已是故十地位滿欲入普賢行以無

量三昧推求普賢菩薩竟不能見邦生想念方見普賢菩薩在一切十方諸佛前坐蓮華座或從他方續而來廣意在十定品十地尙有此三昧涅槃習障何況十住十行是故須與大願成就普賢行入生死別方可功終籌廣大願如來度脫一切眾生思惟廣大愚唯佛當究竟十如來地一及等覺位中十定品總門依迴向中願行滿普賢道卽是其滋於中昇進法則在他化自在天說以處表法中以他化他變化以成已樂亦名樂變化天以樂他化以自成樂想以表十地菩薩所修道業皆樂欲成他眾生令其得樂以爲自樂此地中有三十八箇菩薩眾爲首成此十地法三十七箇下名解脫月者即此十地之中解脫月是能問之入金剛藏是能說十地之中法門之主以明因果自相問答餘不能知如初歡喜地一箇獨名解脫月一人是此三十七箇菩薩同名爲藏以金剛藏爲首三十七道品法一切菩薩所成道業成等正覺皆由此生解脫月者即此三十七品中果故此十地之中爲見聞如來色身及轉法輪乃至聞正法多歡喜多

適悅名為歡喜地廣在經文以檀波羅蜜增上為主餘九波羅蜜為伴隨力兼修為聞法故於身命財皆能捨得離五怖畏不活畏惡道畏大衆威德畏無我觀以不作此業故如此初地中總別同異成壞其同義是初地中總攝十地義及如來義總須解其同別乃至無礙此六相義總攝諸法皆有此六相自在寶網以一國土一切國土中如帝網門天帝釋寶殿中一切國土皆入此一國土中莊嚴寶網以天中淨寶所成其寶網光淨徹互相參映一一寶中影現重重無有盡極天帝釋宮殿及宮殿莊嚴亦影像重重無有盡極以用此像以表心智境量同虛空無有中邊內外等相一切境界皆如幻化本來參映重重不礙但為衆生妄心識種執業自障不知若無自業本是如是一切衆生前如應現身一智身。一時普現一切境界衆生光影相入能以如應說法令使解脫得無量樂根未熟者方便接引以智無表裏等一切境界皆如衆生心故以初地菩薩知此道理發廣大願令速成就此大智大慈悲行又初地偏學十地法及如來法總別同異法門悉具知故方可漸漸修習而成熟

故設當漸漸修學經無量劫而不移初發心時故以智無三世古今不遷移故以十地修行智用一一殊勝名之為總心行修行一切境界自體無作名之為同之為總心行修行一切境界無古今無時元來一際名之為別不離根本智慧神用增明名之為成一一地中修行次能淨業障智慧神用增明名之為成一一位次能淨業障智慧神用增明名之為成一一地中修行不見行不見成不見菩提涅槃等事名之為別相皆是一心隨用不同名之為別相一一心隨用不同名眼耳舌身手足肢節共成一身名為同相六根各用不同名為別相四大火風名為成相一切法緣緣無主無作者皆如虛空為名為壞相此六相門通一切法皆具六事法故總持門以智觀察可知如十立門義亦如是一同時具足相應門二一多相容不同門三諸法相卽自在門四天帝網影像重重互參無礙門五微細相容安立門六密隱顯互參相入門七諸蓮華藏純雜俱舍無障門八三世圓融解門九唯智同別自在門十託事表法生門十事大體顯無盡法以智觀之可見今此初歡喜地菩薩總通修十地及佛果可普賢常恒利衆生之行此位通知以因知果法方修行如世造作先須立樣如檀波羅蜜門為增上如

鍊真金於一體之上漸令明淨然後方堪作輪王寶冠。二離垢地上上十善戒為增上治欲界惑發光地忍波羅蜜為增上治色界無色界著禪煩惱入三界自性清淨平等無造作禪四焰慧地修三十七助道觀如來智慧家五難勝地作四諦乃至世諦真諦等二十諦觀六現前地作十二有支觀七遠行地成就方便波羅蜜離修空無相無願行初地至第六地雖三界度眾生廣在經文大意明前初地至第六地恒常以慈悲為首以四諦十二緣觀及教化眾生常有出世心增多此第七地以所得三空無作無願解脫

常居生死度脫眾生心多第八不動地得一切法無生忍無功智觀現前滯淨心多諸佛加持以手摩頂勸修行起智門令念本願起願興悲一念以無功自在智所作福業初地至七地百分不及一乃至百千億那由他分不及一如是七勸廣如經說第九善慧地說法自在第十法雲地受一切智職位坐一大蓮華量等百萬三千大千世界以眾妙寶間錯莊嚴超過一切世間境界出世善根所起知諸法如幻性眾行所成常放光明普照法界有三千大千世界微塵數蓮華而為眷屬無量菩薩以為眷屬各坐其餘蓮

華之上以乘智境發心廣大受職廣大不同三乘中權學十地菩薩受職但云蓮華座等一三千大千世界為三乘菩薩信解心狹所見十地菩薩受職亦狹但以一三千大千世界為一毗盧遮那之智境各自隨根所見不同此一乘如來智境所坐之座若等法界虛空界以為智之實報所感令一乘智為實境器量不同至實究竟之門要依一乘智為實境欲信此一乘如來智境發心此經中初信各依十色世界十智如來為自心中本有文殊師利為自妙慧為能信之心此經中十信十住十行十迴向十

地等覺妙覺二位從根本普光明大智無相法身普賢差別智以為此經修行之體所發行願知見皆如來法界虛空界所作。五位方便重重以鍊磨行意在大智大慈悲使令圓滿深厚廣大稱寶廣意在經教文事廣而難錄今略述少許門戶勸修行未可備盡其意有修行者以定慧觀行兼讀菩薩所修行願廣大之樣令不錯路設修不得信種須以信心熏力漸漸自能發志不退住成就是故普賢作如是言若人聞如來金剛喻過身便徹任運至金剛際始名號及所說之法門。一經於耳設當不信亦能成種

以一聞法內熏住運至佛金剛智始住修行者莫慮
此經法深遠難到難入若不發心信解修行恒在生
死長遠求有休期何如一念歸心設修不得常生人
天福樂果報漸漸見佛聞法解脫成無上道
第三以定該含三世古今無異門者以明十定品還
在普光明殿中說明以普光明智以為定體以明此
教於一言音一三昧無前後說出世涅槃同時故明
菩提場無三世是故此品還敘爾時世尊在摩竭提國
二至三會重來普光明殿實無重來去也意明三十
九品經一時無前後說乃至三乘總然於一時說法
各自隨根聞一乘三乘之教各自不同依菩薩本業
瓔珞經說有十會四十品經在第三禪一會說佛華
三昧品未來此品令十地菩薩入普賢行令十地菩
薩捨涅槃三昧上稠林煩惱方始入普賢行門為普
賢是入世間同眾生行十地菩薩是出世間成佛之
行和會此二行令處世間自在故不屬二邊心無所
著離二邊習氣障故十箇定名是如來自說定之大
用是普賢說以明根本智自說佛定中大用
是普賢差別智邊普賢自說佛告諸菩薩普賢菩薩

今現在道場眾會親近我住初無動移者普賢差別
智萬行為會不離根本智為住處令明無求出世但
隨世間行不染著是佛也本求如是只為此迷流多劫
須求出世十地功終道成方捨世間諸事總爾事初
終緣壞功畢作以事既未成功不可慶此入定品初
入任運智慧恒爾始入普賢行方以明十定品捨方
十地三空慧滿七覺分終至此入普賢行十忍三昧
一百箇菩薩三十同名為慧七十箇各各異名以
總是十住中普賢名等覺位總是普賢自說以明
普賢自行之法還屬普賢自行者是佛果位
法準此知之
第四入佛果位現障成位門者心王菩薩問佛阿僧
祇品如來自說其數如經自明此數唯佛知見非餘
位所知若不能以智眼知此廣大數法及如來隨好
功德多少之量即猶有此二障不得稱一切智一切
佛果二愚過此二愚障方成滿足以加籌法自加來
法非下位菩薩及天龍外道所知故知此二愚障即
是菩薩此二障如來智眼知不須籌法十地以來有十
一種麤重二十二種愚癡此之二障佛位知之心王
菩薩問者以其心得自在方可能為問五十一種麤

重者以明從初地至十一地普賢行未滿位位有一
迷以爲十一故一位之中有因果正向爲二十二愚
癡如來加靑蓮華菩薩說十種之光令普賢說法以
心思意議以佛是根本智無作無言而自在方便無
言無說中說說佛根本智無作神用之法名佛不思議
說佛果中神用故靑蓮華者是如來自性淸淨智中
妙用智慧一切法無染汚自在性是文殊師利隨顯
法之異名也菩薩任處品心王菩薩說以明任持世
間一切處現在令諸眾生所依不絕如來說十身相海
品有九十七種大人之相是普賢菩薩說如來隨好

決疑論卷一之下　　　　圭

光明功德品即是如來自法身根本智自性淸淨無
作業中自有是故如來自說今言十身者有十華藏
世界微塵數身下文言有十華藏世界微塵數大人
之相一一身分眾寶妙相以爲莊嚴如華藏世界品
說是本報身及境界今此品令普賢菩薩說即明以
根本智起差別智行萬行上功德莊嚴本智之身是
故普賢菩薩說普賢行品至此等覺位行滿門
第五明自行佛果所成果門者即如來出現品以明
自十信心十住十行十迴向十地十一地等覺心等
明信心者自行佛果滿文殊普賢毗盧遮那三法果

總終如此如來放眉間光明灌文殊頂是問法之光
放口中光灌普賢口是說敎之光令普賢說法以
明佛是根本智光是顯得無作無說之智文殊是說
法者三法具足故此敎皆有始終以此三
法爲體用至此功終終如鍊眞金功終號爲出現
流通總在此中
第六普賢恒行門如離世間品是佛果後普賢常行
無休息常徧世間而無染汚名離世間品此普賢常行
還以根本普光明智徧普光明殿中說明不離初信

決疑論卷一之下　　　云

之果用恒利眾生恒在世間而無染汚名離世間品
第七成佛果滿一切皆爲法界門品在給孤
獨園說以昇進如明昇天望法界門即不離一切
法界於此法界名文殊師利三法以成法界
之大理智大用十方普賅如是等五百人俱如四十
之果名爲法界菩薩即云如是等四百遍一百
箇菩薩是四位一一位中具百是百至一百寶冠
菩薩是五百眾一百寶冠菩薩以明十波羅蜜本數
十中百眾也前四十心中十一皆百此法界功終
行滿一切十方世界塵中皆有無盡如來轉法輪

塵塵中皆有無盡普賢身多化無量眾生明一人成道行滿即入法界體如天帝網光影互參身一時雲集皆珠帳網羅覆其身重重相入普周法界徧利眾生海覺等六千比上示現往宿世有種故得法界徧利舍利弗等五百聲聞示現往宿世無信種不聞此一乘智境如盲若聾對面不見不聞

第八以佛果法利益人間門者文殊師利出自樓閣以明智慧重重舍利弗出自房舍六千比上皆新出家未證羅漢果依舍利弗為師悉皆隨從文殊師利南行人間慈自身解脫名為房舍六千比上皆新出家未證大智

覺城六千比丘舍利弗勸觀察文殊師利身相功德六千比上一時觀察文殊師利身相功德行路兩邊左右各八步妙寶莊嚴具隨以八正行報生觀察文殊師利便即歸依發願頂禮文殊以為和尚文殊即為說十種發菩提心種種勸慰獲得十眼十耳十身十辯一時總攝號為六千路上發心者信位及五位修行一時漸詣覺城東六千比上逼明聲聞有行未有智今既發心竟智悲萬行遍兼

第九說教勸修門者至覺城東明衆善明也古佛廟者明所說教不興古也娑羅林此云高聳出過餘林

者出過人天三乘及外道之行也莊嚴者以普賢行為莊嚴本智也幢者智無傾動也文殊師利既至覺城從衆來有無量劫數四衆但言五百者堪入五位行門龍衆有一萬龍表智行興善財故於五衆之中善財為首五衆總成入法之人善財初受胎之夜宅有金苗縱廣七肘者以信心為胎十月明信心中七覺支分法報羅蜜為十月也初生之時宅有五百寶器徧其宅內者以信遍收五位五百波羅蜜行中之果報也宅中有寶樓高及縱廣各七肘明信心中七覺支分法報生文殊師利說普照法界修多羅經是說根本普光明智普印之法大衆獲益獨舉善財為首勸歎起信竟勸令南求善知識也

略釋新華嚴經修行次第決疑論卷一之下

略釋新華嚴經修行次第決疑論卷二之上

大唐北京李通玄撰

第十善財入位契真門者自三有為城郭二段頌三十四行經善財說頌歎三有苦及諸法分第二爾時文殊師利菩薩如象王迴已一段長行及頌是文殊師利讚歎善財能發菩提之心及令不猒生死苦令具足普賢行分第三爾時文殊師利歎善財發菩提心及示善知識分第四南行向勝樂國是善財求善知識分從此已下至經末通文殊師利總有五十三箇善知識五十箇以明十住十行十迴向十地及等覺位各有十箇善知識為本位通有五十八自文殊彌勒普賢三箇以為佛果理智大用而與五十箇為因果理智體用五十箇昇進位中常有此根本智無相法身簡擇妙慧普賢差別智萬行以為因果一一位中皆有此三法以成因果中有五十都為一百一十此十波羅蜜以為昇進之行名為一百一十波羅蜜以根本智無相法身普賢萬行以為體用故如修行者未發心時無始無明正使無十住初發心見道

一時總斷習氣煩惱漸漸微薄佛果方終節級次第後五十箇善知識自有次第如十住初心妙峰山頂至第三住一向緣真心多以三箇比丘表之從第三住至第六住海幢比丘以明迴彼緣真心多事須了俗以彌伽長者解脫比丘以禪門并海幢比丘一人共表世間挑處是淨并學字智名句世間萬境總是解脫以此三八二俗士一比丘表法始明六波羅蜜具足方明出世間及世間解脫大慈悲不猒生死念苦眾生兼修智業至第八住方一種解脫之後以第七方便行恒處生死長養大慈大悲以明六波羅蜜自有以此三八二俗士一比丘表法始明六波羅蜜具足方明出世間及世間解脫大慈大悲不猒生死念苦眾生兼修智業至第八住方一種解脫之後以第七方便行恒處生死長養大慈大悲瞿沙表之以明智悲之位第七第八令成智悲圓滿門以二位同住海潮處第九以明八住智淨無畏獲不死之神以能同邪見等外道同行引彼邪流令歸正見五熱炙身火焰連天刀山無際登刀山入火聚等以勝熱婆羅門表之第十和會十住一終智慈女是慈悲以為所表第七和會十住之師子幢王女慈行滿願優婆夷猶存染習故云休捨智圓滿之行如師子幢王女慈行表之第十和會十住一終智慈女是慈悲以為所表第七和會十住之師子幢王女慈行滿願優婆夷猶存染習故云休捨始從方便入於生死長養慈悲以為體用故如婆夷表之至第十住中以明從智行悲而無染習即修行者無相法身普賢萬行以為體用故如蜜常以根本智無相法身普賢萬行以為體用故如修行者未發心時無始無明正使無十住初發心見道

以師子幢王童女表之以修行五位生熟智慈不同。
事須於一乘佛果智體用十住十行十迴向十地
等覺之位重重逆順五十度鍊治始得脫出世之理一
事方終功終行滿也直求一解脫出世之理一
法總無同聲聞二乘小道不可號爲人天之師若也
大悲衆生無上佛乘即處生死不出不沒大智
欲求無上佛乘即處生死不出不沒大智
大悲衆生通達一切法以明無智無不知無不解是佛法身
法如是五位五十箇行門一百一十重因果總根本
也如是五位五十箇行門一百一十重因果總根本
智文殊普賢爲體用故以文殊妙慧善簡諸法以普

賢差別智以明知一切衆生根器而與同行以根本
智號之爲佛恒無造作自體如空不屬三世無古今
始末之性同於世間無量劫無有時始終不異
因果不遷處以根本智爲萬行之體爲此一
乘法門以根本智爲佛果以明智爲初發心以明
生成佛以此五位中修行之果故見一切衆生
也以根本智相應無古今如今見道共過去未來諸佛
本性無生也根本智總一切一生如今見道其過去未來諸佛
一時成佛即如彌勒樓閣中現三世劫總在今時以
智境界法如是故令發心者會此智業亦復如是不

見多生名初發菩提心於智境中。無三世古今時分
等量是法本如是故妄見多少是識業是生死
知識之因果始終不離此三世法也成一百一十之
體用如前所述已下一段明入初發心住於十住中初
心及正示善知識所在巳下一段明入初發心住於十住中初
法門以櫃波羅蜜爲主餘九爲伴南方有國名曰勝樂
者南者爲正爲明日爲虛無爲文章離法心以明
及菩薩行此已下明普財辭退趣求入正

心達虛無其智慧文章心自然明白即正慧現前是
故禮佛先稱南無即東方爲首以東方春生發明萬
物生爲法事故以先稱南無東方爲首也以南爲虛
無爲正慧故以先稱南無東方爲首也以南爲虛
以爲法事十方諸法門爲東方亦管十方以普賢菩薩在東方表
爲木字管東方爲青龍爲智以普賢菩薩在東方表
之觀世音慈悲位在西方爲金爲白虎表
爲殺害以表慈悲之法在殺害惡趣行之是故十迴
向位中和會智悲二門觀世音在金剛山之西阿正

趣菩薩從東方而至同會而見正趣表智觀音表悲皆取方像表之法故然一方偏即十方偏也今且略述東方之義少分以明表法不可廣言以木字表智滿十方橫遍竪徹遍含八卦之法總在其中逼上下二方法爲智滿十方法也少一法不名圓智且如東方爲震卦震爲木爲長男爲音聲號令即十方總爲文章爲心爲目爲虛無乾爲圓淨坤爲衆信順離爲文章爲心爲目爲虛無乾爲圓淨坤爲衆信順逼遍且如音聲語言出於口口爲兌巽爲言說風敎爲小男爲童蒙爲止上方爲天含容萬像是故十信位中上方世界名平等佛號觀察智以表根本智以虛空爲體下方戊巳土王四季表智悲圓滿貟載萬物以一方之法而遍十方若十方參像以該世間萬類之屬以君子道明爲日爲文章爲南字爲南方以表南方爲正慧爲明以八尺之表於南可爲正慧恒圓滿故可以定正邪決是非是南方義有國土名爲勝樂者從啟發達此十智圓明破長是十種智慧恒圓滿故可以定正邪決是非是南方方定影盆縮且約略如是廣即云云今言南字以表正慧爲明以八千之表爲南字夜之暗名爲勝樂其國有山名爲妙峯者夫欲入正

位且非定不啓欲入勝慧以正止爲初山者止也但止心不動如山心境自然見盡心凶相盡慧便生相盡由定發慧既盡慧即正慧便以大智便現相盡知現名曰妙峯以登山頂至相盡之處於空無相之理盡唯見妙峯恒照現前隨行盡名爲見道既見道已唯空智慧既增廣行悲氣以道治之治習漸薄智慧增明智慧既增廣願度脫衆生當盡我願乃凶衆生不盡我行不止大慈如日普照十方大悲如月清涼有海終如是無有休息名爲修道且如妙峯山上是見道位以根本普光明智爲道體以文殊師利妙慧修普賢行成賢道爲衆生界作大悲門安立五位行相和會智悲增損至妙覺位方終令智海增明大悲深廣衆藝通明四攝行滿不出刹那之境始如下自有次第如是始修治行滿不出刹那之境如下自有次第如是始修初發心便正覺定願得根本空智慧門無始無明謝智慧始明以從禪定願得根本空智印之家名任佛所任故得始憶念一切諸佛境界智慧光明普見法門以此見道無古今中邊等見經歷五位鍊磨習氣增長慈悲名夜之暗名爲勝樂其國有山名爲妙峯者夫欲入正

為修道故言初發心時便成正覺方可修道治行上智慧諸藝不圓滿障菩薩行是以善財南行求諸善友皆云我已先發阿耨多羅三藐三菩提心云何學菩薩行修菩薩道不云增長佛道故為根本智以定菩薩行修菩薩道故為根本智以定顯得無作無修但修菩薩道學菩薩行根本智自明自顯無有修作如根本智常與諸菩薩行作無著無染無生滅無生死之性若不得正覺也善財之體遍見此是定後作十方觀觀察諸法體性也遙見德雲比日者七覺支分勤故云七日四維上下求覓渴仰者無常皆是人天有生死之業報也善財於妙峯山七

決疑論卷二之三　　　　　　　　　　　　　七

丘在別山頂徐步經行者以明自住之山是自止觀故遙見是信以為止觀之後信有定慧寂用不二法門。是故別山上徐步經行山上是定徐步經行以不住而有用以明不住寂不亂是故徐步經行已往詣者昇進也到已合掌契會也頂禮者至本位之果也右遶者信順奉行自東自北自西自南為右遶甲行不信辰為右遶者信順奉行自東自北自西自南至比丘言我得決定解力信根清淨智光照耀普觀境界離一切障善巧觀察普眼明徹具清淨行往詣十方一切國土恭敬供養一切諸佛常念一切諸佛總

決疑論卷二之三　　　　　　　　　　　　　八

持一切諸佛正法常見一切十方諸佛所見於東方一佛二佛十佛百佛乃至不可說佛刹微塵數佛者此是見道之後觀也用法眼智眼觀之如前我得決定信解力信眼清淨智光所照者是也以清淨眼智光明照於東方一佛二佛百佛千億佛乃至不可說不可數不可思不可量不可說不可說不可百千億佛刹微塵數佛如東方南西北方四維上下亦復如是此是入佛知見佛境界供養諸佛學菩薩神通觀門答前善財所請云何於普賢行疾得圓滿修行者應以清淨智光明眼一依此法從東方觀一切眾生心如自心無體無相無心性不見一切眾生菩樂惡是非長短等相但以清淨智眼光明普照唯見一切眾生真體不隨情識肉眼所見但見一切眾生功德果體如諸佛相不見人天惡道地獄等相一切境界如光如影無實無虛性自無垢諸佛眾生及以自身心體無相一味須起佛色身境界海皆以智而生無相法身本無萬相空寂如彌勒樓閣從無處來無處去全見一切眾生境界是涅槃境界全見眾生境界不

從幻情所知但隨智光所照令使有無自在不壞肉眼見諸眾生不壞法眼境界無體不壞智眼幻生萬境見諸佛身無內外有也從於東方及四維上下無限總以清淨智光所作無作無作大用神通化法門皆自幻智所作無作無作大用光明幻生萬無作自性定顯發法身無相普光明淨智無貪嗔業具慈悲心始可入此智境界若不具慈悲心便作大力鬼神惡夜叉惡羅刹如普賢行品說此是見道後觀未入智境者未堪也若一向觀空淨業貪緣空理虛神妙用不行即滯寂是二乘行種若

也迷理智妙神一向有作想觀者即是有為生滅同西方阿彌陀淨土觀也此一乘智境觀門使清淨無作智光神妙從根本無相法身無作大用光明成大用門學菩薩神通入普賢道一向作想者也如經中生死涅槃門求菩薩觀察汝求菩薩心無所著至求菩薩德雲比丘讚善財所求無為無為心無所著故開此入佛境界門和會生死涅槃有為無為而無所著法門以清淨大智光明入菩薩大用神通妙用恒寂故於別山頂上徐步經行表動寂得所以是義故

身不處座而坐也修行入見道已以正智光明作如是觀一如經作意門使無偏學以滯其功以此生作一觀門成當生以圓智照之可見如西方淨土觀是一刹那際來生以想成生便入報業神功大用自在也此一向有為作想以心想生天上得報業神通何況道眼開敷慈善根力使通如十善業猶有神通何況道眼開敷慈善根力使智神用一生作意而於來世不獲大用根本普光明智明初發心便成正覺者即法身無相普光明智通以無作理以成正覺之體以此成就神通是菩薩行體無作理以為正覺之體以此成就神通是菩薩行

正覺智體令此現生一生發心相應時得以正智於分段身作觀行心成兼修善薩觀行心成來生入變易身以今生分段之身是過去作業令身以智修觀行業來生得神用變化生也一自行功成始得者是不眞也如佛菩薩力暫聘以神力加持力得者是自行功力即是魔業轉變人心不得自在便即令心狂亂不可取也一以性自清淨平等同體大慈悲業無見鬼加持力即是魔業轉變人心不得自在便即令心貪嗔癡業且以性自清淨平等同體大慈悲業無見而見無知而知所作皆以眞以智為用用其智即印一

切眾生三世業累總為佛境界也方得自心無垢
從我唯得此憶念一切諸佛智慧光明普見法門巳
下是推德昇進此巳上一段初入佛知見智總該三
世諸佛境界總為一時一真法界無古今新舊成壞
成佛不見舊成佛以法無古今新舊成壞等性故以
普眼見之。

第二治地住以戒波羅蜜為主餘九為伴南方義如
前釋南方有國名曰海門國老以戒波羅蜜為海門
體以大海不宿死屍以表法身智光為戒體自性無
垢不宿煩惱惡業識種諸見貪瞋死屍以法身根本
是一切眾生煩惱業之大海今以戒定慧淨為普光
明智諸佛大海諸功德海大智慧海能顯示此法覆
故曰海門如經自有文比丘海雲者以表十二有
支生死海便令開覺悟十二有支便成海雲故
蔭潤盆一切眾生令身頂禮其足以明昇進至位也合
善財至海雲比丘所頂禮其足以明昇進至位也合
掌者以明契會此位之法也善財言我以先發阿耨
多羅三藐三菩提心欲入一切無上智海此明善財
請法廣如經說海雲比丘歎善財能發菩提心要得

普光明智以為戒體性自無垢故此智現前十二
支生死海便為一切諸佛功德大福德海辯才海
故曰海門如經自有文比丘海雲者以表十二有
支生死海便令開覺悟十二有支便成海雲故

普門善根光明具真寶道三昧智光生種種大福長
白淨法無有懈息事善知識不生疲厭不顧身命無
所藏積廣如經說海雲比丘言我住海門國十有二
年常以大海為其境界所謂思惟大海無量眾寶奇
妙莊嚴廣如經說言住海門國十二年者為至無量眾寶奇
觀觀十二緣生死海便成大智海智
妙莊嚴以明迷十二因緣無明緣行行緣識識緣名
色名色緣六入六入緣觸觸緣受受緣愛愛緣取取
緣有有緣生生緣老病死苦惱歡息涕淚憂愁苦
果相隨無有休息今三昧觀照方便力便為清淨大
光明智海諸功德海。一切眾寶微妙莊嚴海無量智
慧之海廣如經說迷此十二因緣卽有無量苦果地
獄畜生餓鬼貧窮困苦之所莊嚴若以定慧觀察方
便力便為一切諸佛海諸功德智慧之海如十二有
支但迷三法第一迷不悟心境體空直執心境實
曰無明第二迷名色為境第三自六根為主以生識業
不了以迷名色根境相對行觸受愛取有以生識業
方便力治令成大智業絕生死苦流以禪定止自意
根令不於五根之中不緣境界意根不生自餘眼耳

鼻舌身五根既淨心境俱凡無內無外無大無小無有三世古今分別識種總凡以意滅十二緣滅三界一切苦果滅唯有眞智朗然明白普照十方智及境界萬法無體以智無體故本明淨故普同虛空等法界無中邊故神用徧周無去來故智無量同一切衆生境界如化如幻如影如虛空無取捨故智自無我不見他王故智自無依住故智境同法界所見皆法故淨妙光明現諸物像普含容故智爲妙神自無善能分別十方事故智如如空感生福海皆同光影妙莊嚴故智如帝網於一

訣疑論卷二之三 三十三

切境界及一切衆生前普現其身隨業差別對現色身無去來故智如水清寶一念現前無始無明十二有支濁水一時清淨故是故無明滅十二有支生死苦海一時滅法界自性清淨普光明智及一切功德智慧海一時發開是以勤觀十二有支六根境識成如來智慧諸功德海以得前妙峯山一切相盡諸佛智慧光明高顯出世之道用觀現行六根名色識種十二有支令達世間成一切智種諸功德海雲比上言善男子我作是念時此大海之下有大蓮華忽然出現以無能勝因陀羅尼寶爲莖者以天

帝能王爲名者以此爲一切寶中之王尼羅是淨妙青色寶也表是由根本智報生檀波羅蜜行所起自餘以次九波羅蜜行配之百萬阿修羅王執持蓮華莖者以表菩薩所行萬行不離根本智普光明智而得處生死不沒自在故像阿修羅處大海而不沒自龍王雨以香水者王差別之智爲香水以智體自無垢能淨諸業以爲戒體故像其智體遊空降雨故恒處法空雨法利生時自餘諸寶莊嚴是十波羅蜜行餘依波羅蜜行配之自餘諸寶布護彌覆大海者以報生此蓮華有如是莊嚴芬敷布護彌覆大海者以

訣疑論卷二之三 三十四

明萬行自體無染而能周徧覆蔭法界一切衆生以蓮華表之是故經云此大蓮華如來出世善根所起十方世界無不現前從如幻法生如蒸生清淨業生無評法門之所莊嚴入無爲印住無礙門充滿十方一切國土蓮華爲佛體本無神用妙淨盡諸有海圓滿十方無見其際言上有頂者上至有頂者根本智蓮華上有佛體座爲智體結跏趺坐其身從此上至有頂如經云此大蓮華如來出世神用之頂如來即伸右手而摩我頂者作用之法摩頂者引接會色塵之頂如經云十方無見頂相不可思議此如來眞道合印可除疑故爲我說普眼經者以明契會智蓮華忽然出現以無能勝因陀羅尼寶爲莖者以天

眼普周皇齊法界普觀根境隨根教生根境無窮教亦無盡若無根境教亦本以明根本智對物設教等一切衆生根量偏故名普眼經假使有人以大海水爲墨須彌聚爲筆書寫此普眼法門一品中一門。一門中一法。一法中一義。一義中一句不得少分何況能盡者是根境無邊教門無盡以衆生無限煩惱繫著又多是根境無邊教門無盡以衆生無為普眼差別智於彼佛所一千二百歲受持如是普眼法門於日日中聞持陀羅尼光明領受數品者以表十二緣生之法有百煩惱從十無明上

決疑論卷二之上　　　壹

互體有百以徧在十二緣中十二緣緣有十千二百大煩惱根本與十方一切衆生而作無量迷縛流轉生死大海今以禪定觀察方便力便爲一切清淨普光明智海及差別智海故名一千二百淨普光明智海及差別智海故名一千二百如是普眼法門名爲我於彼佛所受持讀誦此明以妙峯山生法門名爲我於彼佛所受持讀誦此明以妙峯山相盡出纏之智作十二緣生觀浴六根名色及識死苦海以成淸淨智光普眼法門已下是推德昇進如悲之海從我唯知此普眼法門已下是推德昇進如是八萬四千諸塵勞皆不離五蘊六根色受想行識

起但名色六根以意根於五根中取名色之境爲不了故有十二緣生及十大煩惱成八萬四千如華嚴經云於五蘊之上。一蘊之中有百煩惱五蘊之上有五百煩惱內有五百外有一千五百如是乃至八萬四千以明五蘊之內有五百外有一千五百如是乃至八萬四千以明五蘊之內有五百外有一千五百如是乃至八萬四千以明貪瞋癡數皆以六千以瞋行多者一萬一千瞋行多者一萬一千癡行多者二萬一千以貪瞋癡增上有六萬三千遍收貪行多者二萬一千以貪瞋癡增上有六萬三千遍收貪行萬以爲二萬二千十使上緣境起貪瞋癡數皆以六上有一萬邊於十使分內外各有一千二箇等一上有一萬邊於十使分內外各有一千二箇等一内外本數八萬是十使上緣起貪瞋癡數皆以六

決疑論卷二之上　　　卅六

根名色識三事成無盡煩惱等十方界大迷此三事中以意根爲王今但以定淨意想本無五根本來無一三十一切內外山河大地及水火風等境界皆意根取相起識執成名爲七識但以執處生三界有漏界名爲第八成業處生三界有漏界名爲第八識所成令修行者但止意識境自然相盡意謝識滅無始迷塵只緣意感息以智現十方朗然心境空虛名爲智地以普觀萬境無體相迷空幻生無本無末無生死之體三界六道人天地獄一切世界皆是意想妄塵所生

意滅故妄境界隨滅如薪盡火滅意盡業空四大同
謝山河大地與意俱亡此非放蕩酌酒論主頌曰山河大
正定相應方知也不在情識斟酌論主頌曰山河大
地及火風三界境界由意生意識滅盡如虛空一切
境界同時滅意塵識滅妄境無唯真智境妙莊嚴智
境莊嚴如光影皆相照徹非有無智身亦無智
以智淨故無垢眼見世間於所見世間不見世間唯智
境能以肉眼何不自然本是佛何故能隨迷作六道
既自體無所以其大智照現迷人天因果
衆生輪迴苦海若修得即是生滅無常屬人天因果

決疑論卷二之上　二二

若不修得何不自然是佛而作衆生有苦有樂六道
生死差別答曰爲其真智自無性無有本體疑然
常任言我是佛我自性清淨故以無自性故無自
我是佛我清淨若有自性清淨故以無自性故無自
我是佛我清淨若有自性清淨我是智慧
我成正覺者即有此物有疑之法即是常見即是破
壞諦觀十方無有處所可得不應有
十方三界有苦有樂長壽萬物不同衆生差別
若無自體疑然常住者要須待緣方始顯得不是修
生作得此二者皆屬斷常諸見以無自性故迷心境緣

執著成業因執輕重違順情多瞋愛貪癡有種
道生死苦樂不同由執業瞋喜愛著諸煩惱故有種
種業生從此輕煩惱中有人天生是佛是真正智故
方能有自覺志求於真道智皆以知生死長達方
智無自性故設從天人龍神中有能覺知生死長達
輪轉過失或以依先達聖智爲師以成覺悟以淨心
境方能顯發本心無生名爲智境以智現故迷自
性無生心境無性方名爲智境以智現故方照境自
境一切總無方名爲智境夫三界因果皆由業作得

決疑論卷二之上　二六

智由無作定顯方能了智自無性不作無明不作成
佛爲智自無性故覺知一切總皆無性故不作無明
爲智無性不作疑然本有佛故是故有教說云諸
法不自生待緣故不從他生諸緣自無性不共生
覺悟修行體空無合散性故而成無性亦無因成不
無依之智不自然成故以智合散性故不無因生要
無常故以智覺知無自性故不屬生死以智覺知自
斷常故以智覺知無自性故不屬生死以智覺知自
所可得故神用十方隨根對現不迷而徧在神無神
作得此二者皆屬斷常諸見以無自性故迷心境緣

而能大用在智無智而能大明總虛無體也以虛無
故水火不能灾利刃不能傷生死不能變言空而有
大空神用言有而無形相可得廣而不張小而不縮
爲利益未明而幻生名也在名無名故所知者如響
見諸如來體光如影教化衆生歛與大願如風行
慈悲如雲降雨以虛空智舍容萬法與其同體而無
联捨一切衆生對現色身一念徧周而無作者
略釋新華嚴經修行次第決疑論卷二之上

決疑論卷二之上

九

略釋新華嚴經修行次第決疑論卷二之下

大唐北京李通玄撰

第三修行任忍波羅蜜為主餘九為伴南義如前云從此南行六十由旬者以明從十二緣觀竟重觀眼耳鼻舌身意六根之上現行分別一一根中所有現行分別皆悉解脫以明十二緣生觀觀六根名色識三種成智令此位中以智隨六根現行觀者此楞伽山居脫故云從此南行六十由旬楞伽道傍無門戶難往難登此大海中西周大海其山高峻傍無門戶難往難登至此大海岸上有道以明於十二有支五蘊六根中

大道超度生死明其六根以成智境根境無染超生死海以表其山難往難登今已登得故云楞伽道也以比丘空中經行如楞伽山從空而入者即得以明於十二有支六根名色識種智三法起無明生死大海我慢嶷高山甚難超越令以禪定觀照方便力了根境識悉皆空虛無明滅生死海竭我慢高山皆摧裂智淨六塵如滿月故云邊有聚落名為海岸今既六根皆為智海五蘊十二緣六根境界總為法界大海普光明智聚落也云有聚落觀察十方求覓善財任此丘上者重觀自六根上習

聚落觀察十方求覓善財任比丘上者重觀自六根上習氣使令同空理合及十方眾生六根中境界總同觀一性虛空令其見聞覺觸使空智慧門所行法界聚落見聞觸受一切聲香皆為法空常行利物不離虛空無所染故一切行生死海以明善任法空常行利物不離虛空無所染故已上三善知識第一妙峯經行故名善任以明於空中往來及行利眾生總不離法空一明有道感招二義一明十王恭敬者有二義一明如王廣在經文已下天王龍王蜜行自在比丘德雲比丘以明初入相盡智慧光明高勝出世山頂德雲比丘以明初入相盡智慧光明高勝出世間以比丘表之第二海門國海雲比丘以明自得離

一切相諸佛境界智慧光明須觀生死海一切自他十二緣六根名色識現行作用上以成根本智大光明海得普眼經法門第三至楞伽道邊海岸聚落善住比丘得速疾供養諸佛成就眾生菩薩無礙解脫門以明重觀六根上習氣得超渡生死海之岸此已上三善知識且明淨得五蘊中十二有支六根上煩惱成智慧出世解脫之業唯度眾生之行仍是出世功成修道行門事合如是以是義故以此丘上表之以明比丘何無染行是故善財至此位間云何修行佛法云何積

集佛法乃至云何不捨見佛於其常精勤修習菩薩道廣如經說以明此位雙問佛法菩薩融以明出世智以成菩薩習未了已下意明不離世間根本清淨智而學菩薩輪字莊嚴門以次俗士解脫士彌伽以居市肆說輪字莊嚴門以居長者海幢比者等以明世間賭虎是解脫不假要居山居空遷彼前心令成後位為昇進已下彌伽解脫長者海幢比已成世間不離出世間法俗士眾比丘表之

第四生貴任以精進波羅蜜為主餘九為伴南方義如前有國名達里鼻茶其國在南印度之境名義未〔翻城名自在者為此善知識以達出世之智又通明俗諦真俗二諦自在故城名為自在其中有人名曰彌伽身是俗人文居市肆〕如俗相故名為人居市肆不可稱名長者之號故名曰人彌伽者為此云翻言唯彌伽問善財云汝已發菩提心耶善財然後說輪字五體投地散華及寶無量種香供養彌伽善財然後說輪字五體投地敬心者供養善根本智故以得佛根本智慧光明彌伽是根本明菩薩敬菩提心以明善財以世間智明菩薩處世間行菩薩道於生死海不出不沒不沉

淪者獲無量功德海者由根本智致使如是以義故得此智者須常敬之為明根本普光明大智是萬德之宗出生死之本行大慈悲者之木母義出一切眾生之宮寶堂殿樓閣生一切眾生之衣服飲食資生之大海人天善根總由此根本智生故是以聞發心者敬之即佛故彌伽聞善財以發菩提心放口中之光以明教也為不輕未學敬學佛故重施禮然後說法此乃說輪字品能壞生死諸不善業故五體投地散華眾香及眾寶衣服供養善財珍重施禮然後說法此乃俗間名字說法圓滿清淨能壞生死滿之義以為說輪字品能壞生死諸不善業何義名餘次第圓滿有見及聞受持之者得清淨智業破生死業破不善之海成大福德破愚癡海成大智海破貧窮苦惱海成大善海破恩癡海一一字內隨器隨根轉無量法輪無異世間諸佛字法便成出生死法能變世間言音以為諸佛言音伴相成故說無量利益略而舉之可見從我唯知此普薩問愚癡以為智慧能變世間言音以為諸佛言廣妙音隨羅尼光明法門已下是推德昇進

第五具足方便住禪波羅蜜為主餘九為伴南義如

前自此南行有一聚落名曰住林者此位不言國城
但從此南行以明彌伽在市肆上閙處是靜以明一
切眾生生死大海塵勞爲市肆以明世間生死
閙處爲住禪林也聚落者眾人所居眾不離世間生死
開生死眾生處多處爲智者處之爲禪林前位彌伽此
明解脫長者同處生死世俗煩閙之處以爲寂靜故
位解脫長者表之迴前不言國不言城但云從此南行以
從南行不言方不言國不言城但云從此南行住林以
世間生死塵境總爲法聚總爲禪林故云南行住林以
此第五禪體一切眾生境界以爲自性禪故是故以

決疑論卷三之下　　　　　　　　五

俗士解脫長者表之迴前三比丘出世心令入眾生
生死聚落以爲禪林聚落善財於解脫長者所請法
解脫長者以自善根力佛威神力文殊師利憶念力
故以法身智體清淨而能發起自清淨智是文
殊師利憶念力還以此本清淨智以爲禪門性自無
垢舍自十方大用恒寂靜故是佛威神力以根本
舉各隨方面各十佛剎微塵諸佛國清淨莊嚴身如
淨琉璃含諸影像色相無礙於身中顯現無量諸佛

出與於世入涅槃一切諸佛眾生無盡三世業果一
切顯現不容一自性無作淨智自徧周故無虛空不徧
無一境界不是自作淨智本自如是圓三世因果法自
如是無延促性不是作得是一切世間法自性禪
取他世間萬境現前皆是自仼禪林只爲世間强
令於世間境界別有欣求修行者應如是信解當生苦
行世間本來自定自靜故以俗士解脫長者表之不
果知復如何也自我唯知此如來無礙莊嚴解脫門
已下是推德昇進此已上兩位明俗體本眞世間閙

決疑論卷三之下　　　　　　　　六

處是靜一切萬境及一切眾生心量性自禪門
第六正心住般若波羅蜜爲主餘九爲伴從此南行
至閻浮提畔有一國土名摩利
伽羅表之畔從妙峯山已此位修行至出世間智
二法極表之畔彼有比丘名曰海幢比丘表之有一
慧解脫從彌伽長者至此海幢比丘表世間中出世
間智慧解脫不生離出入息身體支分十三處
伽羅身心意想寂滅不生離出入息身體支分十三處
成身心不同十方利物智慧如海出入身心寂然都無思
出化身不同十方利物智慧如海出入身心寂然都無思
覺名之爲幢善財見海幢比丘在經行道側結加趺

坐離出入息經行道是用結加趺坐離出入息是寂
以明寂用無礙足下出無數百千億緊
門眾十方化利者以明長者居士婆羅
早謙下離不自高故足下出居士婆羅
膝出無數百千億剎帝利婆羅門眾者是王種也以
明膝是卷舒自在故腰間出等眾仙人眾者以明菩
薩於生死自在故腰是仙人之所在仙人是淨離五欲故兩
處於欲境恒不染著不著離清淨故利潤眾生
兩脇出不思議龍眾不思議龍女眾十方利潤眾生

決疑論卷二之下　　　　七

者以明兩脇是挾持覆蔭義以明大智大悲心以龍
及龍女表之龍表智龍女表慈悲像菩薩恒遊法空
智悲恒徧眾生攝持覆蔭兩法故胷前卍字中出無
數百千億阿修羅身者胷前卍是萬字以明菩薩於
生死中行萬行而不沒以阿修羅王表之以明菩薩
王在大海中足至海底水至半身背上出二乘無
數千億聲聞獨覺者以二乘背生死背智悲故以
是背上出從其兩肩出無數百千億夜叉羅剎王者
以明兩肩是力用大自在處故以明夜叉羅剎王皆
能飛空力用自在是防護義以明菩薩示行威勢多

力守護僧伽藍及以善入從其腹出無數百千億緊
那羅王及女者以明腹是包含義以明緊那羅王是
歌樂之神女表慈悲像菩薩大智大悲包含萬德常
於十方人天六道以眾法樂樂眾生令離眾苦惱
須音樂以娛樂時往彼天中設樂亦表菩薩智悲包含憂惱常
閻婆及女此是樂神如此技兒在義腹中出諸天
以緊那羅王及女之王者是說正教之門戶像
菩薩恒以四無礙辯以為四兵以七菩提分法以為

決疑論卷二之下　　　　八

七寶不作無義綺語言詞以表口出轉輪王一切言
音皆成教法兩目出無數百千日輪普照一切大
地獄及諸惡趣目者眼也以明眼中瞳人是也以像
菩薩常以智眼大慈悲眼觀一切眾生隨根設教令
離諸惡白毫相中出無數百千億眾生故帝釋身者是帝釋
云能主能與諸天作主故以明眉間毫相是諸佛放
中道智悲圓滿果光處以取帝釋一切十方眾生故頭
量佛剎微塵數菩薩眾頭者相盡智悲行圓為無極
故舉無量佛剎微塵為量頂上出無數百千億諸佛

者頂上尊高最勝故出佛眾像根本智也已下十二處化用總是頂上起通頂上有十三處此位正心住離出入息寂用無礙至十地中第六地達同此位得寂滅神通但以智悲深廣不同十地第六地第此位得比丘表之思之可見善財住立思惟觀察經一日一夜者以檀波羅蜜自利利他以為一月夜六支戒圓滿也半月者以忍圓滿波羅蜜捨心圓滿也七日七夜以為半月一月者精進波羅蜜自利利他以為一月者以度行成六日者六箇智慧滿海幢比丘云此三昧名普眼捨得者以慧眼如空十方普照空慧無體物亦本無根境恒空照無不徹於境不染名普眼捨得既無取捨正見現前故以佛知見故又名般若波羅蜜境界清淨光又名普莊嚴清淨門以明智慧於身支分十三處幻生諸身起化如雲充滿十方一切諸佛境界眾生界成就教化莊嚴一切眾生事業然其身心都無思覺此是出情量之無作妙神性同虛空大用自在從我唯知此一般若波羅蜜三昧光明以下是推德昇進此上六波羅蜜以滿出世間心及於世間方便波羅蜜入於生死同於眾生慈大悲以方便波羅蜜入於生死同於眾生八萬四

千那由他煩惱行同事攝生後位是也如後具文若不起出世解脫偏多大悲不滿妙峯山上初發心住門國治地住主住林聚落具足方便住從彌伽長者達里鼻茶國生貴住至灌頂住從第六正心住一終住位相成修行者得一法自謂言足不知若不如是位至七不退住成後三位同異進路求得解滿謂大悲諸聲神力通用令知不錯使無法門解行理智初發心時便成正覺以此正覺用治習氣德能稽滯妙用及諸眾藝普賢道頓成於無始無終無三世古今之智中便具成眾德令使正覺圓明其普賢行海使滿不可將一無作之理萬事不明以為佛者乃是聲聞獨覺之道非為佛也第七不退住方便波羅蜜為至餘九為伴從此南行以明從海幢比丘上於世間中出世間智慧光明行入生死與一切眾生八萬四千那由他煩惱境界而同其行方便以四攝法事隨時引之令解脫故南行前有一住處名曰海潮以明第七方便行以正智慧日入生死海普照一切眾生八萬四千那由他煩惱波浪隨其大小而皆引接故住處名海潮以明菩薩

知根知時以度眾生而不失時故有園林名普莊嚴者以明方便之行處生死海遊止其中與眾生樂以為已樂故號為八萬四千那由他無邊眾行徧一切眾生心皆令一切眾生歡喜發菩提心及得人天之樂名普莊嚴園中有優婆夷名成就一切眾生所行善願一切眾生意樂以滿一切眾生意樂令迴向一切善法故優婆夷名為休捨此云滿願能滿足一切眾生所行之處垣牆眾寶樹林宮殿樓閣皆言百萬廣如經說不可具言皆為優婆夷大悲深廣依報莊嚴果不虛來皆因行所起觀果死中化恒爾不休亦號意樂以

知因果相似即知所行身為正報其身金色光明紺髮垂鬢戴海藏真珠網冠挂出諸天真金寶釧師子口摩尼寶以為耳璫如意摩尼寶王以為瓔珞一切寶網垂覆其身坐真金座此明緣果也有八萬四千那由他同行眷屬常居此園以明大悲行一一行中有八萬四千那由他同行攝眾生故善財問所有依報正報皆以慈悲心行業之所生故都言優婆夷發心久近略言十佛刹微塵具在經文

三十六恒河沙佛所淨修梵行於此已往佛智所知以明從前海幢比丘三空智慧六波羅蜜以為六數

次

以三空智慧以能照破六根六塵上煩惱成就一切諸佛智慧光明如是三空六度七覺支分等三十七道品四攝四無量心至十地滿佛果以來成普賢行任運功成方便休息神慧起化自在如前智慧入於生死成大慈悲行成灌頂任已來三空使令智慧圓滿後與之同行成灌頂任已來三空使令智慧圓滿

有次第者不如是至第六正心任得世間出世智慧功成若也無後第七位即入生死大慈大悲之行絕也即後三位中大用不成任此第七不退任滿願優婆夷云發心已來經三十六恒河沙佛數以十箇古佛名目徐但舉三十六恒河沙佛已表三世古今諸修梵行先舉燃燈佛等以不離此三空智慧所佛總同故先舉也以此三位便優婆夷表之以明三空智慧圓滿成普賢行得法門入生死海成後三空智慧解脫三世古今諸佛所淨門前位以此比上表之此位以優婆夷表之以明修行者男女皆齊須其慈間一分慈悲之義正以明從前海幢比丘三空智慧六波羅蜜以為六數

悲柔和善忍不捨眾生故夫聖教微密言說難及舉比丘居士長者兒女表之像也觀像取意得意像以三空者空無相無作從此三空卻與大願行入十方三界六道普度一切眾生令盡眾生不盡普賢行不休十地中亦同此以第七地中願行成後八九十地及普賢行如來大用神功成法界之事業十力四無畏等若無第七地起大願入生死但至第六地行波羅蜜得寂滅神通出世自謂滿足不知所行即後七八九地等妙及佛果後普賢行恒行絕矣此十位中法則與彼相似智慧慈悲增廣智業生熟不同以此十住

決疑論卷二之下

中以比丘居士長者優婆夷仙人婆羅門王女為像十地以九箇夜天神一箇如來妻瞿波女破生死長夜神用表之功行勝劣可知意況也善財問聖者久如得阿耨多羅三貌三菩提優婆夷容言不為教化一切眾生乃至云一切道場盡我願乃盡意明佛果菩提無佛盡莊嚴一切道場盡我願乃盡意明佛果菩提無始終普賢行無始終自我唯知此離憂安隱幢解脫門已下是推德昇進以明此位入生死海成大慈悲不厭喧鬧心無煩惱故設有無量眾生一時惱之亦恒歡喜故名離憂安隱幢解脫

第八童真位以願波羅蜜為主餘九為伴於此南方海潮處有國土名那羅素者此云不懶墮以表此位菩薩得一分無功智增憶念本願興悲行行無有解急倍勝於前故云不懶墮同前位名海潮者是長養大慈悲此位智增明以明智悲一體以第七位女名長位從悲起第十灌頂位從智行悲此云出聲可畏日慈行是也有仙人表之為有二義一以智淨如仙無以第八童真位一分正智增明所出言音眾邪驚畏此位何故以仙人表之為有二義一以智淨如仙無五欲也二明得智增明能隨邪見同行接生故引求

決疑論卷二之下

仙者令入正智仙人摩善財頂者以明許可信至此智位不疑就令善財手明引接即時善財自見其身往十方十佛剎微塵數世界中到十佛剎微塵數諸佛所見彼佛及其眾會廣如經說以明入於智位增明與佛同見能說佛國土身境界如經白在以智如虛空無不徧故於一念中以三昧力見佛及境界如虛空無不徧故於一念中以三昧力印無量劫一時並見仙人放善財手還復如假聖所接引加持方童真位初至智位一分增明以明功終十方常在現前無勞得見諸佛國境界若至佛功終十方常在現前無勞所加力從我唯知此菩薩無勝幢解脫已下是推德

第九法王子住以力波羅蜜為主餘九為伴於此南方者從前昇進入後位故南義如前有一聚落名伊沙那者此云長直以此法王子法成其智長直以說教利生長於前位依根不出故云長直總明心境無不是法界名為婆羅門名為勝熱世間之火由燒此智入神用非心跡所為登刀山入火聚四而不能薪如山火燄連天力山高峻殺身入火中以明修行智同邪五熱炙身不能所害名為勝煩惱以得煩惱生智慧清涼勝於煩惱故火亦不能

決疑論卷二之下 圭

至此位煩惱業凶智堪如是破諸邪見令歸正見勸善財令登刀山善財致疑諸天勸慰使無疑心以明本智火徧虛空生妙智慧金剛刃能破眾生堅執業金剛燄三昧光明燒煩惱薪截邪見網令歸正法內是金剛三昧入者煩惱都凶如清涼池意表法中以無相智慧為刀山無性妙光能破惑是金剛燄定著存金剛赫奕之狀不可能破計著執塵論主頌云根本智火徧赫奕之狀不可能破計著執塵論主頌云根本智火徧虛空生妙智慧金剛刃能破眾生堅執業還成本智妙光明以明根本智作無明時從十住初心以明無相慧顯得令至此十住第九法王之位從根本智起用妙慧利益眾生以是為金剛三昧之

昇進

第十灌頂住以智波羅蜜為主餘九為伴南方有城名師子奮迅者以明灌頂住中智波羅蜜增明此位以智行悲處生死海中了心境本智體無生滅不畏生死名師子童女日慈行童女以一智普應十方一切眾生前現色身如響普振有童女名曰慈行童女師子幢王之女名為侍者如五蘊中煩惱經云一蘊之上有五百煩惱五蘊之上有二千五百煩惱以此智慈之行總收五位上五百波羅蜜行徧十方一切眾生五百煩惱共同其行乃至八萬四千五百為十住毗盧遮那藏以明大慈悲苦根本智光明藏以為殿體龍勝栴檀懸金線網天衣座上而說妙法者以師子幢者本智而起此妙慧以龍降大法雨潤眾生栴檀者名為此香能息毒虵熱煩惱正熱時毒熱熾盛以身經

一時全身普振有童女名日慈行童女師子幢王是智童女慈行是慈悲之行以明此位從智行慈悲與世同行以無染習智即以童女表之如第七

決疑論卷二之下 圡

火起無量智慧刀山照割一切眾生長夜煩惱及方便引接安行苦行五熱炙身之流
休捨優婆夷從慈悲成智即猶存染習故即以優婆夷表之皆像知法得法像以思之可見五百童女以為侍從者

樹熱惱清涼以明此善友降法雨時無明毒蛇皆得清涼金線網衣座者貫穿義網者教網也衣者覆蓋義以善能貫穿教網覆護眾生報居此座善財詣王宮門求波羅密女者智王悲宮是所求之處觀其報果一一境界之內皆有一切從初發心時乃至成道轉法輪示現入涅槃如帝網之光影參徹此波羅蜜即印三世古今之業境界都盡如是童女告善財言善男子此是波羅蜜普莊嚴門我於三十六恒河沙佛所求得此法門者三空智慧六度以為佛敷一佛所演餘不重說以明從根本智起三空智慧亦是一箇三空空無相無作智慧六度行門轉一切眾生六根內外麈總為清淨普能莊嚴法界眾生總為佛智慧如下文所說無量般若波羅蜜總以根本智起三空智慧為體能淨一切眾蜜門而令成就如來智慧皆以三空智慧為體如經說從我唯知此波若般羅蜜普莊嚴門巳下差別業門而令知此波若般羅蜜普莊嚴門巳下德昇進意明第七住入生死海同一切眾生八萬四千及不可說量同虛空諸煩惱門皆與同行至此第十住位中修行行滿。一終智慧行圓還從根本智生以三空為體能八萬四千不可說智慧總根本智生以三空為體能

決疑論卷二之下　　七七

破一切眾生六根中一切諸煩惱故若無眾生諸煩惱眾多三空智慧亦無有也眾生煩惱廣多以將十住中所修福德羅蜜廣多如來化身亦廣多以將十住中所修福德智慧神化之事用成十行中一切利益眾生行門及蜜門空智慧解脫出世慈悲心多於眾上藝治化饒益利門未學立位明法五位前後時法殊分若行之者不出間一時一法一位偏收前後時法故以智境之中無古今也

略釋新華嚴經修行次第決疑論卷二之下

決疑論卷二之下　　大

略釋新華嚴經修行次第決疑論卷三之上

大唐北京李通玄撰

十行位

第一歡喜行

南方有國土名為三目，彼有比丘名曰善見。南義如前，國土名三目者，以明法眼智眼慧眼。以此善知識於此行中，常以此三眼善利眾生，故名三目。目者，以法眼明淨常見法身智眼知根善知根器慧眼簡擇明見正邪。以此三眼處行無惑。若無此三眼自亦恒迷事無不染。何堪利物令離蓋纏。以善知識道德行門而標其國名為三目。比丘名善見者，以此三眼知根應根與益不濫施教，名為善見。何故此十行之初以比丘為首？以明處行先以三眼明徹於世間中心境無垢，名曰比丘。以無染是解脫義。此十行初以比丘是處行不染妙義。峯山頂德雲比丘是從定起觀。以明相盡出俗之義。十週向初鬻香長者號青蓮華。以明迴出纏心多者令入生死成大慈悲行處。以明迴出纏心多者蓮華以俗表之如淨名之流是也。十地大悲行常處生死長夜主當一切眾生令善芽增長。亦是主當春演底主夜神此云明生苗稼神善財至三眼國於城邑聚落村隣市肆川源山谷一切諸處周徧求覓者。可知隣者伍此大傳曰。五家為隣三隣為朋。三朋為里。五里為邑。此是處夏之制也。自餘可知。善財如是比丘在林中經行往返者。以明萬行莊嚴自身及益他人出往返經行者明在諸法靜亂無體。一切處無著比丘地有林莊嚴眞境人有行莊嚴如林覆陰莊嚴萬有也世毀譽無傾利生無盡。解脫故其比丘年美貌端正可喜。其髮紺青右旋不亂頂有肉髻皮膚金色。頸文三道額廣平正眼目脩廣如青蓮華。如是等三十二相具足。以明法眼智眼慧眼內嚴外彰。善行慈悲和悅知根接生。以得報相嚴身具有三十二相正果報出正經行。時不遲不速審諦經行無量天龍八部釋梵護世等眾圍遶者。以行感招受化之眾也主方神隨十方迴轉者震巽離坤兌乾坎艮上下二方皆有神隨遶迴轉而行。又表法中震為十方迴之法以十下八為木字震為音聲震動為青龍。為吉慶為春。南方離為虛無為發明為衆善之首以此法事先東方為首。南方離為虛無為正。為日。為目。為心。為文章爲盛明若達心虛無即有智慧文章明也故問一知十者是智盛明義以此十別之龜者問一知十表智慧明也北方者爲坎爲水爲立武爲始明以明暗創分以爲北方故十一月一陽生於玄武迷愚奸邪之際暗不知不相信順亦是明暗相背也又坎爲牢固十方參有善惡不利萬物皆是隨方迴轉之義善惡之道十方參有東北方爲山爲石爲止爲小男爲童蒙年初歲末在其中丑未相衝是陰陽之介金墓在丑

洪疑論卷三之上　　　　　　三

木墓在未日生於寅月生於申以艮爲山故表山高難昇以人巳爲艮字若表聖道難登心淨不動如山方正道現也即以艮止其心正道皆隨方迴轉義東南方爲巽爲長女爲言說爲風教巽主辛丑辛未以丑爲小男未爲衆人爲信順以明異爲言說風教以化衆人童蒙而施言教以定正邪天地然不須教也是故口出巽字約略如是十方之法難盡量一方之法具有十方互體參差卒申難盡但隨世法及出世法隨事迴轉是故經言主方神隨

洪疑論卷三之上　　　　　　四

方迴轉者法也以明法無定體隨事變通以明處此位中隨其世間事宜教行自在隨方迴轉引導爲先也足行神持寶蓮華以承其足神表智行於萬行中處世無染也以明行體性無垢故闇浮幢林神雨衆雜華雲此林近阿耨達池以表萬行發開智慧寶藏普光明行處恒無盡脫衆生闇冥故不動藏地神現諸寶暗者恒以智慧生修其善業發開智慧寶藏普光明令一切衆生修其善業發開智慧寶藏普光明虛空神莊嚴虛空者以普光明智度衆生普令衆虛空神莊嚴虛空者以普光明智度衆生普令衆藏令一切衆生修其善業發開智慧寶藏普光明行於空行破諸迷暗獲無量福德以自莊嚴成就海神雨摩尼寶者以大慈悲行淨衆生垢故無垢藏須彌山神頂禮恭敬曲躬合掌以明自智高勝恒行謙敬無我慢之心無礙力風神雨香華此是異一切諸行不離根本智地常覺悟主畫神衆善行爲普照義春和主夜神莊嚴其身投地者歡悅是香華義摩尼幢住在虛空放大光明者以明無相法身諸方空根本智光爲摩尼寶幢體以明自性無垢淨光明照耀體以明萬行及以心境恒以根本普光明智普

照十方無一法可得而以萬行度諸衆生不離此智
常不迷心境卽能於世間而無染著處於世間教化
衆生常作此十行法而無過失此十箇神以表神智
請法比丘答之我年旣少出家日近者以明初從十
處創入十行之首也我此生之中於三十八恒河沙
住所觀此三法上皆能破除心境識上十無明以此三
佛所淨修梵行者以明不離法眼智眼慧眼三法爲
法所觀一切心境識皆不離法眼智眼慧眼所見
故卽八正道行恒相應故故言三十八恒河沙佛所
三十此三法上能能於世間而無染著處於世間
淨修梵行以恒河沙邪見一切煩惱以三眼觀之無
有一法不解脫者不離法眼智眼慧眼所知見故無
有一法不清淨故身口意悉清淨故云三十八恒
河沙佛所淨修梵行以三眼淨一切見聞覺知境總
淨名爲佛之知見也或有佛所淨修梵行亦見彼佛成
梵行乃至七日七夜半月一月一歲乃至一日一夜淨修
有正覺說法各差別無雜亂者以明無始無終
無有本末一切心境無染淨是非之性常作如
梵行梵行者淨也善了心境無染淨是非之性常作
是觀是於一切佛所淨修梵行以自心境一切淨故
卽是佛也修行者終不可於自他之上存是立非得
爲成佛也設經塵劫勤修行無免生死何如心境淨
以三眼隨用住持世間修行者應常以三眼觀察世
間令心境識清淨慈悲和悅主導衆
生無有勞倦何事須憂一切佛法自然了明推德於前
此菩薩無盡燈解脫門已下明無盡燈又以一燈燃
百千燈冥者皆明明終不盡故云無盡燈也此位以
以法眼智眼慧眼現前令不迷心境卽情識種
子總亡唯智眼慧眼現前名爲無盡燈
檀波羅蜜爲主餘九爲伴
第二饒益行南方有國土名曰名聞南義如前國號
名聞者以明自在童子智德高遠物無不曉書數算
法技術衆藝世間益生之法莫不洞達以是名聲達
聞故國名名聞童子名自住者以明自在名洲小者曰洲
一切世法不能沮壞於生死中隨器現形而自在故
云自在於河渚水中可居處中隨聚砂現形之多少
小渚曰沚聚砂爲戲者以明童子得不死之命
知顆粒此位中童子自在知之法約有十法一書二
算三印四醫五工巧六和合仙藥七農八商賈九相

十知人根器而教授之有此十法而利衆生算法阿
座多此方一兆那由他此方一億自餘算數彼本未
翻從我唯知此一兆那由他此一切工巧神通已下是推德昇進此
位以戒波羅蜜爲王餘九爲伴十住位以十二緣生
觀觀生死海爲佛智海戒體此十行法爲戒體以
戒饒益之行

第三無違逆行以忍波羅蜜爲王餘九爲伴南義如
前有一大城名爲海住前之二位所云城國今此位以忍防護
身口意業不令高慢名之爲城城名海住明下心如
者何以明但以約智德所知爲國今此位以忍防護

【決疑論卷三之上　七】

海容納衆流而無所棄優婆夷名具足者以能具足
之施戒忍進慈悲具此五法名爲具足在此城中所住
之宅者以明忍行內嚴不居其外故在城中所居
宅四面無量種種衆寶莊嚴者以明一心內懷法忍
感招無量功德莊嚴優婆夷處於寶座者以忍爲座
體盛年美貌端正可喜以明忍報嚴也素服垂髮身無
瓔珞者此捨外華廣以明忍狀色相威德光明者忍
行志德感乘故容貌可喜其宅廣博一室而開四門
者以忍施仁慈廣大以四攝法四無量心無限也以
一小器置於座前一切世界無限大衆來所食皆隨

根得食得道谷各差別以法忍施戒慈悲謙下無自
大憍慢爲小器卽功德廣大施無邊若忍心如虛
空福德莊嚴無有盡也故頌云十行忍身心無中邊
見大小如虛空其心平等無高卑十塵法施亦無盡除
此位明十行忍門有百萬阿僧祇者以明忍辱慈悲
行以女表之眷屬有百萬阿僧祇者以明忍辱柔和
柔和行周從我唯知此菩薩無盡福德解脫門已
下明推德昇進以明忍辱一門卽諸行具足諸功德
藏具足也

第四無屈撓行精進波羅蜜爲王餘九爲伴南義如

【決疑論卷三之上　八】

前有城名大興者以明精進波羅蜜大興財法二施
之行悉周徧故城名大興居士號明智者以智能隨
俗善行二施饒益一切衆生故名明智善財於城內
市肆衢道七寶臺上處無數寶莊嚴之座而坐其上
其座先云七寶臺上以爲座體者以七寶莊嚴廣如經說皆依十種波羅蜜行報生
故分爲體之身故爲明萬行以七覺支
四喜覺支五猗覺支六定覺支七捨覺支以根本智
爲長者此以其明智坐七覺支成無量妙行門作自利利
居士以其明智坐七覺支擇法覺支二精進覺支三念覺支
者以忍施仁慈廣大居士者居世間而不染故名

功德海財法二施廣大無盡隨念而至從此空智而有故是故觀令學者識之在行無染猶如蓮華而有可觀處水無染前十住中第四精進波羅蜜即以彌伽長者於市肆上為十住中第十人眾說輪字莊嚴令學者諸善知識了世智一切名言書字句義一名字互成一切名字門令十行中第四無屈撓行精進波羅蜜以明眾生行從空智生自餘廣意經中具明從我唯知此隨意居士在市肆衢道以四明攝法行財法二施明念念生福德藏解脫門已下明推德昇進

第五離癡亂行禪波羅蜜為王餘九為伴南義如前大城名師子宮者明禪定能發大智慧於生死中及大眾中說決定破生死法得無怖畏故名師子宮此智慧不從外依他而來以自心寂定所顯得故以明師子智慧為師子善財於市中見寶髻長者以明此位不住禪體在生死煩惱之中引接一切眾生故長者接善財手將詣所居示其舍宅光明真金所成白銀為牆頗梨為殿紺琉璃寶以為樓閣硨磲妙寶而為其柱百萬種寶周徧莊嚴赤珠摩尼為師子座摩尼為帳真珠為網彌覆其上瑪瑙寶池香水盈滿

他昇進之行明一切萬行覺觀治習解迷精進無倦成就大慈大悲皆不離一切法空自性無垢自淨無作智為本體以染淨習氣及樂出世間心之勝劣令知慈悲增減不圓滿障安立十住十行十迴向十地等妙二位昇進之行名目與修行者作樣令學者做之依教不錯故市肆衢道坐七寶臺座以七覺支分座體以明四攝四無量心故名四衢道。以七覺支分十波羅蜜及無量行眾寶莊嚴常處生死煩惱為朝市以明此位精進之行應如是行財法二施之門善財請法居士令觀來眾色類無量廣多及來眾欲樂不同勸觀之已居士須臾繫念仰視空中如其所須悉從空而下。一切大眾普皆滿足以此空智自體是空一切果報皆從空智故以表明智自空觀其本源令知果報功德所生之因大慈大悲財法大捨悉從空智而起一切萬行從空智而生以觀一切功德果報及一切眾生所行因果皆如是也令修行者善知心境一切無作無行而有眾生不了安作無明而死流轉了此法者得大明智而常隨俗行於慈悲諸

無量寶樹周徧行列其宅廣博十層八門善財次第
觀察此以禪體大智慧功德八正行報生依果故觀
果知因善財觀察報居宅舍因果即得所修之道論
王頌曰禪心自淨為光明自性無為真金廓徹如
空無涯際此是智者之宅舍智眼普觀一切法白淨
無垢無中邊普為諸法取捨不可得此是智者之垣牆了
色塵境本無心王善治名為殿淨智明見照世間
於法普照無心為樓閣常於一切見聞中常於取捨無傾
動一切色聲能見聞聞中不聞為寶柱色境自性本
無性智者以之為座體能於十方塵勞門坐為大智
決疑論卷三之上 三十三
無垢染成大智慧無所畏此是智者師子座善設教
網漉眾生心恒清淨香水滿樓閣十重寶宅八門十度
八正是其行最下重中施飲食第二戒施為寶衣第
三忍辱寶華瓔第四慈悲精進女第五戒慧妙莊嚴
五地通明菩薩任死生第六淨慧妙空乘六地菩薩於中
住七層方便佛果成充滿如是次第而修學畢竟無初
王居十層佛果成充滿如是次第而修學畢竟無初
及中後以此定慧總持門住智自在非空有善財自
言種何善根獲是果報長者告言善男子我念過去
過佛剎微塵劫有世界名圓滿莊嚴佛號無邊光明

法界普莊嚴王如來應正等覺十號圓滿彼佛入城
我奏音樂并燒一九香而供養以此功德迴向三處
謂永離此一切貧窮困苦常見諸佛及善知識恒聞正
法故獲此報也釋云過佛剎微塵數劫者以明根本普光明
智自性劫也有世界名圓滿莊嚴者以明處迷隨三界六道果
報善惡不同若也一念與天真自性無修無作禪相
應一切心境色塵性自無垢便成普光明智性自無
莊嚴王者即根本普光明智自性無邊功德世界也
空界一切眾生同共有之但為迷未悟
曰塵劫也釋云過佛剎微塵數劫者以明根本普光明
地等覺位五十箇法門調和智慈善生熟使令均齊成
一念淨心迷解大智現前但以十住十行十迴向十
令智悲神用漸漸增廣漸漸增明使令廓徹無量同虛
普賢行然其智體不離初心時亦不遷智亦不敗但
空等周法界同一切眾生心住一切眾生隨心而現
悉能普應十方世界無處不至始終如是自性常爾
不作神通想念變化以慈善根力法爾恒然功行方
滿此寶譬長者以一切色塵自性無作禪開發此普
決疑論卷三之上 三十四

光明智顯發教化一切衆生但迷時卽言佛刹微塵
劫悟已古今總無所有昇進不離無古今而有漸
漸如空中雲不離空體而有聚散然其空體不屬時
收言無邊光明法界普莊嚴王佛入城我奏音樂并
燒一九香供養彼佛得此功德者是迴向三處永離
之境便達五塵為法體本是法界普光明智之境
界以為法名為供養得此道者是表樂音是五塵
貪窮困苦常見諸佛及善知識無邊功德以此達麥
藏解脫門已下明推德昇進以無明迷解以成普光
成智而用教化衆生而得也我唯知此無量福德寶
明智以用教化衆生是無量福德藏十住解脫長者
禪身舍十佛刹海以境而從體以為禪體此十行中
前有一國土名藤根者以表此位智慧深固徹於水
際不可領撥名曰藤根城名普門者為此長者世無
不達無不救濟醫方療疾無病不明。大小三乘及一
乘根種無不皆示依法接引所稱時宜香湯沐浴名
衣上服飲食上味無不給施故其城名普門長者名

第六善現行以般若波羅蜜為王餘九為伴南義如
收

普眼者以明此位智慧幽微世無不曉十方世法一
切皆明名為普眼此位以智慧成滿一切醫方一切
佛法大小法門及飲食我服十方恒施亦和合一切
香供養諸佛廣在經文是推德昇進此位令一切衆生見
諸佛歡喜法門已下是推德昇進此位普眼長
者以正法大小諸乘及世法諸功德普皆濟
道中海幢比丘入寂滅神通化利衆生事無不頓明
第七無著行方便波羅蜜為王餘九為伴南義如前
有大城名多羅幢此云明淨王名無猒足此位中明
善治國政慈愍含生無有猒足治世間有多惡逆多
不善行故示威嚴自化其身作十萬猛卒形貌醜惡
能發無上道心明菩薩大慈大悲之行以治惡法外
示威嚴內懷慈愍以大慈悲心實不傷一蚤一蟻何
況人耶廣如經說我唯得此如幻解脫門已下是推
德昇進
第八難得行以願波羅蜜為王餘九為伴南義如前

有城名妙光王名大光此妙光是無色形之根本妙智大光王是妙智之大自在用是差別智以此位成一分順理無功之妙行仍有順解脫之心多不同地第八地無功之妙行現前悲隨智體自性無作而令其位任法無功智直至十地位皆以願波羅蜜防之漸漸殊勝廣大三昧涅槃道上煩惱智氣至十地位滿方捨始於普賢行而得自在於其位未成者助道之行不可厭廢其位已至助道之行不可留如世間法皆然思之可見從十住第八十行第八十迴向第八

地第八名隨本位皆有一分無功之智和會智慈悲之行勝劣之體如十住第七位即以休捨優婆夷與第八位仙人同住海潮處以明智悲無二體也此十行位第七第八以明淨城妙光無厭足王大光王和會大悲體用不同諸位倣此知之位位皆然道無二但明位位殊勝如十迴向第七第八以明隨位力用不同會而見以聖者表之漸漸入神所用幽微廣大菩薩同會而見以聖者表之漸漸入神所用幽微廣大故妙光城縱廣一十由旬者一之與十皆為大數之母母者本也是根本智十億衢路十億是差別智中

眾行明不離本妙智之體而有無邊眾行大用表之其一之與十而徧十不可說為至一切數之大體故一一道間有無量萬億眾生者以明差別智及眾行知其所已下諸眾莊嚴皆智悲之行報得其文觀果因一一行中有因有果闕此行報生根欲不同實行二行未圓其王二十八相者以明後有善法行具三十二相亦滿也以明大智樓閣此行徧周三十二相亦滿也以明大智樓閣故在四衢道中以明四攝法四無量所攝行徧故諸相具足也當此妙光城

中有一樓閣名正法藏阿僧祇寶以為莊嚴光明赫奕最勝無比眾生見者無有厭足大光王處中者樓閣是根本普光明智大光王是差別智城中有無數寶樓閣皆以根本智之報體大波羅蜜行之報生最居城樓閣根者以不住智淨名不達以智意摩尼寶蓮華師子座者以不住智淨名不達以智攝法攝化眾生為四衢道隨意利生名如意寶也智恒無垢號曰摩尼常處世間而無染汙是廣大蓮華座其城各隨眾生業力所見淨穢不同入大慈為首隨順世間三昧者以明不住淨智隨俗行慈順俗利

生心無沈掉名爲三昧名善薩幢行隨順世間三昧
入此三昧時其城內外六種震動樹木樓閣一切境
界傾身向王皆悉頂禮是三昧力所感廣在經文我
唯知此大慈爲首隨順世間三昧門已下是推德昇
進此位以明大慈不住淨智隨俗行慈三昧偏故
第九善法行力波羅蜜爲王餘九爲伴南義如前有
一王都名安住以此位之中但是第九任持軌度身心
寂靜故名安住以明法師志德慈悲和悅柔軟心不隨境以明法師
以明法師志德慈悲和悅柔軟心不隨境名不動
之行以不動優婆夷表之不卽要以姉人爲法師也
優婆夷言於自眷屬不生瞋恨何況他衆生善財歎
此女人有三種行頌曰守護淸淨戒修行廣大忍精
進不退轉光明照世間善財見優婆夷但恭敬合掌
不致禮拜者以此位說法自在故號爲五位之中無
行經得禮性相平等無我無人者又文殊師利白佛言
所見如來不應禮敬以此號爲無行經曲禮法師無
上禮也但有合掌觀察合道其體平等慈此至道者無
禮得法之後方隨俗禮以是辭去方禮法師位有十
種行一慈悲二柔軟三謙敬四色境之中心無傾動

五持戒六忍辱七精進八廣明世間出世間諸法對
治門九善說四辯分明十言音和悅問此爲
法師之志德也我唯得此求一切法無厭足三昧光
明爲一切衆生說微妙法皆令歡喜已下是推德昇
進此法師諸有作者善依經本而更審諦自策其志此
優婆夷云爾時劫中受持如來所說法門未曾廢捨
一文一字乃至世俗文字亦復如是以看古樣自勵已躬
之法十一法中亦復如是乃至世間技術
第十眞實行以智波羅蜜爲王餘九爲伴南義如前
有一大城名無量都薩羅者此云有無量大喜樂事
爲此善知識行以四攝法正邪同事愛語方便衆生
見者無不蒙益故城名有喜樂事有出家外道名爲
偏行不著三界名日出家一切衆生皆同其行名爲
偏行三千大千世界中九十六種外道皆悉與其同
行故名偏行在山頂經行以明智波羅蜜智
高出世俗名爲山頂大悲平等普攝衆生名爲平地
中男女大小常現其身同其色類而爲說法諸衆生
善知識以無依智於此間浮地城邑聚落一切衆生
等皆悉不能知我從何所來唯令問者如實修行十

方一切世界人天六道常皆如是故號徧行從我唯
知此至一切處菩薩行已下是推德昇進已上十善
知識成就世間諸藝治化之行兼修出世之心多若
恒以生死苦海常處其中不出不没以成大智大慈
悲及一切智海後位方明
略釋新華嚴經修行次第決疑論卷三之上

決疑論卷三之上

略釋新華嚴經修行次第決疑論卷三之下

大唐北京李通玄撰

十迴向

第一救護一切衆生離衆生相迴向善知識以檀波羅蜜爲王餘九爲伴。南義如前有一國土名爲廣大者以此迴前十住十行自修解脱心多。令同於生死調和生死涅槃五位菩薩地位昇進教化一切衆生相智慧之香令成就普賢廣大願海由此爲首故名廣大有鬻香長者以明能和鬻諸香以表能調治生死便成大智大慈悲五分法身戒定慧解脱解脱知見香普熏一切衆生皆令發意故名鬻香鬻香融易出世間解脱入於生死成大智大悲以爲一體無二也解脱不壞能與生死一體。猶如淨水處水泥不濁猶如水精寶入濁水中能清濁水其水現在而不濁性猶如臭草處梅檀林猶如阿澤迦藥一兩能變千兩銅鐵以成眞金純作金體無有銅鐵性若人一念與根本普光明智相應時能和合諸香以爲資熏以成妙味然諸香體各不相知純雜自在九互爲諸香不合不離是故菩薩以

決疑論卷三之下　一

清淨智同於生死以爲一體一切衆生八萬四千不可說諸塵勞門。皆與同成智悲之海生死無垢智無淨即居染淨二心。心境無合無散不見生死有濁像者以明同生死而不染汙故此生死成就像此十迴向。長者號青蓮華表出世心多餓得出世已須入俗十住初十行出世心多迴入生死廣行度脱人長者號青蓮華表之取上長者號青蓮華表之出世心是故此十迴向已俗入眞入俗等塵勞而無塵勞可見下意思之可見以迴行度世衆生是故此十迴向以比丘爲首像者表出世心多迴入生死廣行度生海中教化令覺悟焚燒煩惱故一切衆生令歡喜發心故一切塗香者以明於生死海中慰喻讚歎一切衆生令歡喜故亦知香王出處者令一切衆生散煩惱故本智香王出在無明中以達無明成根本智慧爲佛棘香者以明一切香者以明一切分法身之香只爲發心時未至一切汙也長者云我知一切香者以明一切

決疑論卷三之下　二

清淨知見自在爲王以萬境不能柴汙故已下天香龍香等八部衆有八種香以明和合世間人天八部衆生种邪思惟等成聖道中八種正香已下善香惡香及世所受用香有十三種香以明和合天人六道中六
不合諸知純雜自在九互爲諸香不合不離是故菩薩以

根及境上善惡煩惱有十二總合為一九成聖所知見受用之香即十三也以下菩薩差別智也一切菩薩地位香以明五位差別昇進香差別也香形狀生起及根本者以明和合五位差別相等且如十住有十位生起形相皆以後位生前位引令修行者昇進不得停住便令加行不息智德慈悲諸出世心現前以第四住彌伽居士市肆上者為第三住引前位出世心多使令知開處是出世心故第七住純入生死無求出六住有世間出世心多即第七住純入生死無求出

設疑論卷三之二

世成大慈悲行以為生起皆有十重及第四第七兩度生起後十住以十行為生起十迴向為生起五位皆然不如是得一法即自謂言足便即無求也以八間有香名曰象藏因龍鬥而生者以明大力舍藏今以定慧觀照力與貪欲瞋愛龍鬥方始發明其香若為王都以智者於中止故於七日中雨微細生死界為王都者以量周虛空翳障大力舍藏一九起大香雲彌覆王都以明無明貪欲香雨著其身者悉皆金色以明與無明鬥現根本智白淨無垢以起差別智說七淨財之妙法有能悟入

設疑論卷三之下

身心白淨無垢名為金色若著衣服宮殿樓閣亦皆金色者以明慈悲喜捨諸助道行總皆金色以明萬行以根本智為體若因風吹入金殿中者以明因教風吹入眾生心信受七覺支觀以為七日七夜歡喜充滿者法樂也廣如經說此象藏香向下遍有十種香五位通用且如十住一住配一十行十迴向十地各十位皆配

第六羅剎界中香表第五如雪山中香名為禪第六羅剎界以智慧如羅剎能食噉眾生血肉取力用猛壯所表羅剎界香名為海藏以羅剎破壞無明不可為對此羅剎界之法以明智慧為海藏其香但為轉輪王所用者以明第六位般若波羅蜜智慧成已方能善轉法輪像像輪王也燒之一九及四軍皆騰虛空者以明至般若波羅蜜位所說之法身心四辯皆與空合一一像取之得法像從十迴向法前十住十行出生死心多令入生死中而無所著起普賢行願亦與後十地及等覺位為大智大慈悲之體故於兜率天宮總於欲界處中而說以此調和根本智普賢行願總滿十地及等覺位依樣而行故前經中於膝上放光說十迴向位以表膝者

卷舒自在義以彰此位調和生死涅槃而得自在故將和合香法而表之

第二不壞迴向以戒波羅蜜為主餘九為伴以明不壞清淨法身智身以為戒體以此清淨戒體迴向於悲處於世間生死而了生死之性悉清淨故若迴向於此南方南義如前有大城名樓閣者以無量重重差別智觀察諸根以為其樓無盡智海隨時接生為闍有船師名婆施羅者此位大慈境俱縛若在悟也心境俱眞故名不壞迴向也心境俱縛若在悟也心境俱眞故名不壞迴向戒處生死而不汙故云自在其船師在城門外者以

接衆生故不住自智德故處外接衆生也海岸上者以此位大慈悲為戒體明臨生死海令無失時故像大海潮無失時故百千商人及餘無量大衆圍遶者以明萬行圓滿船師云我在此城海岸路中淨修菩薩大慈悲幢行以明於生死大海流轉路中淨修菩薩大慈悲幢行以明於生死大海流轉路破一切生死軍故此船師有二義一以明處常動世濟難類現同凡行為大船師引諸商衆至其寶所辯諸寶類定其寶價非聖智不可為也二示法以明此位迴大慈悲為戒體以十住十行得出生死之海此位迴

決疑論卷三之下　　　　　五

令入於生死海濟渡沈淪生死衆生故以船師像之是故船師云聞我法者令其不怖生死海必得入於一切智海廣如經說從我得此大悲幢行法門已下是推德昇進

第三等一切佛迴向以忍波羅蜜為主餘九為伴以南義如前有城名曰可樂迴向以忍波羅蜜為主餘九為伴言南城是防護之義以明心境之上永不起瞋恨不忘之故故名為城城云可樂者為常行忍辱所樂見故心故名為城城云可樂者為常行忍辱所樂見故長者名無上勝者以明忍行之中忍為最勝故言長者所以悲泣流淚以明忍辱慈悲之行故見無上勝財
長者在其城東者是春生衆善發明之首也大莊嚴林幢無憂林中者以忍心成滿在萬行無憂以為處所也無量商人者以求法寶也居士者處世俗而恒眞也如上諸衆之所圍遶者接生行圓已行以成長者云我久已起以明忍財見彼長者以身投地頂禮其足良久乃起以明忍處菩薩行門無依無作神通乃至十方一切入中次云三千大千世界一切國土地獄惡道之身皆徧周以其同類敎化皆令離苦以明法忍即成無依智現以喜隨器所堪皆令歡

決疑論卷三之下　　　　　六

智無處所大小中邊非三世所攝性自徧周量濟法界不往而到不來而至此乃無神而神大用徧周無作而作身隨應教化現同凡事恒於十方六道現色身隨應教化現同凡事恒於諸眾生無疑怪心此乃十方人天世間常爾而知位欲修須及不無其我唯知此至一切處修菩薩行清淨法門無依無作神通修行者設功行未及知此乃立此樣令之力已下是推德昇進此前之三位是十迴向入生死成大悲行以譬香長者號青蓮華船師自在無上勝等三箇長者俗士表之至此南方有國土名曰輸那有比丘尼名師子頻伸是十迴向中入生死出世間慈悲故以比丘尼表之尼字者慈悲之意比丘者出世之相以表生死中出生死清淨大慈悲行爲明修行者了生死而性清淨故感其不了者恒處其中無有出期。

第四至一切處迴向者以明此精進行無生死不徧無惡道不至故以精進波羅蜜爲主餘九爲伴如前有國土名輪那者此云勇猛爲此位於生死之中行大慈悲度量同虛空界六道衆生隨器現形悉徧周故無不濟度故以精進如是國土名勇猛其國

決疑論卷三之下 七

有城名迦陵林此云鬪諍時以明此位處世無染大慈悲於世間能和鬪諍故以爲名比丘尼名師子頻伸者以德行立名以明清淨智如師子久處生死名曰頻伸大慈悲故廣度衆生無辭勞倦心恒適悅所捨施之園中者以明於生死行出生死大慈悲法師子頻伸者展舒適悅之義此比丘尼在勝光王所爲園圍者遊觀悅樂以像菩薩恒行慈悲故以表居生死中勝於生死行慈悲法以爲悅樂故名之爲園此位中以普光明智成種生以爲已樂故名之爲園此位中以普光明智成種種意生身十方利益一身作無量身徧周法界衆生前成就差別智門意明此慈悲精進行都舍十方虛空六道衆生總爲一大慈悲饒益衆生令離苦得樂中一切菩薩皆如是行以衆生界本真性故以不出其發菩提心成無上道廣大之園一切衆生不盡不出其尼號師子頻伸像之園中所有寶樹及塵陂池樓閣等皆以明依行報莊嚴廣如經說從我唯知此成就一切智已下是推德昇進。

第五無盡功德藏迴向以禪波羅蜜爲主餘九爲伴於此南方有一國土名曰險難者以女人術行以違

決疑論卷三之下 八

真理闇者難信故國名險難城名寶莊嚴者爲明及至其所心大慈悲故常隨生死之流廣利羣品同行利生了五欲性無不離禪體以大慈悲故亦離俗體爲大智故處俗間而不染夫俗間之境畏而離之是二乘法樂而愛之是凡夫法故菩薩不同此二爲大慈故以大悲故以智幻生其身處於世間境界總無化處生死同行爲大慈悲故了生及世間如影猶如化人雖同世間無境可染亦無心染境但爲大慈行於世間不行一行無量等衆生行故雖同世間世間如化自身如幻以智隨塵塵無染者塵亦本無以此義故雖同世俗常離欲際法門以明自智無五欲以大慈悲故入生死隨俗利生得大功德五名無盡功德藏迴向故城名寶莊嚴也是故淨名經云爲利衆生行萬行故城名寶莊嚴也以自智無五欲示受於五欲亦復現行禪令魔心憒亂不能得其便此位以大慈悲爲禪體居世間不染如婆須蜜女如是之表一切菩薩大慈之行法合同纏不要須是女如離世間一切菩薩行故爲衆生煩惱多菩薩行多衆生無煩惱菩薩行亦無故前比丘尼以入生

決疑論卷三之下 九

死中成大慈悲得出世解脫慈悲行門此位以出世解脫慈悲中入於五欲境界以明菩薩心大慈故不染而染慈悲中入於五欲而無虧女志不壞無作自性禪門十方世界隨所見者如應差別各身不同善財見婆須蜜女此云世友以能令離苦得樂故對現色身隨根所睹者皆以此位生死塵勞爲市鄽其宅廣博嚴麗寶牆雲友所居在市鄽之北自宅中住者以禪體徧周寶樹園林樓閣一切皆寂爲自宅以禪體廣博嚴麗寶圓滿所得果報生也若有聞法得見親近無不獲益離貪欲際廣如經說宅居市北者以表北方爲立武至軒邪盜賊夜暗之所也以菩薩常處方便長夜生死市鄽以接迷流令歸正見故菩薩行貪欲方便化迷善財問修何福業得如是自在其女答言過去有佛名曰高行城名妙門彼其城門閶其城忽然震動者以明定慧相應高行者以此禪位體高勝出過情念諸見故佛號城踰彼門闖者以定能發慧故名妙門彼佛入王一切煩惱悉皆破壞其城忽然廣博衆寶莊嚴者禪體相應心無內外量等虛空名爲廣博無虧定體入鄽同事以接衆生獲得報化莊嚴不離禪定自在

決疑論卷三之下 十

故我為長者妻者以禪定為夫慈悲心為妻也以明不失禪心大悲隨俗不汙也以將一寶錢供養彼佛者世中流通可貴莫過寶錢也流通之妙慧者莫過於智慧文殊師利為寶侍於世間聖道流通之妙慧也以此根本智為定體故出生妙慧為待人教化眾生發菩提心是菩薩大智大慈悲處生死躭耽垢淨不能表菩薩大智大慈悲為禪體處生死躭耽垢淨不能淹其禪喧諍不能留其性從我唯知此離貪欲際解脫門已下是推德昇進

第六隨順堅固迴向以般若波羅蜜為王餘九為伴

南義如前有城名善度者以明此第六位般若波羅蜜智悲以成善度群品故城名善度有居士名鞞瑟胝羅者此云包攝以表此位智慧無邊包含萬德能攝一切眾生常供養栴檀座佛塔以明栴檀座能止蛇之熱毒以此居士常坐栴檀之香座能消一切眾生之熱惱塔者佛形像之所居此塔唯置栴檀座以明坐形像者以明坐栴檀座塔即得三昧名佛種無盡亦是佛種無盡者以明無作空智慧現前是佛種無盡亦是普見三世諸佛亦是佛不滅度門以此

作空智慧法無有生滅故恒用而常寂靜故一切諸佛其同有故能壞生死神用自在故如空中響應繫成故十方普應無去無來是故居士供養栴檀座佛塔得佛不滅度法門以空智慧為座體來觀栴檀座佛塔中無形像即是佛不滅度故以明空智慧從無有滅度也但來觀塔即得道而去故城名善度我唯得此菩薩不涅槃際解脫門已下是推德昇進第七等一切眾生迴向者以明凡五位之中第七慈悲行故云隨順一切眾生處於生死成大慈悲行故云隨順一切眾生迴向以方便波羅蜜為王餘九為伴南方義如前有山名補怛洛迦者此云小白華樹山其山多有小白華樹以表觀世音菩薩處大慈悲行教化眾生令使不作小非不棄小善微之善悉皆至小故以積微霜而堅冰至聚微塵而成大由小起故以聖人誡可小善而大善自成但於一切法性自空虛無微心生是非盡舊經云觀自在者非理也依新經為觀世音正也以表大慈悲義善財於此山西面巖谷之中見觀世音於金剛寶石上結跏趺坐無量菩薩皆坐寶

石在山西面於巖谷之中坐金剛寶石者以表山西面及巖谷者以明大悲菩薩常處一切峻惡道中行大慈悲行以明西山及西巖谷並是諸惡趣行大悲行以明西為白虎山為金為秋殺為凶害故以大悲行於惡趣行慈悲即有一切眾生常於惡道西方十方總頹坐金剛寶石不現眾妙宮殿樓閣莊嚴者以明堅固大悲不捨眾生無退無動故坐於金剛寶石餘菩薩身相度脫眾生無退無動故坐於金剛寶石餘菩薩所坐寶石皆然以常於惡道潛形同類利生不現自報莊嚴之事常為大眾說慈悲經為善財說大慈悲行解脫門於一切處恒以愛語利行同事攝眾生故從我唯得此菩薩大悲行法門已下是推德昇進第八真如相迴向以明此位智位增明心境皆真也以此真智迴向入生死不住真體以願波羅蜜為主餘九為伴爾時東方有菩薩名曰正趣前之諸位皆云南方此位何獨言東方以此十迴向迴入俗成大慈悲行此第七第八位和會悲智之體東方表智以春生發明之首西方表悲以秋殺潛明之首正趣是智觀音是悲和會智悲而無二體舉來處彼從東方妙藏世界普勝生佛所來至此也又從彼

佛所來時久近言經不可說佛剎微塵數劫一念中舉不可說佛剎微塵數步過不可說不可說世界微塵數此諸供具無上心所成無作智所印乃至下方一切眾生前教化廣如經說及善財見正趣菩薩與觀世音同會而見以明觀音正趣會智悲一體又表第七是悲增第八智增以明正趣得智體增明返歸悲位是就觀音同會而見云從東方妙藏世界普勝生佛所而來以明法身無身無相妙慧以為世界自性清淨普光明無作智海性自徧周十方國剎名

為普勝生佛以此根本普光明智生差別智一念徧周十方一切佛前如應現身供養諸佛教化眾生一時普現十方無有來去論主頌曰猶如於日月普現河海中池沼泉流無不皆普現其相無來去光影悉徧周影之與本質其性無有異業力起業性無來去本智亦如是體相如虛空光明照十方普現眾生水教化十方眾及供養諸佛經云能作者以智自在故神功徧周及供養種種供具乃如是大用神功徧滿十方所即以明無作法所成無上心所成無作智體有無皆是如是

量功德福業而莊嚴故夫意此之觀音正趣和會智悲無二門已後直至第十迴向無量功德不離第七迴向中慈悲之門以觀世音是一切古今諸大悲之體以明智悲廣故不離此也乃至十地之樣不離觀音。一切諸佛不離其此此先立樣後位做之從我唯得此菩薩普速疾行解脫門已下是推德昇進。

第九無縛無著解脫迴向以力波羅蜜為主餘九為伴南方有城名墮羅鉢底此云有門為此位是第九法師位有大法門故城名有門其中有天神名曰大天善財見已頂禮致敬申請大天長舒四手取四海水自洗其面以持諸金華以散善財者以明敬初發心又長舒四手以四攝法徧也首洗其面以以清淨智眼用觀衆生邪根引接爲善財說雲網法門天者清淨義慈悲義覆蔭義十方普含容養育衆生故是故清淨寶財如山以施所之以五停心觀隨器受法以明修行者智會天然用神妙道出過情作任智施爲包含博施任眞而用故會大天神以爲勝支此明根本智之無作本體名號天神一切法門從此而出故城名有門從我唯知此雲網法門已下是推德昇進

第十等法界迴向以智波羅蜜爲主餘九爲伴此閻浮提摩竭國菩提場中者以表此修行至本菩提有地神名安住地神其名安住者前天神表根本清淨之智地神中慈悲之體天神出中寶藏地神名安住表智中慈悲之用也此以利衆生之恒寂用而恒寂地中寶藏以明慈悲之妙用也地神是智慈之福德感也天神是智之妙用地神是智慈之福徳也此二法故與後作樣令十地及等覺位中明修行者於生死中修行至寂用之本源也乃兩位明終不離此二法故

智慣習成滿不移此二法爲一法也以天爲覆地爲載含養之道不出於此智悲圓滿之法故天地含養之像智慈覆載含養由智悲之妙雲也天地無私而萬物成大道含養由衆生作業之化生大道含養由衆生作業之化生大道覆載由法界是故取天地含養之道不作而作徧用功不作而作徧用法界是故安住地神以足指案地百千億阿僧祇寶自然涌出告善財言今此寶藏隨逐於汝是汝徃昔善根果報福力之所攝受以明其神如地出衆寶自嚴其神清也如天大開寶藏天清地靜神自彰爲皆智悲合道神不爲而有門從我唯知此雲網法門已下是推德昇進

福德萬物應也以明修行者智合天而天且清悲合地柔和而育含生也神常靜福德自明矣是故地神以足指接地即衆寶涌現以智終悲滿任無功而神用含養徧周是以天地之間果報福力衆寶感應皆不從欲想有作業生也無為無作智悲任用滿衆生敬守護觀察所有心行者言發心之首過須彌界福感自彰經云我憶自從燃燈佛來常隨菩薩恭亦以根本普光明智為燃燈佛是發心之首依他也山微塵劫有劫名莊嚴世界名月幢佛號妙眼者以自發心來所有迷障為塵劫迷解得法清涼為月幢

決疑論卷三之下　　　十七

妙慧現前為妙眼佛妙慧無形體性如空不可破壞含容衆法名之為藏從我唯知此不可壞智慧藏法門已上是推德昇進已上明十迴向於生死之中智悲圓滿一終託像天地之靈養而不窮畢波女以表後天地之神表之向下九箇夜天一箇夜天一十地長養大慈大悲破生死無明之長夜以夜天表之如下具明以上善知識以明入生死海若以不沒成就智悲及一切智令圓滿如入生死海以明無功生死海中大智大慈悲漸漸任智無功破長夜暗周滿十方覆蔭衆生任其神用普周至治世法如下

地位中諸夜天神等衆是也已下皆依十迴向中法樣成滿至於等覺位也

略釋新華嚴經修行次第決疑論卷三之下

決疑論卷三之下　　　十八

略釋新華嚴經修行次第決疑論卷四之上

大唐北京李通玄撰

十地位。此已下九箇夜天神。一箇瞿波女。是如來往古因中時為夫妻。至今道滿以為十地及等覺位。如下經自具有文。至十位方明此已下十地及等妙二位已滿來於中道節級皆悲昇進生起此位善知識總依十迴向法願行滿。故是其法等妙二位普賢行成亦是迴向中所得根本普光明智行之果。乃至十住心中所得根本普光明智行之果成滿也前後一智故。但明生熟行不同非謂智別之果。

第一歡喜地檀波羅蜜為主餘九為伴此閻浮提摩竭提國不言南方者為此國是佛生之處。會其本體以表其本智無方明其圓智也。又十地之初都含後等妙二位已滿來於中道節級智悲昇進生起此位智見願行同欣修故然後安立生熟次第。以起觀行均亭。使出俗入纏令智悲圓滿十地及等妙二覺果成總由十信初十住初十行初十迴向初十地初皆是都含諸位。一時起其願行成後成位故。若無初首功何有法而能行之。即初心方成後果。如層臺百丈。功虧一簣之土。以無初因之果故。如種子種果而方有。因生而後有果。不異初果故。以此初地發

心都收後位將之與智前後都該分毫不異。然別開昇進生熟後位。初歡喜地劉始發心事同凡類以檀波羅蜜為首。第二離垢地以戒波羅蜜為首。方捨離妻子捨家出家修其戒體淨其所著欲界煩惱得出三發光地修上色界無色界禪定樂寂靜煩惱。第三界業現前已上色界無色界諸法轉令明淨使其心境。於三界中所有事業令心無著生如來家。第五難勝地以其禪定治四聖諦上苦集二諦世間煩惱本自性清淨無非滅道以明四諦即是解脫第七遠行地入於生死會融染淨成大慈悲不捨世間眾生界成後無功智漸令圓滿及如

即是第一義諦。以治聲聞乘及淨土菩薩畏苦取涅槃。證無智悲捨眾生障第六現前地十二緣生觀觀六根名色取境名之為識。以觀六根及名色本來空無體性無有內外中邊等。五見神功以除緣覺觀之無量智慧神通教化眾生。解脫無有智慧解脫捨大悲障起於無因緣以空為證。於解脫無量智業自在妙用世間智慧已上六波羅蜜行已成就世間及世間中得出世間解脫。一終第七遠行地入於生死會融染淨成大慈悲不捨世間眾生界成後無功智漸令圓滿及如

決疑論卷四之上

來妙覺位因此而成除於生死中不自在障令使如來十力四無礙辯大智大悲十力圓滿皆自在故恒處生死不求別有出世故第八不動地無功智成不離第七地所成此地終是於生死中無功悲智淨智現前如觀音正趣等此地不知所進要得諸佛加持力令菩薩不退同會而見自本願與悲利物為淨智廣大一念與悲下地菩薩功不可及三加現身十八摩頂。三語業言讚七勤者。一勤修佛十力四無所畏十不共法二勤憶念本願饒益一切眾生。三加眾生四勸憶念本願饒益一切眾生。五勸修諸佛身相國土果報六勤學佛無量法門七勤學無量眾生差別業智皆悉通達起悲智業不令滯其無功智已前諸地貪愛解脫和會智悲至此位於生死海中能是以三加七勸令使昇進不滯無功大用功調和解脫令使昇進不滯無功大用功慧地得無礙辯無礙法師位中四無礙智第十善智二義無礙辯智三詞無礙智四樂說無礙智雲地同佛位滿受如來職坐一大蓮華王座一法無礙萬億三千大千世界三乘至十地位座量等百大千世界此一乘中十地道滿非但所坐百萬三千

決疑論卷四之上

大千華王之座并有十三千大千世界微塵數蓮華座以為眷屬無量菩薩各坐其餘蓮華之上周匝圓遶如是等十地法總在初地中乃至身毛孔總於此夜天身中乃含一切眾生境界以是義故舍那會有黃頭仙人所居故名大體亦名黃物城中處會攝諸國像中言故又於五印度浮提國不言此國名迦毗羅者此云大體亦云黃物城以此城會都舍攝諸國故名偏故又於初地中初慶中處會攝諸國像中言故土圓偏故云初地東也善財從城東門而入仵立十地中初地東也善財從城東門而入仵立未久

者眾生啟發創明之智故從城東門而入仵立未久便見日出者以明從十迴向後觀照進求此地法門廻此時名入城會融此地之果名仵立未久前位教化眾生故名為日出又此夜神在虛空寶樓閣以相廳時名入城會融此地之果名仵立未久前位明法空隨大悲行起無量智慧之門報生其果也坐香蓮華藏師子之座者為明智慧蓮華座以表之香悲行故以夜天神及見蓮華座以表之香智慧具足戒定慧解脫及知見五分法身香成就長養大慈大悲行以為座體以像思之可見此以九億夜

決疑論卷四之上　五

天神一箇瞿波總是女類以明十地昇進以大悲為體首以前十住十行十迴向皆以本清淨智為先導而以成大悲行卽此比丘長者居士婆羅門優婆夷童女表之此十地中卽以大慈悲為先首以天表智自在神純是女類表之大用徧周言長夜十地長養慈悲行是故以香蓮華藏以為座體以明坐一切衆生生死海而無染汙亦明能生衆善身眞金色目髮紺青以云主當春生和會慈悲行處生死長夜十地長養慈悲行是故以香蓮華藏以為座體以明坐一切衆生長夜十迴向皆以大慈悲為先首以大慈悲為先首即九箇夜天神表智之大用徧周言長夜者表破一切衆生生死長夜而無染汙亦明能生衆善身眞金色目髮紺青以明法身智總身無垢具慈行智慈同成已行具所為報身以智無垢目髮紺青以慈和悅謙正離慢報得身眞金色智悲合體成其身也形貌端正人所喜見總在其中衆寶瓔珞以為嚴飾瓔珞是行以嚴智身身服朱衣朱者赤色衣是南方之色為日以夜天能以慧日破星宿炳然在體是十方國土梵者淨智恒淨故一切衆生長夜暗故首戴梵冠者身也一一毛孔皆現度無量所生以智無限身及毛孔所含國土亦皆無限所化衆生亦皆無限自餘廣意具在經文所於十方刹海隨根對治法門境界及

現身濟苦無限具如經說不可具云以初地都含佛果等妙二位一時頓現使進求有法不滯一門從我唯知此菩薩破一切衆生暗法光明解脫門已下推德昇進

第二離垢地戒波羅蜜為主餘九為伴閻浮提摩竭提國在菩提場內者以法身根本智為戒體不離閻浮提在菩提場者以明萬行依本智起故名為師夜神名普德淨光之師者以明萬行依本智起故名為師夜神名普德淨光以明淨智如日以為戒體無方不照名為普德戒體無垢名為淨光破生死長苦名為神

神者無色無形不為而應萬物徧周一時普濟名之為神故名普德淨光善財請法夜神勸修十法具在經文夜神修四禪者一大悲救護一切衆生一心不動修初禪二息一切衆生自性清淨永離心悅豫修第二禪三惠惟一切衆生諸苦熱惱修生死修第三禪四悉能息滅一切衆生廣多境具在經文言此四種禪以明隨大悲行教化一切衆生隨根皆化總成就一切衆生廣多境界具在經文不可具攝禪故從我唯得此菩薩寂靜禪定樂普遊步解脫門禪是禪門無非禪者但淨意業智自分明萬境皆

是推德昇進為此夜神在菩提場內邊以無相法身本智以為戒體以智起用敎化衆生總是禪故第三㲲光地以忍波羅蜜為主餘九為伴此去不遠於菩提場右邊者不遠以明不離菩提場萬行大用故以又右為大慈悲體以忍行為衆行之源故在佛衆會中佛衆會者不離本智為衆行故師子之座入大勢力普喜幢解脫門者以明忍華藏師子之座入大勢力普喜幢解脫門者以明忍故須觀察善財見夜神在於如來衆會道場坐寶蓮忍行內嚴慈悲法悅自視無厭所示知根本智而行恒甲名之為右有一夜神名為喜目觀察衆生者以

決疑論卷四之二　七

衆行故邊以本智為忍體以此在佛衆會者衆行也以根本普光明智從此十地中作十度鍊真金喻漸漸明淨以此為華瓔輪王寶冠等不離金體以明一切萬行神用偏周皆不離根本智漸殊勝故如此位夜天神以入大勢力普喜幢法門大用境界利衆生事業在身毛孔一一毛孔現化身雲無方不至刹不現無衆生前不有其身說種種引接門廣在經說不可具言但從十地之中皆以法界身一一毛孔舍容刹海或一一毛孔出化身雲無方不至但以得法久近住世廣多常居生死化度羣品以為次第表

大慈悲深久從初地婆珊婆演底夜神從初發心得法已來經須彌山微塵數劫此第三地從喜目觀察衆生發心久近深廣如第二地不言發心久近者以明得菩薩寂靜禪普遊步解脫無三世古今可說以明禪體徧周故以明在菩提場內會根本智故此會中不言大勢力普喜幢菩薩解脫門者以明忍波羅蜜為主餘九為伴此會中不言

決疑論卷四之二　八

東西南北者以不離佛會忍門而有精進之行以於中有一夜神名為普救衆生妙德但言此會以於第四燄慧地以精進波羅蜜為主餘九為伴此夜神名普救衆生妙德夜神放眉間光明入善財頂善財即得究竟清淨輪三昧得是三昧悉見二神兩處中間所有一切地水火風及等微細塵及摩尼衆寶華瓔珞一切莊嚴具等微細諸塵中各各皆見佛刹微塵數世界成壞廣如經說以明四地菩薩得生如來家智境同佛又以精進行普攝普賢行門人微細智得現前隨時化引以大悲行多劫多生常在一切無不現前隨時應現如經云出生普賢行願力故增衆生海中普皆應現如

廣菩薩大悲海故善財問得此解脫其已久如夜神言善男子是處難知諸天世人二乘之所不能測也何以故是普賢菩薩行境界住大悲者境界故廣如經說不可具言略敘修行門次第知有指歸趣求不謬教文廣多不可具言略敘修行者各各自尋經文勿滯也之少得漸漸令心境廣大入普德之法門夜神覺發清淨世界名毗盧遮那大威德有須彌山微塵數如來於中出現以妙德夜神所曾親近恭敬聞法之佛數所得法門行菩薩行之初始當初發心是輪王女

決疑論卷四之上　　　九

見普賢菩薩福智光明破一切衆生長夜生死因玆發願願如普賢此初因經今是以作夜天照衆生迷暗廣如經說以明大慈悲深厚曠劫久遠如然若以本智刹那不移也從我唯知此菩薩普現一切世界故言此去不遠遣不離佛會以根本智爲禪體以此位令其智體轉更增明也故云不遠以禪體普含色以不離舊智而有增明也

間調伏衆生解脫已下是推德昇進

第五難勝地以禪波羅蜜爲主餘九爲伴。去此不遠有主夜神名寂靜音海者以明第五禪體徧周含法界故言此去不遠不離佛會以根本智爲禪體爲

聲香味觸俱淨故王夜神號寂靜音海坐摩尼光莊嚴華座者摩尼此云離垢寶光以明禪體本眞心境無垢光明照耀故以爲禪門名之爲座者以明心境及一切法本無傾動故以爲座體幢者以明心境作動靜禪普印法界一切智禪也以明大慈悲覆蔭一切衆生禪又生今賢劫中供養從迦羅鳩孫駄佛刹微塵數劫佛發心久近夜神言經二佛乃至盡未來際佛悉皆親近乃至初發心時清淨

決疑論卷四之上　　　十一

光金莊嚴世界今猶現在以表禪體無古今三世普印三世供養諸佛聞法行菩薩道一時無前後際不離白淨智禪前位一佛刹塵劫以明修行遠近此位既得智光照復照諸羣生心習無邊業莊嚴諸世間二佛刹微塵數劫以頌歎夜神德曰不取內外法無所礙之善財以佛神通力身心習無邊業莊嚴諸世間淸淨智慧眼見佛神通力不取內外法無所礙了世界是心現身等衆生知世悉如夢一切佛如影諸法皆如響令衆生無所著爲三世衆生念念現身而心無所住十方徧說法無邊諸刹海佛海衆生海

悉是一塵中此尊解脫力從我唯知此念念出生廣
大喜莊嚴解脫門已下是推德昇進

第六現前地以般若波羅蜜為主餘九為伴此菩提
場如來會中者以明第六以智為菩提體為智慧現
前以智慧故云此菩提場眾會成大智悲故又以如來會不
離智慧故云此菩薩善能守護一切夜神名守護一
切城增長威力者以明正智慧境體無無明惡賊自
境無明惡賊不令得入以明此心境體無無明增長
威力善財見夜神坐一切寶光明摩尼王師子之座

決疑論卷四之上　　　　　　　十三

摩尼王此云離垢寶以明第六地智慧現前破煩惱
令清淨自在如王以為座體故名一切寶光明摩尼
王師子之座以智光明能破長夜執障以設座名
無數夜神所其圍遶眾生圓滿也現一切眾生色
相身等如是對現一切眾生圓滿調伏廣如經說
問言發心久近云經過於佛刹轉微塵劫數法未
詳此第六位明般若波羅蜜境界所現化利如經具
言不可具錄善財說頌歎夜神德曰已行威德光明任
海已度無邊有海長壽無患智藏身威德光明任
此眾了達法性如虛空普入三世皆無礙念念攀緣

一切境心心永斷諸分別了達眾生無有性而於眾
生起大悲自餘廣如下文具說從我唯知此甚深自
在妙音解脫巳下是推德昇進

第七遠行地以方便波羅蜜為主餘九為伴此佛會
中者以明此位以智慧解脫力不離根本智妙慧出
超諸境界無所染法門以方便波羅蜜邊歸生死超
普賢大願海以是義故云此第七地佛會力邊有開發返
敷一切樹華者以明此位起開發隨流生死
死同一切眾生生死六道而無捨離一切眾生成
後佛果如來大智大悲行總由此位起隨流生死
道不出其中而成大智悲海故若無此地返遶生死
同行攝生但得六波羅蜜出生死捨其後位佛十
力大悲總無以此夜神名開敷一切樹華覆陰開發
一切眾生行徧在此位故是故六十童女寶光明為
首因依一切法音圓滿夜神所發菩提心以明六波
羅蜜出世智慧迴入生死女慈悲心故名六十童女
王者今毗盧遮那佛是也以明不離根本智修六度
行還以六波羅蜜迴入生死長養慈悲便
於生死前以出世心多此位迴入慈悲故名童女發心
六十前以出世心多此位迴入慈悲故名童女發心

却還生死身合法界一切星象炳然在身廣如經說言發心久近云經世界海微塵障此有二義一明大慈深廣二表法以明迴前六波羅蜜出世心多於生死成大悲心有爾許塵障今已迴之故云六十童女十住之中第七位以休捨優婆夷表之此位雖與一切眾生同行心無染習以童女表之以明七地郤還生死成大智悲行今開敷樹華夜神是也表七地郤還方便利生背同安樂故名開敷一切樹華從我唯知此

法疑論卷四之上　　三

菩薩出生廣大喜光明解脫門已下是推德昇進以明此位菩薩恒居苦流生死利益無限眾生是菩薩廣大喜恒入法界虛空塵座中無限身一時恒濟故無休息也是菩薩廣大喜故
第八不動地以願波羅蜜為主餘九為伴此道場中有一夜神名大願精進力救護一切眾生此道場者以明無功智成不離本智與本智體會故名道場中以根本智體如虛空性自無垢若心會者一切諸繫煩惱總無以此智善治諸惑故號道場中有一夜神名大願精進力救護一切眾生者以明八地無功

智成念其本願與悲利生無有盡極因行立名也善財見夜神在大眾中坐不離本智行普賢滿法界眾生界行是在眾中坐普賢一切宮殿摩尼藏師子之座者以此位修行會根本普光明智為座體以根本普光明智自體光明量同法界虛空界無邊無表裏大小等量普能含納一切境界總在其中而同其體以普現法界國土摩尼寶教網覆其上者以明會根本智一切隨方國刹設化一切眾生所有教網皆從根本智現初發心已來會敎網漉眾生而成報果故大意明從初發心已來會

法疑論卷四之上　　　　古

根本智至此位功高智淨行博敎多悲寬益廣報無盡也夜神現日月星宿影像身現隨眾生心普令得見身現等一切眾生形相身現無邊廣大色相海身甲已敬之除我慢之極也合掌者契會也瞻仰者德可尊也答初智問夜神言發心久如初以智境智立時劫答財問夜神言經云一切法自性等入於諸法真實之性證無依捨離世間悉知諸法色相差別亦能了達青黃赤白性皆不實無有差別乃至我

入此解脫了知法性無差別而能示現無量色身意明智體與三世體齊雖大用神化徧周無初得法之時可說經中亦作日在空中無時劫喻等亦作幻人住世敎化喻後方立時者經云乃往古世過世界海微塵數劫劫名善光以爲劫初勝光王太子名爲善光伏是初心之因舉此身以救地獄罪發慈悲心至如今此夜天神以表此位無功智如前第八地中具文已釋位法合諸佛三加七勸法

決疑論卷四之上

子具二十八相在此位明九地十地四重因果未及不具三十二相以表此身以救地獄罪發慈悲心至如今此夜天神以表此位無功智如前第八地中具文已釋

從我唯知此敎化衆生善根解脫已下是推德昇進第九善慧地以力波羅蜜爲主餘九爲伴此閻浮提有園林名嵐毗尼林者以明此園是如來所生園云閻浮提也嵐毗尼林者此云樂勝光園以如來降神時十方一切諸佛悉放焰光照此園夫人坐此園然後次三千大千百億閻浮提乃至十方一切刹海塵中微細境界皆有摩耶生攝化之境一時同現是故都言云國邑都擧一閻浮提以明此園是如來降神受生誕此閻浮提也嵐毗尼林者此云樂勝光園以如來降神時十方一切諸佛悉放焰光照此園林及地常有光明時諸天龍神八

決疑論卷四之上

部常作樂音而爲供養又此園林常有衆寶莊嚴香華妙事故見者悅樂故爲樂勝光園亦名無憂園善財見妙德神在一切寶莊嚴閣中坐寶蓮華師子之座以神所居表神智德重重普應虛樓閣以衆寶樹妙莊嚴坐蓮華座者以表如來受生及誕生是化衆生行故示現受生誕生經以明智悲行圓滿故坐蓮華座表之二十地即由他諸天恭敬圍遶爲說菩薩受生經以明此位寶莊嚴蓮華座量等百萬三千大千世界眷屬菩薩有十三千大千世界微塵數名坐蓮華座周徧十方

是故九地行圓十地果滿經云菩薩有十種受生藏如經廣明如妙德神云經百年世尊果從兜率天而來生此者以從八地處兜率天至九地降神誕生而爲百年。一地中修一波羅蜜行。一十百波羅蜜行圓滿故如來欲受生此園以十波羅蜜行一百總是大數之本以表萬行圓滿故即八地之果以十波羅蜜行中有百智任運成故如來欲受生時園中有十種相具文摩耶夫人腹中及身毛孔普現十方國刹及世界海一切塵中一時普現菩薩受生時自在廣如經說如菩薩欲誕生時摩耶夫人前忽然從金剛際出大蓮華名一切寶莊嚴藏金剛為華柰寶為鬚如意寶王而為其臺有十佛剎微塵數葉一切皆摩尼所成首餘莊嚴具如經說此是如來初誕生第十相以明如來福智所感十方一切諸佛放齋中光明名菩薩受生自在燈者以明齋中是受生之始如樹向上長頭身齋中光明名菩薩受生自在燈葉洛义樹此云高顯善為如來在此樹下生此樹枝榦莊嚴殊勝高顯故善財問得法久近云往古過億佛剎微塵數劫復過是

決疑論卷四之上　　　　十七

數時有世界名普賢悅樂八十那由他佛於中出現第一佛於寶餧眼王夫人號喜光於彼示現之時妙德神以為佛乳母從是以來念念常見毗盧遮那佛示現菩薩受生海十方世界及一切塵中菩薩受生自在亦恭敬供養承事聽法從我唯知此善薩於無量劫徧一切處示現受生周徧供養自在解脫已下推德昇進論一切以偈讚菩薩受生自在項目普光智體如虛空無有中邊大小量蠢動含識皆同體無自無他性平等以本願力慈悲心方便如是生名為父或現蓮華中化生或以慈悲幻生母

念念滿十方對現色身如雲布一切剎塵普現身隨根影現無來去智體本性無形色無住無依無有處一念普現色身雲各各不同非念慮作與不在十方誕生無罣礙法中現妙像引接迷流達虛妄幻體如空幻皆寂若了智境無體亦無像一塵一智幻生智體心境非二亦達諸像性作用無功大智滿虛空受心緣彼諸境只為無功智印然無功大智滿虛空受生誕化總其中一念徧含三世法時日本來無始終以智本無大小量以是化徹微塵中

決疑論卷四之二　　　　十八

略釋新華嚴經修行次第決疑論卷四之上

略釋新華嚴經修行次第決疑論卷四之下

大唐北京李通玄撰

第十法雲地以智波羅蜜為主餘九為伴此迦毗羅城有釋種女名曰瞿波羅者以明十地行化不離本處與初地同處以表菩提體無先後始終不移故云迦毗羅城有釋氏女瞿波者乃是如來往古為太子時妻是過百佛剎微塵劫有王名智山王有太子名善光中住百佛剎微塵劫有王名智山王有太子名善光有居士女名淨日善光太子出家為比丘因生染愛便解身瓔珞并珠置其鉢中便即發菩提心於二百五十劫不復墮三惡道常生勝樂處常見善光比丘經二百五十劫後生於善現家蓮華化生見財王王有太子名善財十地善知識三名摩耶輸陁羅作比丘尼二名瞿波作夫人一羅睺羅母耶輸陁羅作比丘尼未詳所在夫如來神智性同虛空非物像能與其類如其智體非情想能得其跡但以無形質之妙靈而十方隨根普應對上根之類蓮華出現應中下之流母胎誕生只為

本願慈善力故於十方世界隨物現形豈有存妻子而居世間也但為化凡引俗示生人間八萬四千塵心迷惑皆同行化幻子化幻眾生示現處纏難捨能捨對三乘之種捨諸飾好應一乘智果之門即具華冠瓔珞九十七種大人之相及十華藏世界微塵等以瞿波印世間萬境全真更不說他方別有淨土便以瞿波女用同真性無取捨法便將表法華會道滿法喜為妻也一乘境界總是法住法位全將世間三歸一乘故說世間相常住是故法樂是故明十以為解脫無別欣厭也又此經集會八閒眾但有五百優婆塞五百優婆夷五百童子五百童女一萬諸龍但集世間俗眾無比丘出世眾是福智大慈悲圓滿無取捨之行世間無厭形相也今以瞿波女表慈為女善財至菩薩集會普現法堂所契會普光明法喜是故淨名經云法喜以為妻慈悲以為女善財至菩薩集會普現法堂從初會菩提場自起信進修行至十轉法輪智滿故此是第二會普光明智亦是第二會普光殿同諸佛法輪之智慧以此十地自以智慧道滿同諸佛法輪之智慧以此終故號菩薩集會普現法界普光明講堂其中有主

決疑論卷四之下 三

宮殿神名無憂德并一萬守宮殿神來迎善財讚歎善財所修行善根是入十地之因見瞿波女是十地之果一萬守宮殿神是守護十地智悲之行瞿波女曾供養無數諸佛久遠劫來承事毗盧遮那自身位登十地猶言未了善薩身及身業亦不知心智諸劫所行之道以未入等覺位普賢行門至十地道滿須捨見道煩惱禪三昧上煩惱涅槃清淨樂上煩惱總捨恒入世間一切眾生前現色身教化利樂是恒常之道更無欣進出世三昧涅槃解脫習氣之心以是如經中十地行滿以無量三昧推求普賢了不能見佛勸令以想念求覓方見普賢在十方一切佛所或來或去以是瞿波立樣以成後學令知軌則修行不惑從我唯得此觀察菩薩三昧海解脫已下是推德昇進

已上十地善知識竟十一地等覺位普賢行如下從前十住初心至十住滿師子幢王女且得一分世間出世間智慈圓滿從十行初心至十行滿出家外道名為偏行且得一分隨行行上不壞出家無染解脫從十迴向初至十迴向滿見天地之神以於世間生死智悲之行舍養自在從十地初至十地滿見瞿波女

決疑論卷四之下 四

於菩薩集會普現法界講堂及無憂德神及一萬守宮殿神以十地道齊諸佛智慧轉法輪中智慈自在從十一地等覺位普賢菩薩行門初摩耶夫人至十一地滿見德生童子有德童女以恒往生十方生死六道入幻住門是等覺位中一理智妙普賢菩薩三人總通是三空解脫之初發心終至五位皆不離此三法文殊是五位初發心妙慧簡正邪之理智普賢是根本普光明智中差別智利眾生行門三法勒如來寄位五位滿果佛果故是根本普光明智普賢是根本普光明智中差別智利眾生行門三法

是一體用之門即於諸法而能自在此之三法成此一部經之教體故名一乘圓教也從十信心修行至五位未終常以文殊師利為揀擇引導之首普賢為伴至入法界之果門即普賢為首文殊為伴常為此二法無染之體妙慧觀照顯發若根本智明即妙慧是根本智妙慧是本智中萬行之體總是一法理智大悲體用分三若不如是合離分張修行者不知有智悲體用通塞自在文殊師利出善住樓閣南行化利人間啟婆童蒙故名文殊師利童子菩薩以化童蒙見道智因行立

名是故未見道時出慧顯得本智見道之後慧爲佛之使也觀察取意可知總是理智體用五參等覺位初以檀波羅蜜爲主餘九爲伴此位能以處生死中大慈悲心普含攝一切世耶者此位能以處生死中大慈悲心普含攝一切世間之境界不分內外東西南北直言此世界中有佛母摩母者如來以母體能發大智慧敎化衆生故實無如世間父母所生以其自智幻作父母心本願力化衆生故宜應如大慈大悲未違初發化作妻子或現蓮華化生種種幻生法同衆生行宜應化現總是如來一智之境隨宜幻生何得有父母誕

洪嶷論卷四之六 五

生入胎出胎去住之相瑩其自智以智體神妙無色無形無跡無垢自體淸淨及隨本願大慈悲力有依正二報功德福智莊嚴如光影相參互相在如慈氏樓閣如華藏世界是也其一切衆生同佳各不相礙身爲正報寶網光影相參重重無盡如參入如帝釋寶網光影相參重重無盡如人如來眷屬身是同一切衆生以接童蒙故以大慈悲爲母幻生佛故如十住之末從生慈悲卽師子幢王女名目慈行此等覺位卽慈生智卽以母生佛昇進次第如然善財歎摩耶夫人

身是超六處離一切著智無礙道具淸淨法身以幻業而現化身以如幻影而持佛法身乃至無依處身廣如經說善財先見主城神名寶眼眷屬圓滿者是悲中之智眼引接衆生故先見也以雜色寶華散善財者以明入大慈悲行又勸善財行無量種種行是以衆色寶華而散善財處生死行廣大無限於生死中不貪境界但欲成就如來十力廣大經說明欲入生成大悲行不捨智業本淸淨法大悲圓滿普周世間調和無二不令

洪嶷論卷四之下 六

有濫此二十八種守護心城法是和智悲成普賢入生廣大行門令不染不離是入生死成大慈悲前方便故是故先見寶眼主城神也又云佛子菩薩摩訶薩若能如是修心城則能積集一切善法如來障攝除一切諸障淨佛國土障此有五種障皆是有所欣求功德善法懼生死心非是眞入無作任運大慈悲者故今欲見此位善知識者常除如是等五障之心不用功力則便得見以明十地道滿入等覺位普賢大慈悲處世間衆生海當除此五障方得見摩耶之身

此乃是不求出世不求功德不求見佛不求聞法純
以無作大慈悲一往同一切眾生生死流教化利物
無有身心所求果報及懼生死爾時有身眾神名蓮
華法德及妙音聲諸神前後圍遶從道場出
住虛空中以妙華種種稱歎是處生死海住法空
無染之行滿摩耶夫人從耳瑞放無量色光明普
照無邊諸佛世界令善財見十方無邊國土一切諸
佛其光明網右遶世間經一匝還來入善財頂乃至
徧入身諸毛孔善財即得淨明眼永離一切愚癡暗
故得離翳能了一切眾生性故廣如經說何故耳
故放光以六根之中意根以成智業餘五根中耳根
隨用為勝以表大慈悲救苦海以徧法界之眾生界
聞聲即救不待見身且取耳能達聞過餘四故且如
雷震百里耳根得聞若有大聲千里亦聞四根不及
以表慈悲之光耳根為體光照諸佛國土次照世間
以慈悲之光照佛國眾生一體無二從善財頂入
然後徧入身及毛孔皆以明大慈悲光普周高
卑等入體同一性大智光明眉間起受生光明鵶輪
起大慈悲光摩耶耳璫起四十心手中起十信光
足下千輻輪中起十住光足指端起十行光足趺上

起十迴向光膝上起十住中第六住海幢比丘眼中
放日輪光照惡道苦善財蒙光入身能了一切眾生
性者以同體大悲能了一切眾生性故夫見守護菩
薩堂羅刹鬼王名曰善眼與其眷屬一萬羅刹俱於
虛空中以妙華散善財上明羅刹是女住在大海
之中有大勢力能食噉眾生而得自在亦能遊空以
明菩薩以法空大智常居生死海守護一切眾生而
無捨離以為宮殿而能食噉一切眾生無明貪瞋癡
愛熱惱血肉故以羅刹王表之取此居大海中力用
殘害速疾為像也散眾華於善財上者以大慈悲是
行故是散華也勸歡善財令入大慈悲之行廣如
經說羅刹王為善財說求善知識法善男子汝應頂
禮十方求善知識正念思惟一切境界求善知識勇
猛如地踊出所有莊嚴廣如經說以明大慈悲為地
華從地踊出明從悲起智以明大慈悲心為摩耶夫人誕
生諸佛以明從悲起智能起大慈悲行廣如經說
大慈悲行為蓮華能莊嚴善財受行其教即時觀見大寶蓮
幻生諸法度脫眾生是如幻智中幻生諸事皆以大智大慈
如大智大慈悲功終不可得智淨如空守空而住不

天為淨也主者入生死中主持教法以利衆生光者可但隨悲逐行迷彼智門皆須圓備如主城神一度和會慈悲之體用羅刹王一度和會觀行及摩耳瑙放光一度和智悲之體用衆神及摩耶耳瑙放光一度和會慈悲之行身衆神因緣成覺方始蓮華從地踊出勸發和會觀行次第居中而坐坐於衆妙寶座徧周十方具衆寶莊嚴摩耶夫人出化身雲徧周十方諸莊嚴中起化莊嚴摩耶夫人出化身雲徧十方諸成就一切衆生廣如經說乃至善財等衆悉本乃能現其前亦廣如經說如摩耶夫人身相如摩耶所化總受十佛刹微塵數菩薩衆海入萬諸龍等衆悉在腹中菩薩於腹中受生時於摩耶夫人腹中遊行自在

決疑論卷四之下 九

一步過三千大千世界一二步皆悉如是乃至一切行普賢行普賢行者受生菩薩教化衆生悉在其中故知只是諸佛大慈悲母體也如經所說不可具言善財問摩耶得法久近云乃往古世過不可思議非最後身菩薩大願智幻解脫門已下是推德昇進雖知此菩薩神通道眼所知劫數是得法久近從我

第二戒波羅蜜為主餘九為伴善知識於此世界三十三天有王名正念此是前十住中正念天子其王有女名天主光以明此位以慈悲為戒體以天主是智女是慈悲以此位智悲圓滿為戒體名天主光者

天為淨也主者入生死中主持教法以利衆生光者雖處生死塵勞大悲同行攝取衆生同纏不污戒光具足名天主光得無礙念清淨莊嚴解脫門
第三忍波羅蜜為主餘九為伴迦毗羅城有童子師名徧友善知識請法便指此城中有童子名善知衆藝此兩位善財請法其成主伴以例儒門如此有孔丘顏回是也以教童子說四十二字母時以四十二字具足經說四十二字母以四十二般若波羅蜜門善知衆藝菩薩解脫門入無量無數般若波羅蜜門善知衆藝菩薩解脫門是也

決疑論卷四之下 十一

第四精進波羅蜜為主餘九為伴
第五禪波羅蜜為主餘九為伴此摩竭提國有一聚落彼中印度此名婆怛那有優婆夷號曰賢勝此城在南方中印度此名喜增益得無依處道場說隨六處中各得無盡智性於世間出世間法無不了知陰賜五行醫方衆藝無不博達以隨用為禪體
第六般若波羅蜜為主餘九為伴南方有城名為沃田彼有長者名為堅固解脫得法門名菩薩無著念清淨莊嚴者以智慧體本無所著以一切心境悉皆無故名為清淨妙慧能生衆生善根故城名沃田以

智慧能破無明故長者名堅固。

第七方便波羅蜜為主餘九為伴。此城有長者名為妙月以第六智慧即不異方便波羅蜜故以智慧能淨煩惱故名為妙月雖以方便行入於生死恒以淨智相應故宅有光明得智光明法門

第八願波羅蜜為主餘九為伴。南方有城名出生以明無功妙智現前以本願力大慈悲行故城名出生以有長者名無勝軍以無功之智善破異道無能勝者故名無勝軍得無盡相法門以無功之智量同虛空於一切世界常現等眾生無量身相而無不濟度故。

眾生故。

第九力波羅蜜為主餘九為伴。此城南方有一聚落名為法者此是法師位以表一切世間萬境總為法聚落故有婆羅門名最寂靜婆羅門者是寂靜故一切方無不寂靜寂靜者以明出言誠諦諦的無虛謬故。皆稱眾生念願所求故名誠願語又自所出言更不移改皆堪為法。

第十智波羅蜜為主餘九為伴南方有城名妙意華門以明此位妙行圓滿智悲行即隨十方一切眾生

決疑論卷四之下 十二

意皆為現身。一時普遍故童子名德生表智童女名有德表慈悲以此位智悲二行已滿將一男一女共成一位而像之又以十方恒處一切同行隨流攝生利物以智悲無染習故以童子童女像之然實要須謙順無自憍慢故以小男小女之又表諸人行常具慈悲柔和小男小女佛行如化人化行種種色相種種眾生智幻生種種身行種種行起種種絕如幻化種種眾生無古無今無終無始常無斷絕如幻住世化幻眾生眾生故得如幻住幻住法門以智幻化利眾生住幻住法無心意識化利眾生。

已上五十箇善知識五位行滿如海岸國彌勒如來是根本智圓三世在樓閣中卻指善財令見初知識文殊師利以明至果不離於因也時不遷智不異故便聞普賢菩薩名乃至菩提道場金剛藏蓮華座前起願自見其身等普賢身普賢摩頂總是一生修行五位行滿不離初發菩提心根本普光明金剛智無相法身成滿普賢無邊妙行時不遷不異處不移歲月猶如夢人不離一處一心而夢見作種種歲月時日遊行種種國土作種種事業而忽惺覺不離本一時之間作夢也以明根本智觀一切世

決疑論卷四之下 十三

問萬法境界如夢。以覺者萬事不遷不移。如光影如幻人住世無心無體不延不促。一切處文殊師利同聲頌云。一念普觀無量劫。無去無來亦無住。如是了知三世事。超諸方便成十力。以文殊師利如是法身空慧佛是根本普光明智普賢是根本智中差別智萬行也以此三法是一法體用圓滿之門成五位中五十重因果始終爲一體用周徧門皆以十波羅蜜爲行體。一一中具十。十中具百。五位中有五十箇善知識。一一中皆有因有果。五十重因果。其有一百不離

本十波羅蜜行為一。十總一百二十重因果。總以十波羅蜜為行體文殊及佛根本智普賢差別智以為大體修行倣之不失其大道。永決疑網不錯修行。猶如大路普置牌牓令行者除疑故此等覺位中普賢行位同世人士不全現異相以引凡流故得道之後常在十方生死以智幻生其身任眾生感見不同恒作故以如幻佳門無出沒故以神智妙用徧周恒化利故以如響應物成音無生住滅故以恒身大光明普照十方無中邊故以智境界入十光影身如天帝網重重影像無去無來故。一如德生童子

有德童女智悲齊圓處幻住門以智幻生十方等眾生量身教化成就一切眾生同普賢道無有休息也

略釋新華嚴經修行次第決疑論卷四之下

決疑論後記

太原府壽陽方山李長者造論所昭化院記元祐戊申七月商英遊五臺山中夜於祕魔嵓金色光中見文殊師利菩薩。愾悟時節誓竆學佛。退而閱華嚴經義疏。汗漫罔知統類。九月出按壽陽。聞縣東三十五里有方山昭化院。乃長者造論之所齋戒往謁焉。至則於破屋之下。散帙之間得華嚴修行決疑論四卷。疾讀數紙疑情頓釋。因詰主僧曰聖賢游止之地。奚其破落如此耶。僧曰長者坐亡於此山久矣。神之所游。緣之所赴。年穀常熟而物不疵癘。此方之人乃相

決疑論後記

與腥羶乎方山之鬼莫吾長者之敬院以此貧吾惟
古之使者毀淫祀或至數千所除縣廢鬼祠置
長者像為民祈福十月七日治地基八日圓光現
於山南於是父老叩頭悲淚曰不唱長者之福吾土
也請幷院新之施心雲起不唱而和主僧伴圓來告
太師曾公子宣聞其事謂商英日掌塞何足以知長者之
意而記之使學華嚴者益生大信而知所宗則長者之
雖然嘗試以管窺之夫華嚴之為教也其佛與一乘
菩薩之事乎始終一念也今昔一時也因果一佛也

決疑論後記

凡聖一性也十力一剎也三界一體也正像末一法
也初中後一際也當處現前不涉情解以十信為入
佛之始以十地為成佛之終十住十行十迴向十地
十一地謂之五位六位具十者也加本位之五因五果
百有十所以成華嚴世界之佛剎善財童子之法門
華嚴世界一百一十而加一何也一者佛之位萬法
之因也五位者所標之法也善財者問法而行之
入也五十三勝友者五十五位也三則文殊普賢
彌勒也此經也以毗盧遮那為根本智體文殊為妙

馬普賢為萬行其起信而入五位也則惠為體行
為用及其行圓而入法界也則行為體惠為用
互為理事相徹則無依無修而佛果成矣故歸之於
後佛彌勒十信以色為國者未離乎色塵也十住以
華為國者理事開敷也十行以惠為國者定慧圓明
也十迴向以妙為國者妙用自在也十地種種莊嚴者智
體之異名也觀其名則知所修之行矣大悲廣濟
性行之依果也觀其果則知所行之因矣雲包含萬
謂之海除熱清涼謂之月普雨法雨謂之雲世不染
象謂之藏嚴其上首謂之寶髻因果同時處世不染
決疑論後記

謂之蓮華摧邪見正而不動謂之幢悲智中道謂之
齊性願普薰謂之香無為而滅者夫也無方而應者
神也無外而大者主也飛潛而雨者龍也處生死海
而不沒者修羅伽也不可知者緊郍羅也曾行匍匐謙
恭利物者摩睺羅伽也守護伺察者夜义也同乎惡
趣而滅其貪苦者鳩槃茶也決音娛樂者乾闥婆也
金為堅剛謂之黃為白輪為圓為滿頗梨為網高顯挺
璃為明淨無垢謂之摩尼涯沈拯溺謂之網高顯宮
特謂之莖幹開敷覆蔭謂之華葉含育利生謂之

殿觀照之根謂之樓閣無畏謂之師子超座謂之臺榭出俗謂之比丘入鄽謂之居士長者同乎外道謂之仙人婆羅門慈而無染謂之女以悲生智謂之母此華嚴事相表法之大旨也至於一字含萬法而普編一切其汪洋浩博非長者孰能判其教抉其微乎長者名通立或曰唐宗子又曰滄州人莫得而詳殆論十八年三月二十八日卒壘石葬於山北至清泰中村民撥石得連珠金骨扣之如簧以天福三年再造石塔葬於山之東七里今在孟縣境上說者以伏

決疑論後記

虎負經神龍化泉晝則天女給侍夜則齒光代燭示寂之日飛走悲鳴白氣貫天此皆聖賢之餘事感應之常理傳所謂修母致子近之矣今皆略而不書焉
年月日商英記

雷音　范王氏　靜靈現嗚　不留名
方朗　木有　環初　妙游
朱廷瑞　本蓮　沈姓無名氏　妙初
松林　范余氏　奈紀氏　沈漢耀
衢等共捐資刻第一卷之上　翁姑亡夫及母　蔣堂帽峰
比壑　白悟堂　玉泉覺傳　育和中
澹遠普濟巷　牧村盤　比丘常新聞
戒養堂純　風湛清　自筬恒慶　智默
比丘尼慈蘭　林禪　詮義如昇晴嵐
芙卿達齋　方月等　吳克眉　本音如池峰
陳寶齋　吳滋沅　熊立甫　何介眉　范子宜
邵余味　冒桂山　葉蕚圃　吳一帆　尹厚菴
士達許級蘭　梅　如　本正　本淨
善女人胡顏氏袁殷氏康瓘仁葛克廣袁輔
本純　本辰等同施月願功德刻本一本頔本悟本平本潤

決疑論卷四之下　共

第二卷之下　第三卷之上　第三卷之下　第四卷之上　第四卷之下

同治九年五月如皋刻經處識

大方廣佛華嚴經要解

宋溫陵白蓮寺比丘戒環集

戒環嚮以華嚴海藏汗漫難究遂三復方山長者疏論述總要敘疏條經旨稍辨端倪繼沿綴緝清果明禪師所集修證儀略解聖號表法屢為賢達下詢願盡九會之奧因取清涼國師綱要與論校讐別為斯解以方山為正清涼為助洞究全藏繩萬八千言庶幾覽者無異剖大經於一塵覩法界於彈指也建炎戊申上元日

初懸敘

大方廣佛華嚴經者直示諸佛眾生平等佛性本真德用也三世諸佛所同證十方菩薩所同修大千聖眾所同尊法界眾生所具也釋迦如來初成正覺欲明所修之因所證之果欲使人人同修同證故現千丈盧舍那身演說文殊菩薩與阿難海於鐵圍山間結集對上中下根分為三部上部有十三千大千世界微塵數偈一四天下微塵數品中部有四十九萬八千八百偈一千二百品下部有十萬偈四十八品皆自一音所演隨類各解為上根聞此稱性徧周利說熾然無間則大千

刹塵未足究盡猶以多數號之爾中根聞此惟悟當會之經未極利塵之說故偈品稍寡下根聞此意局言詮見存限量故惟得十萬偈四十八品傳來未備今經此四萬五千偈三十九品在昔結集之後祕於龍宮龍樹菩薩逮神海藏觀前二部渺若淵海非人世所及乃誦後部歸於五天爰布中夏雖豐文博義理窮法界事理體物物圓成但局於人自性故有之德蓋大方廣體物物圓成但發明當人本具故令之小佛華嚴此經不離識情示現智海即諸塵勞故束其華嚴此經不離識情示現智海即諸塵勞繁興妙用一念圓證則大方廣體佛華嚴行當處現前不從他得信謂自性固有矣則詮指之要不可不究也此經所詮以毗盧法身為體以文殊妙智為用依智斷習則普賢妙行為因習盡智圓則補處彌勒為果一藏要不離此四故以毗盧為教主所以立體也以文殊發行所以示因也為普賢所以立體也以文殊發行所以示因也乃見彌勒所以示果也然體用因果必依毗盧文殊普賢彌勒何也梵語毗盧舍那此云光明徧照在佛為清淨法身在人為本覺妙性華嚴以此為

體者直欲眾生見妙性而證法身也梵語文殊師利此云妙德在佛為普光大智在人為觀察妙心華嚴以此為用者直欲眾生明妙心而證大智也普賢者德無不徧曰普佑上利下曰賢在佛為真淨妙行在人為塵勞業川華嚴以此為因者直欲眾生翻塵勞而成妙行也梵語彌勒此云慈氏在佛為補處之主在人為數取趣補處也然則華嚴體用者直欲眾生離數取而趣補處也有佛眾生離數取而趣補處故有因果諸佛眾生則一但諸佛合覺眾生合塵故有間耳苟於此經一念反照滅塵合覺則革凡入聖所謂初發心時便成正覺信不妄也

信猶反掌而自己毗盧文殊普賢彌勒當處圓現。

二釋題

大方廣佛標本智也華嚴經者詮妙行也本智即等佛性妙行即本真德用也大言體極無外蠢動賢愚皆所預有方言相同法界方正平等不動廣言用等太虛周徧含容無所窒礙佛即本智之果號也華嚴者萬行之因對果言華嚴者以是因華莊嚴果佛忘心遺照無嚴不嚴然後福智行願十德圓滿乃證十身盧遮那也清涼云大方廣者

所證法也佛華嚴者能證人也其所證者不離本智其能證者不離妙行蓋一定之體萬世不易也此經立題先果後因而兼舉者何也先果顯示斯果之法為一揆也此經則貫攝所詮之法為一定之體萬世不易也此經立題先果後因而兼舉者何也先果顯示斯果佛先所固有特藉華莊嚴而後顯著欲因果相資因而兼舉者欲因果相資蓋非果則因無以立非因則果無以成是以此經初則舉果勸修次復舉行趣果一經之體可見矣

三科解

十會四十品經大科分三曰序正宗流通初世主妙嚴品為序分二如來現相品已下為正宗分三如來出現品已下為流通分又流通分三科之中各具五位法門者清涼從法界品彌時文殊從善住樓閣出已下為流通道五位法門號三周因果二種為流通分五位法門者初會世主妙嚴品至毗盧舍邢六品為一會乃佛自分五位因果為舉果勸修見道分二會至八會從佛名號品至如來出現三十二品為一會乃進修者五位因果為設法治習修證分也第十會法界品為善財南遊始終為一周乃圓彰重論五位因果為

言依行圓彰法界分二種常道者一離世間品同
塵不染利生常道二法界品忘修絕證佛果常道
此一藏總科也清涼以初會至七會一一會為擧果勸樂生
因契果生解分離世間一品為衣人證入成德分通以信解行證分
法界一品爲托法進修勸修證之事判一十藏通以信解行證分
一字判盡言十處十一會四十品經者此經既謂表法有十
處十會演十信十地等修證法各以十配十波
品四會夜摩天四品五會兜率天三品六會他化
羅蜜一言十者十爲圓數所以圓彰頓法也初
天一品七會三禪天一品八會普光殿十一品九
會菩提場六品二會普光殿六品三會忉利
四十品或云七處九會者普光三會爰折二處三
會普光殿一品十會給孤園一品是爲十處十會
禪闕文又減一處十會也然雖十處十會不離大
智普光之殿法界華藏之都一處一會之說但隨
進修行相寄位表法非如情見有前後往來之相
故經節節言爾時世尊不離菩提場普光明殿而
昇某處也
三周因果　初一周爲佛自分五位因果勸修因嚴淨
初會菩提場説六品法顯佛自己曠劫修因嚴淨
刹海利生之事以勸進後學使見實迹而發進修

也清涼科爲擧果勸樂生信分其意亦同初世主
妙嚴品二如來現相品三普賢三昧品四世界成
就品五華藏世界品六毗盧舍那品
初世主妙嚴品者即十會發起之通序也華嚴會上
菩薩此會依菩提場說謂以福德神力護世
菩提場處而說惟普賢行方能證之事故於
薩發起也神天皆號世主謂初集海威德熾
間也華嚴會上通有四十一眾一一眾海普賢菩
讚顯如來地所修五位法門一一眾各申偈
盛舍那十身圓融炳著同嚴法會故名妙嚴品此
品首言菩提場成正覺地及師子座眾寶莊嚴境
像互現佛處寶座成最正覺智入三世身徧十方
譬如虛空具含眾像總明果覺依正殊特德用無
邊也次陳法會雲集有四十一眾表佛自身五位
因果爲進修宗本
菩薩等十菩薩爲一眾表十信法次海月光等十
菩薩執金剛神身眾神次行神主護法神十
地神主稼神主山神主林神主藥神主城神主
主神主晝神主夜神十眾表十行法又次阿脩羅至
日天子十眾表十迴向法又次三十三天至大自

在天十眾表十地法此眾既集各能說法讚明如來所修五位法行自後所設進修之法皆本於此故為進修本宗。

初表十信法眾。有十佛剎微塵數普賢菩薩為上首表普賢無盡之行也十名同號曰普賢表普賢圓融之行其普賢字下即彰自行皆依諸佛之同道也以此表十信者示諸佛同道皆依普賢大行發信為入法之初基也。

次表十住法眾。初海月光等十異名菩薩表十住果行也於十普之後舉十異名者表依普賢行起

華嚴要解 七

差別行也次執金剛神至主藥神九眾表十住行也其眾各有佛剎塵數皆表當位圓融之行也執金剛表應身護法守正不壞身眾神以無量身事無量佛足行神表滿足隨順正道道場神表大願莊嚴興供養主城神表廣淨佛國主地神表深重願力成遂眾生主山神表積集善根出世高勝主林神表智榦行花說法廣蔭主藥神表知根善救用以法藥十住果始於海月光大明表含容廣濟除煩開覺終於大福光智生表利行明足剋成種智皆成德之行也其因

是進修此道斯成海月大福果矣。十住第一名發心住依佛所住始於發心時便成正覺也餘眾次第表十住名亦次第表十波羅蜜論文備詳而每眾又各十名表一波羅蜜又各具十圓融相攝重重無盡乃一性之妙用萬法之本體也於同眾中又有異名者以行隨位異故表法亦異意在圓融博達若滯一法則行不該通智不增明無

華嚴要解 八

以具無盡之行無以成種智之果矣自執金剛神下至龍天鬼眾皆菩薩隨應之迹散花異類非實鬼神也。

次表十行法眾。初主稼神表以資糧法成就眾生主河神表迅流普潔利益眾生主海神表容會善惡皆入法流主水神表隨物潤益能淨諸垢主火神表隨緣發光破除暗障主風神表平等智散滅我慢主空神表廣大明潔萬行無著主方神表智照十方圓滿主夜神表以智照明生死長夜主晝神表一心匪懈闡明佛日次主稼十眾表

十行者示從住起行利生之因果也前以菩薩表因即果為一乘資糧位盡以佛果大心眾果神眾表因而此始終皆以神表示十行法眾生進趣佛位資見道住行向為地前四種資糧初地已總為見道加行此經不然即十信位至十住初心義也三乘說信住行向為加行總為資糧三者同上為見道菩薩長養大悲即因果相資生之行次第表十波羅蜜及隨嚴因以因嚴果乃成佛華嚴頓法直須以果進互相資發處則涉小乘非圓融也其十眾表義皆利生之行次第表十行亦次第表十波羅

華嚴要解 九

位與行圓融相攝一如前解後亦準此蓋十波羅蜜五位通修菩薩萬行不離此也
次表十向法眾。初修羅眾表處生死海和同真俗。
迦樓羅眾表以大方便拔濟眾生緊那羅眾表非凡同行自在摩睺羅伽眾表守護伽藍令聖夜义眾表守護拔濟苦活眾表天龍眾表興癡網覆蔭潤澤鳩槃茶眾表示入諸趣垂慈利法雲雨覆蔭潤澤鳩槃茶眾表依五分香娛樂眾表月天子眾表高利下照物生乾闥婆眾表依五分香娛樂眾表月天子眾表高利下照物清涼熱惱顯發寶明日天子十眾表十向皆以前十住成功以修羅至日天子十眾表十向皆以前十住

華嚴要解 十

次表十地法眾二。初欲界五天五初三十三天王以日天子表餘皆隨位之行也
俗回智向悲使真俗圓融悲智不二處生死海自在如王其行彌高故始以修羅王表終十行但修出世悲智未盡處俗利行此位回真向

贊云發起世間廣大福業者經歎德也處切利天一切世間廣大之業此天福業少欲淨居令世願慕同修善行是謂發具大福業少欲淨居令世願慕同修善行是謂發起廣大之業二夜摩天贊經云習大善根心常具足論云此天晝夜常明表大智也有眾德妙樂表

法樂也三兜率天贊經云勤持一切諸佛名號論云具戒定慧得生此天四化樂天贊經云皆勤調伏眾生令得解脫論云化他利一切以為自樂表化天贊經云皆勤修習自在方便廣大法門論云化他讚經云慈愍眾生舒光普照令得快樂論云表菩薩化他皆自樂。次色界五天五初禪大梵天清淨名梵二禪光音普化三禪徧淨天贊經云已滅憂無苦唯有禪悅四禪廣果天贊經云以寂靜法語口中光生表致光普化三禪徧淨天贊經云已滅憂苦為宮殿論云福德廣大為廣果色界頂大自在天成功以修羅至日天子十眾表十向皆以前十住

讚經云皆勤觀察無相之法所行平等論云表十
地滿無相智成上所舉經皆默德詞以十天眾
表十地者以從三賢超入十聖其道明極故以天
表餘義同前此與法華會上皆無無色天眾者以
彼天無色蘊不可見故　上釋雲集眾竟
凡雲集聞及諸此巳知識是也諸俗士知識是也
響舉所集聲聞辟支菩薩佛為四聖即法界會上
集雖夜叉摩睺羅鳩槃茶鬼畜之類亦各說是法
門足知皆是三身四智聖人權現也

法眾既集　爾時如來所坐之座一切莊嚴具中各出
佛刹塵數菩薩海慧自在神通王等為上首各興
供養說偈讚佛以明古今同道及讚法眾雲集又
為現相說法之因也佛因其讚請於是放眉間光
現諸勝相為眾說法故次有如來現相品也論以
前眾既表五位法方至十地末有表十一地果位之法今
妄意此眾既為諸佛同道宜表十一地而品位合
非表所急則略之也或經文不標聖號而表法惟一有不勝錄者
位則約補之或廣舉多號而表法惟一有不勝錄者
則約之意欲文簡義明使禮誦者易欣慕無煩厭

也又今解釋亦依法論撮要義舉大綱或本文意
隱則取別卷以兼明或舊說解略則據所聞而設
暢或循舊言意而小有改易皆務疏條精朗使研
味者易深達而無遺蔽也　已上皆世主妙嚴品
序分竟此品計五卷

二如來現相品者正宗分起此菩薩神天世主既集
默默請法有三十七問爾時初問十八種佛法次問十
九種菩薩海經云爾時諸菩薩及一切世間主作
是思惟云何是諸佛智行境界乃至智海於是如來放光現相以答所
問初總答次別菩遂成一部四十品經也初總答
有二一現智境即此品是二現行境即後品是此
品於面門眾齒間放十種光普照十方以佛神力
其光能說偈頌召集世界海菩薩眾來聽法其
菩薩眾一一毛孔現種種光明一一光中現刹塵
菩薩徧事刹塵諸佛徧度刹塵眾生此現華嚴法
界體性智悲自在無礙無盡之相也如來復放眉
間毫相於毫相中現菩薩眾各說偈讚以顯如來
無邊境界神通之力經云爾時世尊欲令一切菩
薩得如來無邊境界神通力故放眉間光徧照十
方

一一塵中現無數佛復有菩薩名法勝音等與世界海塵數菩薩俱時而出說頌讚佛此現剎海無障礙法是現智境之相也總苔前問故曰現相品

此卷計一卷

三普賢三昧品者現行境總苔前問也普賢德無不徧表佛行三昧此云正定即佛神力加被普賢使入正定現行境也經云爾時普賢承佛神力入一切毗盧藏身三昧能於法界示現眾相出生一切諸三昧法成就一切佛功德海時十方法界一一塵中有剎塵佛一一佛前各有普賢入是三昧。

以至令諸菩薩各得塵數三昧行門是現行境總苔前問故曰普賢三昧品。已苔前智境行境竟。

自後一藏法門一切因果無非智行所攝故先以二門總苔所謂諸佛境界乃至菩薩發趣等法總備於此矣後三十七品即別苔也。

四世界成就品者即別苔世界海之問意明眾生諸佛世界形相萬殊苦樂淨穢轉變差別各隨自行業力所感成故經云諸世界海有微塵數轉變差別所謂染汙眾生住則成染汙轉變乃至菩提心眾生住則成清淨轉變

成大莊嚴轉變諸佛涅槃則成莊嚴滅轉變所以言此現染淨境苦樂等相皆從業生遂生正心修出要道以入佛智慧海入佛華藏海是以先說世界成就品次說華藏世界品

五華藏世界品者別苔佛海波羅蜜海之所感報是謂佛海波羅蜜願行修五位十波羅蜜之所感報是謂佛海波羅蜜說毗盧無盡法界妙莊嚴境由依法身智體普賢經云此華藏莊嚴世界海在十重風輪上香水海藥香幢大蓮華內有無數香水海塵數世界

種相依而住號世界網中心一世界種有二十重此娑婆界在第十三重即毗盧如來所居有十世界種圍之次外又有百世界種周帀而裹以金剛大輪圍山計一百一十一世界剎為佛淨土也中心一世界種持身十重風輪持香水海出大蓮華剎大願風輪持大智海出生無邊妙行之華嚴持身徧一切為佛淨土也十者表佛位總攝一切剎次百者表五位因果各具十波羅蜜其內一因一果又界種各二十重表五位昇進及佛位各具十因十

果也。一世界有微塵數佛皆毗盧如來往昔親事經於一界舉一佛各表當位昇進之果也其百世界種極外一世界種各有四重各有攝法意明十度萬行以利行愛語同事四攝為防也其世界網各具一切勝妙莊嚴皆佛慈攝化周攝化所感其間亦有雜染世界者表佛智行徧不捨於此故經云雜染及清淨斯由業力起菩薩之所化言世界種世界海者以出生之果包攝之多數三千大千至恆沙為一世界海此等皆界種為一世界性恆沙界性為一世界海以

藏於藥香幢大蓮華內故名華藏世界論謂數大千至恆沙為一世界海恆沙界性為一世界種即是種能包藏而經云世界海內有世界種今據經說此皆是毗盧如來往昔親事諸佛表當位昇進之果也 此品計之卷三

六毗盧舍那品者明古先毗盧如來亦居華藏世界說法利生其法眾法門與今不異但佛號不同蓋隨機異佛異也由前五品舉今毗盧成道因果利生之事此則引古證今以明三世道同因果別使後進者同證此果故復說此品而通前皆為

第二周二會至八會為進修者五位因果門 上釋三周中初周法竟
初菩提場說經六品其計十一卷明如來依正法樂生信分 此品計一卷

示學者五位進趣之行初依信心發明正智破照無明次依五位鍊治惑習研極正果是謂設法治習修證分通有三十二品初十信位六品二十位六品三十行位四品十向位三品五十地位一品六十一地一品七佛果位十一品
清涼科為修因契果生解分謂設法治五位之圓因契妙覺之極果令物善解因果相也
五位皆言十者各依十法昇進故也自住行向地十一地為五位以信位為因果位為果是謂因果圓攝法界行門然初信後果與中五位為七

而特言五位者信本果體初後圓該不立階差故不預數自信而出趣果而動位有增進故寓數以明信如種子位而發生之際有甲拆葉華之序而種與果中雖具不可分矣蓋道本無數卽信與果然位亦然也位止於五者以天數五地數五法之數亦五故也五體至胸之緯五嶽人之行五常而內則五藏天之經五星地之會通舉則華嚴設位以五蓋體萬法五行五音有不勝舉則五方五色自然之數也五位法門以信爲初因者令修華嚴

人外信五位之法皆自心德用之佛卽毗盧同體心法相應然後進修則智行不迷及至果終不離初信之法譬如種子先具全體然後發生及至成實這是初種此則因果不移本末徹實華嚴之要門也

十信法門卽第二會普光殿說六品一佛名號品二四聖諦品三光明覺品四問明品五淨行品六賢首品此依普光殿令文殊說者表妙信依普光本智而起依擇法妙慧但得二乘不得乘如來乘成正覺也

一佛名號品者示佛名迹隨法應機眾生心各各不同經云一切諸佛知諸眾生欲樂不同隨其所應說法調伏故如來於此娑婆世界一四天下示種種身種種名或名一切義成乃至或名導師其數十千於此娑婆如是盡法界虛空界亦復如是十方世界亦復如是 第二會他方來集菩薩發四十問初三行經清涼分爲十問一佛刹二佛刹住三佛刹莊嚴四佛法性五佛所說法七佛刹體性八佛威德九佛刹成就十佛大

菩提清涼曰此十問爲五對皆上句問依報下句問正報又次問十住十行十通計四十問也方山將初三明兼十信成三十問又此品答之亦兼答前佛名號之問也以此答佛刹佛住者廣明如來身隨一切處無非佛刹無非佛住名體皆佛本周法界一切利現名應彰物令信入者知自心佛名佛體皆佛體則華嚴妙觀念念現前矣此眾四十問與世主三十

七問大同小異而此再問者前為舉果勸修分其
問為明佛果所成之法此為設法治習分其
明因行所依之法故因所成法須藉款啟故如來現
相以總答也因所依之法故因所成法須藉款啟故文殊言說以
別答已下諸品皆次第別答也將說十信法時
十方菩薩各從金色平等色十色世界十因十果果即十智
佛因即文殊菩薩十色世界十因十果即十智佛所
與剎塵菩薩來集以表信門十因十果果即十智佛所
即諸色法明自心法也 此十位法皆自根本不
動智體而出餘九皆不動智德之用依體修進則

華嚴要解

其位有十攝用歸體唯一法耳此則寂照雙運修
證同時無復漸次故經以佛菩薩同舉表因果同
彰也然寄此位表法法則為佛菩薩事即法明心則
皆當人性德華嚴之法俯推之聖賢謂
自無其分也故肇法師云聖遠乎哉體之即神

二四聖諦品者示佛說法稱性應機各各不同經云
十方世界虛空界說四聖諦各有四百億十千之名乃至
盡法界虛空界說四聖諦各有百億萬種之名皆
隨眾生心悉令調伏意明佛所說法皆以苦集滅
道四諦為體因此四諦說種種法夫性本天真法

無說示由無明起業苦集成緣聖人不得已應是
而說故諸經皆以四聖諦十二緣為宗而此稱
性法教故諸經皆以四聖諦十二緣為宗而此稱
本性真明矣謂之盡性自此迷自此根塵解脫
諦第一義如理通融無復厭斷如法界性無去無
取依此說為因果是而佛果可得
矣此是答前演說海之問也此品與前一卷

三光明覺品者佛於初會放眉間果光照十方已從
足下入至此又從足下放出其光照一大千至十
大千漸次增廣徧照法界令發信者覺佛智境廣

華嚴要解

大無盡反覺自己法身智行亦悉同等由是進入
五位開明智眼成果地覺故號光明覺品所以從
足放出果光者表依果行因也互相資發也凡自因
趣果必具信解行證之四法前三品明信後三品
即解行證也

四問明品者文殊與九首菩薩互相問答明心是一善
以示十信之解也初文殊問覺首曰諸法無作用妄心分
別有如理而觀察一切皆無性意明業體本真背
覺故妄依真起覺則一切皆真此十菩薩明其
惡苦樂業云何別覺首答曰心性是一善

深法也覺首菩薩明緣起甚深財首明敎化甚深
寶首明業果德首明說法目首明福田勤首明正
敎法首明正行智首明一道甚深賢首明眞淨文
殊明佛境甚深皆爲顯明眞淨法體十問之後盡
法界衆生界一切差別之法以佛神力悉皆明現
故曰問明 此品與前光明覺品共一卷

五淨行品者廣發大願爲十信之行也意以衆生
明貪愛染諸塵勞失佛華嚴出無願力旣發淨信
須依大願淨治塵勞要卽塵勞以成淨行此因智
首菩薩發一百一十問云何得身語意業及一

勝妙功德故文殊爲說一百四十大願略云菩薩
在家當願衆生免其逼迫孝事父母當願衆生護
養一切終至睡眠始寤當願衆生一切智覺令
卽塵勞事翻成妙行以是大願淨身口意卽獲一
切勝妙功德出是克成五位無盡行海一切染法
不能違礙是爲淨行 此品與賢首品上卷共一卷

六賢首品者明依十信法門發心修進功德難量與
佛同等示十信之證也經云爾時文殊菩薩問
濁亂清淨行大功德已欲顯示菩提心功德仁亦當
首曰我今已爲諸菩薩說佛往修淸淨行仁亦當

於此會中演說修行勝功德賢首菩薩偈廣備陳
發心修行功德增益獲果利生供佛乃至出入方
網三昧隱顯同時自在無礙皆從毗盧普賢行相
果行德用示於十信六品之法發菩提心解一
應卽獲此證自此頓入十住矣方入正定一方從定
身中從定出如帝網乃法界性用本自如是千
猶如帝網交徹融攝至於男子身中入正定女子
方入正定出從定出諸方入正定一方從定
差一體無二無別隨衆生所見差別若證如來
無作性用則出入自在心無差別則境無差別矣

十信圓證當造乎此此乃賢首行證則創從凡夫
首入佛位鄰極亞聖是謂賢首故以賢首爲品自
光明覺品至此皆菩薩發趣海之問蓋五位進
趣自十信發也 此品計二卷

十住者由信證入生如來家依無住智永不退當名
住十住法門卽第二會須彌頂說也
一昇須彌山品二須彌頂偈讚品三十住品四梵
行品五發心功德品六明法品
一昇須彌山品者以處表法出前普光殿卽人間地
界依地界說十信者表創從凡地發信今須彌山

妙高際天於此說十住者表從信昇進入廣大際故十住品云菩薩住處廣大與法界虛空等其山在七金山海中高聳天極非手足攀攬所得此品住法出妙智海高超情境非心想攀緣所登表十明信終昇進及敘帝釋請佛之事又云爾時世尊不離一切菩提樹下而昇須彌向帝釋殿釋置普光明藏師子座迎此乃淨法界身徧一切處隨緣應現猶如一月影現千江隨舟南北而曾無去來也帝釋請佛說十偈讚第一云迦葉如來具大悲彼佛曾來入此殿至第十云然燈

華嚴要解

如來大光明彼佛曾來入此殿論云前三是今劫佛後七是前劫佛明創入十住古今會同佛法不異也

二須彌偈讚品乃法慧等十菩薩讚顯當位之法勸示昇進蓋十住以智為體以慧為用乃可昇進故依法慧菩薩讚顯也將說十住法時十方十慧菩薩各從因陀羅華等十華世界與剎塵菩薩來集其菩薩眾各於十月佛所淨修梵行表十住法依智起慧為因復成智月之果得是果法則無明頓徹煩惱頓除清涼如月其佛表果菩薩表因亦如

十信因果同彰也十華世界即所修法門要即因華開敷智果也經云爾時十慧菩薩說偈讚佛已法慧菩薩即入無量方便三昧十方各千佛剎微座數佛同名法慧普現其前讚歎加被論謂眾生具有如來法身智慧為迷緣自障凡能修方便三昧以顯之則與諸佛法身智慧寘會是故同名之佛普現其前也

三十住品正說十住名義示當位所行之行一發心住者初依正智發菩提心也二治地住者為利眾生開擴心地也三修行住善觀諸法增正行也四

華嚴要解

生貴住由尊貴行生佛法家也五方便具足住帶眞隨俗漚和適化也六正心住逢善惡境心不動抱一智行無失也七不退住趣正妙道緣不壞也八童眞住含眞位也九法王子住得法王法當紹佛位也十灌頂住即當成佛如王太子陳列灌頂也十灌頂十智即當成十法示當位行又各勸學十法示位位增勝其十段結文各云有所聞法即自開解不由他教及設梵行品終又云若諸菩薩能與如是觀行相應一切法即心自性得現前初發心時即得菩提知一切法即心自性

成就慧身不由他悟凡欲明進固有之德使不外求也

四梵行品 此品共一卷與前二品明十住中觀察身身業語語業意意業佛法僧戒等十法於中何者為梵行知身等三業及佛法僧戒中有作有為之法皆非梵行則於身無所取於修無所著如是名為清淨梵行又舉心無障礙方便自在於法無所住於法無所來十種智力令當位修習十住法所得功德不可稱量經舉十餘喻重重比較不及少分為其發心功果

五發心功德品明修十住法成就慧身之法

六明法品乃精進慧菩薩問法慧菩薩當位昇進之行令轉更明白爲十行之因故繼此說十行法 此品共一卷

十行品者既依普智發信住佛所住遂能繁與萬行自利利人故說十行法門即第四會在夜摩天說四品一昇夜摩天品二夜摩偈讚品三十行品四無盡藏品

一昇夜摩天品者須夜摩此云善時分爲空居天無日月而常明以蓮華開合分晝夜故曰善時分於此說十行者表行依法空無所滯著而善應時宜也此品明從十住昇進及敘夜摩天王化座迎佛之事夜摩偈讚品即今所入十行理智與古不異也此殿顯令所入十行理智與古不異也

二夜摩偈讚品即以積功德林等十菩薩讚顯當位之法勸示昇進也其德廣蔭故以功德林菩薩讚顯也將說十行法時十方十林菩薩來集其菩薩各於十慧佛所淨修梵行表此位從慧起行覆蔭眾生梵慧等十慧世界與剎塵菩薩來親攝化故菩薩以林爲名表妙行廣蔭眾生也此位已

三十行品正說十行名義示當位所行之行一歡喜行者以身命財法三施悅自他也二饒盆行者以律儀善法攝生三聚均饒益也三無違行忍順物理無所違也四無屈撓行精進於道無退弱也五離癡亂行定慧明正無所惑亂也六善現行殷若圓照境智洞明無所著行遍和涉有心無所也七無著行大願成就方能得也九善法行以妙
得如來智慧之眼其佛以眼爲名表智眼利生也此亦因十行所行因行示法欲行人法之眼也十行品上卷共一卷

善力說法軌物也。十真實行體真實智一切誠諦也。此十行正以十波羅蜜為本而無行不攝矣。此品計一卷

四無盡藏品說信戒慚愧聞施慧念持辯十種藏前七名七聖財以二守護後一積而能散又前九蘊積後一出生。一一行量體含法界德用不窮故名為藏。以此成前十行之法使行行無盡成後十迴向之法。使昇進無盡故繼此說十迴向法。此品計一卷

十迴向者前十住十行出俗心多大悲行劣。至此則以十住所得諸佛之智十行所行出世之行濟以悲願處俗利生間真向俗間智向悲使真俗圓融智悲不二。而迴向菩提實際總通五位利被一切。是名迴向。智斷恩德由此具足法報化身由此成就也。十迴向即第五會兜率天說有三品。一昇兜率天品。二兜率偈讚品。三十迴向品。

昇兜率天品者兜率此云知足此天不離欲界而於欲境無所染著故名知足此天居欲界五天之中。於此說十迴向。表迴向悲智雖涉塵勞無所染著常處中道無所偏滯也。此品明從十行昇進及敘兜率天王敷座迎佛之事。經云兜

率天王於其殿上敷摩尼寶座。有百萬億層級。其諸莊嚴供養之具各百億。有十信十住等菩薩亦百萬億繞。見此座各獲法利表迴向法總通五位圓融無盡也。十住法座有百千層級。十行有百萬十向有百萬億。皆表昇進位位增勝也。蓋自十住至此此智行悲願已全菩薩道法已備雖後二位不出此智行悲願茲總通而迴向一切則功利德用圓融無盡故凡事法各百萬億也。兜率天王請佛道跡說十偈舉如來曾入此殿論謂此明諸佛道本自周徧古今不異也。此品計一卷

二兜率偈讚品即金剛幢等十菩薩讚顯當位之法。勸示昇進表此位智悲利生破惑摧邪而自無傾動故以金剛幢讚顯也。此品與同向品初卷其一卷

三十迴向品正說十向名義。當位所行之行一救生離相者大悲廣濟大智無著也。二不壞迴向者於三寶等得不壞信也。三等一切佛者學三世佛所修迴向也。四至一切處者悲願事行稱周法界也。五無盡功德藏者緣無盡境成無盡功德果也。六隨順堅固者善行常隨堅固也。七等順眾生者以平等心隨一切善根悉堅固也。十等順眾生者以平等法性隨

343

華嚴要解

物饒益也。八真如相者體真如行慈無有忤相也。九無著無縛解脫者不於見著不為相縛作用自在也。十法界無量者稱性起用超過諸量也。此回向法以大願力融會智悲生死涅槃成一法界真如在法作後二位果德之基融前三位成十地行故繼此說十地法。此品計一卷

十地者蘊積前法至於成寶。一切佛法依此發生故謂之地經云趣入菩薩諸地行一切佛法所從生十地法門即第六會他化天說一品他化天欲界之頂依此說十地之行依眾生應化

無自化也蓋前為三賢猶為自利此為十聖純是利他故無自化此地以普光明智為體所謂已踐如來普光明地前四位雖不離此體但蘊積之功未全不得名此地此則通初徹末自此至十一地更無別法論云此十地法通初徹末一際法門此諸位融為一法。故名此地

菩薩皆當會雲集之眾金剛藏為上首承佛神力為眾說十地名已不解其義示諸佛智然後乃授也時解脫月與眾菩薩殷勤三請

日請法主伴此眾初三十七位同名為藏獨後一

位名解脫月者表此位依金剛智蘊積前法加以三十七道品助令充實廣大具足名住此地已以大願力得見多百佛乃至多百千億那由他佛悉以深心敬事供養此乃功德圓滿承事供養種種無量神通智力大眾皆疑於是說此地菩薩入一切佛國體性三昧時會皆見自金剛藏菩薩身中又見其中菩提樹師子座上有身在剛藏身中

號一切智通王諸相莊嚴說不能盡論云一切佛國體性即無作法性身也菩提樹即法性中妙智也人人本具唯不自加行智通王即法性中覺體顯發耳愚謂行人奇自顯發不獨不疑十地菩薩神通智力足知華嚴所詮一切佛德皆吾性之常分也

十佛利塵菩薩同名金剛藏從金剛幢所來為證表此地行法十方同道皆智果摧伏一切自體無動也。此品計六卷

十一地者即等覺位也超出十地名十一地即第七

會三禪天說一品。以初禪離憂。二禪滅苦。三禪惟是法悅妙樂。依此說十一地者。表進修功成迥超諸苦。常享法樂也。其品名佛華。其文未來。謂之佛華者。初登佛地果行未滿故也。蓋華對果言。故繼此說佛果行也。此品梵文未來。

約五位至此答前所問者。十住答菩薩智海也。十行菩薩行海。十向菩薩誓願海也。十地菩薩波羅蜜菩薩海也。十一地菩薩出離海也。所謂菩薩神通菩薩乘菩薩助道等海皆備於此次自十定至壽量不思議普賢行十一品。答佛壽量海佛果行也。

變化海佛解脫海。而所答盡矣。後法界品圓彰諭五位因果。則三十七菩亦依前圓彰重諭也。

夫說五位之法。始於忉利。終於三禪諸天。延佛始於置座。終於敷座者。以住於佛住。故十住之法。說於忉利之其座。安置而未至於化也。十行之法。皆眞超然絕俗。故十行之法。說於夜摩之其座。則依空。而未有必空居之天。夜摩非所以入有。須回眞入俗。運智行悲。使上可超乎欲。下可同乎萬物。故十回向法於五天之中。兜率說之。其座

則敷而布之不止於能置能化。而已自是蘊功成寶廣博如地。妙用發越不依漸次。故十地之法越化樂。而於他化天說之。過此則入等覺位。苦常享法樂故。十一地越二禪而於三禪天說。化表法言意。一字不虛。離日登地。是菩薩果現前等者。深論其功未聞其覺地以住行向地位分賢聖行有淺果也。兼前四法進入此位。乃圓乃等而佛果可得矣繼此說佛果位也。

佛果行者。妙覺位也。自十信初因歷五位法修治感

智習盡智明。乃依此行。以成佛果。卽第八會普光殿說有十一品。乃十定十通十忍阿僧祇如來壽量菩薩住處不思議法十身相海隨好功德普賢行如來出現品是也。清涼謂前六品明等覺因行。後五品明妙覺果滿。十一品此果皆行光殿者。示修華嚴行初依普光本智起信而歷位昇進至行周果滿。未嘗離於本智。與大旨也。此則因果不移。本始不二。三世一念。初後不遷。乃與不動智佛相應。而證不滅不生法界極果。實華嚴之源唯果初十定品示生佛其有根本智體。爲寂用之源。唯果

佛能盡其妙德用無涯寄圓顯十耳。一普光大定二妙光大定三徧往佛國大定四清淨深心大定五知過去莊嚴藏大定六智光明藏大定七了一切佛莊嚴大定八眾生差別身大定九法界自在大定十無礙輪大定十定者古今諸佛將說十定在徧周之大體所以參融五位成一法體無始無終不遷不動一多純雜同別自在故此定體全即之名先於普光殿入剎那際三昧明此定體普光智體無復古今延促始終遷動之相皆頓圓於一彈指頃故云剎那際三昧得是三昧者皆可

華嚴蒙解　　　　　　　三三

與毗盧同行寂用自在矣此即生佛共有本智之體用之源也此品佛自說十定名令普賢說十定乃能寂用自在也此眾普賢為差別智用二者相資能寂用自在也此品佛自說十定名令普賢說十定乃能寂用自在也此眾普賢為差別智用二者相資名為慧後七十各異名者論以三十表七覺十表七覺行謂此位菩薩依三解脫慧而行則異然三解脫七覺行覺利羣生其慧則同其行則異修進如行而施於果位同聖人俛已同物之行也故此品云摩尼珠王能隨所求與物同色而失自珠之德喻得果寶王隨機利生俛同羣物而

不失自果之德也　此品計四卷
次十通品示從定起用十種智通一他心通二天眼通三宿命四知未來五天耳六往一切剎七善別言辭八無數色身九達一切法滅盡三昧此即開六通成十通入二他心即五七二約善別八六三約力用八天眼即九神足漏盡即四現在三昧此即心意命不分也天眼天耳神足漏盡各分二他心即開六通成十通入二他心即五七二約善別八六三約力用八天眼即九神足漏盡即四現在三昧此即心意命不分也天眼天耳神足漏盡各約智中漏盡也約智中漏盡約無礙大智為體非小聖所及也此繼十定品明從定起用故有此十種智通也

華嚴蒙解　　　　　　　三四

次十忍品示方便攝化隨行法忍果行至此滿矣以通成忍果行滿終等者論云十地已前以忍成通十一地後以通成忍前即隨行利生之法忍謂以通事利生賓非菩薩行隨如來而不捨菩薩方便故曰果行滿終妙覺也論云普賢有如響忍如影忍如化覺如來而不捨菩薩方便故曰果行滿終妙覺普薩行法忍十忍謂以通事利生賓非菩薩行空等十忍進修初行而施於果位者此聖人俛已同物之緣所起而與法性無違無雜又如日光影現一切也故此品云摩尼珠王能隨所求與物同色而在油非油在水非水於川不漂於井不沒不異一

體而有彼此不隨於物而有遠近菩薩於無二法
中分別二相善巧通達隨行法忍皆如是也此前
後品祇品無菩薩號乃取經意補之此通品其一
次阿僧祇品及隨好功德品明佛果所迷二愚之
所謂廣大算數愚隨好功德品明佛果所迷二愚
薩尚慇於此故四十品經唯此二品是佛自說餘
皆當位菩薩所說也故中辨能數之數無量偈頌
非數量可盡也故長行中辨能數之數無量偈頌
中辨所數之德無邊也則僧祇品明徧一切數處
量品明窮一切時住處品明徧一切處也論阿僧

華嚴玄序 三五

祇此云無數此品皆舉不可數不可說法而經云
如是三世無有邊一切菩薩皆明現此與隨好功
德品明佛果所迷二愚之法菩薩尚愚於此唯佛
明達故曰如來出現品明佛果三業因心王菩薩
自此至如來出現品明佛果三業因心王菩薩
此則以通成忍致心業廣大自在如王故依心王
菩薩發起也

次壽量品明佛地實報稱性之壽窮劫無盡時分
而出數域之表也讚云以日等劫無減無生等者
經云爾時心王菩薩於眾告言此娑婆世界釋迦

佛刹一劫於極樂世界彌陀佛刹為一晝夜極樂
一劫於袈裟幢世界金剛堅佛刹為一晝夜如是
舉十世界各以前位一劫為後位一劫而經云意
如是次第過百萬僧祇世界最後世界一晝夜如
前刹為一晝夜普賢同行諸大菩薩充滿其中意
明佛地實報稱性之壽無盡根本智無生滅此由
心業廣大自在以致命業廣大故舉十世間故也

次菩薩住處品示無方攝化不徧也讚云攝化舉
者爾時心王菩薩於眾告言東方有處名仙人山
山若海皆有聖居無所不徧也讚云攝化舉八方若

華嚴玄解 三六

從昔菩薩於中止住現有菩薩名金剛勝與菩薩
眾常在其中說法南方有處名勝峰山西方有處
名金歛山以至北方香積山東北方清涼山西北方
金剛山東南支提山西南光明山西北香風山海中
有菩薩名此品依上舉後又廣舉成二十二處唯此九處
九處皆如此依此品論云此明佛菩薩行周徧揚化常
法界無有方所論云此明佛菩薩行周徧揚化常
行不斷不捨世間一閻浮提略示耳菩薩住處實徧
廣大自在命業行業皆本於心故皆心王菩薩所
說清涼山即今五臺山是也此品與前二

次佛不思議品明佛果法智德深廣超越非識情思議所及讚本智根本智中不思議用等者前明佛菩薩行攝化之事此明佛不思議用等者前明佛菩薩行攝化之事此明佛不思議能化之智非情識名言所及故曰不思議此品乃佛神力加青蓮華藏菩薩演說而告蓮華藏菩薩論謂青蓮華表本智無染具差別智又告蓮華藏者表本智廣大自二者相成以顯心佛不思妙用此則二智廣大自在也 此品計二卷

次十身相海品明大智攝化所感正報有十種身謂菩提身願身化身力持身相好身威勢身意生身福德身智身法身復有十華藏世界海微塵數相莊嚴故號十華藏也常稱三十二相即化身也觀無量壽佛經稱八萬四千相即報身也今十華藏微塵數相即法身也讚云萬德莊嚴不思議相是謂十身相即法身也讚云萬德莊嚴不思議等者經舉九十七大人相至十華藏海微塵數身不思議用此示心佛二智不思議報故曰不思議

次隨好功德品明隨塵數好相有塵數好相言其狀好智清淨果佛言其美也一一好中有多光明能淨無邊界脫無

間罪功德難思也讚云光相莊嚴不思議行等者經云如來有隨好名圓滿王出大光明名清淨功德能照諸眾生行業欲樂皆令成就由以隨行正智破諸障惱成此光明兼以嚴物故曰隨行報成隨好相形相好也前明智報淨果佛此二品法總彰三業二智之報廣大自在此品告寶手菩薩而說表法身性光隨行接引

次普賢行品明佛行海融前智門廣施利行讚云融前二聖號為品中敘事 此品與前十身相海品共一卷

前智門等者此品廣陳普賢行法融前果智為入塵利物諸佛同行如來果行至此極矣故繼此說如來出現品次普幢佛者爾時普賢說是法已十方剎塵菩薩同名普幢佛各從普賢世界普幢佛所來詣此土作證表佛普賢行之體用以處道謙柔為普勝摧伏自他為普幢理智悲願具足隨緣為自在昇進位極寞造此道為如是作證表佛普賢徧一切處十方同道無二無盡 此品計一卷

次如來出現品初如來性起妙德菩薩者此即信首

文殊異號於此請問如來出現之法示從十信依智進修至此出世間智悲行滿則本智如來從自性起妙德圓具故以如來性起妙德菩薩請問如來自在也又讚云有十種無量利行之相至音聲從廣大自在也又讚云有十種無量利行之相至音聲說如來欲以正法教化眾生先布身雲彌覆無相示現種種光明電光出生無量三昧雷聲法界示現種種光明電光出生無量三昧雷聲法礙悲心起大智風輪然後於法身雲廣雨法雨為最後身謂為坐道場菩薩雨法界無差別法雨為最後身

華嚴要解 三九

菩薩雨遊戲如來祕密教法雨乃至為求獨覺乘者雨深知緣起遠離二邊不壞解脫法雨為求聲聞乘者雨以智慧劍斷煩惱竄法雨餘不勝舉皆明自性如來功圓智現無作無限自在也復作是言次十方授記一生當得菩提菩薩說如來出現法已。

今此會中十方利塵菩薩得一切菩薩神通三昧我皆與記一生當得菩提又有利塵數劫皆得成佛心我亦與記當來經不可說利塵數劫皆得成佛號殊勝境界此明自既修行得果此所化眾亦當

得果於菩薩言一生以根機已熟超達之易於眾生言塵劫以積迷之久超達之難特對機言耳於實性中古今一時三際一念則以利那頓證為一生又以利那三昧顯出如來正智慧海則無邊劫迷者迴滅計之故也又自本有定體攝化不位進修至十一地佛果既成又以普賢大行不界用隨行成忍通達二愚享實報壽無方覆起用隨行成忍通達二愚享實報壽無方覆捨世間成不思之智獲十身之報又以普賢大行圓融廣利則自性如來之德於是明極菩為妄覆

清涼科前三十一品計之品計三卷也此品證分也

至此乃現故終說如來出現品總該果行又說離世間品明果後利生之常道而通為設法治習修一品為托法進修成行分 上釋三周中第二周法竟

第三周第十會入法界一品善財南遊重詮五位因果為去言依行圓彰法界分者前則詮示法門此果為去言依行圓彰法界分者前則詮示法門此欲體而行之故依前修功終忘詮頓證入此法門故為去言依行此品之文自因推

廣則示善財百城自果反約則示彌勒樓閣而五位行門法界理事目擊而盡是謂圓彰法界依此證入故名入法界品即最後逝多林給孤園所說此林園即西域人間於此說法界眾之皆示不離此即佛法界也法界會上來集之眾皆示不離此以彰果行在會之眾因其默皆得三昧神變間之意也法界品托善財南以言依行故於最後別設去言依行法門成狂解故不廢進修作法垂範使人倣傚蓋得遊之迹還位也盡滯詮則終迷已證無行則去言依正可修行安然順流以入佛法界妙莊嚴是道後

華嚴要解　　　四十二

海而惑者徒執去言之名迷依行之實遠以絕學無爲爲是以眞修正趣爲非終自訶致忘修伏蕩無據則華嚴實談稱性法行皆爲虛設而撥無之孤塊之類紛紛天下矣學者愼思
清涼科此一品爲依人證入成德分　上釋第三周法竟

大科二種常道

一同塵不染利生常道者即進修者五位功成果後常行也楞嚴謂初心修行如澄濁水靜深不動沙土自沈此名初伏客塵煩惱去泥純水名爲永斷

華嚴要解　　　四十三

根本無明今五位未終功行未成如沙土雖沈攪之則可以同塵也及乎功成行滿然後示同水一任攪洞無復染濁此功成離世間品即利生常道即第九會普光殿說離世間品此塵不染利生常道也此功成菩薩運普賢行入劇利生無作無止無意無我一切平常自在故名離常道即於普光本智菩薩說離世間品此出現品亦於普光殿說離世間品非出現品凡夫染世不能出離二乘雖離不能隨間品今明果行悲能隨世智能不染故常在世是眞離也

間未始不離曾無淨見何況染相隨離雙泯方爲眞離世間也文中普慧與二百問普賢甁瀉二千酬皆明此也。次讚云利生常行安住十法常見十佛此普賢二百問中問何等爲演說佛何等爲見佛普賢菩薩常說十佛所謂成正覺佛無著見佛願佛業報佛住持佛涅槃佛深入見法界佛普至見心佛安住順見佛隨樂見佛本性佛明了見隨意三昧見佛無量無依見此法則常得見無上如來正覺無著於悲願出生於業報生信於住持隨順於涅槃深入於法界普至於心安住於三昧無依於本性明了於隨樂普授隨機所樂而應之也能安此法則無所見而非佛無所見而非佛也故曰常說十佛常見十佛也此離世間品計七卷

圓彰重諭注科分五

初圓彰行境眾讚云忘詮頓證一念圓該此法界會上初集之眾表五位法而不分五位意顯忘前言詮頓證行境一念圓該無復漸次也二同會請法眾讚云永出有海五百聲聞者此法界會上示現聲聞與菩薩世主同請當品之法即舍利弗

等名列在後經歎德云永出有海住無礙處於佛智海深信趣入又讚云常利眾生無量世主經歎德云常利眾生爲不請友即大權菩薩示爲世主也。三十方來集眾讚云默示佛果等者前眾既集請問如來頻申三昧一切世間普皆嚴淨十方方便入師子頻申三昧爾時普賢以大悲各一菩薩各從一佛界來各現無盡法門初東方毗盧勝德王佛眾中有菩薩名毗盧願光明終至上方普智輪光音佛眾中有菩薩名法界差別各與刹塵菩薩俱來各興種種佛事供養或陳樓

閣莊嚴或陳寶地莊嚴或陳身相莊嚴乃至現三世諸佛一切行海悉徧法界此默示法界佛果本行皆前所問也所以默示者欲令去前言詮默造行境故師子頻申者欲示在無畏適然動容之貌能然前歎德云於佛智海深信趣入豈實使同流見者此聲聞眾因前默示法門雖在同會皆不能見前歎德云於佛智海深信趣入實迷流蓋示同不見以顯行境不可思議攝諸小乘使同趣入故也 五默契行境眾讚云蒙佛光照不藉

德用也 四示現顯法眾讚云深入智海示等迷輸此三昧依無作智自在無爲而適然示現廣大行境故也 五默契行境眾讚云蒙佛光照不藉言詮等者聲聞既迷行境世尊欲令菩薩安住師子頻申三昧放眉間毫光名普照三世法界門時眾因此悉見刹海種種名色及佛菩薩種種應現遂皆入此三昧亦能種種廣現入不可說佛神變海斯皆不藉言詮默契行境也 論指已上爲答前所問法門竟是一部經始終圓滿法界之體以下托迹重諭又廣明行境也

二忘修絕證佛果常道者此返本還源天成之德妙覺位上無功用道也二道則一但前示修證此示無修前爲學者之事此爲諸佛之事即第十會入

法界品總融前位因果智行成一法界謂之無功
大用圓融自在之門所托善財南遊始於古佛道
場徧歷百城知識終於圓契彌勒普賢之道
意在總括三世佛境因果為一時一際一眞法界
以顯人人本有妙德一切具足圓融自在故為忘
修絕證佛果常道也夫百軸之經五位之法治習
進修俯為明此本有之德葢修行者未發心時無
明正使習氣煩惱障蔽本智故用五位之法重重
鍊治始得明極既明極矣不假修為管如磨鏡垢
盡明現則功用止矣故於最後說忘修絕證之道

而終焉然法界一品耳於前判為去言依行於此
判為忘修絕證者此品總成前法理無不備但隨
所成之意判之以三周因果托言以明欲忘詮頓
證故成之以去言依行而證欲返
本還源故成之以忘修絕證緒有深淺意有攸當
非相違也總而會之前三十八品自衆集摽宗舉
果發信以歷五位而卒於同塵不染利生
常道此始自凡夫終至成佛修行證果之眞範也
最後一品去言依行忘修絕證者直使掃心言之
滯迹復德用之大全廓爾忘緣超然自得為一經

耶夫人幻生成佛示悲終智現而卒於彌勒樓閣
一彈指間頓示十方法界無盡事相從微至著皆
欲默體不涉言詮雖就中有言詮特緒餘耳葢言
以詮道終不能盡道故孔氏曰言不盡意立言以
盡之而祖師猶以為撥去名言色象
獨得於拈槌舉拂之際是之時語默色象詮示
不及乃為至矣凡遊五十三知識法門當如
是入科又分五
初創行敢蒙衆讚云爾時文殊童子從善住閣出
殊方便之德也經云爾時文殊童子從善住閣出

十地主當春生夜神女身示長養大悲十一地摩
妙行無住十向鶖香長者和合諸香示智悲圓融
以示寂用不二十行善見比丘於林中徐步經行
於動容之間如十住德雲比丘於別山藏一藏之
之要在於默得不涉言詮故諸位知識表法多見
重明者前則詮示法門此欲體之於行之故也
即善財南遊之迹依前法體重明一藏之意所以
然不可得矣此華藏敎海之臻極也且托迹重諭
大海苟造乎此則向之淺深源流同異皆如
之統要實至道之淵源校於前文彼如百川此如

與無量同行菩薩及常隨侍神天八部詣佛作禮
辭退南行往於人間論謂表從法身起諸差別
智就俗利行創行啟蒙此乃行門信位爲法界諸
佛發行之始法身本智發覺之初故文殊於此改
稱童子表童蒙初心自此發覺也然前信位以文
殊爲信首而稱菩薩此信位由心生解自因趣果
童子者前爲進修之門欲解終趣行自蒙發覺悟
爲造悟之門欲解終趣行自蒙發覺悟修異位故
先後異稱然於智體初無異也

二隨行發心眾讚云觀察妙行發菩提心等者文殊
行發之始讚云觀察妙行發菩提心等者文殊
修門初發心時便成正覺也

三頓捐業識眾讚云智光普照業識頓捐回向行
等者經云爾時文殊勸諸比丘發菩提心已至覺
海覺等諸比丘觀察文殊種種妙德文殊卽勸之
發菩提心住普賢行卽時具足一切佛法此同進
城東古佛塔廟處說普照法界俯多羅時大海中
有無量百千億龍來聞法已深厭龍趣咸捨龍身。
生人天中一萬諸龍來聞法得不退轉意長
依法界行啟蒙發心又承智光法門一照則出生

華嚴要解 四三

死海頓捐業識故大海諸龍來聞法已咸捨龍身
又一萬諸龍發菩提心表發覺捐業卽能回向萬
行之門故次有由覺趣行之眾

四由覺趣行眾讚云卽俗明眞等者時福城人聞文
殊在莊嚴幢娑羅林大塔廟處四眾各五百人出
城來詣福城幢娑羅林卽行境四眾卽俗明眞也
詣表來詣由覺趣行也四眾皆俗士女表覺五位也
各五百人表圓覺五位也。次善財讚云依功德
藏示果彰因者善財生時家有自然七寶伏藏
五百寶器眾寶盈滿一切庫藏財物充實因號善
彰因發五位行利被羣生也

五依行昇進眾讚卽善財徧參五十三知識法門五十
表五位各十波羅蜜三卽文殊普賢彌勒爲五位
中智行因果各徧五位一一法中爲體用也餘見
科註科又分六

初十住知識讚云從信趣定會理契眞者論科此爲
以定會理契眞門以前優婆塞等卽俗流純信者

華嚴要解 四八

童子童女即信本末雜者又善財依先世信種彰功德藏通表信位。善財於此初見妙峰山德雲比丘是從信趣定會理契真也。山表定體比丘表真體德雲能雨法雨表出世利行善財蒙文殊指南登妙峰山週觀察見德雲在別山徐步經行示不住定亂雙融身邊見謝然後契真見道之後須定可起行修行入十行位也。二海門國海雲比丘表復依觀智觀生死海成廣大智海潛與利潤。三善住比丘表此位治三界惑習已盡住無所住

名為善住。四彌伽長者此云能伏表真俗二智已備能伏邪見異道。五解脫長者與彌伽皆慧由會理契真從出俗入俗智慧此二長者修世間智士明前三比丘修出世智慧此二長者修世出世智慧眞俗無礙是名解脫六海幢比丘又表合前二智廣大如海摧破塵生一切惑業。七休捨此云滿願優婆夷表入塵慈悲謂可畏仙人表不滯真俗謂無功智明論無出聲可畏。故日出聲可畏。九勝熱婆羅門表得法自在示同外道令諸邪逆攝伏煩惱故名勝

熱。十慈行童女乃師子幢王女表從智生悲處染不染前第七婆夷表大悲而未斷度生愛習至此大悲行滿任運利生無復染習故以童女表之

五位知識唯初位正表當位之法餘皆智悲相濟增進之行未見經文難為廣釋今各略示修行網要而已大抵以行人未發心時無明正使習氣煩惱障蔽本智使疑迷不覺淪墜惡道故今依自心普光明智發信進入十住契佛眞智名為見道眞智既明無明始謝然習氣伺存根未成熟故用五

位重重逆順鍊磨習氣開擴正見增修福慧名為修道習氣既盡本智洞圓如淨長空廓無纖翳大慈之日普照羣幽大悲之月清涼有海眾行萬德龐所不具名為證果此華嚴之盡道諸佛之能事也若直求一解脫出世之果即二乘小道無凶圓成一切種智是故五十三知識備設一切法門而善財示迹徧歷以引發行人使於一切境上鍊治開擴伏心忍性增益其所不能而其圓種智之實曲成萬物之大範也惟行人則之次解脫見佛者此第五住知識示善財法門入如

來無礙莊嚴解脫門於自身中現無盡佛剎諸莊嚴事隨意能見十方諸佛菩薩意明即俗身相含佛利也次休捨親事佛者即第七住知識因善財問所得法門人近遂歷舉往昔所親事佛明積行之久也上釋五位初十住智為本門竟

次釋依智起行門

第二十行知識讚云依佛真智治習利生等者論科此為依真發起諸行門謂依十住智發起此行門內以智治外以利生羣機不窮故利行無盡也初位以三眼國善見比上表者示治習利生須以智眼觀根法眼知法慧眼決擇乃為善見可入菩薩行門也 二自在主童子表依真起行王道自在 三具足優婆夷表隨智悲於一切境常施佛事名為具足 四明智居士表運悲處俗世智圓融即無明智 五法寶髻表智悲行圓總攝諸位如醫總五體 六普眼長者表至此行門世出世法無不偏 七無厭足王表權示攝伏利生無厭 八大光王表妙行成就於世五欲及一切境心無所動 十徧行外道表行純心寂示化邪流徧同其優婆夷表示化

次釋濟行以願門

第三十囘向知識讚云由真入俗融智同悲廣大願門者論科此為理智大悲願行會融門以初住智為本次依智起行猶多出俗之心及至此位濟行以願乃能囘真向俗囘智向悲然後理事圓融成法界行而超三賢入十聖矣 初位以廣大國鬻法界行而超三賢入十聖矣 初位以廣大國鬻香長者表者示以廣大願和融智悲成法身香普熏一切也 二婆施羅此云自在船師表囘向行於生死海利導自在也 三無上勝長者表囘向行名無上勝 四師子頻申尼表無染而超出世間也 五婆須密女此塵勞入俗行無染慈適悅無畏云真友亦云天友示不染之染徧與人天作師友攝一切法門 七鞞瑟胝羅此云包攝表入俗智悲廣大也 六鞞瑟胝羅此云包攝表入俗智悲廣大也 七觀音菩薩財見觀音菩薩表大悲 八東方正趣菩薩表正智善財見觀音菩薩表大悲 八東方正趣菩薩表正智從空來不待往見二聖同會表智悲二位至此齊

滿。九大天神表淨智無依廣覆羣下。十安住地神表悲體廣大載育萬有二者皆不為而應不處而徧故以神表上皆融智同悲廣大願門也。次斡瑟所見佛者包攝室中置一栴檀座塔不置形像而開塔能見三世諸佛意明人人自性各具無相佛也。次二位乃善財問正趣於何得此法門正趣曰我從東方妙藏世界普勝生佛所得此法門一切人天所不能了唯勇猛精進無退怯菩薩能聞能解謂此智境非中路懈退者所及也又安住地神曰我於月幢世界妙眼佛所得此法門所舉普勝生及妙眼佛皆表智悲妙行法報也

次入十聖位。

上釋三賢位竟。

第四十地知識讚云照生死夜圓智悲功等者此夜神皆示女相表大悲同鄽照生死論科此為蘊修悲智成德門故曰圓智悲功。初位以婆珊表者婆珊演底此云主當春生即經云趣入菩薩諸地行一切佛法所從生也。二普德淨光乃歷劫之師以表覺體示登地之行與覺體一也。三喜目觀察表慈眼視生施以福聚。四普救妙

德表長養大悲施以妙德。五寂靜音海表寂用徧周靜即寂音即用海即徧周也。六守護眾生心城令增長慧威力。七開敷樹華法行常護眾生心城令增長慧威力。八大願精進無功大願利行華令敷衍成寶。九妙德圓滿妙利充滿一切眾生。十釋女瞿波釋種真也。女俗也表十地行徹得真不證大悲同俗遂會十地普賢妙行也。

次三位乃婆珊往劫為王夫人寐中因淨月夜神告言雷音王佛於寂住林成等正覺令往供養遂

於彼佛發菩提心復過萬劫為長者女有五百佛出興第一名須彌幢寂靜妙眼其本夜神復以方便引至佛所得眾多法門意明修菩薩行運悲處世經劫久近供佛多少因以頌答有十一段初各目住劫十地昇進後唯一佛配一地示以一攝十佛配十地一段初段即偈文廣頌歷多也。次喜目親事見科註初段十二佛乃文長行總敘普救因行次十一段即偈文頌劫親事也。次寂海事佛者經舉寂海普於此佛所各獲一三昧門命終後生婆婆先見鳩羅孫

陀佛拘捿含牟尼佛迦葉佛後見毗盧遮那佛得念念出生廣大喜莊嚴解脫先於十佛各獲三昧卽一地具十地之行也後見四佛卽自十地入十一地也餘位已在前十位門故略之
佛者善財問證此解脫久如守護事如來出現其最初佛名法海雷音光明王我時為輪王女作比丘尼於此佛所發菩提心守護佛法復有離垢法光明等百佛次第出興我皆親近供養修行其法所陳為王女為尼亦表依智修世出世慈悲之行初舉一佛後舉百佛亦自一地圓融

華嚴裹解　二五

十地也。次開敷因地者善財問開敷本所發心。開敷舉往古有佛出興名普照法界智其國有王名圓滿蓋劫有災難王起大悲出一切物作大施會開敷爾時為長者女覩王惠施獲大善利作是願言今此大王為無量無明眾生作所依處願我未來亦復如是初舉普智圓具悲利行餘如科註諸位表法之例廣略不同蓋自一法或翁或張使人貫習縱攝無滯也。次大願因地科云初善光劫有萬佛出善財問發心久近大願答往古善光劫有萬佛出

興最初號法輪音燈王時王名勝光國多十惡遂設重刑王有太子名善伏愍諸楚毒求王救宥以身代罪曰我若不救此眾生者云何能救三界牢獄時五百大臣恐壞國法請誅太子王后哀切請說法時眾咸獲益菩薩障除其福然後當來大眾咸集時法輪音佛知諸眾生調伏時至來聽太子半月行施恣意修福然後當開施會令生善根解脫門此明本因也爾時太子卽大願是五百大臣欲害太子者提婆達多五百人是是諸人等蒙佛教化當來成佛五百次第出興初名

善陂裹解　二六

大悲二名饒益三名師子四名救護乃至最後名曰醫王所救罪人卽拘雷孫等賢劫千佛及百萬僧祇諸大菩薩於無量精進佛所發菩提心今於十方行菩薩道教化眾生者是此明本行也又云我時救罪人已於法輪音佛所出家成就眾多法門後身次值法空等十八佛皆親近供養此明昇進也最初佛號虛空燈王表正智利生之德用也國多十惡表對治之境遂設重刑而太慈智之行國多十惡表對治之境遂設重刑而太

子請救表善惡相形乃發慈心也時諸大臣及所
救罪人皆成佛道表智悲所化成就之八也救罪
人已詣佛出家表行終無染後値佛表八地功
終昇進之果也夫依本智以一應萬法輪廣運法
燈廣照以智行慈伏惡而成就一切眾生行
因地者往古有佛出興名自在功德幢寶燄眼王
夫人喜洗沐投與其乳母妙德彼時爲其乳母幢
諸天洗沐投與其乳母又得菩薩於一切處示現受生
昧普見十方諸佛又得菩薩於一切處示現受生

解脫此其本因也此神居嵐毗尼園乃佛降生之
處善財見之問云何修菩薩行生如來家妙德
爲說菩薩十種受生藏一願常供佛受生藏二願
發菩提心受生藏乃至第十入如來地受生藏若
菩薩成就此法則生如來家又云我昔發願願入
毗盧無量受生海以是願力生此園中專念菩薩
何時下生經於百年世尊果降意明以諸勝緣納
於藏識作佛種聖胎名菩薩降生言經百年興
果現前名菩薩降生言經百年然必先藉勝緣爲種
九地進圓十地則佛果現前然必先藉勝緣爲種

然後可致佛果故於此說菩薩受生而於十一地
說者摩耶誕佛也次瞿波因地初二位表慈悲
育者善財尋瞿波至普現法界光明講堂有主宮
殿神號無憂德與一萬眾來迎法主宮殿神與
眾一萬表慈悲覆育爲其太子瞿波爾時敘十
地悲滿行位相契而同會普現光妙境也次善財
本因者寶華佛昔爲國王釋迦爲其太子大興供養
時爲太子妃始與太子同見勝日如來歸白父王
聞佛說法卽於一切法中得三昧海而求出家卽得成
王聞歡喜亦往詣佛聞法獲益遂求出家卽得成
就一切法門後證寶華佛果於十地滿敘此因者
妃表隨緣大悲太子同悲之智勝日表根本智
果寶華表後得智太子遂致父
王得見勝日而證寶華明此地之行以隨緣大悲
與智冥運極於此無二無別也瞿波又云我昔供
萬行寔運極於此無二無別也瞿波又云我昔供
勝日彼佛滅後其世界中六十億那他佛出興
我皆與王承事供養其第一佛名清淨身至最後
佛名廣大解計五十也言六十億者
佛而舉五十名者表十地滿心通該十信以成六

位而不出五位之果從最初勝日身至最後廣大解表五位相果始自根本普光智起而終於普賢大解脫門本末相即初後一念同入因陀羅網無盡法門是為十地終極之位也。上釋超三賢入十聖位竟

次釋自十聖登等妙。初等覺位

第五十一地知識讚云悲終智現法界體圓者論科此為悲終起智成佛門以十地已前猶依本智長養大悲此十一地長養功純是大悲為法界體與智圓現故此初位以佛母摩耶表法示純悲之體圓現智佛隨應利生也。二天主光乃正念王女表十一地無念智中無染慈悲無為照用。三徧友童子乃眾藝童子之師表徧周十方為世師範。四眾藝童子能助明徧友法門不了無行不了無術一切通達表安住物養生無法不了無術不行不行不行。五賢勝優婆夷世間正邪吉凶醫方眾讚成化。五賢勝優婆夷世間正邪吉凶醫方眾術一切通達表安住物養生無法不了無行不行不行。六堅固解脫生不濟實廣大之慈悲故號賢勝。六堅固解脫表一切無著諸功德而念自無蓄名堅固解脫。七妙月長者表悲智圓滿破世昏惑。八無勝軍長者得無盡相解脫明一切心境

總如來相幻生諸行能勝一切無明生死邪見魔軍。九法聚寂靜婆羅門表於法界聚落喧萬境示真寂法。十德生童子有德童女表智悲齊滿處世幻住自云我等二人證得菩薩幻住解脫明十一地終證妙覺智照了心境廓絕纖塵淨為如夢幻體雖智果報生皆幻住也故經云我得幻住解脫見一切世界皆幻住因緣所生一切生皆幻住業力所起乃至一切菩薩皆幻住行願法界中唯一真智以隨幻住幻生一切。若佛境界生境悉皆依智用幻住世間萬法性本自離不獨有

所成如是照了則凡聖一體物我同源法法圓融。塵塵不礙。十方矚目無可當情是中返觀不容他物皆幻住幻住故隨智用故無邊刹海德用徧周十方身土境相相入非一非異無始無終歷劫自在非假他術為得幻住法門故一切德用圓融而無去來見慈氏莊嚴樓閣也以是證得諸幻滅影象故明見慈氏莊嚴樓閣一切德用圓融而無去來見慈氏莊嚴樓閣佛境法門而圓契果法矣

次三位皆善財因之得見摩耶經云爾時善財欲見摩耶時寶眼主城神空中現身教善財守護心

城莊嚴心城乃至瑩徹心城富實心城以積集一切善法蠲除一切障難便得見善知識究竟成佛又有蓮華德身眾神讚歎摩耶卽放無量光令善財得淨光明眼永離疑闇乃至得普見眼觀一切剎諸佛出興又有守護法堂神於空告菩薩成就十法及十三昧則得親善知識其十法始於其心清淨離諸諂誑終於徹鑒諸法順善知識皆表入十一地之方便也夫能守護心城使瑩徹富實又得淨眼普見及心離諸諂誑行無過失則菩薩之行足矣故可入十一地也。次從師子佛已下乃至經舉多佛末云如是乃至樓至如來在賢劫中於此三千大千世界當成佛者摩耶悉爲其母。又大千如是於無量世界海亦復如是葢摩耶表十一地總會理智大悲三法爲體。一切諸佛皆自此法而生故也。後二位者毗盧如來在昔爲大威德輪王摩耶昔爲慈德道場神有離垢幢菩薩將成正覺有惡魔至其輪王擁護菩薩遂得成道慈德喜敬彼王而生子想向佛發願願此輪王在在處處乃至成佛我常得爲其母以是因緣今爲佛母也。上釋等覺位終。

次妙覺位。

第六圓契果法眾讚云迴超果位不間初因等者十一地終德生令善財見彌勒表超等覺位證妙覺果彌勒又令善財還見文殊至果同因本始不二則雖迴超實無異也爾時善財復得見普賢遂具足普賢諸願行海與普賢等與諸佛行故科名圓契果法而讚云寂用常然此則二種等合此三位爲一切諸佛圓極果法常道中忘修絕證佛果常道也夫彌勒文殊普賢三聖號人人莫不具足於人求之彌勒者何自性根本智也文殊者何自性普光智體也普賢者何自性差別智用也三者本自一體會於眾生如來藏中隨情轉變爲異物大聖愍之以治其情復其故依根本智明功終悲智滿則三者本體無爲無作脫然圓現皆能於五十位中證此別智用設法治習及乎習盡智明功終能於自性中證此三果不從他得此則返本還源之正覺修行滿者終皆於自性本自一體會三果示修華嚴終於五十位後獨立之極果。毗盧之垂教善財之引發皆欲人人造極

於此凡諸行人當務企及庶不負先聖垂教引發之深慈也　餘有數位非表法所急恐雜教意故不復立此入法界品計二十一卷

五悔解

普賢行願品云若欲成就如來無盡功德應修十種廣大行願其中即五悔法也經云若修此法則能成熟一切眾生隨順無上菩提成滿普賢行海五法能悔除五障故名五悔謂悔各生動人誰無過唯證不動智者可以無過也然不動智體為業塵積障若欲證之必須懺滌然後明現故五法以懺悔為先塵銷覺淨則心佛相應故次用勸請諸佛說法利生也既依佛法當能隨喜所得福利當能回向因回向善當發大願此則成熟眾生成就菩提滿普賢特設此法而禮誦功終必須遵修也故普賢行願偈云我觀能照玻瓈鏡等隨好光明品諸天子問云何悔除過惡時有天鼓以菩薩三昧力發聲告言諸業從顛倒生無有住處無有彼瓈鏡無影象悉報譬如有玻瓈鏡名曰能照無邊悉現其中而無去來迹一切諸業雖能出生善惡果報無

來處若如是知是真懺悔一切罪惡悉皆清淨意明本覺妙明物不能染出倒心妄染之也故倒心永滅則一切清淨勸請偈謂佛不遠人以敬取之惑自背於佛若能深求則無時不現也餘三偈皆採經意前解可詳三歸詞正淨行品一百四十大願之文

大方廣佛華嚴經要解

新建吳坤修敬刊
同治十一年秋八月金陵刻經處識

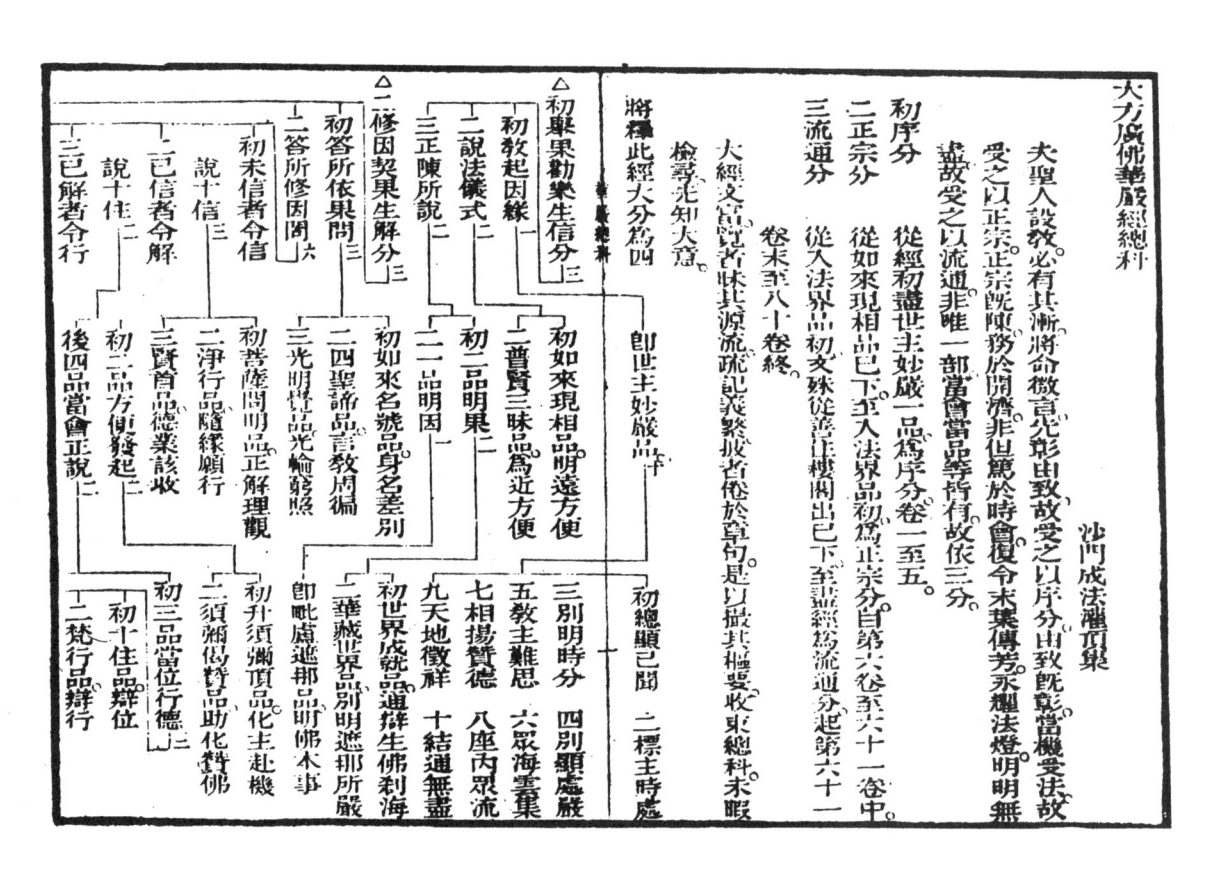

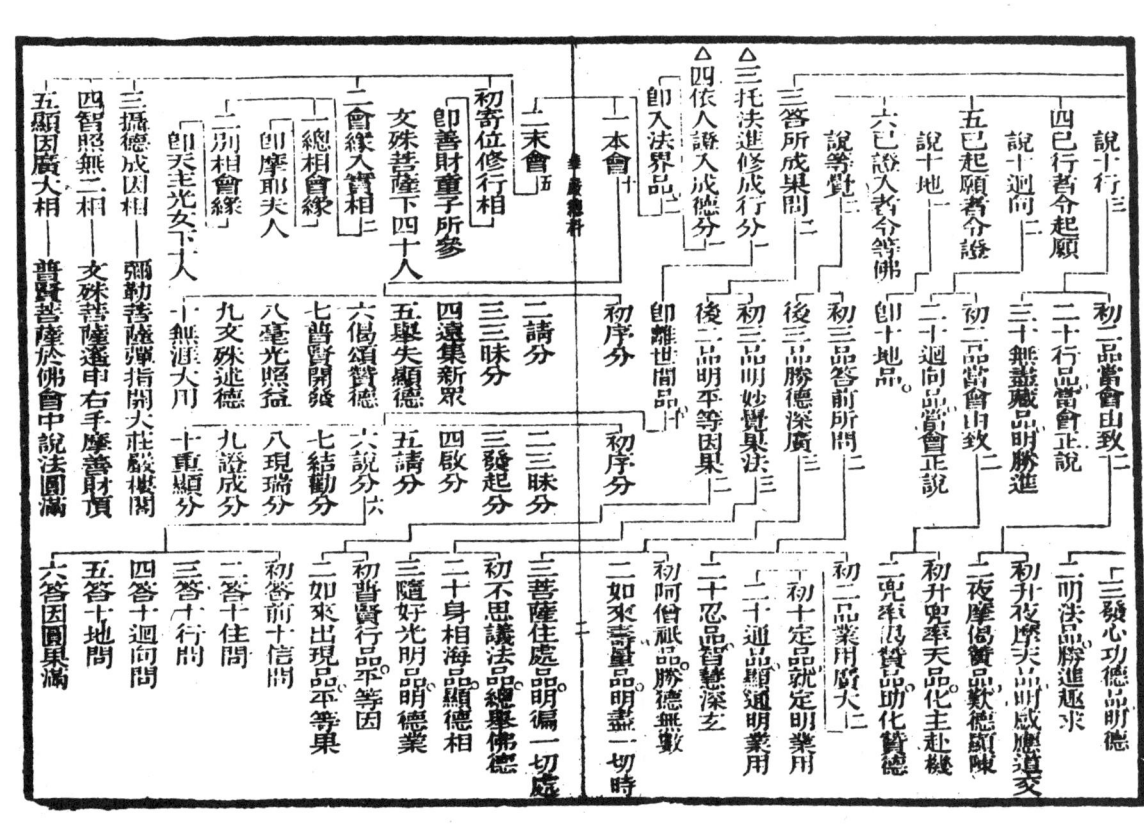

大方廣佛華嚴經總科

沙門成法纂頂集

大聖人設敎。必有其漸。將命微言。光彰由致。故受之以序分。由致既彰。當機受法。故受之以正宗。正宗既陳。務於開濟。非但鷹於時會。復令末葉傳芳。永耀法燈。明明無盡。故受之以流通。非唯一部。當會當品等皆有。故依三分。

初序分　從經初盡世主妙嚴一品爲序分。卷一至五。

二正宗分　從如來現相品已下。至入法界品初。爲正宗分。自第六卷至六十一卷中。

三流通分　從入法界品初文殊從善住樓閣出已下。至盡經爲流通分。起第六十一卷末至八十卷終。

大經文富。覽者昧其源流。疏記義繁。披者倦於章句。是以撮其樞要。收束總科。末暇檢尋。先知大意。

將釋此經大分爲四

一　即世主妙嚴品十

初總顯已聞　二標主時處

三別明時分　四別顯處嚴

五教主難思　六眾海雲集

七相揚贊德　八座內眾流

九天地徵祥　十結通無盡

△初舉果勸樂生信分三

初教起因緣一

二說法儀式二

三正陳所說二

初如來現相品明遠方便

二普賢三昧品爲近方便

初二品明果二

二一品明因一

初世界成就品通辯生佛剎海

二華藏世界品別明遮那所嚴

即毗盧遮那品明佛本事

△二修因契果生解分三

初答所依果問三

二答所修因問六

初未信者令信

說十信三

二已信者令解

說十住二

三已解者令行

初如來名號品身名差別

二四聖諦品言教周徧

三光明覺品光輪遍照

初菩薩問明品正解理觀

二淨行品隨緣願行

三賢首品德業該收

初二品方便發起二

後四品當會正說二

初升須彌頂品化主赴機

二須彌偈贊品助化贊佛

初三品當位行德二

初十住品辯位

二梵行品辯行

說十行三

四已行者令起願

說十迴向二

五已起願者令證

說十地一

六已證入者令等佛

說等覺二

三答所成果問二

△三托法進修成行分一

△四依人證入成德分一

即入法界品二

初二品當會由致二

二十行品當會正說

三十無盡藏品明勝進

初二品當會由致二

二十迴向品當會正說

即十地品。

初三品答前所問二

後三品勝德深廣三

初三品明妙覺果法三

後二品明平等因果二

即離世間品十

三發心功德品明德

二明法品勝進趣求

初升夜摩天品明感應道交

二夜摩偈贊品歎德顯陳

初升兜率天品化主赴機

二兜率偈贊品助化贊德

初二品業用廣大二

初十定品就定明業用

二十通品顯通明業用

二十忍品智慧深玄

初阿僧祇品勝德無數

二如來壽量品明盡一切時

一本會十

二末會五

初寄位修行相

即善財童子所參

文殊菩薩下四十人

二會緣入實相二

一總相會緣

即摩耶夫人

二別相會緣

即天主光女下十人

三攝德成因相——彌勒菩薩彈指開大莊嚴樓閣

四智照無二相——文殊菩薩遙申右手摩善財頂

五顯因廣大相——普賢菩薩於佛會中說法圓滿

初序分

二請分　三三昧分　四遠集新眾　五舉失顯德　六偈頌讚德　七普賢開發　八毫光照益　九文殊述德　十無涯大用

初序分

二三昧分　三發起分　四啟分　五請分　六說分六　七結勸分　八現瑞分　九證成分　十重顯分

三菩薩住處品明徧一切處

初不思議法品總舉佛德

二十身相海品顯德相

三隨好光明品明德業

初普賢行品平等因

二如來出現品平等果

初答前十信問

二答十住問

三答十行問

四答十迴向問

五答十地問

六答因圓果滿

梵書華嚴字母輪相

華嚴經四十二字觀想儀軌云修瑜伽者應觀自心圓明皎潔成大月輪量等虛空無有邊際於月輪內右旋布列四十二梵字悉皆金色放大光明照徹十方分明顯現一一光中見無量剎海有無量諸佛有無量眾前後圍繞坐菩提座成正覺智入三際身偏十方轉大法輪度脫群品悉令現證無住涅槃復應悟入般若波羅蜜四十二字門了一切法皆無所得能觀正智所觀法界悉皆平等無異無別若能與是旋陀羅尼觀行相應即能現證毗盧遮那如來智身於諸法中得無障礙圓明字輪。

大方廣佛華嚴經吞海集序

左朝散大夫直龍圖閣知荊南軍府事主
管荊湖北路安撫司公事馬步軍都總
管兼營田使陶愷撰

大方廣佛華嚴經具因果行位緣起理事以不思議
為宗無上乘也以為同也而橫開百千法門其總非
同以為異也而會歸實際理地其別非異即同即異
義極於融故同中有異鳥翔空而前後齊彰異中有
同波生水而泯絕一致萬法各住自位有如水火陵
滅而不相容至理不隔纖毫或若塵芥含容而無所

華嚴經吞海集卷上　一

礙此非器界之所能通而思議之所可及也然而非
文字無以明義非名句無以成文則錯綜而華貫行
布而星分此經之所以為經也由文字名句以求之
則法法相似地地有差其於百千萬億以為數乃
至不可為量乃不可為數也其於大也十方三際以
為量乃不可為量而未脫於有量也其於小大不可
盡者則託於海為所喻以十海為所謂十海願力神變佛化皆生佛業同名
法界根欲法輪願力神變佛化皆生佛業同名
之海而七處九會三十九品悉波瀾其間無有能出

者其源無首其流無尾其邊無旁其下無底則取海
以為驗是亦天下之極稱歟至求之天地之間若形
若器能體融之義而曲當者蓋亦莫海若是經也
行於支那自晉義熙始其文浩博其義淵微其道宏
大志劣者駭於編秩之多智淺者蕾於旨趣之妙能
狹者置海於度內耶距今幾千歲訓釋者獨能
且踐修是道歟譬猶誦其文已難其人而況通其義
有秉柏長者論清涼法師疏其說益侈矣優曇老
法師得華嚴三昧雖受學於師而取成其心以廣說

華嚴經吞海集卷上　二

之一句而演之萬言以約說之一品而攝以數句萬
言而詳味之無一增語數句而旁求之無一缺義計
不待數而人見其多度不必量而人識其大法次地
差不相混濫蓋發揮在文字名句之表而遊戲於世
間卒不繫於文字名句也其約說亦以文句耳奚而
可吞之理者能造海也通公約之曰吞耶眾必以為誕矣然有
數千言名之曰吞海者也取其表必以為誕矣然有
海之有余所謂卒不繫於文句者繹唯其書而加
思焉當得之矣噫大千經卷一塵所覆唯智者能出
之華嚴法海一嚏而不遺餘滴唯知道者能信之或

大方廣佛華嚴經吞海集序

講華嚴楞嚴經唯識起信論嗣祖比上道通述

伏以華嚴之為教也朝宗眾經清涼之為疏也貫映前古不有穎達孰能發明道通夙附真乘窮居講肆論聽宣益經傳妙空退慚先哲無裨後學請問十年開演三徧屢經患難倍覺衰邁築室廬山苟延歲月而二三學者猶不我棄日以是經相叩華嚴為事因閱舊篋得所編法義名曰吞海用貽晚儁使品品之中見無盡經塵塵之內明華藏海於一毛端忽然廣博豈曰小補之哉不學而知但聞其言未見其人也同心之士毋我誚焉。

出或納豈外至哉在我噓吸之間耳。

華嚴經吞海集卷上 三

大方廣佛華嚴經吞海集卷上

河朔平原道通述

一菩提場會
一世主妙嚴品部類區分。

經中有三世間一智正覺世間主能化佛二有情世間主人王天王三器世間主諸類神若能依正互融則難思之境俱是妙嚴。意曰世主差別相妙嚴平等體妙若世主妙嚴是法平等若妙嚴即世主則世間相眾生有佛德若泯四句為日用若主即妙嚴是法平等若妙嚴即世主則世間相常住若具四句則成佛德若泯四句為日用若存泯無礙生佛平等法本如此不勞修證。

如是一小乘揀異外道經阿優二始教唯如是四頓教如包是偏。
我聞一小乘識變聲相假我。二始教信順之辭。三終教不變我聲即心。四頓教無如為五圓教如隨緣日是四頓教無如為
三終教不變我聲即心。四頓教無我根塵俱盡五圓教一聞一切聞。
一時一小乘盡夜六時二始教時依識現三終教則不變隨緣四頓教現前五圓教則般若

華嚴經吞海集卷上 四

華嚴經含海集卷上

一時具一切時
佛在一小乘丈六真身二始教千百億化身三終教丈六即是常身四頓教丈六即是法身五圓教具足十身
菩提樹一小乘土石諸山二始教隨機化迹三終教其地堅固四頓教一塵不立五圓教七處九會同一道場
菩薩眾一小乘不見聞二始教有四十二位三終教盡成佛四頓教無凡聖五圓教佛刹微塵數俱來集會
一切法成正覺

經中釋迦如來初成佛時具足本有十身於一切法成正覺
意曰始成正覺者舊佛新成也處於此座者開悟之處量等法界如虛空具普徧廣容二義量云如來三業有法正容常徧宗平等無分別故因譬如虛空於諸國土平等隨入一塵故成等正覺若一毛為座則轉大法輪塵數菩薩圍遶者主伴互嚴
經中列眾從內至外偈讚佛德從大自在天至普賢海眾雲集一同生眾有二十種普賢至普

光菩薩海月光至智生菩薩二異生眾四十種執金剛神身眾神足行神道場神主地神主山神主林神主藥神主稼神主河神主海神主水神主火神主風神主空神主方神主夜神主晝神阿脩羅王龍王鳩槃茶王乾闥婆王月天子羅王夜叉王迦樓羅王緊那羅王摩睺日天子忉利天夜摩天兜率天化樂天他化天大梵天光音天徧淨天廣果天大自在天
經中列眾從內至外偈讚佛德從外至內有六十眾圍佛刹微塵數毗盧遮那佛一一皆有十

二如來現相品說法儀式
遶形色部類各有區分得佛解脫平等無二
經中佛放眉間光右繞於佛從足而入有大蓮華忽然出現有勝音菩薩坐蓮華上偈讚如來有十菩薩為伴
意曰實際理地主伴不立生滅門中豈無問答
菩薩諸王作是思惟從因至果有四十問一部經文前後答斷彼疑故即於面門眾齒之間放十種光明一切菩薩蒙佛光明詣如來所親近供養

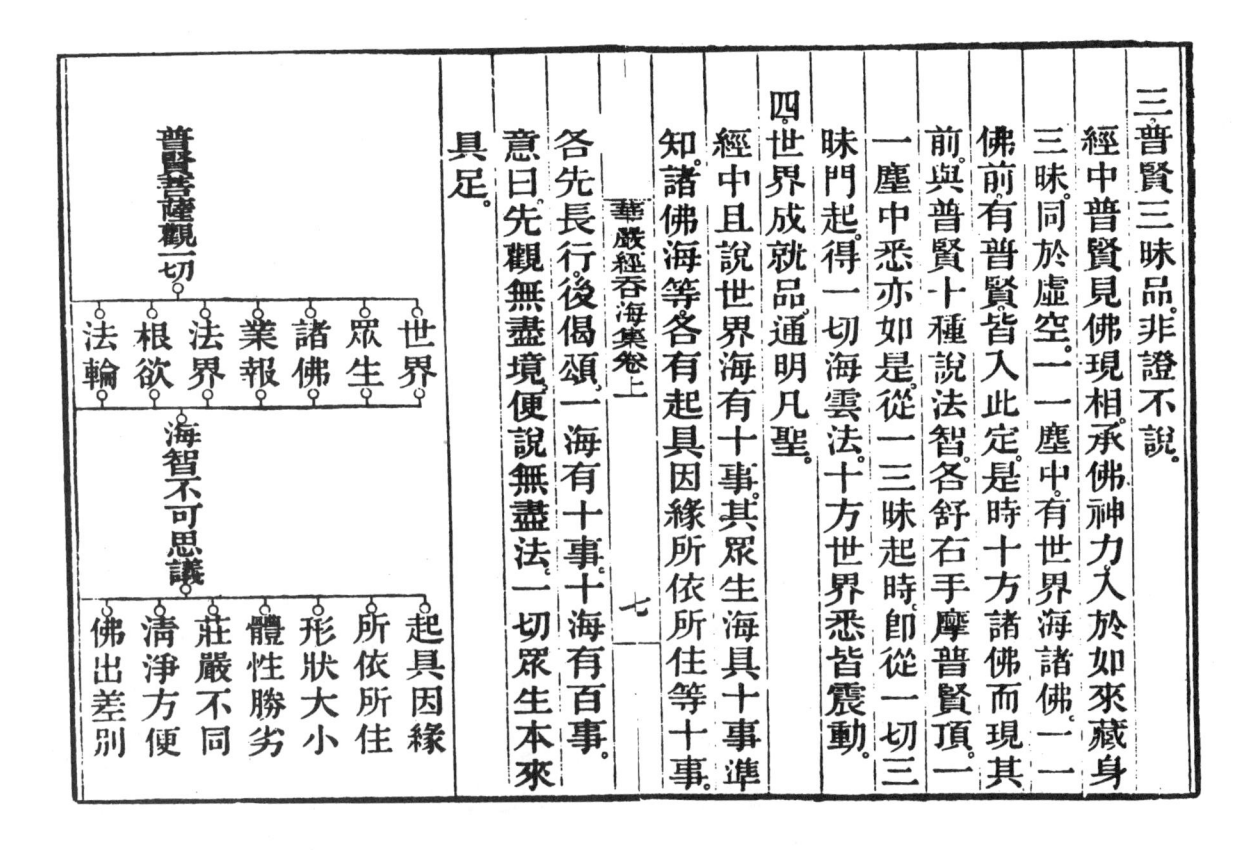

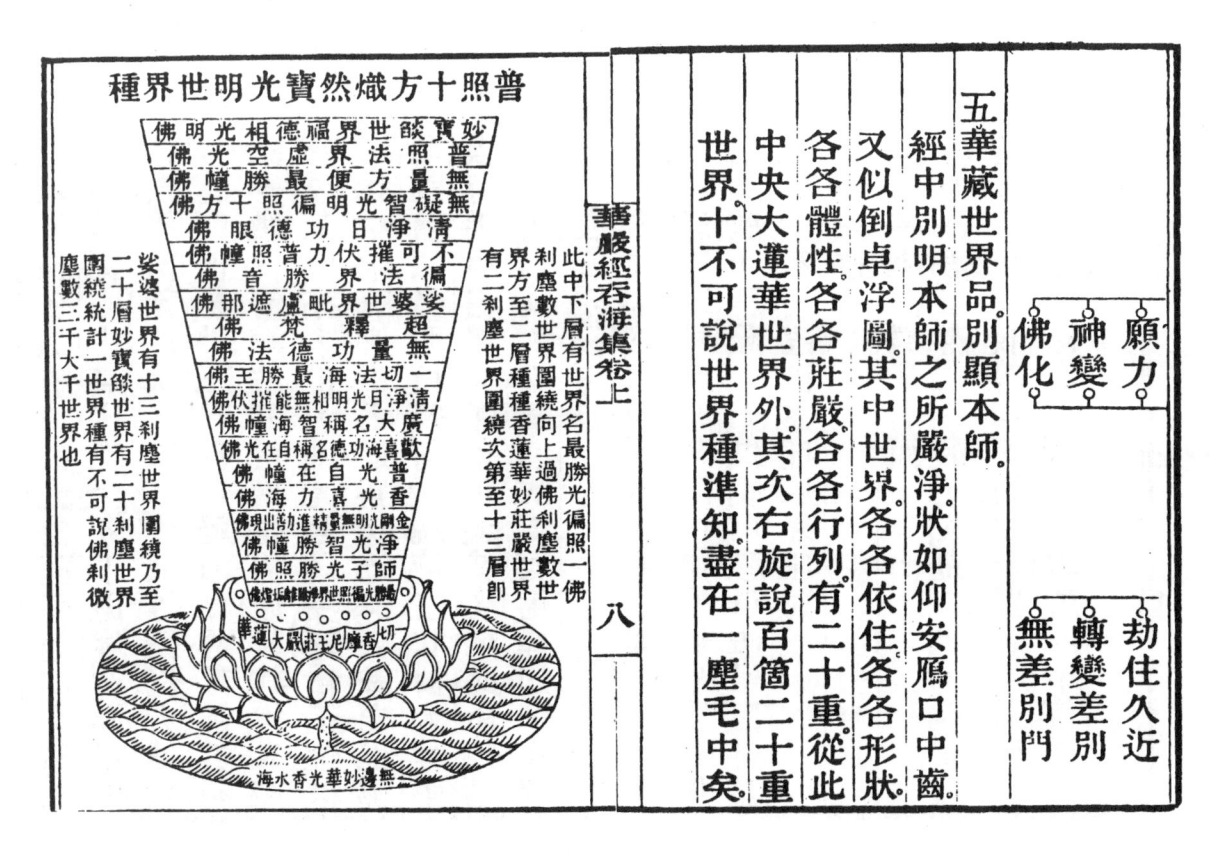

三普賢三昧品非證不說。
經中普賢見佛現相承佛神力入於如來藏身
三昧同於虛空一一塵中有世界海諸佛一一
佛前有普賢皆入此定是時十方諸佛而現其
前與普賢十種說法智各舒右手摩普賢頂一
一塵中悉亦如是從一三昧起各得一切海雲法十方世界悉皆震動。
昧門起得一切海雲法十方世界悉皆震動。

四世界成就品通明凡聖
經中且說世界海有十事其眾生海具十事準
知諸佛海等各有起具因緣所依所住等十事。

華嚴經吞海集卷上　七

意曰先觀無盡境便說無盡法一切眾生本來
各先長行後偈頌一海有十事十海有百事
具足。

普賢菩薩觀一切　世界　　起具因緣
　　　　　　　　眾生　　所依所住
普賢菩薩觀一切　諸佛　　形狀大小
法海智不可思議　業報　　體性勝劣
　　　　　　　　法界　　莊嚴不同
　　　　　　　　根欲　　清淨方便
　　　　　　　　法輪　　佛出差別

五華藏世界品別顯本師
經中別明本師之所嚴淨狀如仰安鴈口中齒
又似倒卓浮圖其中世界各各依住各各形狀
各各體性各各莊嚴各各行列有二十重從此
中央大蓮華世界其次右旋說百億二十重
世界十不可說世界種準知盡在一塵毛中矣。

　　　　　　　　　願力　　劫住久近
五華藏世界品別顯　神變　　轉變差別
本師　　　　　　　佛化　　無差別門

華嚴經吞海集卷上　八

普照十方熾然寶光明世界種

此中下層有世界名最勝光遍照一
刹塵數世界圍繞向上過佛刹塵數世
界方至二層種種香蓮華妙莊嚴世界
有二刹塵世界圍繞次第至十三層即
娑婆世界有十三刹塵世界圍繞乃至
二十層妙寶餘世界有二十刹塵世界
圍繞統計一世界種有不可說佛刹微
塵數三千大千世界也

華藏莊嚴世界海

此圖略標百十一世界種其最中央即前圖普照十方熾然寶光明世界種也廣說有十不可說佛剎微塵數世界如經具明

華上分布而住一一世界種各有不可說佛剎微塵數

六毗盧遮那品往昔修因

經中修因廣大獲果無窮普賢說者該因徹果故乃往古世有勝音劫摩尼華枝輪大林之東燄光大城人王所都有百億城周帀圍遶有百萬億門一一門前四十九寶尸羅幢城中居人乘空往來心有所欲應念而至天城龍城須彌而列華枝林中有徧照道場一切功德山須彌勝音佛忽然出現其身周普等真法界大威太子見佛光明獲十種法頌讚佛德從燄光城百萬億眾乘空而往俱來見佛其佛爲說普集

三世佛自在法經。大威光菩薩得一切法悉入最初菩提心中其佛受命五十億歲彼佛滅後有波羅蜜善眼佛於大林中成等正覺大威光菩薩即得念佛三昧名無邊海藏雲其佛爲說法界體性清淨莊嚴輪大威光菩薩受轉輪王位彼大林中第三佛出世名最勝功德海大威光聞說普眼光明行經得大福德三昧彼大林中喜見王尋亦去世大威光菩薩於此命終生須彌山頂爲大天王名離垢福德幢如來爲說復有佛出名普聞蓮華眼

二普光明殿會

七如來名號品身業周徧。

經中妙悟皆滿二行永絕歎佛二十一種功德若世尊見愍我等開示因中十問果中三十問世尊知諸菩薩心之所念爲現神通十首菩薩來集普光明殿

廣大方便經獲得普門歡喜藏三昧

意曰勝音劫中有十須彌山微塵如來出興於世大威光菩薩一一供養聞經得法是因無盡今有十不可說世界種是果無窮

意曰。佛法大海信為初首。一小乘但信佛一人成道。二大乘初教信一分半眾生不成佛。三終教自信已性決定成佛。四頓教信生不成佛本無五圓教無成無不成一成一切成。

經中文殊言。諸佛身名不可思議不應住於一法見佛身名。如來於此娑婆世界諸四天下有種種名種種身色相壽命處所眾會種種不同。於此四天下或名一切義成。或名圓滿月。或名瞿曇氏。或名大沙門。於東方善護世界亦有十名。餘九世界各有十名。則其數十千名能令眾生各別知見。

華嚴經吞海集卷上

意曰。佛有無盡名森羅萬像舉世立名俱是佛名。於此住處。或名燈籠。或名卓子。或名香爐。或名翠竹。或名黃華。若能如此用心見佛則步步釋迦出世念念彌勒下生便見佛身名周於法界。

八。四聖諦品語業該周。

經中苦者三界報集者三界因滅者超出三界道者戒定慧因令知苦斷集證滅修道佛之語業隨眾生心各別調伏娑婆世界每諦下有十

名餘九世界四諦下各有十名於苦諦下或名可厭。或名遍迫。或名不淨。

意曰。一切名因逐業用變名無得物之功物無當名之實但能假名善便是化佛語業無量若說如來國土身語業則風鈴聲啼鳥聲皆是如來說法聲無義語說不二法頓見本心俱離有無便見佛之語業周於法界。

九。光明覺品意業該周。

經中世尊從兩足輪下放光明照此三千大千世界有百億閻浮提百億四王天乃至百億色究竟天。其中所有悉皆明見十方菩薩圍繞百億文殊同時發聲歎佛光明若見放光照十方十世界則有十百億文殊歎佛光明若見放光過十世界則有百億文殊歎佛光明若見放光過百世界則有千百億文殊歎佛光明若見放光過千世界有百萬億文殊歎佛光明若見放光過十千世界則照百萬億則照一億若放光過十億則照百萬億則照十億若放光過百億。

意曰。光明是智用用能隨緣大小不定廣狹臨

時悉皆明見覺悟自他若穿鍼時於鍼孔內悉
皆明見若寫字時於筆端上悉皆明見若在一
室悉皆明見若登高望百里千里悉皆明見覺
悟本心令他知見

十菩薩問品智明生信

經中文殊菩薩長行問於九首九首以偈答於
文殊

意曰因問生明或問中有明智明生信見諸法
空知心妄動無前境界修遠離法觸目遇緣自
信己性具有佛德無障礙法卽得現前

一心一種種差別問　覺首萬法體虛顯性答
二無實眾生佛化問　財首離相寂滅歸性答
三果報無我誰受問　寶首鏡中現像一異答
四悟一說多相違問　德首一多相成無礙答
五田一果多不同問　目首心有高下報別答
六佛教有無利益問　勤首精進懈怠不同答
七受法新起煩惱問　法首不行非斥多聞答
八智正行助贊美問　智首萬行皆智隨心答
九道一果多不同問　賢首同中有異離見答
十九首復以佛境問　文殊生界法界無別答

文殊智明生信深入理觀自信己性決定成佛
後起淨行事近旨遠念卽無念一念頓圓

十一淨行品觸事淨願

意曰有圓信者具淨行相蓋善用其心於善
也世間萬物皆具淨行則八萬四千塵勞皆不
善正信手合掌向佛見足時手時當願眾生
具正道無有休息若聞鳥聲當願眾生悟自性
不生不滅了味時當願正法味長養眾生眞
法身若善用心淨行無間獲於勝妙功德於一

華嚴經祕海集卷上　十四

切佛法心無所礙住去來今諸佛之道當如普
賢色像第一而爲眾生第二導師

經中一百四十種隨緣行願所爲在家孝事父
母出家堅持禁戒妻子常樂遠離見施捨於慳
心入寺諸師求請剃髮授戒正身修定舉足
足見聞覺知無非廣大行願

十二賢首品信心成德

意曰若善用心有勝妙功德則事近旨遠信爲
三賢之首萬行之本正明發起四弘誓願皆通
空假中三觀雖見眾生空而化卽佛之眾生雖

見煩惱即菩提而斷即菩提之煩惱雖見菩提
不可求無求中求矣雖見萬法離言而學離言
諸法此四開發本有淨心自信已性決定成佛
於眼根中入正定於色塵中從定起者是信心
五對無礙之境一根一心二正定事定
定五定體不分別不礙無分別四入定不離出
不礙理定三體不礙定用應云四入定不離出
根入意定境起根入方網三昧根入信能起
必到如來地經中驗云世間福業尚如此何況
圓修真實法。

華嚴經吞海集卷上　十五

三忉利天宮會

十三昇須彌山頂品不起而昇。

經中妙勝殿上敷置普光明師子座已帝釋遙
見佛來曲躬合掌善來世尊善逝受請入
殿忽然廣博量等虛空一切閻浮提皆言佛在
中我等今見佛住於須彌頂不起而昇也一卽
一切也。

十四須彌頂上偈讚品諸法空。

經中如來從兩足指放光法慧等十菩薩各說
偈讚佛談諸法空見般若體一句一偈超情離
著

見開悟在人。

十五十住品直心正念真如法。

經中法慧菩薩入於無量三昧諸佛與智摩頂
已從定而起告諸菩薩言有十種住則是信滿
住初便成正覺

一發心住見佛聞法或見劇苦而自開悟如來
十種智力一是處非處智二善惡業報智三諸
禪三昧智四諸根勝劣智五種種解智六種種
界智七種種道智八宿命智九天眼智十漏盡
智勝進心中應學勤供養佛樂住生死心轉增
勝。

二治地住發利益十種心應誦習多聞虛閑寂
靜。

三修行住觀一切無常應觀察眾生界世界明
了法。

四生貴住從聖教生應學十法了知三世佛平
等法。

五具足方便住護救眾生應學知眾生無邊無
著。

六正心住聞讚毀三寶心定不動應學無相如

幻。

七不退住。三寶有無心不退轉說。一即多多即一。

八童真住。三業無失隨業受生知刹勳刹供養諸佛。

九王子住。知眾生受生煩惱眞諦法王善巧力持無畏。

十灌頂住。震動世界智三世佛法智增長一切智。

華嚴經吞海集卷上　七

意曰應無所住而生其心則念念契如為住住持之教。

有無量開發本有菩提心時有三種相以三賢表之。今是下賢直心有所聞法即自開悟不由他教。

爾時佛神力故六種十八相震動。雨天妙華極妙音聲。

意曰震即是聲動乃是色從小至大有六種相。所以震兼吼擊動兼起涌六種相者搖颺不安動也。自下昇高起也。忽然騰躍涌出聲也。震也。雄聲鬱遏吼也。輘礉作聲擊也。一切眾生見不超色聽不越聲迷昧本心流轉生死華嚴

經三天偈讚句句之中透過色聲即今見聞一句一偈為金剛種能破於十法界聖凡色聲豈止鐵城也諸經震動於此明矣人皆罔測更冀詳之。

十六梵行品無相修因。

意曰淨行至此成熟正念天子問菩薩依如來教染衣出家云何而得梵行清淨法慧菩薩答應以十法為緣謂身語意業佛法僧戒如是觀已於身無所取於修無所著於法無所住此世不移動彼世不改更梵行不可得住無相法方便自在應諸問於諸佛法不生二解一切法疾得現前。初發心時即得成佛蓋為知一切法即心自性。成就慧身不由他悟。

十七初發心功德品校量顯勝。

經中天帝釋白法慧言開發菩提心有幾何功德。答曰此義甚深不可以世間樂具及四禪樂四空樂四果樂可比。何以故開發本有成佛心時於一切法令如來種不斷故充滿一切世界故。

悉無餘故。

十八明法品照了真俗。
意曰開發心時具有無量功德精進菩薩問法
慧言云何修習佛法答應明了十種不放逸法
十種佛歡喜法十種速入諸地法十種所行清
淨法十無盡藏法
大方廣佛華嚴經吞海集卷上
校譌
第十紙 二十行殿
宋本作堂

大方廣佛華嚴經吞海集卷中

河朔平原道通述

四夜摩天宮會

十九昇夜摩天宮品不動而徧。

經中於寶勝殿內化作蓮華師子座有百萬億華盒香篋鬘蓋幢旛周徧十方供養於佛。

二十夜摩天宮偈讚品唯心所現

意曰菩提心中第二深心相樂修諸善行十林菩薩說了知一切法自性無所有。

二十一十行品深心樂修行。

經中功德林菩薩承佛神力入善思惟三昧十方佛加與智摩頂已從定而起告諸菩薩言行不可思議與法界等有十種。

一歡喜行內外慧施見來乞者心生歡喜我得善利。

二饒益行寧捨身命護持禁戒未曾一念心生欲想。

三無違逆行謙下恭敬以阿僧祇器仗逼害但生慈心。

四無屈撓行受苦無悔心自慶幸令一切眾生安樂。

五離癡亂行堅固不動入胎住胎遇魔境界心不動。

六善現行三業清淨方便出生暫同止住悉不虛棄。

七無著行佛會聞法心生喜具大方便而無所著。

八難得行了眾生空不住此岸彼岸中流無休息。

九善法行為世間作清涼地以無礙辯才斷一切疑。

十真實行如說能行作不請友親近者悉令開悟。

二十二十藏品稱性修行。

意曰蘊集十行成此十藏堅固生長不可破壞。其有十種一信藏則契理二慚藏則崇重賢善三愧藏則輕拒暴惡四戒藏則防惡發善五念藏則明記不忘六聞藏則無所不知七施藏則捨而不悋八慧藏則揀擇邪正九持藏則住持不忘十辯藏則說法利他。

五兜率天宮會

二十三昇兜率天宮品一徧一切。

經中有百萬億莊嚴皆是迴向心廣大所致也。建百萬億幢懸百萬億旛垂百萬億帶執百萬億扇拂百萬億變持百萬億蓋然百萬億香布百萬億鬘百萬億三賢菩薩二十八天八部眾等皆從迴向起俱來圍遶佛放膝輪光徧照十方界十菩薩俱來雲集一切寶莊嚴殿。

二十四兜率天宮偈讚品。

意曰諸法無自性即見般若體。

二十五十迴向品悲心救護苦眾生。

意曰妄亡已滅則與萬類而同迴向三處一眞如實際是所證二無上菩提是所求三法界含識是所度能迴之心所迴善行。

經中金剛幢入智光三昧受加與智起定說法。

一救護眾生相十波羅蜜慈悲雖救眾生離眾生相。

二不壞迴向一切處得不壞信積善根迴向眾生。

三等一切佛迴向以世出世樂迴向眾生令入佛慧。

四至一切處迴向所修一毫之善同於實際供養。

五無盡功德迴向眼不見不淨世界不見異相眾生。

六堅固一切善根迴向為大國王以內外財六十門施。

七順眾生迴向小善廣善盡未來際迴向一切眾生。

八眞如相迴向眞如有一百門正念明了生勝善根。

九無著無縛迴向於一切善根心生尊重修普賢行。

十等法界迴向廣行法施圓滿梵行見聞等於法界說此迴向已各百萬億佛剎微塵世界六種震動。

六他化自在天宮會

二十六十地品寄相顯實。

意曰地體亡言將旨就詮寄十地修行相顯不可思議地體一念事行三心齊具可為玄矣。十

地菩薩雲集摩尼寶藏殿將三賢作加行無昇
天偈讚用等覺為勝進
經中金剛藏菩薩入大智慧光明三昧者欲說
不思議諸佛法光明即金剛十地法相天親菩薩造
十地論解十地經云若金剛即金剛藏名堅量云十
地論解十地經云若金剛即金剛藏名堅量云十
地悲慈捨有法不可破壞宗堅實生長故因
由樹心若金剛之藏名堅實生長故因如胎孕在藏
法不可破壞宗堅實生長故十地名句文因由
意曰經中說字是名句文因十地名句文天親論主卻
解因解而起正行因行而入地智
華嚴經吞海集卷中　　五
造六相義令入智地為總相餘九為別相乃云
攬別為總總分為別同帶總名功用各異其成
一緣各住自位諸法常寂滅壞也世界常安立
成也正同常異正總常別無礙之義則可見矣
經中十方諸佛與智增辯摩頂增威從三昧起
告諸菩薩言大願決定大善決定無雜決定不
可見決定廣大決定究竟決定十地相也若智
光明是最上道隨證智也
意曰十地帶數釋也若地之極喜喜是加行智
若地即極喜是根本智若極喜之地後得智若

極喜即地浪同真界餘九地各有四釋準知艮
由一切眾生本有智光明地法則金剛藏分別
說也於智光明中說十地名已不復分別
眾生聞怪默騰疑請法深難受止二解脫月歎
一解脫怪默騰疑請法深難受止二解脫月如
剛藏云此處難宣示我今說少分論中科為九
字母智根本四大眾同聲請三加分與智起分
本分略名五請分勤重六說分示相七地影像
分二三昧分入定二加分與智起分三佛光說偈請金
分四河十山大海寶珠八利益分見聞為種九
重頌分
意曰十地中名句文有法字字契如宗難說難
示故因如空中鳥跡謂空處之跡跡處之空互
相屬著不相離性以為地體取空太寬取跡太
狹言言見諦是智行非慮境也
十地通行十行一信二悲三慈四捨五知諸經
論六善解世法七慚愧八莊嚴九供養諸佛十
如說修行
一極喜地斷異生性障證遍行真如於住地心
中發起供養諸佛等十種大願見諸眾生心墮

邪見慈心修捨於內外財無所悋惜推求後地相及得果如鍊真金數數入火多作閻浮提王能動百佛世界

二離垢地十種方便心入心中斷邪行障證最勝真如於住心中修起十種善業一性不殺生二不偷盜三不邪淫四不妄語五不兩舌六不惡口七不綺語八不慳悋九不瞋恚十不誹謗寶十善無二用心不同一下三品修從生有總別報勝劣苦樂間起二中三品修受王至他化欲心微薄苦少樂多三上三品修色界至有頂捨念清淨無有欲想四上上品修斷分別是預流果斷俱生後三果五上勝品修覺果百劫鍊根入見不出證無學果六上極品修菩薩道前伏二障俱生修道漸斷十不善業道故意殺生等永斷其因因有三品上地獄因中品畜生因下品餓鬼因後得為人有二種報等流一者為短命二者多病故意偷盜一者貧窮二者不得隨意眷屬故意邪淫一者其妻不貞良二者被人誹謗故意妄語一者眷屬乖離二者

華嚴經吞海集卷中　七

親族弊惡故意綺語一者語不明了二者言無人受弊故意惡口一者言多諍訟二者常聞惡聲故意慳悋一者心不知足二者求其長短故意瞋恚一者為他所害二者心懷諂曲永斷其因其果

三發光地起十種深心為加行入心中斷闇鈍障證勝流真如於住心中如說修行乃得佛法雖修世行但隨順法故行而無樂著修起四禪八地定厭下地為苦麤障忻上地為淨妙利用七種作意四無間道伏下欲界九品俱生惑迷事用初禪未至定為加行入初禪根本定四禪其有十八禪支初禪三禪有五支二禪四禪有四支其支光明如鍊金法出火秤兩不減此地多作忉利天王

三界九地者○一五趣雜居地有四洲六欲天五受間起憂苦極多喜樂捨少瞋欲心俱有○二離生喜樂地三天一大梵二梵輔三梵眾若修則有故名散地○三喜勇伺治欲界愛受有五尋伺喜樂一心○三喜

浮動地三一光二少光三無量光用內淨一心
治去尋伺有四內淨喜樂一心○四離喜妙樂
地三一淨二少淨三徧淨治前喜受開內淨為
捨念正知識身受樂一心○五捨念清淨地三
一無雲二福生三廣果。一無煩二無熱三善見
不還果人居。一無想人居治色想唯有五天唯
色究竟捨念行捨色想○六空無邊地二識無
邪見人居空想治於空唯有捨受及一心○七識
無邊地作無邊想治色與識皆盡治之捨受一心。
八無所有地四蘊與識皆盡治之捨受一心。○
九非非想地無麤有細八萬劫報盡還來捨
一心。
四欲慧地觀察眾生界法界為加行心於入心
中斷煩惱障證無攝受真如住心中以大智慧
觀三十七品助道法。

四念　　菩薩二乘
　　處觀　　佛二乘　枯榮觀
　　　　　　　枯榮　枯不觀
勤勇　　榮不觀　法可得兼我
　　　　　　　真得兼我

念　　二乘枯觀身不淨
身受　　佛榮枯不可得
心法　　菩薩榮觀身淨德
除世
貪憂

佛於雙林樹間入般涅槃者四枯四榮皆除世
間貪憂八倒俱無若能觀身淨與不淨俱不可
得卽見佛不曾入般涅槃常住世間深觀念處
卽座道場眾生根異更說餘法。於四正勤四神
足五根五力七覺八聖一一開解眾生於第六
識中俱生二見到此地中永不現行更以大慈
心知恩報恩如真金作莊嚴具多作須夜摩天
王。
五難勝地起十種平等心為加行於入心中斷
下乘般涅槃障證類無別真如知真諦俗諦無
差別智愍諸眾生不能厭離曲以五明工巧利
益世間一內明知因識果二因明破邪立正三

醫方療病四工巧書數五聲明字錯謬如上妙眞金用硨磲磨瑩作知足天王六現前地觀十種平等法而爲加行於入心中斷麤現行障證無染淨眞如於住心以大悲爲首大悲增上大悲滿足觀三界十二因緣無有自性從無明支至老死支皆是智光明則身語意善不善行勳用之中皆是般若現前也。

經中金剛藏如星羅十門說十二支天親論主以月滿三觀釋之。

華嚴經吞海集卷中

小乘相諦 ― 一有支相續門
　　　　　二一心所攝門
差別觀 ― 三自業助成門
　　　　　四不相捨離門
智觀 ― 五三道不斷門
　　　　六三際輪迴門
佛一切種 ― 七三苦集成門
菩薩一相 ― 八因緣生滅門
智相觀 ― 九生滅繫縛門
　　　　　十無所有盡門

[圓圖：無明一念 般若現前；行、識、名色、六入、觸、受、愛、取、有、生、老死變滅等十二支環繞]

若依地論相諦差別觀中有支相續門解經成答相世間受生皆由著我者成也不正恩惟起於妄行答也於第一義諦不了名無明相也二於此一心所攝門十二有支流末是一心歸本也如來一心分別三界所有唯是一切種智觀科經不同文勢多端不可具述。

意曰能引無明行所引識等五能生愛取生生老死識名色六處觸受種子是前前世中多念薰下忽然爲無明行一念招聚隨業強者先潤愛取有潤時則次第於一生總報中生起此十支因二支果也若三世說者過去二支現在五支後然因果現在造愛取有因未來世有生老死果雖然因果無差於此般若現前名色支義也實起十二支收一百法知五蘊之多少明緣性之寬狹○一支性俱雜收九十三法色蘊爲色支四蘊爲名支雜收六無爲滅盡定二支雜性不雜善惡性想全三少分者五根五塵行少分是無記不雜色少分者五根五塵行少分別境報生無記

五作意睡眠識少分者前七識幷意處觸受○
三支性俱不雜收二十法想蘊全色少分五塵
行少分收別境五作意睡眠識少分前七識餘
十一支義理恐繁不述此地善根如眞金用毗
瑠璃寶磨瑩多作善化天王。
七遠行地起十種加行心空中有方便慧有中
起殊勝行雖善修空無相無願而慈悲不捨念
生於入心中斷微細現行障證法無別眞如。於
住心中以大悲智修起一切菩提分法雖念念
住無相中少有功用如轉輪王遊四天下若是
能念念入滅定亦念念起如以眞金用妙寶間
錯多作自在天王。
八不動地報行任運成就如大梵天王遊千世界
不假功用從住心已來但以願力超過小乘今
七地中以自力超過小乘如王太子藝業成就
爲加行心於住心中斷無相中作加行證不
增減眞如相用不能動爲深行菩薩世出
世間心念不生諸煩惱佛世尊勸請七事汝未曾得
勿復放捨於此願門是時菩薩一念所生智業

從初地至七地用阿僧祇功德不及一分何以
故先以一身起行修行今此以無量身修行以
善巧智觀一切境於諸趣中示同其形普現色
身三昧而爲說法遠離身想分別以三世間而
爲身十身一切衆生身本來共有一還債是業報
身有百也且如一牛具有十身一則十
身二水艸不關是衆生身三皮毛筋角是國土
身四從高而下是虛空身五步步踏實是智身
六力困而臥是聲聞身七見黃葉是緣覺身八
舉意利他是菩薩身九忽然亡已是法身十一

具前九是如來身若說修成如來身上自具此地
身謂菩提願化力莊嚴威勢意生福法智多作
菩薩成就佛身業自在有金剛力士常隨侍衞
如眞金作大寶冠置在閻浮提聖王頂上作
大梵天王。
九善慧地以無量智觀察境界爲加行心於入
心中斷利他門中不欲行障證智自在眞如於
住心中觀衆生稠林行皆如實知以四十種辯
才說三乘法教化衆生
意日在心爲智發言爲辯於一毛塵具四十種

辯才則前爲所是法後是能爲義詞則訓釋不謬樂說則聽者開解○一自相有二總法別義○二同相有二性法相義○三行相有二現在法過去義○四說相有二略說法解義○五智相有二現量法比知義○六眞諦法俗諦義○七權三法一乘義○八教道法證道義○九眞身法應身義○十住持智法行門義○佛說一百法皆具萬像皆具十住持作大法師處於法人哉此地菩薩得十種總持大法師處於法座於一音中現種種音令諸眾會皆得解了情

華嚴經吞海集卷中 十五

無情物皆演妙音成就如來語業自在如眞金爲大寶冠在轉輪聖王頂上爲二千世界主十法雲地以無量智慧觀察覺了入受職位爲加行心於入心中得離垢三昧斷於法中未得自在障證入住地心受勝職位三昧現在前時大蓮華忽然出現量等百億世界菩薩座此華時大小相稱身諸毛孔普放光明照法界已從足下入十方菩薩頂即知成佛諸佛放眉間光入此菩薩頂名曰受職成就十方諸意業自在具上上微細智能安受攝持十方

佛大法明大法照於一念頃周徧十方示成正覺解脫言菩薩神力能如是者佛復云何是時金剛藏菩薩入佛國土體性三昧其身量等虛空時諸大眾見菩提樹及一會菩薩俱在金剛藏身中得未曾有金剛藏言菩薩神通如一塊土如來神通似大地土不可云喻如上妙眞金以大寶莊嚴置在大自在天王頂上多作摩醯首羅天王○八地影像分地中行成智性是所喻法池山海珠是能喻依依上見邊之義是影像也是地之影像以見邊之喻似地中教證也池

華嚴經吞海集卷中 十六

喻所修行願山喻修成功德海喻無漏智德珠喻轉盡性德池喻始則非一終則非異山喻能依非一所依非異上皆無差之差之差不同德無差不別物差即無差唯一智性前後增明無礙即是圓家漸珠喻以法華經喻圓圓圓天台以華嚴爲漸圓位位成佛漸圓海喻圓圓圓上是圓中漸圓不說地位下機普被聲聞華嚴以法華爲漸圓會三乘歸一乘大海華嚴本法因該果海爲上圓果徹因源爲下圓

一願行定悲有法不可破壞宗無滯礙故因如
池流四河入海。
二十行隨地增有法本無勝劣宗差別得名故
因如大海十山。
三十地無漏智有法廣大無邊宗稱性修故因
如大海十德。
四十地智性有法不生不滅宗全真性故因如
寶珠十德。

大方廣佛華嚴經吞海集卷中

校譌

第十三紙七行度一本作眾

大方廣佛華嚴經吞海集卷下

七重會普光明殿

河朔平原道通述

佛自入刹那際三昧者無際之際信心最初之際不見刹那為短多劫為長諸法空故二行永絕住於佛住得佛平等則無障處普眼問者欲見普法故初則推求不見觀察不見靜座不見後如來教起念方見者若捨見則未識普法真體若見一法入於一切名曰普。一切入一名曰賢乃真見也。

二十七十定品大用深廣

普眼見普賢在如來前告普眼言有十大三昧

一普光明智三昧用依於體

二妙光明智三昧徧照身心

三往佛國土三昧神通之行

四清淨深心三昧供佛智

五過去莊嚴藏三昧智之境

六未來藏三昧如實了知

七現在莊嚴三昧諸佛世界

八三世眾生三昧入出自在

九法界三昧十八界

十無礙輪三昧佛二十一功德。

二十八十通品大用難思

一他心之智通因中則知自心知他人心皆變影像不如實見佛果位能徧知也正見他心常了自心若佛智外別有眾生心則失具分唯識只名半頭佛智本質即是自心

二天眼之智通見六趣果報

三宿住之智通得九世眼如現在

四未來之智通見因知果

五天耳之智通遠細皆聞

六無作卽智通大用度生

七言音之智通眾生之言音

八色身之智通三說一云佛無色二云有色三幻色初教三性色終教四妙色圓教一色即一切色經中說有一百三種據實無盡

九真俗之智通相待故空性則非異相則非異

十滅盡之智通雖見五蘊寂滅常化寂滅之眾

二十九十忍品智慧深玄

生。

意曰前二品業用廣大此品智慧深玄忍體即
智前三忍法說後七忍喻明

一音聲忍智解於教

二順忍止觀起行上二加行

三無生忍是根本從初地立

四如幻忍中喻有爲無爲法從因緣生皆是所
喻喻有五重一巾喻眞性二術喻業思三幻相
喻報四生滅喻依他卽圓成五愚小爲有法上

五各有二義以成四句一所依性有相無俱存
俱奪二業上用有體無俱存三報上相有
實無俱存泯四幻報生卽是死無俱存泯五
愚小上情有理無俱存泯今令知術是起因
像果無實成相卽是性遣愚小爲有歸本眞
性量云一切有爲法非實有體宗從

因緣生喻同如幻事

五如燄忍一空地喻如來藏二陽氣如無明三
空與氣合心上現報四水卽是無五凡小爲有
一切世間有法非實有體言說顯示如陽燄

六如夢忍一悟心如本識二眼如無明三夢如
緣起法四夢非有似有五令夢者爲實一切世
間有法非實有體想所現故如夢所見

七如響忍一谷喻眞性二聲如來藏三響應
佛說法四有而非實五取著相爲有菩薩變
聲有法定非實有宗從緣感顯故因如谷響

八如影忍一鏡喻眞心二面如思業三影所
起報果四正有常無五當情爲有量云業所招
果有法定非實有宗從緣似有故因如鏡中現
像

九如化忍一空喻眞性因二悲心化者緣三無
而忽有四用有實無五著相爲有菩薩變化有
法非實能度宗似有度用化迹故因如空中變
化事

十如空忍此空義不開五法者爲與無爲雙遣
也量云世出世間有法對待不實故宗遠有近
無故因如太虛空

三十阿僧祇品一切數

意曰等覺行德難思經有一百二十四數何故
唯標僧祇之名答僧祇是十大數之初首壽量

品盡一切時豎窮三際住處品徧一切處橫徧十方此品明盡一切數校量等覺普薩一念智德深玄不究邊際何故心王問答數不離心佛自說者唯佛方知此有三等數則百百倍倍法是下等數十十倍之二中等數則百百倍倍之經云一百洛叉為一俱胝三上等數則百百倍倍之經云一俱胝俱胝為一阿庾多以後用上等數之不可說箇不可說乃至一塵內有多不可說用此數普賢一智德不盡況一塵內有多普賢

三十一如來壽量品豎窮三際

意曰如來法身豈有壽也答應機而說有十種相將前一劫為後一日一夜至最後壽量等於剎海其實如來在長常短在短常長泯無礙方為圓宗壽量窮於三際

三十二諸菩薩住處品橫徧十方

意曰若心有住則為非住據實不偏住一方經說住處使人標心有歸問應非圓教所明答能住菩薩毛含剎海住處塵容大千何故心王說答心隨智住問智依何住答前十依八方山

三十三佛不思議法品一念普現

海後十二城邑雜居無在不在曲盡物機

意曰是修生三賢十聖因果也法界體大青蓮華菩薩說於一念中示現一切佛事體不可思議問經中何故重請答為說果滿不言請答果海亡言不共功德通權實教說或云不有四十種不共功德通權實教說或云不覺性通權實說或說五法攝大佛有無盡德是此所明佛德有二一修生信等二者本有智德使八相該於法界丈六徧盡十二

三十四如來十身相海品深廣無涯

經中普賢說如來化身頂上有三十二大人相餘身分其有九十七相每相有五事一依處為如來化身頂上有大人相二名字光明雲一化成家也三體性莊嚴不同四業用常放光明

五利益生善滅惡

意曰餘九身上大人相豈可窮也故經有如海之言乃且菩提身上有大人相名如海雲用無貪三業為體常放大慈光明令諸眾生

生善滅惡則八萬四千波羅蜜皆是大人相若如來國土身有大人相名筆雲用羊兔毛爲體常放黑摩尼光明令諸眾生書寫善事復有大人相名寶鍼雲用鋼鐵莊嚴常放利鐵光明令諸眾生補破遮寒如此則世間所有皆是如來於圓滿王好中放光照下地獄有遇斯光者死者難信故如來爲菩薩時足下有四十種光明經說三重頓圓十地者是轉益用大也佛親說

三十五隨好光明功德品三重十地

大人相也

生切利天聞天鼓音懺悔已即時位登十地先薰一乘種子也此是正益化作一萬香蓋雲供養菩薩若有眾生見其益者種一淸淨金鋼轉輪王善根亦有登十地是第二重轉益也輪王頂上放大光明若有眾生身蒙香者亦得滅除一切煩惱登於十地一重轉益也化作一萬蓋雲供養菩薩若有眾生遇斯光者亦位登十地第三轉益也難處不爲難聞薰種子熟即得超十地

三十六普賢行品因該果海

意曰瞋心障大慈慈用無瞋爲體若起一念瞋

心則掃盡菩薩行一障一切障所以經云我不見一法爲大過失如此菩薩向彼菩薩起一念瞋心則有百萬障門若一念瞋心息則具一切菩薩行一斷一切斷爲普賢行

三十七如來出現品果徹因源

意曰出現因緣出現法身如理出現報身障盡出現化身出現何故不云眾生出如來出現非唯佛也如眾生不變隨緣名來言即三身十身出現之法三業化用出現之法眾生省悟即新成舊佛如鎔金成像是不一義

佛舊成是不異義如破模出像使應即眞而眞即應吾今此身即是常身法身乃至艸木皆平等也

一出現因緣悲智爲因眾生爲緣有十諭明法多因多緣如大千興造說法應機如大雲降雨隨機便見如雲雨無從敎行不則如大千資百艸生善滅惡如成劫大悲一味如兩資百艸先勝後劣如成立世界無有分別如風輪建立無礙慧身如山林依地饒益眾生如水陸空行二身相出現應於一切色非色處見於如來有

十喻明法身徧五無量界如空徧色非色處身無分別如太虛空光明照耀如破闇作明普照一切如日出照山無不利益如日出分畫夜四種奇特如靜月輪無有差別如大梵王絕於思慮如醫王延壽作大佛事如摩尼珠見者生喜如如意寶

三口現語業若以用從體則不壞屈曲等於法界若以體從用則一一音含於法界若用即是體妙音常寂若體即是用則如長風隨於斯體妙音非心識境故以喻明聲體無我如劫盡唱

聲隨緣現起如山谷聲音無斷絕如天鼓開覺聞者差別如天女音應時不失如梵王聲無有邪曲如一味水普隨心樂如龍王降雨資榮無有變易如漸成熟難以情思如龍王降雨普徧一切如雷電風雨。

四意業出現如來心意識俱不可得遮詮顯勝也但以智無依成事如太虛空不增不減如喻明十智無量體密成四寶性增益眾生如大海界性用廣德如珠消海水依持無礙如空含受流減惑成

窮劫利樂如大藥王樹知無不盡如劫壞火燒酣惑潤生如劫風持壞佛性果智如大經潛塵妄覆眞小舍大一具多眾生本有果智即佛果智何故作眾生答妄想執著而不證得智眼未開復何怪哉

五境界出現正明分齊兼明所緣境十法界境界具如來境界乃至涅槃眞無境界皆是如來境界所緣之境如無從分齊之境如大海無窮

六行出現同如絕相無礙行金翅取龍日月無私。

七菩提出現云何名成正覺答正揀小乘成揀菩提問以何法爲體答二智二斷爲體問有幾種菩薩答或二或三萬像皆具十身寂照爲體如淨日輪印現萬像如大海水性相甚深離言論平等三輪收萬像因果交徹一成一切成有二一生之本佛與佛之本佛無異故說一成一切成也二生佛是染淨相融同眞界故說一成一切成也體離虧盈如太虛空相無增減如化現無形用該動寂卽一現多同於法界

界毛塵包徧普徧諸心眾生有佛果智不斷則
生佛非一不離則生佛非異則正不異時常不
一若生佛求不可得。
八轉法輪出有五。一八正道為輪自性二聞
思修為輪因三五蘊為助伴四四諦為輪境界五
菩提涅槃為輪果今經有十一能轉心證法不
生二所轉體即三輪寂三得果離斷常四教不
可說一而多五本來清淨六觸言皆轉七卽用而寂八
卽一多而九橫豎無礙十深廣無涯能令三界
所有聲皆是如來說法音。

九涅槃出現有三。一性入清淨涅槃二眞入圓
寂涅槃三示入方便涅槃皆以摩訶般若解脫
法身三法為體不縱不橫不竝不別如天之目。
如世之伊有十種相一體性眞常與萬法同二
德用圓備令應卽眞三出沒隱迹有無方四
廚盈不遷法身常然五示滅妙存處有不有六
隨世生滅長短不定七有無互現隨機起滅八
大用無涯分布舍利九體離二邊非實非虛十
結歸無住悲智雙運
十見聞親近能生眾生三德善根疊云

華嚴經吞海集卷下
十二

如來出現有
法能生眾生
智德善根 不與煩惱共故 如食少金剛
斷德善根 了戒本寂故 如少火燒多
恩德善根 種種利益故 如藥王生長

後明不信益者如狂病人罵藥藥入口中亦得
病去今語益者如不輕菩薩誹謗尚遠益解行
在身此經信與不信俱得成佛有何難哉況令
未盡不契本法疑念消除始知從來出現之旨今能
信者言象內絕思求不信當來豈聞然此一品
外亡言象內絕思求不信當來豈聞然此一品
文法玄奧能頓能圓究諸佛本源諸法源根本

八三會普光明殿
法輪更處其心玄中玄也。

三十八離世間品悲智無礙行
四種一隨凡夫染著二菩薩悲無不智
揀於凡夫卽是大悲三菩薩悲無不智
意曰世卽虛偽器及有情或云分段變易離有
揀於凡夫卽是大悲三菩薩悲無不智
無不悲離無不智四如來悲智無不離
無不悲離則世卽不世不世卽世離兩亡心
上則悲智雙絕能全隨而常離事離則頓成圓
間性離則卽是世間今事性二利為宗頓
行為趣普慧併問二百答普賢併答二千答者

華嚴經吞海集卷下
十二

表位虛行實也

九逝多園林會

三十九入法界品流通無盡經

意曰法有五謂有為無為俱存俱泯無障礙界
為性義因義入亦有五信入有為法界漸入無
為法界修行入俱存證入法界泯圓入無
本會頓入法界末會漸入法界頓中有漸本中
有末

經云不離逝多林如來座前化現種種身雲徧
往一切村營城邑以種種言音說四十二解脫
法門諸大聲聞身厠祇園何不見聞廣大佛德
不見潤益甚深德如兔見臕河不見高顯廣大
德如夢遊天宮不見幽道難見德如愚對雪山
不見祕藏難知德如隱伏藏不見迥絕難測德
如盲不見寶不見智照難量德如淨眼明見不
見周徧難思德入定不見光顯超世德
如妙藥翳形不見微妙難懷德如滅定不行
意日聲聞不見菩薩勝德如二天隨人不
見廣大境界德方而能頓證力用
交徹勝劣互收成大緣起方是深玄無差之差

則有三乘五性差卽無差平等成佛
末會有三一文殊從善住樓出一切部類俱隨
智轉舍利弗等六千比丘隨逐文殊如象王迴
觀諸比丘歎文殊德六千道成言下心無疲厭
成就佛法得無礙眼入大法海於文殊足下成
道
二經歷人間至福城東說普照法界經一萬諸
龍發菩提心三乘人會權歸實
三善財會文殊為說諸法空善財開發本有菩
提心寂然常住依此參善知識令普賢行速得
圓滿有十種心發足南行順智光明
一德雲比丘住勝樂國解行發心踏著妙峯山
頂證佛二身行也諸佛隨念而現解也
二海雲比丘住海門國淨治心地觀於業海心
海法海十二支普眼法門聞覺知
三善住比丘在楞伽道修行住於法性空中往
來經行諸天作禮荅敬圍遶
四彌伽居士住達里鼻國從聖教生說輪字法妙
音無礙長者住聚落中以方便力八相成道現
五解脫

一切剎自心如水諸佛如影一念具足

六海幢比丘住閻浮提正心入定離出入息從身出生十四類彼此如夢在法性中現

七休捨優婆夷住海潮處不退大心眾寶莊嚴離憂安隱演不可說方便門

八毗目瞿沙仙人住那羅國童真三業執善財手見十佛剎放善財手還得善住三昧

九勝熱婆羅門住伊沙那為法王子逆行如火聚刀山似萬行善財投身下得善住三昧

十慈行童女住師子城法水灌頂莊嚴宮殿皆見法界諸佛令我各異門入

見法界諸佛令我各異門入

一善見比丘住三眼國具三種施常生歡喜圓光一尋一念之中悉見諸佛

二自在童子在河渚中廣行饒益持三聚戒修學算數悟入神通智慧光明

三具足優婆夷在海住城心無違逆身無瓔絡唯一小器隨眾欲飲食充滿八萬眷屬

四明智居士住大興城心無屈撓仰視虛空隨意出生無量眾生悉皆如意仰視真精進

五寶髻長者住師子城心無癡亂將善財入禪

定宅有十層八門燒一元香永離貧窮

六普眼長者住藤根國善現正位方便出生和一切香唯用智波羅蜜普見一切佛

七無厭足王住多羅城身行無著見瞋害行逆行方便回向一切眾生皆如幻化不惱一蚊一蟻艸木悉回向躬於王願力成就

八大光王住妙光城以難得善法行供養脩臂佛不生念欲之心求法無厭

九不動優婆夷在安住國用善法行化諸異見

十徧行外道住薩羅行真實行化諸異見示同其形說一切處菩薩行門

一鬻香長者住廣大國救護眾生離眾生相知一切香出處功能有其十種

二婆施羅船師木壞善根將諸商人入佛法海行安隱道珍寶充足還閻浮提

三無上勝行在可樂城一切佛理斷事務令捨非法順行善法忍辱柔和

四師子頻呻比丘尼在迦陵林以大精進至一切處徧坐寶樹眾會不同所說各異

五婆須蜜女住險難國無盡功德在市鄽北離

華嚴經吞海集卷下

貪欲際眾生見我隨樂皆現
六鞞瑟胝羅居士在善度城善根堅固開旃檀佛塔見三世諸佛不曾入般涅槃
七觀自在菩薩隨順眾生大悲行門常在一切如來所普現一切眾生前
八正趣菩薩從法性空中來同如之行有一百種一念不移普至十方供佛聞法
九大天神在墮羅城以無著無縛力舒他心
手取四大海法水自洗其心能淨他心
十安住地神住摩竭國用等法界善根足按轉解脫
一婆珊婆演底夜神在迦毗城生大歡喜三心齊具見佛說法成熟眾生如大雲網
二普德淨光夜神以淨戒力供佛說法普遊步
三喜目觀察眾生夜神發光明身現相似身雲於眾生前聞思修慧說一切法
四普救眾生夜神如欲慧破四大空息三惡為妙德女修補故壞佛像生在王家
五去此不遠有寂靜音海夜神性相互乖於此

華嚴經吞海集卷下

意得自在
一摩耶夫人住此世界中一切眾生前常現大願身三世諸佛以願智為母我身不餘本量等於虛空曾為道場神又為蓮池神及菩提樹神皆號我為母
二天主光有淨莊嚴造立伽藍得清淨念現前
三童子師徧友都無言說即得實無所得法
四善知眾藝童子唱持四十二字母皆得般若意曰從文殊至天主光皆帶義理唱但是聲故

得勝觀佛毛孔作用無邊修十大法藏
六守護一切眾生夜神般若現前得大總持說緣生法為法輪光比丘尼護持佛法
七開敷一切樹華夜神遠行大行佛昔因地盡皆明見為寶光明女信知他人功德
八大願精進力夜神普現色身為善伏太子救獄罪人遇燈王佛說法圓滿
九妙德夜神善能受雲雨法曾為妙德女探蘭修
十釋女瞿波能說十種諦觀無厭足如微行願見威德主今日已圓滿

為義母表住四十二其實無窮且如唱喝字時入般若門名住般若門名金剛王劍唱咄字時入般若門名師子踞地

五賢勝優婆夷住無依處道場出生一切智光明

六堅固長者住無著念清淨於十方佛求於正法

七妙月長者住淨光明知佛德用無邊教化有情

八無勝軍長者住出生城見佛十身無盡相莊嚴

九最勝寂靜婆羅門住誠願語一切所作皆得所生

十德生有德住妙意華門城得一切如幻因緣成就

一慈氏菩薩會緣入實相住大莊嚴樓閣前歎善財發菩提心彈指出聲樓閣門開善財得入

三世不忘念

二文殊菩薩住普門城智照無二相昔受文殊教歷於一百一十城卽伸右手摩善財頂若離

信自心則一切善法不得成就信與智無二也

三普賢菩薩在如來前於一一毛孔中現無邊光明雲普賢財見已生大歡喜彼一切微塵中普賢卽伸右手摩善財頂言我法海中一一文一句未有不是捨轉輪王身位而求得者善財自位普賢摩頂已證與諸佛等。

意曰善財冥心得見三千大千微塵數善知識者五根五塵皆善知識略示一二以例諸法。

一燈燭善知識在如來座前告善財言我得解脫名普照燈於日沒夜暗時作大佛事若人見

者我生歡喜心若天見我生快樂心龍神見我生敬仰心聲聞見我生寂靜心菩薩見我生慈悲心如諸菩薩其心我豈能知

二卓子善知識在如來前告善財言我得解脫名普皆於三世諸佛一切眾生其心平等無有高下猶如大地不生分別如諸菩薩普覆心如諸菩薩其心我豈能知

三界我豈能知

三法堂善知識在如來會上告善財言我得解脫名普蔭一切若諸眾生得見我者生廣大想生清涼想生奇特想生聽法想一切凡聖常來

大方廣佛華嚴經吞海集卷下

校譌

第五紙十七行據下一第七紙二十行慈用之第
八紙九行法宋本作悲
九行元疑當作九
本無寶不二字
本作人
第十三紙一本作顯第十六紙

此中天龍圍遶聞法歡喜作禮而退

華嚴經吞海集卷下

真桂施銀九兩一錢二分
住揆施銀九兩四錢二分

成都文殊院募貲

心光施銀一兩八錢
能福施銀一兩五錢二分
能鑑施銀一兩四錢四分
普明施銀一兩一錢八分

其刻此集連圖計字二萬一千七百四十二箇

光緒十三年春三月金陵刻經處識

法界觀披雲集

宋河朔平原道通述。

夫三重法界從下升上漸次深廣智眼門中觀照妙境因解起行遣智忘言自悟真體然後起用舉一塵毛攝入無礙有十玄門重重無盡情與無情普皆平等難思妙境於時現矣

（一）真空觀前二句八字標若改色字為十法界字則法法即真。

釋先結釋後結標三字徵二十字

法界觀披雲集

一 會色歸空
- 一 實色不即斷空。
- 二 色相不即實色。
- 三 雙揀斷空實色。
- 四 幻色即真空。

二 明空即色
- 一 斷空不即色相。
- 二 真空不即色相。
- 三 雙揀實色斷空。
- 四 真空即幻色。

三 盡空之色與盡色之空互不相礙看色見空觀空見色

四 泯絕無寄心境不可得無念而知是為證行。

二 理事無礙門理事互望不相離性為宗不可分

初二門合辨大小一異六量

壞相為因如波與水有十喻明法。

一 理望事全徧一塵而非小宗性不可分故因如大海在一波。

二 事望理全徧諸事宗性非異故因如小波帀大海。

三 理望事同時全徧諸波宗性非異故因如大海徧諸波。

法界觀披雲集 二

四 事望理俱時各帀真理宗相非一故因如諸波帀大海。

五 理望事全徧一事亦徧諸事宗相不壞故如水濕性。

六 事望理一事全帀諸事亦徧諸事宗相不壞故如

波波全帀。

問既非一異理望事有四比量事望理有四比量

大答以非一異一塵何故非小亦徧諸事塵何故非

比量

問塵外有理則非全徧塵外無理則理不徧答

以性融故令多事無礙内外俱全理瑩事四量

事瑩理四量

三依理成事門不變之隨緣量云理瑩於事有法定依理成事宗從緣無性故因如依水成波

四事能顯理門成事之體空量云事瑩理有法定能顯宗體虛無體故因如波顯水

五能奪事門虛無事之體空量云事瑩於事有法定能奪事宗離理之不變量云即波奪水

六事能隱理門體隨緣之成事量云事瑩理有法定能隱理宗相用差別因如波顯隱水

七理即事門不變即隨緣量云理瑩事有法定理即宗是法無我理因如水即波

八事即理門成事即體空量云事瑩理有法舉體即真宗緣成無自性因如波即水

九真理非事門隨緣即不變非不變量云事瑩有法真理非妄事宗所依非能依因如波之水非波

十事法非理門體虛之成事非不變量云事瑩有法全理之事非理宗性相異故因如動相非濕性

諸法印 不變 隨緣 四門之 四門即 二門合
成事 體空

三周徧含融觀

一理如事門有五。一如事顯二如事差別三如事瑩事四如事變易五如事無量。量云真理瑩事大小俱時顯現宗體隨相異因如金為量云真理瑩事常住五本然。一塵有法正徧華藏含攝華藏宗唯心所現故因如太虛空

二事如理門有五。一普徧二廣大三徧四常徧五廣狹無礙門非一即非異不壞一塵而容剎海非異即非一雖徧一切塵内不動本位

三事含理事門存本一事而能廣容非一故不壞小相非異故方為能含有其四句或一中含一或一切含一或一中含一切或一切含一切

四通局無礙門一塵非異非一即非異不起菩提樹全徧十方界非一雖徧一切非異不動本位

五廣狹無礙門非一即非異不壞一塵而容剎海非異即非一廣容剎海塵相不大即見世間大小相即

六徧容門。一塵望一切塵普徧義有相是廣容義量云一塵望一切塵普徧即是廣容唯心故如一鏡徧九鏡攝九鏡在一中若廣容即徧一塵徧自內一切唯心現故一鏡容九即是徧

七攝入門。一切望一入即是攝法無定性九鏡攝一鏡即攝九鏡在九鏡內若一望一切攝即是入法無定性九鏡攝一鏡即是入一。

八交涉門攝一入一即是攝多入多通有四句。
一攝一切一入一切緣起相由故如九鏡爲所攝即爲所入。
二攝一切一入一切緣起相由故如九鏡攝一鏡即是入一鏡。
三攝一入一宗緣起相由如東鏡攝西鏡入東鏡中。
四一切攝一切十鏡圓滿同時頓具。

九相在門我攝餘法在他法中他法亦攝餘法在我法中。
一一切攝一入一宗如八鏡攝南鏡帶入西鏡。

二一切攝一入一宗如東鏡攝八鏡帶入西鏡。
三一切攝一入一宗如九鏡攝東鏡入九鏡。
四一切攝一入一宗如九鏡鏡入九鏡鏡中有多多燈

十溥融門具八九二門兩重四句。一是容多之一多是容一之多二門交絡配屬即有八句重重無盡主伴互融將此十門入於一切法義方成十玄之義。

法界觀披雲集

成都文殊院募貲
無名氏施銀二兩敬刊
光緒十六年夏四月金陵刻經處識

華嚴念佛三昧論敘

大起信論云，一切眾生不名為覺，以從本來念念相續未曾離念念者不覺也，佛者覺也念佛者以覺攝不覺也。念佛三昧者，而其開念佛不覺入于正覺海也。華嚴具諸佛三昧，而其開念佛三昧者，十數年而又于華嚴義海一歸居士修念佛三昧者方莫過于是矣知門溪入頃過鎮江出所著華嚴念佛三昧論示學清涼棗柏恆河沙字數而包舉以五六千言覺琉鈔合論非多此論非少且當棄柏著論時行願全品未至此友故于他方淨土輒生別異此品全出必待此論而義始完其殆阿彌陀佛神力加被俾居士隨宜說法廣導羣品者乎竊謂念佛修淨土者轉煩惱惡血為清淨法乳也由念佛而獲三昧所謂念歸無念轉生乳為熟酥也于三昧中精進念佛所謂無念而念變熟酥為生酥也由念佛三昧徧歷一切念然後具足念佛三昧以無量無邊不可說統攝無量無邊不可說三昧以無量無邊不可說三昧攝入念佛三昧卽念卽佛非念非佛微妙神通不可思議轉熟酥為醍醐也不能轉乳為酪雖念佛而

不能得三昧門，不能變酪為酥，不能以念佛三昧攝一切不可說三昧門不能轉酥為醍醐不能以念佛一門直超十地等覺穫大圓鏡智證無上菩提夫念佛無差別而三昧有淺淺深深念佛之差別也文治自弱冠卽喜修禪四十以後始兼修念佛比年來以念佛為禪復以禪念佛並運將終老焉敢以所見質之居士幸有以教我歲次甲辰春三月無餘學人王文治撰

華嚴念佛三昧論

菩薩戒弟子彭際清述

念佛法門。諸經廣讚。約其總貫。略有二途。一普念。一專念。如觀佛相海經。佛不思議境界經等。但明普念。藥師琉璃光如來經。阿閦佛經。無量壽經等。特明專念。今此華嚴。一多相入。主伴交融。即自即他。亦專亦普。略標五義。以貫全經。一念佛法身直指眾生自性門。二念佛功德出生諸佛報化門。三念佛名字成就最勝方便門。四念毘盧遮那佛頌體法界門。五念極樂世界阿彌陀佛圓滿普賢大願門。別申問答。

一念佛法身直指眾生自性者

谿破羣疑普與見聞同歸一乘云頷

一念佛法身直指眾生自性者。吾人固有之性。湛寂光明。徧周塵剎。諸佛別無所證。全證眾生自性耳。如來出現品云。諸菩薩摩訶薩應知自心念念常有佛成正覺。何以故。諸佛如來不離此心成正覺故。如自心。一切眾生心亦復如是。悉有如來成正覺廣大周徧。無有休息。不斷不絕。不捨妄想顛倒執著。又云。無一眾生而不具有如來智慧。但以妄想顛倒執著不能證得。若離妄想。一切智自然智無礙智則得現前。又云。如來智慧無處不至。何以故。無一眾生而不具有如來智慧。但以妄想顛倒執著不證得。若離妄想。一切智自然智無礙智則得現前。皆是諸佛法身。何以

故顛倒執著。常自寂滅故。于此信入。諸佛法身無處不現。清淨圓滿。中不容他。念念不迷。心心無所從此起行。具足大悲究竟大慈。于身無所取。於法無所住。十住十行十回向十地十一地。不離于初發心功德品。廣明成故曰才發菩提即成正覺。如賢首品。當念功德。如是念佛。能於一切處見如來身。又如光明覺品。世尊放百億光明。從此三千大千世界徧照十方。乃至盡法界虛空界而徧一切處。頌人有無一異生滅去來種種諸見。徧一切處觀于如來。是為入佛正信出現品亦云。諸菩薩摩訶薩。不應于一法一事一身一國土一眾生見於如來應徧一切處見。於如來譬如虛空徧至一切色非色處非至非不至何以故。如來身非身故。為眾生故示現其身。又云菩薩摩訶薩。以無障礙智慧知一切世界其身非非至非不至何以故。如來身非身故。為眾生故示現一切法界一切國土。一切三世境界。一切世間境界。一切眾生境界。一切眞如境界。一切法界境界。一切實際無邊際境界。一切虛空無差別境界。一切無障礙境界。一切無分量境界。一切如來境界。佛子如一切世間境界無量

一佛念念相續即是念中能見過去未來現在諸佛何以故念一佛功德無量無邊亦與諸佛功德無二故阿彌陀經亦以執持名號為往生正因故知名字功德不可思議又如兜率偈讚品云以佛為境界專念念而不息此人得見無量佛若常觀見無量若名字而不息此人得見無量佛若常觀見無量佛則見如來體常住前偈論雖然已知有量之數知離數之名而不知離數之名知離量之數故言數而莫知離以微塵數知即數之名而不知離量之數故念一佛而即佛法身故言無量而不知離量之數故念一佛而即量之數故終日念而未嘗念也

華嚴念佛三昧論　七

徧攝一切佛也如隨好光明品云如我說我而不著我我所一切諸佛亦復如是自說是佛不著我及我所竟然初入此門必依乎數日須尅定課程自一而萬而億念佛不離佛名即心如月在水月非水內如春在枝外如是名念佛心即是法身報化不異名字不異故法身名字性不可得故名字亦不離佛法身即名是如乃至報化不異名字名字不異報化亦復如是故來名號與法界虛空界等隨衆生心各別知見則知世間凡所有名即是佛名隨舉一名諸世間名無不攝矣又如毘盧遮那品稱引古先

諸佛各各不同而一以毘盧概之以一切諸佛皆有毘盧藏身故古今不異故如是念佛持一佛名亦全收法界全法界收非過去非未來非現在非南西北方四維上下十方三世當念無餘不愿剎那成佛已竟

四念毘盧遮那佛頓入華嚴法界者如世主妙嚴品十方諸大菩薩及天龍神鬼所說諸頌各出自證法門以如來現相品以及十信十住十行十回向十地諸大菩薩及諸世主說偈讚佛而十地品每歷一地必

華嚴念佛三昧論　八

曰不離念佛念法念僧是知諸位階次雖殊莫不以念佛為其本行佛佛道同舉一毘盧攝無不盡故普賢十願常隨佛學一門云如此娑婆世界毘盧遮那如來從初發心精進不退乃至于涅槃如是一切我皆隨學敷由我本師因地修行廣大無邊不可思議所為布施乃至成大菩提行者誠能決定信解如來報化亦不離自性起勇猛心起儔何心便與本師感應道交於一切佛不可思議不可說不可說初發心時等無有異又如寂靜音海夜神言我得念念出生廣大喜莊嚴解脫已能入十不可說

佛刹微塵數法界安立海見彼一切法界安立海一切佛刹所有微塵。一一塵中有十不可說佛刹微塵數佛國土。一一佛土皆有毘盧遮那坐于道場於念念中成等正覺現諸神變所現神變一一皆徧一切法界海而開敷樹華夜神入出生廣大喜光明解脫門憶念毘盧遮那往昔所修行海悉皆明見妙德圓滿神得自在受生解脫門入毘盧遮那無量受生海亦見如來于一切世界一一塵中無量佛刹示現受生常無閒斷竟如是念于毘盧遮那即念是佛即佛是念盡十方虗空乃至鐵鋒芥子許無一不

華嚴念佛三昧論　九

是毘盧法界是名念法界佛亦名徧念一切佛所以善財童子初參德雲即聞念佛法門最後普賢菩薩為說稱讚如來勝功德偈教人信解依舊不離念佛法門。法界始終更無二諦偈曰此界妙無比無量劫所嚴淨毘盧遮那最勝尊于中覺悟成菩提或有見佛無量壽觀自在等所圍繞悉已住于灌頂地充滿十方諸世界又云或見釋迦成佛道可思議劫或見今始為菩薩或見如來無量壽與諸菩薩授尊記而成無上大導師次補住于安樂刹竟是知諸佛法界徧攝徧融彌陀全

體遮那極樂不離華藏隨眾生心見各不同而佛本來常不動故末卷即以回向極樂終之具如後文所說

五念極樂世界阿彌陀佛圓滿普賢大願者普賢行願品云欲成就如來功德門當修十種廣大行願一者禮敬諸佛二者稱讚如來三者廣修供養四者懺悔業障五者隨喜功德六者請轉法輪七者請佛住世。八者常隨佛學九者恒順眾生十者皆回向於此願王受持讀誦臨命終時即得往生極樂世界阿彌陀是經專顯毘盧境界云何必以極樂為歸蓋阿彌陀

華嚴念佛三昧論　十

一名無量光而毘盧遮那此翻光明徧照同一體故非去來故于一體中。要亦不礙去來故。如大乘起信論云眾生初學是法欲求正信其心怯弱以住此娑婆世界不能常值諸佛親承供養意欲退者當知如來有勝方便攝護信心謂專念西方極樂世界阿彌陀佛所修善根回向願求生彼世界即得往生。常見佛故終無有退蓋毘盧報土與二乘凡夫無接引之分而極樂則九品分張萬流齊赴一得往生橫截生死視此娑婆迥分勝劣諸經廣明今不具錄然他經所指或言十念或言一日乃至七日或觀丈六乃

如來無量壽剎竟是知諸佛法界徧攝徧融彌陀全補住于安樂剎竟是知諸菩薩授尊記而成無上大導師次

若此經一念普觀豎窮三世橫亙十虛初發心時即超數量所有淨因最爲殊勝由阿彌陀佛以四十八願徧攝衆生與此願王體合虛空絲毫不隔是故不移時不易處任運往生還同本得下文云已卽見阿彌陀佛文殊師利菩薩普賢菩薩觀自在菩薩彌勒菩薩等所共圍繞文殊普賢不離此處而現彼方隨衆生心念出現故知阿彌陀佛在極樂國中。我心本具之淨因故首文殊非大願莊嚴無以圓我常轉此經熾然無閒又此法門非妙智觀察無以明心本具之淨因故次普賢而觀音彌勒一則次補彌陀。一則次補釋迦。二聖同會以證樂邦華藏通一無二。而彌勒以諦觀十方唯識識心圓明入圓成實此淨土之正因也。觀音以如幻聞熏無作妙力徧入國土成就菩提此淨土之極果也下文云其人自見生蓮華中蒙佛授記得授記已經于無數百千萬億那由他刹以智慧力隨衆生心而爲利益不久當坐菩提道場降伏魔軍成正覺轉妙法輪能令佛刹極微塵數衆生發菩提心隨其根性敎化成熟乃至盡于未來劫海廣能利益一切衆生文全部華嚴了此

心本具之淨果故次普賢而觀音彌勒一則次補彌

華嚴念佛三昧論　十一

結果諸有智人決宜信入。一念因循。輪回無盡嗚呼苦哉。
或問。如上五門。爲當從一門入爲是五門並入答。上根利智了得自性彌陀。全顯事須漸除故華嚴敎指十住初心卽同諸佛然五位進修不無趣向未臻妙覺階次無不盡然理則頓悟事須漸修心淨土舉一法身攝宛然同諸佛然五位進修不無趣向未臻妙覺階次心卽同諸佛然五位進修不無趣向未臻妙覺階次千佛乃至十地始終以大願力于一念頃見多百佛多佛而爲差等此土行人所居之地悉隨所見無生法忍逃後有不依佛力功行難圓必待回向樂邦親承授記淨諸餘習成滿願王斯爲一門超出妙莊嚴路其或粗窺向上未盡疑情尤須專一持名翹勤發願如子憶母畢命爲期加以敎觀熏修助發勝智感應道交功無虛棄斯則全憑一念便攝諸門所貴絕利一原切忌回頭轉腦
又問子欲闡念佛法門。何不以淨土諸經爲導而主華嚴據果論因恐難合轍答子不讀無量壽經乎經中敘分首述普賢行願勸進行人三輩往生俱云發菩提心終之以不了佛智不思議智不可稱智無等無倫最上勝智縱修功德還墮胎生然則誠欲坐

華嚴念佛三昧論　十二

寶蓮華登不退地必也依文殊智建普賢願問向往生今此華嚴正當其教至觀經上品上生者必誦讀大乘方等經典而言大乘方等則又莫若華嚴最尊第一因果無差有何紆曲

又問華嚴法界密義重重以無量修多羅而為眷屬云何唯一念佛門而能普攝答誠如所說教指宏深但入道初心自有方便入此一門乃能徧徹無邊法界是故善財童子于普賢一毛孔中過不可說不可說佛剎微塵數世界盡未來劫念念周徧無邊剎海此念佛人亦復如是以一念本無量故且杜順法界觀特設三門一眞空門簡妄情以顯理卽前念佛法身是三周徧含容門攝事事以顯用卽前念佛功德身是二理事無礙門融理事以顯用卽前念佛法界是知一眞獨脫一心念佛不雜餘業卽入事法界事事無礙法界卽佛非心神妙不測卽入又淸涼疏分四法界一眞法界非佛非心不攝故此經以毘盧爲導旣觀彌陀不離華藏家珍具足力用無邊不入此門終非究竟又問方山論謂他方淨土是權非實準今所論如何

華嚴念佛三昧論

會通答教分四土一常寂光土佛所居二實報土法身大士所居三有餘土二乘所居四同居土凡聖交叅或穢或淨此土若修此土行人以專念功力修諸功德回向西方感業未斷生同居土欣猒旣切粗漏漸除聞法增進生有餘土若聞教爲法華化城不外自心故明願囘向實報者一切皆實如此經極樂全具華藏故方山著論時行願末卷未至此方故于淨土一門輒生分別御與經文互相乖剌須知從眞起幻卽幻全眞生滅

俱離自他不二一念圓融普周法界方爲一乘中道了義且方山喫緊提唱唯在十住初心卽成正覺然依教詮判正大不易何則圓信位中見思惑盡并斷塵沙進入圓住豁破無明證無生忍位齊別教初地若依自力譬彼羣氓始能跐證何如行願末卷中說階梯亦賴善巧方便彼雖氓始能跐證何如中往生極樂住不退轉從凡夫地創發信心橫超直入至頓無比毘盧爲導旣觀彌陀不離華藏家珍具足力用無邊不入此門終非究竟又問方山論謂他方淨土是權非實準今所論如何
無倫幸遇完經因緣非淺衣珠故在客作徒勞奉勸高流同心信受

又問隋僧靈幹作華藏觀臨終見大水彌滿華如車輪而坐其上得直趣華藏更觀彌陀答華藏世界有十不可說佛剎微塵數世界種安住一世界種復有不可說微塵數世界西方極樂亦在其中首楞嚴云若飛心中兼福兼慧及與淨願自然心開見十方佛一切淨土隨願往生靈幹所生極樂淨土邪其爲餘方淨土俱未可知然則觀彌陀即是直趣華藏前有善財後有龍樹如斯軌轍千聖同行不遵華藏自因多岐是則名爲可憐憫者更以近事徵之宋明州草菴道因修圓頓教觀晚主延慶乾道三年四月十七日別徒衆曰華嚴世界洞徹湛明甚適我懷今將行矣乃令擧所述彌陀讚曰無邊剎海涵容空全是蓮華宮蓮宮周徧徧空海獨露彌陀身如是感通如是說我與彌陀本不二妄覺潛生忽阿彌陀佛不生滅難覓難拈水中月絕非離句如是成異從今掃盡無瑕玷我今以此念彌陀不見彌勤六念身口意業無瑕玷我今以此念彌陀不見彌陀終不歇讚畢衆唱佛數百諷觀經至上品上生即斂念坐脫極樂華嚴是同是別諸有智人急須著

華嚴念佛三昧論

眼是論作于乾隆四十八年冬十二月旣成汪子大紳評之曰此淨土因華嚴正信也又曰五念一念之爲一念無念其明年春過卅徒王子禹卿見而賞之旣奉屏居僧舍展讀大經與方外友性宗唯然相質證輒于此論時有損益其後數年自錢塘歸重閉關文呈閣中修念佛三昧長夏寂寂復出前槀點勘再周錄成此本于賢首方山外不妨別出手眼設遇雲棲老人定當相視而笑也時乾隆五十六年六月晦際清記

華嚴念佛三昧論終

華嚴敎觀圖

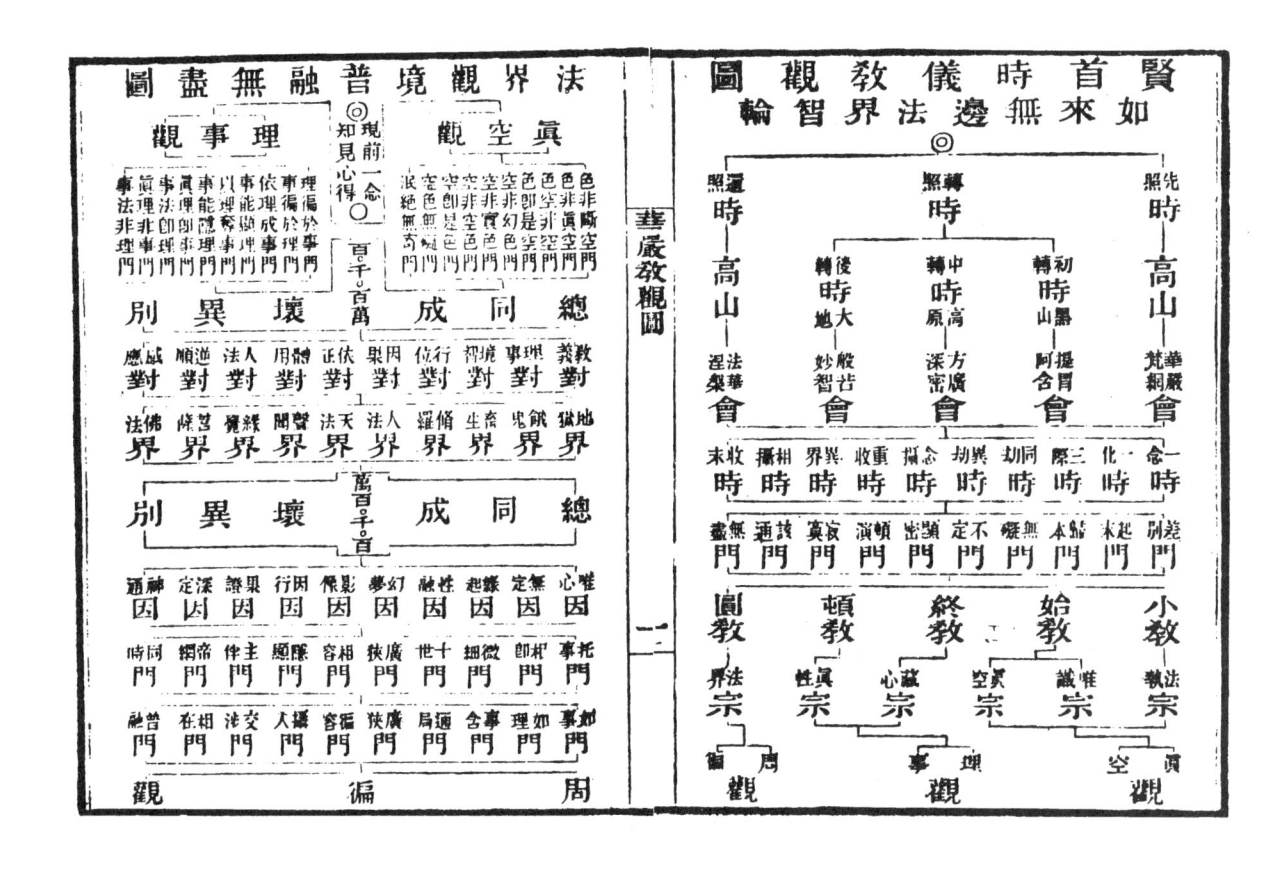

賢首如來無邊法界敎儀觀智輪圖

照時 高山 華嚴會	轉時 初時 黑山 阿含會	轉時 中時 高原 方廣深密會	轉時 後時 大地 妙般若智會	照遍時 高山 法華涅槃會
一念時	三際時 化末起	無本擬	同劫異	念劫攝	重界異	相攝收	末盡無
差別門	末起門	無本門	不定門	顯頓門	演出門	莫詮門	該通門	無盡門
小敎 執法宗	始敎 唯識宗 空宗	終敎 藏心宗 眞性宗	頓敎 法界宗	圓敎
眞空觀	理事觀	周遍觀

法界境觀普融無盡圖

眞空觀
色即是空門 色非斷空門 色非實空門 空即是色門 空非實色門 空非斷色門 空色無礙門 泯絕無寄門

現前一念 知見心得 ○ 百千。百萬。

理事觀
理遍於事門 事遍於理門 依理成事門 事能顯理門 以理奪事門 事能隱理門 眞理即事門 事法即理門 眞理非事門 事法非理門

總	同	成	壞	異	別
義敎對 地獄界	理事對 鬼界	境智對 畜生界	行位對 修羅界	因果對 人界	法喻對 天界	正伏對 聲聞界	體用對 緣覺界	順逆對 菩薩界	感應對 佛界

萬。百千。百

總	同	成	壞	異	別
唯心因	無定因	緣起因	性融因	幻夢因	影像因	因果因	譲深因	定神因	通融因
托事門 即理事門 微細門 十世門 廣狹門 純雜門 容純門 隱顯門 主伴門 帝網門 同時門	事如理門 理如事門 局通門 遍廣門 含容門 攝入門 交法門 相在門 普融門

周遍觀

图书在版编目(CIP)数据

华严义海/(唐)释智俨 等撰.—西安:三秦出版社,1995.10
(2023.6重印)
ISBN 978-7-80546-906-5

Ⅰ.①华… Ⅱ.①释… Ⅲ.①华严宗—研究 Ⅳ.①B946.4

中国国家版本馆CIP数据核字(2023)第088135号

华严义海

释智俨　等撰

出版发行		三秦出版社
社　　址		西安市雁塔区曲江新区登高路1388号
电　　话		(029)81205236
网　　址		http://www.sqcbs.cn
邮政编码		710061
经　　销		全国各新华书店
印　　刷		山东阳谷毕升印务有限公司
开　　本		787×1092　1/16
印　　张		26
字　　数		332千字
版　　次		1995年10月第1版
印　　次		2023年6月第2次印刷
印　　数		3001—8000册
标准书号		ISBN 978-7-80546-906-5
定　　价		168.00元

版权所有　侵权必究
凡有缺页、倒页、脱页、可与工厂直接调换。